사단칠정론으로 본 조선 성리학의 전개

한국철학총서 43

사단칠정론으로 본 조선 성리학의 전개
The Theory of Four-seven and a Deployment of Chosun Neo-Confucianism

지은이 홍원식 외
펴낸이 오정혜
펴낸곳 예문서원

편집 유미희
인쇄 및 제본 주) 상지사 P&B

초판 1쇄 2019년 6월 20일

출판등록 1993년 1월 7일(제307-2010-51호)
주소 서울시 성북구 안암로9길 13, 4층
전화 925-5914 | 팩스 929-2285
홈페이지 http://www.yemoon.com
전자우편 yemoonsw@empas.com

ISBN 978-89-7646-395-1 93150
YEMOONSEOWON #4, 13, Anam-ro9-gil, Seongbuk-Gu, Seoul, KOREA 02857
Tel) 02-925-5914 Fax) 02-929-2285

값 40,000원

한국철학총서 43

사단칠정론으로 본 조선 성리학의 전개

홍원식 외 지음

예문서원

책머리에

이 책을 쓴 사람들이 매주 모여 함께 동양철학 원전을 읽던 시간이 25년이 다 되어간다. 그렇다 보니 당시 2, 30대였던 사람들이 거의 다 어느덧 지천명知天命을 넘겼다. 그동안 본인 연구실에서 시작하여 '이락서원伊洛書院'이란 이름을 달고 옮겨 다닌 것도 여러 곳이 된다. 이제는 일자리를 찾아 떠나가거나 이런저런 사연으로 죄다 흩어지고 후배들 몇몇만 남아 10여 년째 퇴계원전을 읽고 있다. 퇴계원전 완독을 목표로. 그것도 한두 해면 끝날 것 같다.

이 책은 바로 10여 년 전 퇴계원전 강독의 첫 결과물이다. 하지만 아마도 이 책이 마지막 결과물이 될 것 같다. 퇴계원전 강독을 시작하기 이전 우리는 이미 몇 년에 걸친 공부 끝에 한국학술진흥재단(현 한국연구재단)의 지원을 받아 『조선시대 심경부주心經附註 주석서 해제』(2007)와 『심경부주와 조선유학』(2008)을 간행하였다. 이 여세를 몰아 우리는 퇴계원전 완독이라는 목표를 세우고 '사단칠정왕복서'부터 읽기 시작하였으며, 시작하면서부터 여러 권의 책 출간도 염두에 두고 있었다. 무엇보다 이황李滉과 기대승奇大升의 사단칠정론 관련 원전 완역본과 자료집 형태의 발췌본, 그리고 연구서 출간 등을 계획했다. 그리고 퇴계원전 강독과 별도로 사단칠정론 관련 후대 주요 자료들도 가능하면 모두 선독하기로 계획했다. 당시에는 우리 모두 꽤나 젊어서 그랬던지 약간의 사명감과 더불어 자신감도 가지고 있었던 듯하다. 그러나 우리의 의지가 부족했던 탓이긴 하겠지만, 계획했던 사단칠정론 관련 원전 번역작업이 다른 곳에서 한국연구재단의 지원을 받아 진행함에 따라 우리의 계획은 유야무야되고 열정 또한 식어 가고 말았다. 지금 생각해도 몹시 아쉬움이 남는다.

위에서 말한 것과 같이 본격적인 번역과 저술 작업을 하기에 앞서 저술을 계획했던 결과물이 바로 이 책이다. 일단 사단칠정논쟁을 중심에 두고 조선유학사 전체를 한번 개관해 보자는 것이 저술 동기였다. 이것은 무엇보다 사단칠정론이 조선유학의 핵심적 주제라고 생각했기 때문이다. 그리고 사단칠정에 대한 이해의 차이가 조선유학의 학파를 나누게 되었고, 각각의 학파를 따라 다양하게 전개되었다고 보았기 때문이다.

10여 년 전 당시 우리는 이황의 '사단칠정왕복서'를 읽으면서 기대승의 『고봉집高峯集』 속 사단칠정 관련 글들도 하나하나 대조해 확인하며 읽어 나갔다. 그리고 한 권의 책으로 묶을 수 있는 주제들을 뽑고 각각 집필할 주제를 분담하였다. 이렇게 각자 분담해서 집필한 내용은 몇 차례에 걸친 내부적 발표와 토론 및 수정을 거쳐 개별적으로 여러 학술지에 게재하였다. 따라서 이 책에 실린 글 대부분은 여러 학술지에 실렸던 글을 모은 것이다. 그러나 이미 전체적 기획을 거쳐 분담해 작성한 글이라 단순한 논문 모음집과 같지는 않을 것이다. 다만 발표한 글의 체제와 내용을 크게 흩트리지 않은 관계로 다소 중복된 내용이 나올 수 있음은 피할 수 없을 것 같다.

이 책은 총 4부로 구성되어 있으며, 12편의 글을 실었다.

1부에는 이황과 기대승 사이의 사단칠정논쟁을 집중적으로 분석한 글 3편을 실었다. 먼저 김기주 교수는 「사단칠정논쟁, 이황과 기대승의 학술적 교류와 도덕적 탐색」이라는 글의 제목에서 나타나듯 '학술적 교류와 도덕적 탐색'이라는 관점에서 양자 간의 논쟁을 전체적으로 정리하였다. 이어 이기훈 박사는 양자 간 주고받은 편지를 시간적 순서에 따라 하나하나 배열하고 핵심적 주장과 논쟁점들을 꼼꼼히 정리하였다. 마지막으로 심도희 박사는 양자 간의 논쟁이 주희의 학설에 근거하고 있고 이에 대한 정확한 해석 여부의 문제를 놓고 전개되었기 때문에 주자설의 관점에서 양자의 설을 한번 검토해 보았다.

2부에는 이황과 그의 후예들의 사단칠정론에 대해 분석한 글 4편을 시대적 순서에 따라 실었다. 먼저 홍원식 교수는 이황의 사단칠정론을 그의 성리설 전체와 연결시켜 정리했다. 이어 이상호 박사는 퇴계학파의 전개과정에서 사단칠정론이 몇 단계의 변화 과정을 거친다는 관점에 서서 나름의 주장을 전개하였으며, 홍원식 교수는 권상일을 중심으로 전기 퇴계학파의 사단칠정론을 분석하였다. 마시막으로 추제협 교수는 근기 퇴계학파를 대표하는 이익의 사단칠정론을 분석한 뒤 이를 둘러싼 해석의 차이로 그의 후예들 간 학파적 분기가 일어나는 장면을 정리하였다.

3부에는 기대승과 그의 입장을 계승한 기호율곡학파의 사단칠정론을 분석한 글 3편을 실었다. 먼저 황지원 박사는 기대승의 사단칠정론을 그의 성리설 전체와 연결시켜 분석했으며, 김기주 교수는 기호학파의 기본 입장인 기발리승일도설氣發理乘一途說의 변모 양상을 3기로 구분하여 분석하였다. 이어 심도희 박사는 기정진의 사단칠정론을 중심으로 후기 기호학파를 정리하였다.

마지막 4부에는 2편의 글을 실었다. 먼저 김기주 교수는 조선 말 주자학을 대표하는 이항로, 기정진, 이진상 세 사람이 비록 학파를 달리 하지만 사단칠정론에 대한 그들의 결론이 결국 '심즉리心卽理'로 귀결되었음을 밝혔으며, 이어 권상우 교수는 조선시대 사단칠정논쟁을 덕윤리의 전개라는 관점에서 전체적으로 정리했다.

사단칠정론은 기본적으로 인간감정론이며, 이것이 맹자의 성선설을 바탕에 두고 있기 때문에 좁혀 도덕감정론이라 말할 수 있다. 그리고 이것이 다시 주자학의 '성즉리性卽理' 명제와 묶이면서 형이상학적 도덕감정론으로 발전하였다. 조선의 유학자들이 학맥과 학파를 따라 수백 년 동안 이 문제를 둘러싸고 논의를 이어 간 것은 그 자체로 경이로움을 자아내게 하며, 이를 통해 학문적 심화가 있었음은 의심의 여지가 없다. 동시에 그들은 왜 이 문제에 이토록 매달렸던가에 대해서도 이해와 함께 비판의 마음으로 되짚어 볼 필요가 있으며, 현대 철학이나 현실에 이것이 과연 어떤 의미를 던질 수 있는가를 진지하게 생각해 볼 필요가 있다고 본다.

이미 사단칠정론에 관한 연구와 저술들은 넘쳐날 정도로 많다. 고백하자면 이 때문에 이 책의 출판을 여러 차례 머뭇거렸다. 그래도 최종적으로 펴내기로 마음먹은 것은 조선시대 사단칠정논쟁 전개사 전체를 한 권의 책 속에 담은 것이 좀 특색이 있다고 생각했기 때문이다. 약간의 보탬이라도 있게 된다면 우리는 그것으로 충분히 만족할 수 있을 것 같다.

2019년 6월
글쓴이를 대표하여
홍원식, 이락재에서 적다.

차례

제1부

퇴계 이황과 고봉 기대승의 사단칠정논쟁

제1장 사단칠정논쟁,
이황과 기대승의 학술적 교류와 도덕적 탐색

김기주

1. 논쟁에 대한 전체적인 이해를 위해

이황李滉(退溪, 1501~1570)과 기대승奇大升(高峯, 1527~1572)은 정서적 거리만큼이나 물리적으로도 멀리 떨어져 살았다. 이황은 경상도 예안禮安, 기대승은 전라도 광주에 거주했던 것이다. 그럼에도 불구하고 이황이 기대승에게 보낸 44편의 서한을 포함해, 약 13년 동안 110편 이상의 편지를 주고받는 등, 두 학자는 활발한 학술적 교류를 통해 성리학적 이해와 문제의식을 제시해 보여 주었다. 또한 이 문제의식은 이후로도 조선 후기 300년 동안 계승되며 지속되었다. 이들의 학술적 교류는 특히 '사단칠정논쟁'(아래에서는 '사칠논쟁'으로 표기함)을 중심으로 이루어졌다.

이황과 기대승 사이에 진행된 '사칠논쟁'은 한마디로 '조선 후기 300년 성리학의 전개방향을 결정한 학문적 사건'이라는 말로 요약할 수 있을 것이다. 이들에게 있어서 이 한 편의 논쟁은 주요한 학술적 교류의 방식이자, 동시에 도덕의 근원을 탐색해 가는 길이었다고 이해된다. 뿐만 아니라 그것은 고려 말 도입한 주자학에 대한 이해를 한 단계 끌어올리는 과정이자, 새로운 주체적인 해석의 시발점이 되었고, 아울러 우리 민족사에 처음으로 본격적인 학파의 등장과 그 활동의 계기가 되기도 하였다. 이와 같은 의미에서 사칠논쟁에 대한 이해는 조선 성리학으로 접근하기 위해서는 피해갈 수 없는, 반드시 거쳐야 하는 관문이라 부를 수도 있을 것이다. 그리고 그 중요성만큼 사칠논쟁 혹은 사단과 칠정을 주제로 하는 연구는 이미 여러 학문분야에서 국내외의 학자들에 의해 다양한 측면으로 진행되어 왔다.

그동안 사칠논쟁 관련 기존의 철학적 연구는 대부분 논쟁이라는 형식적 틀 혹은 그 진행과정에 주목하거나, 논쟁을 구성하는 주요한 개념에 대한 분석과 비교, 그리고 논쟁 당사자들 간의 관점이나 이론적 토대의 차이에 주목하였다.[1] 비록 많은 양은 아니지만, 조선 성리학사에서 사칠논쟁이 가진 위상으로 인해 끊이지 않고 주목을 받고 있다.

이렇듯 기존의 연구 성과에서 보자면, 사칠논쟁 자체에 대한 새로운 연구의 여지는 매우 제한적이다. 그럼에도 불구하고 기존의 연구를 충실하게 반영하며, 이것이 어떤 성격의 논쟁이었는지를 새로운 각도에서 조망하기 위한 노력은 여전히 의미 있는 작업이라고 생각된다. 아울러

---

1) 이황과 기대승이 진행한 '사단칠정논쟁'에 한정된 연구는 상대적으로 이른 시기에 시작되었지만, 실제로 이 논쟁을 직접적인 연구대상으로 삼은 철학적 연구의 결과물이 예상만큼 많은 것은 아니다. 약 30여 편의 연구논문 가운데 우리의 논의와 관련해서 주목할 만한 것에는 이상은의 「사칠논변과 대설·인설의 의의」(윤사순 편저, 『퇴계이황』, 예문서원), 김기현의 「퇴계의 사단칠정론」(민족과사상연구회 편, 『사단칠정론』, 서광사), 한자경의 「사단칠정론에서 인간의 성과 정 — 퇴계의 대설과 고봉의 인설의 차이를 논함」(『철학연구』 제68집) 등이 있다.

사칠논쟁, 그리고 그 논쟁의 당사자인 이황과 기대승의 만남이 가진 학술적 의미를 다시 새롭게 그려 보는 것은 도덕이나 감성과 관련되어 그들이 남겨둔 문제의식이 오늘을 살아가는 우리에게도 여전히 유효할 뿐만 아니라, 오늘날에도 그와 같은 학문적 교류와 탐색을 희망하는 까닭이다.

아래에서 우리는 먼저 '사칠논쟁'이 일어나게 되는 직접적인 계기와 함께, 이 논쟁의 학문적·역사적 배경을 살펴보고, 이어 논쟁이 어떤 과정과 내용으로 전개되었는지를 확인할 것이다. 이와 같은 이해를 바탕으로 다시 논쟁의 전개과정에서 드러난 핵심 쟁점과 각각의 쟁점에 대한 이황과 기대승 양자의 입장을 가능한 일목요연하게 정리해 볼 것이다. 마지막으로 이 논쟁의 의의와 가치를 '사칠논쟁' 자체가 가진 의의와 논쟁과정에서 드러난 이황과 기대승이 보여 준 입장과 시각이 가진 의의로 구분하여 분석해 볼 것이다. 이러한 과정을 통해 이황과 기대승 사이에 진행된 '사칠논쟁'에 대한 전체적인 이해에 도달하는 것, 이것이 이 글의 기본적인 목표가 된다.

2. 논쟁의 계기와 배경

사칠논쟁에 대해 이해하려고 할 때, 왜 이 논쟁이 일어났는지 혹은 어떤 계기로 이 논쟁이 일어나게 되었는지를 살피는 일은 반드시 필요한 과정이라 생각된다. 그런데 논쟁의 직접적인 계기에 대해서는 이미 다른 연구에서도 상세하게 밝혀 두고 있는데, 그 대부분은 정지운鄭之雲 (秋巒, 1509~1561)이 그린 「천명도설天命圖說」의 내용을 이황이 수정한 사실에 주목한다. 본래 정지운의 「천명도설」 중 "사단은 리에서 발한 것이고, 칠정은 기에서 발한 것이다"(四端發於理, 七情發於氣)라는 구절이 문제가 있다고 지적하며, 이황은 1553년 이 구절을 "사단은 리가 발한 것이고, 칠정은 기가 발한 것이다"(四端理之發, 七情氣之發)라는 표현으로 수정할 것을 권하였다. 이황의 의견에 따라 정지운은 「천명도설」의 내용을 수정하였는데, 그 뒤 6년이나 지난 1559년 1월 기대승에게 보내는 편지에서 이황은 다시 이 부분을 2차로 수정하면서 다음과 같이 밝히고 있다.

> 사우들 사이에 사단칠정설을 논하는 것에 대해 전해 들었는데, 내 생각도 일찍이 고친 말이 온당치 못함을 스스로 불만족스러워했습니다. 공의 따끔한 논박을 받으니 성글고 잘못되었음을 더욱 잘 알게 되어 다음과 같이 고치고자 합니다. '사단의 발은 순수한 리이기 때문에 선하지 않음이 없고, 칠정의 발은 기를 겸하였으므로 선악이 있다'라고 하면 병폐가 없을는지 모르겠습니다.[2]

이 내용에서 보자면, 이황이 수정한 「천명도설」의 구절이 학자들 사이에 논란을 불러일으킨 것으로 보인다. 그리고 그 논란의 와중에 기대승이 정식으로 이황을 찾아와 문제를 제기하였고, 이황은 본인이 수정했던 부분을 다시 재수정하여 답하는 모습을 보여 준다.[3] 그런데 이렇

---

2) 李滉, 『退溪先生文集』, 권16, 「與奇明彦 大升 己未」, "又因士友間, 傳聞所論四端七情之說, 鄙意於此, 亦嘗自病其下語之未穩, 逮得砭駁, 益知疎繆 卽改之云. 四端之發, 純理故無不善, 七情之發, 兼氣故有善惡, 未知如此下語無病否."
3) 奇大升, 『高峯集』, 「高峯先生年譜」, "三十七年戊午, 先生三十二歲, 四月 遊頭流山. ○七月,

듯 이황이 자신의 관점을 재수정하여 답을 했음에도 불구하고, 그 내용 또한 기대승을 만족시키지 못한 것으로 보인다.

이때부터 기대승은 본격적으로 사단칠정에 관한 자신의 입장을 정리하여 문제를 제기하게 되는데, 이렇게 해서 8년에 걸친 '사칠논쟁'이 시작되었다. 이렇게 본다면, 정지운의 「천명도설」을 이황이 1차로 수정하였고, 몇 년이 지난 후 수정한 구절에 대해 기대승이 의문을 제기하자 이황은 다시 2차로 내용을 수정하였지만, 결국 기대승을 설득하지 못하게 된 상황이 바로 사칠논쟁이 일어나게 된 직접적인 계기였다고 이해할 수 있다. 하지만 이것은 하나의 계기일 뿐, 사칠논쟁의 발생은 몇 가지 보다 깊은 배경을 가진다. 우리는 그것을 다음과 같은 두 가지, 곧 학문적·역사적 배경으로 구분하여 이해할 수 있을 것이다.

먼저 사칠논쟁의 학문적 배경부터 살펴보자. 무엇보다 사칠논쟁이 주자학이라는 공통의 학문적 토대 위에서 전개된 논쟁이라는 점은 모든 사람들이 수긍하는 사실이다. 이처럼 동일한 주자학을 토대로 하는 두 주자학자가 왜 상이한 관점을 가지고 논쟁을 벌였고, 또 대립하지 않으면 안 되었는지를 이해할 수 있을 때, 사칠논쟁의 지향이 드러나고, 사칠논쟁의 의미나 가치 역시 충분히 확인할 수 있을 것이다.

잘 알려져 있듯, 주자학은 리기론과 심성론 그리고 공부론이라는 세

拜河西金麟厚. ○八月, 往高陽, 拜先祖墳塋. ○鄭秋巒來見, 講論天命圖說. ○十月, 中文科乙科第一人. 是月, 拜退溪先生, 始發四端七情. ○十一月, 南歸." 이 기록에 따르면, 기대승은 32세인 1158년 8월에 정지운을 만나 「천명도설」에 대해 의견을 나누었고, 또 그해 10월에 문과에 급제한 후, 바로 그달에 한양에서 이황을 만나 사단칠정과 관련된 의문을 제기한 뒤, 11월에 광주로 귀향하였다. 그리고 2개월여 뒤인 1월 초에 이황이 자신의 의견을 수정한 서신을 기대승에게 보내게 되는데, 그것이 바로 앞의 인용문이다.

이론을 정합적으로 연결하여 뼈대로 삼고 있다. 그리고 이렇게 연결된 이론체계는 우주와 그 우주 속에 존재하고 있는 인간을 포함한 모든 사물·사건의 생성과 변화뿐만 아니라, 궁극적으로는 인간의 도덕행위나 도덕실천의 보편적이고 객관적인 근거와 토대를 정초하고 설명한다. 그리고 이러한 주자학에서 우주론 혹은 본체론으로 이해되는 리기론적 시각과 인간론 혹은 가치론으로 이해되는 심성론적 시각을 이중적으로 겹쳐 연결하고 있는 것은 근원적이고 핵심적인 특징으로 자리 잡고 있다.

우리의 논의와 관련해서 특히 주목해야 할 부분은, 리기론적 시각에서 리와 기의 수평적(橫的)인 관계가 강조된다면, 심성론적 시각에서 리와 기는 수직적(縱的)인 관계로 재구성된다는 점이다. 리기론이 설명하고 있는 사물의 생성이라는 측면에서 보자면, 리와 기는 상호의존적이어서 어느 한쪽이 결핍될 경우 사물은 생성될 수 없다. 이것이 리기론이 전제하고 있는 리와 기의 기본적인 관계이다. 그런데 이처럼 리기론에서 보여 주는 상호의존적인 리기 관계는, 심성론에서 다른 모습으로 바뀌어 드러난다. 즉 리가 적극적으로 실현되어야 할 가치라면, 기는 조절되고 통제되어야 하는 대상으로 재조정되는 것이다. 이처럼 리기론과 심성론에서 확인되는 리와 기의 관계는 각기 다른 모습이다. 한쪽은 수평적(횡적)이고, 다른 한쪽은 수직적(종적)이다.[4] 보편적이면서 객관

---

4) 이와 같은 리와 기의 수평적/수직적 관계나 그 구도를 사칠논쟁에서 드러나는 사단과 칠정의 관계에 적용해 보면, 리와 기의 수평적 관계에 주목할 때 사단과 칠정은 하나의 정으로 서로 구분되지 않는 그래서 칠정 속에 사단이 포함되는(因說) 반면, 리와 기의 수직적 관계에 주목할 때 사단과 칠정은 근원적으로 구분되는(對說) 것으로 자리 잡는다. 이상은은 「사칠논변과 대설·인설의 의의 — 퇴고논쟁의 초점을 찾아서」(『아세아연구』 제16집, 1973)에서 '對說·因說'의 구도를 통해 이황과 기대승 양자의 시각을 구분하고 있다.

적인 도덕의 근원을 찾아 도덕의 범위를 인간 행위에 한정하는 것이 아니라 우주 끝까지 확대해 버린 주자학에서는, 우주를 설명하는 틀과 도덕을 설명하는 틀이 둘이면서 또한 하나여야만 했고, 이와 같은 이중적인 시각이 필연적으로 동시에 요청되거나 용인될 수밖에 없었던 것이다.

동일한 의미를 주회朱熹(晦庵, 1130~1200)는 다른 말로 표현한다. 그의 표현을 그대로 빌려 와 이 두 가지 시각을 설명한다면, 각각 '리에서 볼 때'(在理上看)와 '사물에서 볼 때'(在物上看)라는 말로 구분된다. '리에서 볼 때'는 '리기부잡理氣不雜'이라는 리와 기의 차별성과 함께 리선기후理先氣後라는 양자의 종적인 관계를, '사물에서 볼 때'는 '리기불리理氣不離'라는 리와 기의 상호의존성과 불가분리성을 강조하는 태도를 가리킨다.[5] 리와 기의 수직적이고 종적인 의미와 함께 수평적이고 횡적인 의미를 이중적으로 제시하고 있는 것이다.

이처럼 주자학은 '리에서 보는 시각'과 '심성론적 시각', 그리고 '사물에서 보는 시각'과 '리기론적 시각'이라는 두 가지 측면이 함께 하나의 이론체계를 구성하고 있다. 이것은 형이상과 형이하를 구분하면서, 사실의 세계를 설명하는 리기론과 당위의 세계를 설명하는 심성론을 하나의 틀 속에서 연결해야 하는 주자학의 불가피한 선택이었다. 하지만 바로 여기에서 주자학이 감당해야 하는 다양한 이론적인 문제들이 생겨나게 된다. 그리고 그 다양하게 발생하는 문제 가운데 하나가 바로

---

5) 陳俊民 校訂, 『朱子文集』 第5冊(財團法人 德富文教基金會, 2000), 권46, 「答劉叔文一」, "所謂理與氣, 此決是二物. 但在物上看, 則二物渾淪不可分開, 各在一處, 然不害二物之各爲一物也, 若在理上看, 則未有物而已有物之理, 然亦但有其理而已, 未嘗實有是物也.";「答劉叔文二」, "須知未有此氣, 已有此性, 氣有不存, 性卻常在. 雖其方在氣中, 然氣自氣, 性自性, 亦自不相夾雜."

이와 같은 주자학이 보여 주고 있는 이중성으로 인해 주자학에 대한 상이한 이해 가능성의 문이 넓게 열리게 되었다는 점이다.[6]

주자학이 서로 다른 모습으로 이해될 수 있다는 사실은 사칠논쟁의 두 당사자, 곧 이황과 기대승에게서 직접 확인된다. 너무나 당연한 말이지만 사칠논쟁은 바로 이들이 주자학을 서로 다른 모습으로 이해했기 때문에 시작될 수 있었다. 이황의 경우 '리에서 보는 시각'과 '심성론적 시각'에 치중해서 리와 기의 차별성과 함께 양자의 종적인 관계에 주목했다면, 기대승의 경우 '사물에서 보는 시각'과 '리기론적 시각'에 무게중심을 두고 리와 기의 상호의존성·불가분리성과 함께 양자의 횡적인 관계에 주목한 것이다.[7] 이황과 기대승은 이처럼 주자학을 각기 다른 곳에 무게중심을 두고 이해하였고, 이와 같은 주자학에 대한 상이한 이해는 사칠논쟁의 학문적·사상적 배경이 되었다고 이해된다.[8]

그렇다면 여기에서 다시 다음과 같은 하나의 의문을 제기할 수 있을 것 같다. 그것은 곧 '이황과 기대승은 왜 주자학을 이렇듯 상이한 모습으로 이해하게 되었을까?'라는 물음이다. 이 물음에 대한 대답은 다양한

---

6) 김기주, 「한주 이진상의 리기설 — '리발일도설'을 중심으로」, 『한국학논집』 제60집 (계명대 한국학연구원, 2015), 11쪽 참조.

7) 이황과 기대승 모두 당연히 주자학적 구도인 리기론과 심성론, 공부론의 3층 구도를 수용하고 있다. 다만 양자가 보여 준 '리에서 보는 시각/심성론적 시각'과 '사물에서 보는 시각/리기론적 시각'의 차별성은 그들이 보여 준 상대적인 차이이며, 이것이 이들 양자의 공부론이 왜 다른 모습인지를 설명해 준다. 다만 여기서는 논의 주제와 직접적인 관련성이 없으므로 공부론에 대한 논의는 생략한다.

8) 李明輝는 『四端與七情 — 關於道德情感的比較哲學的探討』(臺灣大學出版中心, 2005), 214쪽에서 다른 시각의 사상적 배경을 제시한다. 그는 조선의 유학에서 『맹자』를 중심으로 하는 초기 유학의 경전 전통과 정주학적 전통을 구분하고, 이 두 가지 전통이 '사칠논쟁의 사상적 배경이 되었다고 주장한다. 즉 이황의 경우는 초기 유학의 경전 전통을, 기대승은 정주학적 전통을 계승하여 각기 다른 입장에 서게 되었고, 이것이 논쟁의 사상적 배경이 되었다고 이해한 것이다.

측면에서 제시될 수 있을 것이지만, 사칠논쟁이 발생하게 되는 역사적 혹은 사회적 배경과 무관할 수 없다고 생각된다. 다시 말해서 이황과 기대승이 생존했던 상이한 사회적 배경, 혹은 역사적 환경으로부터 비롯된 사회적·역사적 문제의식의 차이에 우리는 주목할 필요가 있을 것이다.

이황의 경우 1501년(연산군 7)에 태어나 가장 격렬하고 암울한 사화의 시기에 청장년기를 보냈다면, 기대승은 1527년(중종 22)에 태어나 그가 어느 정도 사회적 활동을 시작할 무렵인 20대 전후에는, 1545년의 을사사화를 끝으로 사화기가 막을 내려가고 있었다. 물론 1565년 문정왕후가 사망하고, 1567년 선조가 즉위한 뒤에야 진정한 의미의 사화기가 끝나고, 사림정권이 세워졌다고 말할 수도 있을 것이다. 하지만 그렇다고 하더라도 1498년 무오사화의 여진 속에서 태어나 50여 년 동안 지속된 사화기의 처음과 끝을 관통하며 살아온 이황과, 그 끝자락에서 사회적 활동을 시작하는 기대승이 사회를 바라보는 시각은 다를 수밖에 없었다고 이해된다.

그리고 이러한 정황에서 볼 때, 이황의 경우 비극적인 현실을 위로하고 또 그것을 극복할 수 있는 힘의 근원인 '이상'이 필요했다면, 기대승은 보다 적극적으로 눈앞의 현실적 문제에 접근해서 그것을 해결할 수 있는 '현실'적인 대안이 필요했다고 볼 수도 있을 것이다. 이런 까닭에 이황은 리와 기의 선명한 구별과 함께 기로부터 독립한 혹은 기로부터 오염되지 않은 '이상적인' 리의 완전성이 추구되었다고 이해된다. 반면에 기대승의 경우에는 현실을 보다 잘 설명해 주는 리와 기의 상호의존성과 불가분리성에 대한 강조와 함께, 기적 제한 속에서 실현되는 '현실적인' 리에 대해 주목했다고 이해할 수 있을 것이다.

리기론 혹은 리기의 불리에 무게중심을 두는 기대승의 경우 무엇보다 도덕의 객관성과 보편성, 그리고 리와 기가 만나 사물과 사건을 생성하듯 선과 악이 뒤엉켜 흘러가는 현실에 대한 해명을 목표로 했다고 평가할 수도 있을 것이다. 반면에 심성론 또는 리기의 부잡에 무게중심을 둔 이황의 경우, 도덕실천의 필연성과 자율성, 그리고 악에 오염되지 않은 선을 최소한 이론적으로나마 확보하려는 노력으로 이해할 수 있다고 생각된다. 전자가 '현실'이 문제가 되었다면, 후자는 '이상'이 문제가 되었던 것이다.

3. 논쟁의 전개과정과 쟁점

앞에서 살펴본 것처럼, '사칠논쟁'은 정지운이 그린 「천명도설」의 한 구절을 이황이 수정한 것에서 발단이 되었다. 이렇게 수정한 것이 1553년의 일이다. 그리고 그 5년 뒤인 1558년 10월 문과에 급제한 32세의 기대승은 당시 성균관대사성으로 있던 58세의 이황을 방문하였는데, 이때 이황이 수정한 「천명도설」의 구절에 대해 직접 문제를 제기한 것으로 보인다. 그리고 두어 달 뒤인 1559년 1월 이황이 기대승에게 다시 수정했던 문구를 재수정한 내용의 편지를 보내게 되는데, 이 편지를 받아 본 기대승이 본격적으로 문제를 제기함으로써 실질적인 사칠논쟁이 시작되었다. 전체 논쟁의 전개과정을 시작, 논쟁, 마무리의 3단계로 나누어 정리해 보면 다음과 같다.

〈표 1〉

단계	편지	날짜	내용
시작 단계		1553년 10월	정지운의 「천명도설」을 이황이 수정하다.
		1558년 8월	기대승이 정지운을 만나 「천명도설」에 대해 논하다.
		1558년 10월	과거에 급제한 기대승이 이황을 만나 문제를 제기하다.
	1	1559년 1월 5일	이황이 기대승에게 「천명도설」을 재수정한 편지를 보내다.
논쟁 단계	2	1559년 8월 14일	기대승이 이황에게 편지를 보내다.(기대승의 제1서)
	3	1559년 10월 24일	이황이 기대승에게 편지를 보내다.(이황의 제1서)
	4	1560년 8월 8일	기대승이 이황에게 편지를 보내다.(기대승의 제2서)
	5	1560년 11월 5일	이황이 기대승에게 편지를 보내다.(이황의 제2서)
	6	1561년 4월 10일	기대승이 이황에게 편지를 보내다.(기대승의 제3서)
	(7) 8	1562년 10월 16일	이황이 기대승에게 편지를 보내다.(이황의 제3서, 반박하는 내용의 또 다른 제3서는 발송하지 않음)
마무리 단계	9	1566년 7월 15일	기대승이 이황에게 편지를 보내다.
	10	1566년 윤10월 26일	이황이 기대승에게 편지를 보내다.
	11	1566년 11월 6일	이황이 기대승에게 편지를 보내다.

앞의 〈표 1〉에서 확인되듯, 논쟁의 시작은 1559년 1월에 이황이 재수정해서 보내온 편지에 대해 기대승이 여전히 수긍하지 못하고 그해 8월 문제를 제기하는 편지를 보내면서 본격적으로 시작되었다. 그렇다면 그는 구체적으로 이황의 어떤 시각에 동의할 수 없었던 것일까? 기대승의 편지 내용을 살펴보자.

대개 사람의 마음이 아직 발현하지 않았다면 본성이라 하고, 이미 발현하였다면 감정이라 합니다. 본성은 선하지 않음이 없지만, 감정은 선과 악이 있다는 것이 본래부터 그러한 리理입니다. 다만 자사와 맹자가 취하여 말한 것이 다르기 때문에, 사단칠정의 구별이 있게 되었을 뿐, 칠정 이외에 다시 사단이 있는 것이 아닙니다. 그런데 지금 만약 '사단은 리에서 발하여 선하지 않음이 없고, 칠정은 기에서 발하여 선과 악이 있다'고 말한다면, 이것은 리와 기를 확연하게 갈라서 두 가지 것으로 간주하는 것이며, 칠정은 본성에서 나오지 않고 사단은 기에 타지 않는 것이 됩니다. 이 말의 뜻에 병통이 있어 후학의 의심이 없을 수 없습니다. 만일 또한 '사단의 발은 순수한 리이기 때문에 선하지 않음이 없고, 칠정의 발은 기를 겸하였으므로 선악이 있다'고 고친다면, 비록 앞의 설보다는 조금 나은 듯하지만, 저의 생각으로는 여전히 온당하지 않은 것 같아 염려됩니다.[9]

여기에서 드러나는 기대승의 문제의식은 분명하다. 그가 말하고자 하는 것은 곧 '칠정 이외에 다시 사단이라는 감정이 있지 않다'는 것이다. 이는 사단과 칠정을 이질적인 것으로 구분하여 각각 리와 기에 분속시키는 이황의 시각에 대한 문제제기였다. 이렇게 기대승이 처음으로 편지에서 문제를 제기한 이후, 이황이 회신을 보내면서, 양자는 각기 3편의 편지를 쓰며 반론을 펴거나, 상대가 제기한 문제에 대해 답변하는 방식으로 논쟁을 지속하였다. 하지만 기대승의 반론에 대해 조목별

---

9) 李滉, 『退溪先生文集』, 권16, 「答奇明彦 論四端七情第一書」, '附奇明彦非四端七情分理氣辯', "蓋人心未發則謂之性, 已發則謂之情. 而性則無不善, 情則有善惡, 此乃固然之理也. 但子思, 孟子所就以言之者不同, 故有四端七情之別耳, 非七情之外復有四端也. 今若以謂四端發於理而無不善, 七情發於氣而有善惡, 則是理與氣判而爲兩物也. 是七情不出於性, 而四端不乘於氣也. 此語意之不能無病, 而後學之不能無疑也. 若又以四端之發純理, 故無不善, 七情之發兼氣, 故有善惡者而改之, 則雖似稍勝於前說, 而愚意亦恐未安."

로 구분하고, 그것에 대해 다시 답한 이황의 3번째 편지글은 발송되지 않았고, 대신 논쟁을 마무리하자는 내용의 짧은 편지를 보내게 되는데,[10] 그때가 1562년 겨울로 그의 나이 62세였다. 이때까지 양자가 주고받은 6편의 편지글에서 확인되는 핵심 내용을 요약하면 다음 〈표 2〉와 같다.

〈표 2〉

	기대승의 주장	이황의 주장
제1서	칠정 외에 다시 사단이 있는 것이 아니다.	사단과 칠정은 소종래에서 구분되며, 주희 역시 리발과 기발을 동시에 인정한다.
제2서	사단과 칠정을 리와 기에 분속하면 2개의 정情과 2개의 선善이 있게 된다.	주리主理와 주기主氣의 측면에서 사단과 칠정을 각각 리(발)와 기(발)에 분속할 수 있다.
제3서	리발이라고 말하면 리의 정의, 계탁, 조작을 인정하게 된다.	리가 기를 타고서 주가 되기 때문에 리발이라 말할 수 있다.

각자가 쓴 3편의 편지글에서, 처음 사단과 칠정의 구분 여부에서 시작해 리발의 긍정 여부로 논쟁이 확장되는 것을 확인할 수 있다. 하지만 1562년 10월 논쟁을 마무리하자는 이황의 3번째 편지가 발송된 이후, 논쟁은 더 이상 진행되지 못하다가 4년 뒤인 1566년에 기대승이 「사단칠정후설」과 「사단칠정총론」을 지어 이황에게 보내면서 논쟁은 마무리

---

10) 기대승의 제3서에 대한 답으로 이황이 쓴 제3서는 발송하지 않았으므로, 당연히 『고봉집』에 이 편지글은 실려 있지 않고, 대신 논쟁을 마무리하자는 내용으로 이황이 보낸 다른 편지가 실려 있다. 이황이 발송하지 않은 제3서는 훗날 그의 문집이 편집되는 과정에서 제자들에 의해 정리되어 문집의 권17에 실렸다. 여기에서 이황의 제3서는 발송하지 않았던 편지를 가리킨다.

단계로 접어들었다. 물론 이때까지도 양자의 기본적인 시각에는 변화가 없었다. 그것은 다음과 같이 이황이 수정한 구절의 비교에서 잘 드러난다.

제1차 수정: 사단은 리가 발한 것이고, 칠정은 기가 발한 것이다.(「천명도설」 수정본)

제2차 수정: 사단의 발은 순수한 리이기 때문에 선하지 않음이 없고, 칠정의 발은 기를 겸하였으므로 선악이 있다.(1559년 1월 논쟁 시작의 계기가 된 이황의 서신)

제3차 수정: 사단은 리가 발하여 기가 따르는 것이고, 칠정은 기가 발하여 리가 타는 것이다.[11](이황의 제2서)

처음 정지운의 「천명도설」을 수정한 이후, 논쟁이 시작되어 마무리될 때까지 이황은 사단과 칠정에 관해 3차례나 자신의 생각을 수정해서 제시하고 있다. 문구나 그 표현에서 보자면 무엇인가 분명 수정된 것처럼 보이기도 하지만, 기대승이 제기했던 문제, 곧 사단과 칠정을 이질적인 것으로 설정하고, 양자를 구분해 보려는 그의 시각은 사실상 아무런 변화 없이 시종 견지되고 있다.

이처럼 두 사람은 끝내 의견일치를 보지는 못했지만, 기대승의 「후설後說」과 「총론總論」을 받아 본 이황은 서로 간의 차이점에 대해 '근본은 같은데 말단이 다르다'는 말로 요약하며, 1559년부터 총 10편 전후의

---

11) 李滉, 『退溪先生文集』, 권16, 「答奇明彦 論四端七情第二書」, "四則理發而氣隨之, 七則氣發而理乘之耳."

편지를 주고받으며 진행했던 논쟁을 다음과 같이 마무리하고 있다.

> 지난번에 보내주신 사단칠정에 대한 「후설」과 「총론」을 반복하여 완미해 보았습니다. 옛사람들의 이른바 '처음에는 엇갈리며 순서를 달리했지만, 마침내 충분히 의견을 주고받아 활짝 피어 같은 곳으로 귀결된다'는 것이 진정 헛말이 아니었습니다.…… 진실로 지난날 공의 밝은 견해와 숭고한 논의가 지금 보내온 「후설」과 「총론」처럼 투철 명료하게 통하였다면, 어찌 말단의 다름이 있었겠습니까? 일찍이 우리 두 사람이 주고받은 논변을 한 권의 책으로 만들어 때때로 반성하고 잘못된 곳을 고치려고 했지만, 간혹 수합하여 상재하지 못하여 한스럽습니다.[12]

이렇듯 근원적으로는 아무런 입장의 변화 없이 논쟁은 마무리되었지만, 사칠논쟁에서는 논쟁의 당사자인 이황과 기대승의 사단과 칠정에 관한 차별적 시각뿐만 아니라, 주자학에 대한 이해 차이가 분명하게 드러나고 있다. 무엇보다 논쟁단계에서 양자가 주고받은 6편의 편지 내용을 보면, 논쟁의 과정에서 양자가 끝내 의견일치를 보지 못하고 대치했던 쟁점은 다음과 같은 4가지로 요약 정리할 수 있다.

① 사단과 칠정은 이질적인가?

② 사단을 리에, 칠정을 기에 각각 나누어 분속시킬 수 있는가?

③ 사단의 선과 칠정의 선은 같은가?(사단이 부중절할 수 있는가?)

④ 리 스스로 활동할 수 있는가?

---

12) 李滉, 『退溪先生文集』, 권17, 「重答奇明彦」, "前寄示四七兩說, 反復玩繹. 昔人所謂始參差而異序, 卒爛熳而同歸, 眞不虛也.……苟向日明見崇論, 如今來兩說之通透脫洒, 又何末異之有哉. 抑嘗欲謾取吾兩人往復論辨文字爲一冊, 時自觀省, 以改取顚, 而間有收拾不上者爲恨."

잘 알려져 있듯, 이 네 가지 쟁점에 대해 논쟁의 당사자였던 이황과 기대승은 각기 상이한 답을 제시하고 있다. ①번에 대해서 이황은 사단과 칠정을 서로 이질적인 것으로 구분한다면, 기대승은 전혀 이질적이지 않은 똑같은 하나의 감정으로 이해한다. ②번에서 이황은 사단과 칠정을 리와 기에 나누어 분속시키고 있는 반면, 기대승은 그와 같은 분속에 반대한다. ③번의 경우 이황은 사단의 선과 칠정의 선은 같은 것이 아니라고 주장하는 반면, 기대승에게 있어서 양자 사이에는 아무런 차별성도 없다. 그런 까닭에 사단의 부중절 가능성에 대해서도 이황은 부정하지만 기대승은 긍정하는 태도를 보여 준다. 마지막 ④번에 대해서 이황은 리발을 긍정하는 반면 기대승은 강하게 부정하는 태도를 보여 준다.

그런데 다른 논문에서 이미 상세하게 밝혔듯,[13] 이 4가지 쟁점들은 서로 독립된 문제가 아니다. 논쟁에서 각각의 쟁점들은 두 가지 측면, 곧 시간적인 선후와 논리적인 선후 관계 속에 위치하며 서로 연결되어 있는 것이다. 그리고 바로 이 두 관계에 주목할 때, 논쟁을 이해하는 길 역시 다음과 같은 두 가지 방향에서 제시될 수 있다. 첫째는 앞의 4가지 쟁점이 제기되는 시간적 순서에 주목하는 것이고, 다른 하나는 쟁점 상호 간의 논리적 선후 관계에 주목하는 것이다. 전자를 통해서는 논쟁이 어떤 문제의식에서 시작되었고, 해결하고자 한 문제가 무엇이었는지를 이해할 수 있다면, 후자를 통해서는 상이한 논쟁 당사자의 시각

---

13) '사칠논쟁'의 쟁점에 대한 분석은 김기주, 「사단칠정논쟁으로부터 심즉리로 — 사단칠정논쟁에 대한 화서·노사·한주의 결론」, 『퇴계학논집』 제15호(2014), 356~359쪽을 참고.

이 어떤 토대에 기반하고 있는지를 이해할 수 있게 된다.

먼저 논쟁의 시간적 진행과정을 따라 쟁점이 제기되는 순서에 주목하면, 자연스럽게 가장 먼저 제기된 문제를 돌아보게 된다. 사칠논쟁에서 가장 먼저 제기된 문제이자 쟁점은 ①번으로, 나머지 세 가지 쟁점은 이 문제를 논의하는 과정에서 파생되거나 확장되어 나온 것이다. 결국 ①번 쟁점인 '사단과 칠정의 이질성에 대한 긍정 여부'가 논쟁의 출발점이자 해결해야 할 핵심 문제였던 것이다.[14] 이처럼 ①번 쟁점을 중심에 두고, 논쟁의 시간적 진행과정에서 드러나는 문제의식에서 보자면, 사칠논쟁은 감정에 대한 신뢰와 관련된 것이라고 이해할 수 있다. '사단과 칠정의 이질성에 대한 긍정 여부'가 사칠논쟁에서 다른 어떤 문제에 앞서 제기되었다면, 이 논쟁은 결국 '감정'이 이질적인 두 가지 영역으로 구분될 수 있는가의 문제에서 시작된 것이고, 이것은 결국 '감정'에서 도덕과 관계 맺을 수 있는 영역을 긍정할 수 있는지의 여부에서 의견이 대립했음을 뜻하기 때문이다. 다시 말해서 사칠논쟁은 '사단'과 '칠정'이라는 정情을 중심으로, '감정'에 대한 신뢰 여부를 문제 삼은 논쟁이었다. 이것은 도덕실천에 있어서 감정의 역할에 대한 신뢰 여부와 관련된 것이기도 하다. 이황은 이 감정의 일부(사단)에 대해 우호적인 태도를 취하였다면, 기대승의 경우 그와 같은 우호적인 태도를 용납할 수 없었던 것이다.

---

14) 최영진 역시 「한국유학의 특성에 대한 한 가지 단상」(『철학과 현실』 제66집, 2005), 173쪽에서 사칠논쟁의 핵심을 '사단을 리의 발현으로 규정할 수 있는가'라는 물음으로 요약하고, 리발설은 '사단의 형이상학적 근거를 확립하기 위해 제시된 명제'일 뿐이라고 말한다. 논쟁이 시작될 즈음 '리발'의 문제는 표면화되지 않았고, ①번 문제에 대한 태도를 결정하는 토대만으로 작용했음을 의미한다.

반면에 쟁점 상호 간의 논리적 선후 관계에 주목해 보면, 논쟁의 당사자인 이황과 기대승의 시각이 어떤 토대에 기반하고 있는지를 확인하게 된다. 쟁점들 상호 간의 논리적 선후 관계에서 보자면, 가장 근원적인 문제는 ④번인 리 스스로의 활동성에 대한 긍정 여부다. 그리고 이 ④번에서 ①번과 ②·③번 쟁점이 차례대로 파생 전개되어 나왔다. 이것은 ④번 쟁점에 대해 어떤 태도를 취하는지가 ①번 쟁점에 대한 태도를 결정하였고, 이것이 결국 ②·③번 쟁점에 대한 태도까지도 결정하였음을 의미한다.

　　구체적으로 살펴보면, 이황의 경우 ④번 쟁점에서 리발을 긍정했기 때문에 ①번 쟁점에서 각각 리발과 기발을 통해 드러나는 사단과 칠정을 구별할 수 있었고, 이 사단과 칠정을 다시 리와 기에 분속할 수 있었으며, 사단의 선과 칠정의 선의 구분을 이론적으로 수용할 수밖에 없었던 것이다. 이와 대비해서 기대승의 경우 ④번 쟁점에서 리발을 부정하고 기발만을 긍정했기 때문에 ①번 쟁점에서 사단과 칠정을 모두 기발의 결과로 볼 수밖에 없었고, 따라서 사단과 칠정을 리와 기에 분속하거나, 사단의 선과 칠정의 선을 구별할 이유가 없었던 것이다.

　　이렇듯 쟁점 상호 간의 논리적 선후 관계에서 보자면, 논쟁의 당사자인 이황과 기대승의 시각은 '리 스스로의 활동성에 대한 긍정 여부'에 토대를 두고 있다고 말할 수 있다. 그렇다면 여기에서 다음과 같은 하나의 의문을 제기할 수 있을 것이다. 곧 도대체 '리 스스로의 활동성', 곧 '리발'이 어떤 의미를 함축하고 있기에 양자의 시각은 여기에서 갈라서고 있는 것일까? 이 의문에 대해 한 마디로 답한다면, '리발'은 도덕을 실천하는 주체와 그 주체의 성격에 대한 규정과 깊이 관련되어 있다고 말할 수 있다. 따라서 이 문제에 대해 어떤 태도를 취하는지에 따라 양자가 말하는 도덕과 그 도덕을 실천하는 주체의 성격이 달라지고 최종적으로는 양자의 시각이나 태도가 자연스럽게 다른 방향으로 향할 수밖에 없었던 것이다.

도덕실천의 내적 출발점이자 필연적인 도덕실천의 근거가 되는 도덕주체의 성립과 '리발'의 긍정은 밀접하게 관련되어 있다. 특히 여기에서 도덕주체란 단순히 '도덕을 실천하는, 곧 도덕적 덕목을 실현하는 주체'라는 평범한 의미를 넘어, 『맹자』에서 강조한 '본심'이면서, 현대적인 용어로 표현하자면 '도덕심'을 가리킨다. 그것은 경험적이거나 심리적인 의미의 심을 가리키는 것이 아니다. 도덕심 혹은 도덕주체의 긍정은 곧 자연적 성향 이외에, 인간에게는 또 다른 하나의 행위동기가 있음을 긍정하는 것이기도 하다. 결국 쟁점들 상호 간의 논리적 선후 관계에 주목해 보자면, ④번 쟁점의 '리발'문제, 곧 도덕주체의 긍정 여부가 가장 근원적인 측면에서 양자의 입장과 태도를 결정한 토대였다고 이해된다.

진체적으로 본다면 이황은 리발과 함께 사단과 칠정의 이질성을 긍정하면서 자연스럽게 도덕실천의 내적 근거가 되는 도덕주체(본심)와 함께 도덕실천에 있어서 도덕적 정감의 역할과 작용을 긍정할 수 있었다. 반면에 기대승의 경우 리발을 부정하고 기발만을 인정함으로써 사단과 칠정의 이질싱 역시 부정되었고, 동시에 도덕주체인 본심은 충분히 자리 잡지 못하였다. 그에게 있어서 행위의 주체인 심은 이질적으로 분리되어 있는 리(性)를 인식하여 그것을 정情으로 표현해 주는 매개자로서의 인식주체였다. 이와 같은 사실에서 볼 때, 이황과 기대승의 사칠논쟁에서 부각된 문제의식은 두 가지, 곧 '감정에 대한 신뢰 여부'와 '도덕주체의 확립 여부'인 것으로 이해된다.

4. 논쟁의 의의와 가치

앞에서 우리는 사칠논쟁이 일어나게 된 직접적인 계기와 그 배경에서 논의를 시작해, 논쟁의 전개과정과 그 과정에서 드러난 양자의 관점과 쟁점을 구체적으로 살펴보았다. 결국 이황과 기대승 사이에 전개된 사칠논쟁은 주자학에 대한 이해가 깊어가는 것과 동시에 드러나게 된 주자학에 대한 상이한 이해가 논쟁의 주요한 원인으로 작용하였다. 그리고 논쟁의 전개 과정에서 드러나는 양자의 상이한 관점이나 쟁점은 바로 이들의 주자학에 대한 이해가 얼마나 차별적인 것인지를 보여 주는 것이기도 하다. 이제 앞의 논의를 토대로 이 논쟁이 어떤 의의와 가치를 가지는지를 하나씩 확인해 보자.

사칠논쟁이 가진 의의와 가치를 이해하는 데 있어서는 다음과 같은 두 가지 측면을 구분해서 접근하는 것이 필요하다고 생각된다. 첫째는 사칠논쟁이라는 사건 자체가 가진 의의이고, 둘째는 논쟁에서 확인되는 이황과 기대승의 상이한 관점과 태도가 가진 의의와 가치가 바로 그것이다. 전자가 논쟁의 형식적인 측면, 곧 사칠논쟁의 역사적 의의와 관련된 것이라면, 후자는 논쟁의 내용적인 측면, 곧 철학적·사상적 의의와 관련된 것이라고 이해할 수도 있을 것이다. 아무튼 사칠논쟁 자체가 가진 의의와 이 논쟁에서 드러나고 있는 이황과 기대승의 입장이나 관점이 가진 의의는 분명히 다른 차원이라고 생각되며, 양자를 구분해서 이해할 필요가 있는 것이다.

먼저 사칠논쟁이라는 하나의 사건이 가진 역사적 의의와 가치에 대해 주목해 볼 때, 다음과 같은 몇 가지 측면이 부각될 수 있다고 생각된다. 그 가운데 무엇보다 먼저 확인되는 것은 이 사칠논쟁이 우리나라 성리학의 전개사에 있어서 본격적인 학술논쟁의 출발점이 되었다는 점이다. 물론 사칠논쟁 이전에, 조한보曺漢輔(忘機堂, ?~?)와 손숙돈孫叔暾(忘齋, ?~?) 사이에 전개된 '무극태극논쟁'이 있지만, 무엇보다도 성리학에 대한 이해에 있어서 조한보와 손숙돈은 아직 충실한 단계에 접어들지 못한 상태였고, 이 논쟁이 후대에 끼친 영향에 있어서도 사칠논쟁과는 비교할 수 없는 미미한 수준에 불과할 뿐이다. 이와 같은 측면에서 '무극태극논쟁'이 본격적인 학술논쟁의 출발점이 되었다고 볼 수는 없을 것이다. 반면에 사칠논쟁은 조선 성리학의 전개에서 본격적인 학술논쟁의 출발점이자, 그 전개 방향을 결정한 하나의 학문적 사건으로 자리매김될 수 있다.

13세기 중반 무신정권이 붕괴되면서 30년 동안 진행되던 몽고와의 전쟁이 끝나고, 이어서 왕권을 회복하고자 하는 새로운 젊은 왕 고려 원종의 즉위라는 역사적 전환기 속에서 주자학은 도입될 수 있었다. 그 뒤 약 200년은 주자학이 조선에 뿌리내리며 체계적인 이해의 단계로 접어들기에 충분한 시간이었다. 하지만 그 이해의 과정에서 주자학에 대한 상이한 이해 역시 필연적으로 동반되었다. 이 같은 상이한 이해의 결과는 사칠논쟁으로 드러났을 뿐만 아니라, 사칠논쟁 이후 조선 후기

300년 성리학의 전개 역시 바로 이 논쟁에서 드러난 문제의식의 계승이 자 심화의 과정이기도 하였다.

사칠논쟁을 이어서 제기된 '인심도심논쟁'이나 '인물성동이논쟁'은 모두 사칠논쟁이 보여 준 문제의식을 계승하고 심화하는 과정에서 자연스럽게 등장한 논쟁으로 이해할 수 있다. 무엇보다 '인심도심논쟁'이나 '인물성동이논쟁' 역시 사칠논쟁과 동일한 구도, 곧 리와 기의 차별성을 강조하는 시각과 리기의 상호의존성과 불가분리성을 강조하는 시각이 충돌한 것으로 이해할 수 있기 때문이다.

구체적으로 인심도심논쟁부터 살펴보면, 먼저 왜 인심과 도심에 대한 각기 상이한 시각이 등장해서 서로 논쟁을 벌일 수밖에 없었는지 그들의 문제의식에 주목할 때, 우리는 사칠논쟁에서 확인되는 똑같은 구도를 발견하게 된다. 이황에게서는 인심으로부터 도심의 독립성과 순수성을 확보하려는 그의 지향을 읽을 수 있고,15) 성혼成渾(牛溪, 1535~1598)과의 논쟁에서 이이李珥(栗谷, 1536~1584)는 인심과 도심이 사단과 칠정의 관계와 마찬가지로, 상호 전환되는 하나라고 주장한다.16)

이와 같은 구도는 인물성동이논쟁에서도 똑같은 모습으로 등장한다. 인물성동론을 주장하는 낙론의 경우 기로부터 독립해 그 순수성을 지켜내는 리를 인정하는 시각이라면, 인물성이론을 주장하는 호학은 리와 분리되지 않는 기, 그리고 그 기의 리에 대한 영향력을 인정하는 입장이다.17)

---

15) 李滉, 『退溪先生文集』, 권36, 「答李宏仲問目」, "而又謂之人心道心者何也. 人心七情是也, 道心四端是也. 非有兩箇道理也."

16) 李珥, 『栗谷全書』, 권10, 「答成浩原」, "人心道心雖二名, 而其原則只是一心. 其發也或爲理義, 或爲食色, 故隨其發而異其名."

이렇게 놓고 본다면, 사칠논쟁과 함께 조선 성리학의 3대 논쟁이라고 할 수 있는 인심도심논쟁, 인물성동이논쟁이 모두 근원적으로는 사칠논쟁에서 드러나고 있는 상이한 두 가지 시각, 혹은 주자학에 대한 상이한 이해에 토대를 둔 문제의식으로부터 등장한 것이라고 해도 크게 틀린 말은 아닐 것이다. 따라서 전체 조선 후기 300년 성리학의 전개는 사칠논쟁에서 확인되는 두 가지 상이한 관점에 의해 그 방향과 내용이 결정되었다고 말할 수 있는 셈이다.

둘째로 이처럼 사칠논쟁에서 드러난 두 가지 상이한 관점은 또 다른 한편으로 민족사에 보기 드문 학파의 형성과 활동이라는 값진 성과를 낳았다. 흔히 퇴계학파와 율곡학파, 영남학파와 기호학파 등으로 지칭되는 학파의 형성과 그 활동은 사칠논쟁에서 확인되는 관점의 차이에 토대를 두고 있을 뿐만 아니라, 학파의 생성과 분화 역시 사칠논쟁, 혹은 그것에서 확인되는 관점과 지향에 뿌리를 두고 있다. 물론 기대승의 경우 학파의 형성에 직접적인 역할을 수행한 것은 아니다. 하지만 그의 관점이 사실상 이이의 시각과 크게 구별되지 않는다는 측면에서 보자면, 결국 이황과 기대승의 사칠논쟁이 학파의 형성과 활동을 낳은 주요한 계기가 되었다는 점에서 큰 의의와 함께 가치를 가진다고 이해할 수 있다.

셋째로 사칠논쟁이 가진 의의는 '사유의 진보 혹은 확장'이 이루어지고 확인된다는 것에서 찾을 수 있다. 사칠논쟁과 같은 이론적 논쟁이

---

17) '사칠논쟁'과 '인심도심논쟁', '인물성동이논쟁'의 관련성에 대한 보다 자세한 분석은 김기주, 「사단칠정논쟁으로부터 심즉리로 ― 사단칠정논쟁에 대한 화서·노사·한주의 결론」, 『퇴계학논집』 제15호(영남퇴계학연구원, 2014), 353~355쪽의 내용을 참고할 것.

시작되어 광범위하게 영향을 끼치기 시작했다는 것은 이론적이고 추상적인 사유, 형이상학적 사유가 충분하게 진행되었다는 것을 의미한다. 흔히 한국불교의 특징을 몇 가지로 요약하면서 그 가운데 하나로 실천적인 특징을 제시하지만, 이것은 또 다른 측면에서 보자면 아직 이론적인 사유 혹은 추상적이고 형이상학적 사유를 충분하게 진행하지 못했기 때문이라고 말할 수도 있다. 초기 사림파에서 『소학』과 함께 실천이 강조되었던 까닭 역시 동일한 선상에서 이해할 수도 있을 것이다. 이러한 사실과 비교해 보자면, 사칠논쟁이라는 이론적 논쟁의 시작은 이제 본격적으로 추상적이고 형이상학적 사유를 수행할 수 있게 되었음을 의미한다. 우리의 학술사에서 구체적 사유로부터 추상적 사유로의 한 단계 도약이 바로 이 사칠논쟁을 통해 이루어졌던 것이고, 이것은 사칠논쟁이 가진 중요한 의의 가운데 하나로 꼽을 수 있을 것이다.

사칠논쟁 자체가 가진 역사적 의의와 가치를 이처럼 세 가지 측면에서 정리할 수 있다면, 이제 두 번째 측면, 곧 사칠논쟁에서 드러난 이황과 기대승의 관점이나 태도에는 어떤 의의와 가치가 있는지를 살펴보자. 이것 역시 최소한 다음과 같은 세 가지 측면에서 그 의의를 정리해 볼 수 있을 것이다.

무엇보다 먼저 확인되는 의의는 양자의 상이한 시각으로부터 이들이 위치해 있는 주자학적 좌표를 확인할 수 있다는 점이다. 주지하듯이 주자학은 철저하게 도덕실천의 가능 근거와 방법을 탐구하고 있고, 또 그와 같은 도덕실천을 통해 인간으로의 완성, 곧 성인이 될 수 있다고 주장한다. 이와 같은 측면에서 보자면 주자학을 구성하고 있는 모든 이론 체계는 도덕실천 혹은 성인됨이 어떻게 가능한지 그 근거와 방법에 대한 설명이라고 이해할 수 있다. 그런데 이황과 기대승의 시각이 함축하고 있는 지향에서 보자면, 전자는 주자학의 본래 목표와 정신, 후자는 주자학의 이론체계에 충실했다는 사실을 '감정'에 대한 이들의 태도에서 읽어낼 수 있다. 앞에서 살펴봤듯, 사칠논쟁은 사단과 칠정으로 구분되는 정情, 곧 인간의 감정 혹은 감성에 대한 신뢰 여부가 핵심 주제 가운데 하나였다. 이것은 도덕실천에 있어서 인간의 감정이 어떤 역할을 수행할 수 있는지 그리고 그 역할을 신뢰할 수 있는지와 관련된 것이기도 하다. 이황은 인간의 감정 가운데 일부(사단)에 대해 신뢰하는 태도를 취하였다면, 기대승은 그와 같은 태도를 용납할 수 없었다.

이황이 리발에 대한 긍정과 함께 감정의 일부에 대해 신뢰하는 태도를 보인 것에서, 우리는 도덕주체가 도덕적 판단만을 주관하는 것이 아니라, 행위로 이어지는 실천의 주체가 되어야 한다는 문제의식을 확인할 수 있다. 반면 기대승에게 있어서 감정은 결과로 드러난 것일 뿐, 그 자체가 도덕의 실천적 토대가 될 수는 없었다. 기대승에게 있어서 사단과 칠정은 표현되고 드러난 인간의 모든 감정을 가리킨다면, 이황의 경우 사난은 도덕적 행위를 유발하는 토대이자 그것의 표현이었고, 칠정은 사단을 제외한 인간의 모든 감정적 표현을 가리켰던 것이다.

이처럼 주자학과의 관련성 속에서 이황과 기대승의 시각이나 태도 속에 함축되어 있는 철학적 의미를 살펴볼 때, 주자학의 본래 목표를 보다 징확하게 이해하고 그것의 실현을 위해 노력했던 사람은 주자학의 틀을 깨고 리의 작용성을 강조한 이황이었다. 반면 주자학의 이론체계에 대한 정교한 이해는 기대승에 의해 이루어졌다고 말할 수 있다. 즉 이황은 리의 작용성에 대한 긍정을 통해 주자학이 충분히 확립하지 못하였던 도덕주체와 그 도덕주체가 스스로를 실현할 수 있는 동력을 확보하고자 하였다면, 기대승은 주자학의 기본적인 구도에 충실하고 그 것을 시종 관철시켰다고 이해할 수 있는 것이다.

둘째로 이들 양자의 시각에서 우리는 중국의 주자학과 구분되는 조선 주자학의 성립, 혹은 그것을 향한 지향을 확인할 수 있다. 사칠논쟁은 물론 사단칠정에 관한 리기론적 논의라고 이해할 수 있지만, 그 무게중심은 리기론에 있는 것이 아니라 오히려 사단과 칠정을 중심으로 하는 심성론에 있다. 여기에서 우리는 리기론 중심의 주자학적 틀에서 벗어나 심성론 중심으로 논의의 축이 옮겨 오면서, 리기 관계 역시 심성론을 설명하기 위해 새롭게 규정되는 모습을 확인할 수 있다.

리를 존재법칙과 도덕법칙의 통합으로 보는 것이 주자학적 시각이라면, 사칠논쟁에서 리는 존재법칙으로서의 소이연보다는 도덕법칙으로서의 소당연의 비중이 그만큼 강화되고 있는 것이다. 특히 주자학의 출발점이나 무게중심이 리기론에 있었다면, 사칠논쟁에서 리기설은 그 자체가 중심이 되는 것이 아니라 심성론적 논의를 위한 토대를 제공해 주고 있을 뿐이다. 그것은 이황과 기대승의 사칠논쟁이 인간의 행위, 곧 도덕행위를 설명하고 이해하기 위한 노력이라는 점에서 확인된다. 그런 의미에서 사칠논쟁에서 확인되는 양자의 시각은 주자학을 구성하는 중심 구도를 리기론으로부터 심성론으로 이동시키면서 조선 주자학의 지향이나 특징을 확정해 간 것으로 이해할 수 있다. 사칠논쟁에서 리기론은 더 이상 우주의 생성과 변화를 설명하기 위한 틀이 아니었다. 그리고 더 이상 우주론적 해명을 목표로 하지 않는 리기론이라는 측면에서 보자면, 그것은 심성론을 위한, '심학화된 리기론'이라 부를 수도 있을 것이다. 그리고 이것은 이후 조선 주자학의 기본적인 특징이자 지향으로 이해될 수 있을 만큼 확실한 하나의 흐름으로 자리 잡았던 것이다.

셋째로 양자는 비록 상이한 관점에 토대를 두고 논쟁을 전개하였지만, 사실상 이들이 고민한 것은 결국 하나였다. 그것은 다름 아닌 도덕의 문제였다. 이황은 리발에 대한 긍정과 함께 도덕주체를 확정함으로써 자율적인 도덕의 기초를 마련할 수 있었다면, 기대승의 경우 비록 후천적인 공부를 통한 최종 목표는 이황과 다르지 않았지만 직접적으로 도덕주체가 세워지는 것은 아니었다. 이처럼 이들이 추구한 도덕이 온전히 동일한 내용이나 모습이 아니었다는 사실, 즉 개인적인 문제의식이나 시대적인 상황에 따라 각기 다른 모습의 도덕을 제시해 보여 주고 있다는 사실도 중요한 의미를 갖는다고 생각된다. 각각의 시대마다 혹은 각각의 사람마다 다른 형식의 도덕을 필요로 할 수 있다는 사실을 이들의 시각에서 발견하기 때문이다. 동일한 도덕적 가치를 완전히 다른 방식으로 성취할 수 있는 가능성도 바로 여기서 확인할 수 있다.

지금까지 사칠논쟁이 가진 의의와 이 사칠논쟁에서 확인되는 논쟁 당사자들의 시각이 가진 의의를 구분하여 살펴보았다. 사칠논쟁 자체가 가진 의의는 무엇보다 그것이 본격적인 학술논쟁의 출발점이 되면서 조선 후기 300년 성리학의 전개 방향이 바로 이 논쟁에 의해 결정되었다는 점과 함께 사칠논쟁이 본격적인 학파의 등장과 활동의 주요한 계기가 되었다는 사실, 그리고 사칠논쟁으로부터 구체적인 사유로부터 추상적인 사유로의 전환이 광범위하게 이루어졌다는 점 등에서 확인할 수 있었다.

반면에 논쟁의 당사자들이 보여 주고 있는 시각이 가진 의의에서는 첫째로 주자학과의 비교에서, 양자의 주자학적 좌표가 확인될 뿐만 아니라, 그것으로부터 이들의 철학적 목표가 이해된다는 것이다. 둘째는 양자의 입장이나 시각에는 리기론으로부터 심성론으로 논의의 축이 옮겨오고 있다는 사실이 함축되어 있고, 이 점이 이후 조선 주자학의 주요한 특징으로 자리 잡았다는 사실도 주요한 의미를 가진다고 생각된다. 그리고 끝으로 비록 양자가 상이한 시각을 제시하며 논쟁을 전개하였지만, 결국 이들 양자의 시각이 추구한 궁극적인 목표는 도덕에 있었다는 점 또한 이들의 상이한 관점이 가진 중요한 의의 가운데 하나였다.

5. 인간과 세계에 대한 더 깊은 성찰을 향해

사칠논쟁의 직접적인 계기와 배경들, 그것을 이어서 이 논쟁의 핵심적인 쟁점과 당사자들의 상이한 관점, 그리고 마지막으로 이 논쟁이 가진 의의와 가치를 살펴보았다. 이제 앞의 논의를 정리하는 것으로 우리의 논의를 마무리해 보자. 이미 언급하였지만, 이황과 기대승이라는 두 인물, 곧 경상도 예안의 이황과 전라도 광주의 기대승에 의해, 직간접적으로 관련된 10편 내외의 서한을 주고받으며 8년 동안 진행된 사칠논쟁은 조선 후기 300년 성리학의 전개 방향을 결정한 하나의 학문적 사건이었다. 조선 후기 성리학의 전개는 바로 이 사칠논쟁에서 제기된 여러 문제의식의 계승이자, 그것이 확장해 가는 과정이었다. 이것은 우리에게 많은 것을 시사해 보여 준다. 그 중에서도 특히 다음과 같은 두 가지 측면은 주목할 필요가 있다고 판단된다.

첫째, 학문적 발전 역시 학문적 교류를 통해 이루어진다는 상식을 이곳에서도 확인할 수 있다는 점이다. 그리고 특히 사칠논쟁과 같은 학문적 교류가 예안의 이황과 광주의 기대승에 의해 진행되었다는 사실로부터 더욱 부각되는 것은 이들이 연배나 지역적 차이를 뛰어 넘어 학문적 논쟁을 진행하였고, 그 결과 수백 년에 걸쳐 학문적으로 혹은 사회적으로 영향을 끼치게 되었다는 점이다.

32세로 갓 과거에 급제한 신진학자와 58세의 성균관대사성으로 있던 원로 학자 사이에, 그것도 멀고 먼 물리적 거리를 무릅쓰고 진행된 논쟁은 결코 그들의 사회적 지위에 따라 일방적으로 진행되지 않았다. 오히려 늘 궁핍한 논리에 초라해지는 것은 이황 쪽이었다. 그만큼 신진학자의 논리는 예리했고, 주저함이 없었다. 이들의 논쟁에는 어떤 학문 외적인 사회적 조건들이 문제되지 않았던 것이다. 이것은 오늘날 우리의 논쟁이 어떤 모습이어야 하는지 되돌아보게 한다.

둘째는 이들 양자의 도덕적 탐색과 관련되어 있다. 결국 이들이 사단과 칠성을 중심으로 논쟁을 벌인 것은 도덕의 근원과 함께 그 실천적 힘을 찾아가는 탐색의 길이기도 하였다. 이 논쟁이 비록 양자의 관점에 있어서 근원적인 변화 없이 마무리되었지만, 이들 두 학자가 탐색해 간 도덕의 방향에서 어느 한쪽이 잘못된 것이거나 오류가 있는 것이라고 생각되지는 않는다. 현실적 도덕이 있다면, 이상적 도덕도 있을 것이기 때문이다.

모든 사람이 자각적인 도덕실천을 할 수 있는 상황은, 물론 가장 기대하는 이상적인 상황이겠지만, 현실에서 이와 같은 이상적인 상황이 저절로 이루어질 것이라 기대하는 것도 쉽지는 않을 것이다. 이황과 기대승의 관점은 바로 이 지점에서 나누어졌다고 생각된다. 이황은 이상적인 상황에 대한 강한 열망을 보여 주었다면, 기대승은 이상이 실현되는 현실을 깊이 고려하고 있다. 이들이 보여 준 차이는 그들 개인의 성향이나, 그들이 살아간 사회 환경, 그리고 그 사회 환경을 바라보는 개인의 시각 차이로부터 비롯된 것일 수도 있을 것이다. 다만 이 모든 시각이 인간과 세계를 더욱 깊이 있게 이해하고, 성찰할 수 있도록 하는 힘을 가지고 있다면 그것으로 족하다는 생각을 하게 된다.

전체적으로 보자면, 개인적인 의견의 제시와 의문의 제기로부터 시작된 사칠논쟁은 비록 그 내용에 있어서 논쟁 당사자의 입장에 별다른 변화를 불러 오지 못하고 마무리되었지만, 이후 조선 성리학의 흐름에서는 막대한 영향을 끼쳤고, 더 깊은 철학적 사유로 사람들을 인도하였으며, 이것은 오늘날 우리라고 예외가 되지는 않는다. 이것이 이황과 기대승 사이에 진행된 사칠논쟁이 가진 진정한 의의와 가치가 될 것이다.

【참고문헌】

李滉, 『退溪先生文集』.
奇大升, 『高峯集』.
李珥, 『栗谷全書』.

민족과사상연구회, 『사단칠정론』, 서광사, 1996.
윤사순 편저, 『퇴계 이황』, 예문서원, 2002.
李明輝, 『四端與七情 ― 關於道德情感的比較哲學的探討』, 臺灣大學出版中心, 2005.

陳俊民 校訂, 『朱子文集』, 財團法人德富文敎基金會, 2000.

김기주, 「사단칠정논쟁으로부터 심즉리로 ― 사단칠정논쟁에 대한 화서, 노사, 한주의
　　　결론」, 『퇴계학논집』 제15호, 영남퇴계학연구원, 2014.
＿＿＿, 「한주 이진상의 리기설 ― 리발일도설을 중심으로」, 『한국학논집』 제60집, 계
　　　명대학교 한국학연구원, 2015.
이상은, 「사칠논변과 대설·인설의 의의 ― 퇴고논쟁의 초점을 찾아서」, 『아세아연구』
　　　제16집, 고려대학교 아세아문제연구소, 1973.
최영진, 「한국유학의 특성에 대한 한 가지 단상」, 『철학과 현실』 제66집, 철학문화연구
　　　소, 2005.
한자경, 「사단칠정론에서 인간의 성과 정 ― 퇴계의 대설과 고봉의 인설의 차이를 논함」,
　　　『철학연구』 제68집, 철학연구회, 2005.

제2장 이황과 기대승의 사칠왕복서에 대한 내용 분석

이기훈

1. 사칠왕복서 내용 분석의 필요성

조선시대에 수많은 학술 논쟁이 펼쳐졌지만 대표적인 학술적인 논쟁을 단 하나 뽑으라고 한다면 이황李滉(退溪, 1501~1570)과 기대승奇大升(高峯, 1527~1572) 사이에서 벌어진 '사단칠정논쟁四端七情論爭'(이하 사칠논쟁으로 약칭)이라 하는 데 이의를 제기할 사람은 별로 없을 것이다. 사칠논쟁은 이후 조선 시기 학술 논쟁의 시초라고 할 수 있다. 이 논쟁을 통해 사단四端과 칠정七情, 리理와 기氣, 심心과 정情에 대한 분석은 매우 정미해졌다. 더욱이 이 논쟁은 단순한 논리적 논쟁이 아니라 인간이 지닌 선善을 확보하는 데 그 논쟁의 의의가 있다고 할 수 있다. 즉 주희朱熹보다 더 적극적으로 인간의 선을 확보하려 한 것으로, 동양 윤리학의 진일보한 발전이라 할 수 있는 논쟁이다.

이황과 기대승의 사칠논쟁이 차지하는 위상에 걸맞게 오늘날 이에 대한 연구의 성과물도 상당히 많고, 그 심도 역시 대단히 깊다고 할 수 있다. 이 글은 이렇게 방대한 연구 성과물들을 종합하지도 못할 뿐더러 뛰어넘지도 못한다. 사실 이 글의 목적은 함께 기획된 다른 주제들을 쉽게 읽도록 하기 위해 사칠논쟁의 중요 맥락을 체계적으로 정리하고 분석하는 것이다. 따라서 논거를 들어 특정한 주장을 제시하지는 않는다. 또 최대한 기존의 주관적 관점이나 해석을 배제하고, 이황과 기대승이 주장하는 내용을 문자적 입장에서만 충실히 압축하고 정리하려 한다.

그러므로 이 글을 통해서 얻고자 하는 것은 사칠논쟁의 핵심에 대한 '목록 작성'이라 할 수 있다. 사칠논쟁의 핵심 목록을 작성할 때 사용할 기준이 되는 책은 기대승의 『고봉전서高峯全書』에 실린 「양선생사칠리기왕복서兩先生四七理氣往復書」(上篇, 下篇)이다. 물론 필요에 따라 『퇴계집退溪集』에 실린 것도 함께 살펴볼 것이지만 기준자료를 「양선생사칠리기왕복서」로 택한 것은 이것이 오로지 사단칠정의 문제만을 논한 것이고, 또한 학계에서 일상적으로 사용하는 판본이기 때문이다. 「양선생사칠리기왕복서」는 실질적으로 다른 편지와 함께 부쳐진 별지別紙 혹은 작은 책자의 형태이다. 구체적으로 편지를 보내고 받은 날짜나 안부 등에 관한 내용은 『고봉전서』 「양선생왕복서兩先生往復書」(제1권, 제2권, 제3권)와 『퇴계집』 권16~17 사이에 나온다. 그리고 왕복서를 1·2·3서로 구분한 것은 『퇴계집』이기에 그것은 『퇴계집』을 따른다. 아울러 필요한 경우 1·2·3서 이외의 편지들도 참조할 것이다.

2. 사칠논쟁의 발단 ― 이황이 기대승에게 주는 편지(退溪與高峯書)

　이황과 기대승 사이에서 전개된 사칠논쟁의 단초는 정지운鄭之雲(秋巒, 1509~1561)이 자신의 「천명도설天命圖說」에서 말한 "사단은 리에서 발하고, 칠정은 기에서 발한다"(四端發於理, 七情發於氣)는 말을 1553년 이황이 "사단은 리가 발한 것이고, 칠정은 기가 발한 것이다"(四端理之發, 七情氣之發)라고 고쳐 준 것에서 연유한다.

　그런데 실질적인 논쟁의 시작은 6년 후인 1559년 1월 5일[1] 이황이 기대승에게 쓴 편지인 「퇴계여고봉서退溪與高峯書」에서 시작한다. 이황은 이 편지에서 다음과 같이 말하였다.

> "사단이 발한 것은 순리이기 때문에 불선함이 없고, 칠정이 발한 것은 기를 겸하기 때문에 선도 있고 악도 있다"라고 고쳐 말한다면 병폐가 없을는지 모르겠소.[2]

　이황이 정지운의 「천명도설」을 수정한 후, 소장 학자들을 중심으로 이에 대한 지속적인 논란이 있었던 듯하다. 그 중에서도 특히 기대승은

---

1) 『高峯全書』「兩先生往復書・上退溪先生」에는 "저는…… 지난달 18일에 보내주신 1월 5일의 서신과 달력을 받았습니다"(大升……去月十八日, 伏奉先生所惠, 正月初五日手書一幅, 倂曆日一部)라고 되어 있어 이황이 편지를 쓴 날과 기대승이 편지를 받은 날이 기록되어 있다.

2) 『高峯全書』「兩先生往復書・上退溪先生」, "四端之發純理, 故無不善, 七情之發兼氣, 故有善惡. 未知如此下語無病否." 기대승의 『高峯集』「兩先生四七理氣往復書」 부분은 원문을 노출하도록 하겠다. 아울러 이 부분은 『退溪先生文集』(『韓國文集總刊』, 이하 『退溪集』으로 통일) 권16 「書」에 나오는데, 보낸 연도가 己未(1559)라고 되어 있다. 『高峯全書』에는 이 편지가 부분적으로 인용되어 있으나, 『退溪集』에는 모든 부분이 실려 있다.

이황을 직접 찾아와 질정을 구하며 문제를 제기하였다. 이후 이황은 좀 더 분명하게 설명할 필요가 있음을 깨닫고 문구를 수정하였고, 자신이 세운 명제가 충분히 오해를 불식시킬 수 있을지 그렇지 않은지를 기대승에게 물은 것이다. 그리고 이 편지에 대해 기대승이 장문의 반박을 하는 것으로 사칠논쟁이 시작된다.

3. 사칠논쟁 제1서[3]

1) 기대승의 답변: 고봉상퇴계사단칠정설高峯上退溪四端七情說[4]

이황의 편지를 받은 기대승은 한마디로 "제 생각에는 아직 완전치 못한 듯합니다"(愚意亦恐未安)라고 자신의 의견을 말하며 그 이유를 세세하게 설명하였다. 그는 우선 성정론性情論의 측면에서 사단과 칠정이 모두 동일한 '정情'임을 말하였다. 이는 이황 역시 인정하는 것이었다. 그런데 이렇게 모두가 '정'인 사단과 칠정이 각각의 이름으로 나뉘는 것은 '가리켜 말하는 것이 다른 것'(所就而言之者不同)일 따름이며, 따라서 사단과 칠정을 선악으로 확연하게 구분할 수 없다고 말하였다. 다시 말해 기대

---

3) 이황과 기대승의 사칠논쟁을 보통 1, 2, 3서라고 구분을 하는데, 이는 『退溪集』 편지 제목인 '答奇明彦'아래에 소주로 '論四端七情第○書'로 구분이 되어 있기 때문이다. 『高峯全書』에는 1, 2, 3서의 구분이 없이 '사칠리기'에 관한 편지를 시간 순서로 배열하고 있다.

4) 이 부분은 『退溪集』 권16 「答奇明彦 論四端七情第一書」에 이황의 1서가 먼저 나오고 '附奇明彦非四端七情分理氣辯'이라고 부기되어 있다.

승은 사단과 칠정은 본질적으로 같은데, 현상적인 상태가 다를 뿐이라고 주장하는 것이다.

> 성性이 발하자마자 기의 영향을 받지 않고 본연의 선善이 곧바로 이루어지게 되는 것이 바로 맹자가 말한 사단인 것입니다. 이는 진정 순수하게 천리天理가 발한 것이지만, 칠정의 바깥을 벗어날 수 있는 것은 아닙니다. 이는 곧 칠정 가운데에서 발하여 절도에 딱 들어맞는 것의 중요한 맥락입니다. 따라서 사단과 칠정을 상대지어 말하면서 '순리純理'니 '겸기兼氣'니 하는 것이 가하기나 하겠습니까?[5]

기대승이 말하고자 하는 것은 리理와 기氣를 실제의 사물이나 행동에서 구별할 수 없다는 것이다. 물론 기대승 역시 형식적이고 논리적인 차원에서 리와 기가 구분이 됨은 인정하였다. 그러나 이것은 어디까지나 형식적이고 논리적인 것일 따름이지 현실은 리와 기의 합合으로 이루어져 있고, 사물이 유행하거나 발현할 때는 기가 주도적일 수밖에는 없다는 것이다. 기에는 지나침과 모자람(過不及)이 있기 마련인데, 기가 발현할 때 악惡은 바로 이 지나침과 모자람 때문에 생기는 것이다. 이에 반해 선善은 이 기가 지나침과 모자람 없이 곧장 본연의 천명天命이 드러나는 것을 말한다. 따라서 기대승은 사단과 칠정을 리와 기로 각각 분속시킬 수 없다고 주장하며, 리가 기를 벗어날 수 없는 것이라고 말한다.

---

5) 『退溪集』, 권16, 「答奇明彦 論四端七情第一書」, "性之乍發, 氣不用事, 本然之善, 得以直遂者, 正孟子所謂四端者也. 此固純是天理所發, 然非能出於七情之外也. 乃七情中發而中節者之苗脉也. 然則以四端七情, 對擧互言, 而謂之純理兼氣可乎?"

2) 이황의 반론: 퇴계답고봉사단칠정분리기변退溪答高峯四端七情分理氣辯

이황은 자신의 제1서를 보내면서 동시에 한 통의 편지를 보낸다. 이 편지에서 기대승이 보낸 1서에 대한 이황의 총괄적인 평가와 편지를 쓴 날짜를 알 수 있다.

> 보여 준 사단과 칠정의 학설은 그 조예 또한 깊다고 말할 수 있소. 그러나 내 어리석은 생각으로 헤아려 보면 높고 밝은 배움으로 정대하고 넓은 경지를 보신 것이 있으나 오히려 세밀하고 정미한 깊은 곳을 관통하지 못하오. 공의 마음가짐이나 행동은 트여 있고 훤한 뜻에서 얻은 것이 많으나 오히려 수렴하고 응취하는 공부는 부족한 것 같소. 그러므로 언설로 표현하는 것은 매우 조예가 깊으나 이론의 출입에 모순이 있는 병폐를 면하지 못하오.…… 1559년 10월 24일, 병든 몸으로 이황 드림.6)

이황은 한마디로 기대승에 대해 공부가 부족하다고 말하고 있다. 그런데 이황의 제1서에 대해 본문 글자의 출입은 없으나 『퇴계집』과 『고봉집』 간에 차이가 명확한 부분이 있다. 그것은 『퇴계집』에서는 절節을 구분하지 않는데, 『고봉집』에서는 작은 각주로 '우제○절右第○節'이라 하여 본문을 구분하고 있으며, 이황의 1서를 총 12절로 구분하여 기록하였다. 이는 기대승이 제2서를 보낼 때 자신이 나눈 절목에 따라 이황

---

6) 『高峯全書』, 「兩先生往復書」, 제1권, "而所示四端七情說, 其所造亦可謂邃矣. 然而自愚揆之, 高明之學, 有見於正大廣博之域, 而或未融貫於細密精微之蘊也. 其處心制行, 多得於疎達曠坦之意, 而尚欠於收斂凝定之功也. 故其發爲言論者, 雖甚超詣, 而或不免有出入矛盾之病.……嘉靖己未陽月二十四日, 病人溈拜." 『退溪集』도 이와 내용은 같으나, 이황이 기대승에게 편지 끝에서 인사를 하는 안부 부분과 날짜가 빠져 있다.

의 주장을 반박하기 위해 그러한 듯하다.

이황은 자신의 1서에서 기대승을 반박하는데, 그 논리는 기대승의 말과 똑같이 '가리켜 말하는 것이 다른 것'(所就而言之者不同)이기 때문에 오히려 그 결과는 사단과 칠정이 각기 리와 기로 구분될 수 있다는 것이었다. 결국 이 차이는 '연원한 근원'(所從來), '가리키는 것'(所指), '주된 것'(所主), '중점을 둔 것'(所重)의 차이를 야기한다고 하였다. 이황은 자신의 논리를 정당화하기 위해 '본연지성本然之性'과 '기질지성氣質之性'의 예를 들었다. 즉 똑같은 '성'이라 하더라도 본연지성과 기질지성으로 구분될 수 있는 것처럼, 모두가 '정'이기는 하지만 사단과 칠정 역시 리와 기로 구분이 될 수 있다는 것이다. 그는 자신의 1서에서 결론과 같은 말을 한다.

합하면 하나가 되지만 실제로 서로가 섞이지 않는다.[7]

즉 사물에 있어서 리와 기는 '불상리不相離' 즉 서로 나뉘지 않고 하나로 있기는 하지만, 본질적으로는 '불상잡不相雜' 즉 리는 기와 결코 섞이지 않는다는 것이다. 또한 이황은 결정적으로 자신의 주장을 확고히 할 수 있는 증거를 찾았다.

근래 『주자어류朱子語類』에서 맹자의 사단을 논한 마지막 한 조條를 보니, 바로 이 일에 대한 논의였소. 그곳에서 "사단은 리가 발한 것이고, 칠정은 기가 발한 것이다"라고 말하였소.[8]

---

7) 『高峯全書』, 「兩先生往復書」, 제1권, "合而爲一而實歸於不相雜."

이황은 주자학의 종사인 주희의 말에 비추어 보아도 사단과 칠정을 리와 기로 분리한 자신의 말이 옳다고 보았다. 결국 이황은 스승(주희)의 말로 논의의 결론을 내자고 기대승에게 제안을 한다.

3) 제1서들의 핵심 주장

기대승과 이황이 주고받은 제1서에서 각각의 주장은 명확하게 드러난다.『퇴계집』에서는 기대승의 제1서를 '기명언비사단칠정분리기변奇明彦非四端七情分理氣辯'이라고 하였다. 즉 기대승의 주장은 사단과 칠정을 리와 기로 각기 분속시킬 수 없다는 것이다. 이에 반해『고봉전서』에서는 이황의 제1서를 '퇴계답고봉사단칠정분리기변退溪答高峯四端七情分理氣辯'이라고 하였는데, 이는 사단과 칠정을 각기 리와 기로 분속시킬 수 있다는 것이다. 이후 제2서와 제3서는 사실 각자의 주장에 대한 논증을 확대하는 과정이라 볼 수 있다.

---

8)『退溪集』, 권16, 「答奇明彦 論四端七情第二書」, "近因『朱子語類』論孟子四端處末一條, 正論此事. 其說云, '四端是理之發, 七情是氣之發.'"

4. 사칠논쟁 제2서

1) 이황의 1서에 대한 기대승의 반박: 고봉답퇴계논사단칠정서
高峯答退溪論四端七情書

앞서 말했듯이 기대승은 이황이 보낸 사칠논쟁 제1서를 12절로 구분하였다. 이렇게 12절로 구분한 후 일일이 대응하여 그와 관련된 재논의를 펼치고 또 반박을 하기도 하였다. 이 과정에서 선대의 학설과 이론을 끌어들임으로써 논의는 매우 풍부해졌고, 그만큼 편폭도 길어졌다. 사칠논쟁왕복서를 통틀어 제2서의 분량이 가장 많다. 비록 각자의 입장은 크게 달라지지는 않았지만 논의의 과정에서 특히 이황은 자신의 학설을 유명한 언설로 확립을 한다.

먼저 기대승은 이황이 제1서 12절에서 인용한 주희의 말에 대해 해명을 해야 했다. 물론 이것은 기대승의 제2서 12절에서 언급하고 있으나, 사실은 제1절부터 기대승 역시 적극적으로 주희의 말을 인용하여 논의를 펼치고 있다. 그는 '사단은 리가 발한 것이고 칠정은 기가 발한 것'이라는 이황의 주장이 비록 주희에게도 있지만 이 말에는 곡절이 있으며, 이황이 사용한 심心·성性·정情에 대한 개념이 분명치가 않다고 주장하고 있다. 그러나 그 와중에 이황이 인용한 주희의 말 때문에 기대승은 '리발理發'은 인정하고 '기발氣發'은 인정하지 않게 되었다.[9] 그러

---

9) 기대승은 제2서에서 "'리가 발한 것이다'라고 말씀하신 것들은 진실로 바꿀 수 없는 것이지만 '기가 발한 것이다'라고 말씀하신 것은 기만을 가리켜 말씀하신 것은 아닙니다"라고 하여 理發만 인정하고 있다.

면서 "사단과 칠정을 포괄적으로 논할 때, 사단은 리에서 발하고 칠정은 기에서 발한다는 것이 꼭 안 될 것은 없습니다"(盖泛論四端七情, 而曰四者發於理, 七者發於氣, 固無不可矣)라고 하여 이황의 논의를 큰 틀에서는 인정하였다. 그러나 세부적으로 들어가 기대승은 주희 및 여러 송대 학자들의 심·성·정에 대한 이론을 기술하는데, 특히 정에 관한 이론을 많이 말하였다. 이는 주희의 말과 이황의 말이 형식적으로는 동일하다고 하더라도 그 의미에 있어서는 다르다고 반박하기 위한 것이었다. 즉 주희는 '정'에 대한 규정이 명확하므로 아무런 문제가 없지만 이황에게는 문제가 발생한다는 것이다.

> 사단과 칠정을 짝지어서 말하고 「천명도」에 그렇게 표시하여 어떤 것은 선하지 않은 것이 없고 어떤 것은 선도 있고 악도 있다고 말한다면 사람들은 이를 보고 두 가지 정이 있는 것처럼 생각하게 될 것입니다. 비록 두 가지 정이라고 의심하지 않는다고 하더라도 정 가운데 두 가지 선이 있어 하나는 리에서 발하고 하나는 기에서 발한다고 의심하게 될 것이니 이 역시 온당하지가 않습니다.[10]

기대승은 심성이 합쳐진 것 또한 성이 발하여 정이 나오므로 이 정은 리와 기가 섞여 있다고 말하였다. 자사子思가 말한 칠정七情은 정의 전체를 말한 것이고, 맹자가 말한 사단은 선한 부분만 말한 것이기 때문에 또한 사단과 칠정을 각기 리와 기에 분속시킬 수 없다고 말하였다.

---

10) 『高峯全書』, 「四七理氣往復書」, "盖以四端七情, 對擧互言, 而揭之於圖, 或謂之無不善, 或謂之有善惡, 則人之見之也, 疑若有兩情. 且雖不疑於兩情, 而亦疑其情中有二善, 一發於理, 一發於氣者, 爲未當也."

그리고 이황이 제1서에서 말한 '소종래所從來'가 다르다는 것 역시 정이 발하여 절도에 맞는가(中節) 맞지 않는가(不中節) 하는 문제라고 하였다. 이는 소주所主, 소중所重 역시 이미 발한 정의 중절中節과 부중절不中節의 문제로 보고 있는 것이다. 이는 이황의 논의와 완전히 배치되는 것이다. 그러면서 기대승은 한 걸음 더 나아가 "사단이 발한 것에도 절도에 맞지 않는 것이 있다"(四端之發, 亦有不中節者)라고 말하였다. 그는 '만약'이라는 가정을 하고 또 '수오羞惡'와 '시비是非'의 마음으로 그 예를 들고 있으나, 말하고자 하는 핵심은 사단과 칠정을 선과 악으로만 구분해 내는 이황의 입장에 대한 강력한 의구심이자 되물음이었다.

> 어찌 정을 선하지 않음이 없다고 할 수 있으며, 또한 어찌 사단을 선하지 않음이 없다고 할 수 있겠습니까?[11]

그러면서 기대승은 자신이 리기합일론자가 아니며, 성리학적 입장에 비추어 리와 기를 구분하기도 하고 연결하기도 한다고 말하였다.

> 저의 주장에서는 애초에 리와 기를 분별하고 각기 경계를 두었지 서로 뒤섞지 않았습니다. 제가 '기가 자연스럽게 발현한 것은 리의 본체가 그러하다'라고 말한 것도 바로 리와 기가 서로 구분되면서도 동시에 연결되는 점을 말한 것이지, 리와 기를 하나의 사물이라고 생각한 것은 아닙니다.[12]

---

11) 『高峯全書』, 「四七理氣往復書」, "烏可以爲情無有不善, 又烏可以爲四端無不善耶?"
12) 『高峯全書』, 「四七理氣往復書」, "鄙說, 當初分別得理氣, 各有界限, 不相淆雜. 至於所謂氣之自然發見, 乃理之本體然, 則正是離合處, 非以理氣爲一物也."

이황은 기대승에게 리기를 합하여 보기를 좋아하고 나누어 보기를 싫어하며 더더욱 세세히 보기를 싫어한다고 제1서에서 평하였다. 이에 대해 기대승은 자신이 결코 리기를 합해서 보지 않는다고 대답하였다. 그럼에도 불구하고 기대승은 '리의 본체'란 리가 홀로 있을 때(未發)가 아닌 이미 발한 상태(已發)에서 살펴보아야 한다고 주장하였다. 기대승의 입장은 리와 기를 분명히 구분한 것이다. 그러나 현실상에서 보는 것은 모두 리기가 섞여 있는 것이므로 그의 주장은 성리학적으로 상당히 타당하다.

2) 이황의 개본과 제2서

기대승의 제2서를 받은 이황은 상당한 공을 들여 이에 대한 답신을 썼다. 이황 제2서는 '퇴계답고봉비사단칠정분리기제1서개본退溪答高峯非四端七情分理氣第一書改本'이라는 1서에 대한 개본과 '퇴계답고봉비사단칠정분리기변제2서退溪答高峯非四端七情分理氣辯第二書'라는 꽤 긴 제목의 본론, 그리고 '후론後論'으로 구성되었다.[13] 개본은 이황의 제1서에서 자신이 잘못 생각한 부분을 다시 조금씩 고친 것이다. 이 부분은 작은 소주小注의 형식으로 들어가 있는데, 소주의 끝에는 '지금 고친다'(今改)고 되어 있다. 그러나 고쳤다고 해서 생각이 바뀐 것도 아니고, 고친 부분이 논쟁에서 큰 역할을 하는 것도 아니다.

'퇴계답고봉비사단칠정분리기변제2서'의 본론을 시작하면서 이황은

---

13) 『退溪集』의 경우 권16 「書」에 실린 다섯 번째 편지이며, 큰 제목은 '答奇明彦'이다.

기대승이 보내온 편지의 내용을 다섯 가지로 구분하였다. 그 다섯 부분은 첫째 자신이 착오한 것 한 조목, 둘째 자신이 합당함을 잃은 것 여섯 조목, 셋째 근본이 같아서 아무런 차이가 없는 것(本同而無異) 열세 조목, 넷째 근본은 같지만 이론적 전개 방향이 다른 것(本同而趨異) 여덟 조목, 그리고 마지막 다섯째 서로 견해가 달라 끝내 서로가 일치하지 못하는 것(見異而終不能從) 아홉 조목이다. 이 가운데 네 번째와 다섯 번째 부분이 다시 논쟁의 대상이 되었다. 모두 합해 열일곱 조목인데, 이황은 제2서에서 이를 구분하여 서술하고 있을 뿐만 아니라 그것이 모두 기대승이 논한 제2서와 대응된다. 본문 형식은 대부분 '보내온 편지에…… 라 말하였소. 내 생각에는…… 이오'(辯誨曰……滉謂……)라고 되어 있다. 그리고 이 열일곱 조목을 순차적으로 쓰기 전 한 단락을 먼저 쓴 것이 있는데, 그 주요 내용은 다음과 같다.

> 무릇 사단에도 기가 없는 것이 아니고, 칠정에도 리가 없는 것이 아니라는 것은 비단 그대만 말한 것이 아니라 나 또한 말한 것이며, 비단 우리 두 사람만 그렇게 말한 것이 아니라 선유들이 이미 그렇게 말씀하신 것이오.…… 같은 가운데서도 각기 다름이 있음을 안 까닭에 이 두 가지를 가리켜 말한 데에는 자연히 주리主理와 주기主氣의 차이가 있으니 (리와 기를) 나누어서 각각 (사단과 칠정에) 소속을 시켰소. 도대체 여기에 무슨 잘못이 있단 말이오?[14]

---

14) 『退溪集』, 권16, 「答奇明彦 論四端七情第二書」, "夫四端非無氣, 七情非無理, 非徒公言之, 滉亦言之, 非徒吾二人言之, 先儒己言之, 非先儒强而言之.……就同中而知其有異, 則二者所就而言, 本自有主理主氣之不同, 分屬. 何不可之有?"

이황의 이 말은 기대승이 한 심·성·정에 대한 논의에 대해 그것은 유학자라면 다 공유하는 것이고 자기 역시 리기의 '불상잡不相離'를 말하고 있기 때문에 그 입장은 기대승과 동일하다는 것이다. 그럼에도 여기에는 리와 기를 위주로 하는 것, 즉 주리主理와 주기主氣가 있다고 하였다. 이황은 이것이 근본은 같지만 논의의 방향이 다른 것이라고 보았다. 그러면서 그는 한 단계 더 나아가 주리와 주기의 입장을 정리한다.

> 비록 나 역시 칠정이 리와 아무런 상관없이 바깥 사물에 의해 우연히 감응하여 움직이는 것은 아니라고 생각하오. 또한 사단이 바깥 사물에 감응하여 움직이는 것도 진실로 칠정과 다르지 않다고 생각하오. 그렇지만 사단은 곧 리가 발함에 기가 그 리를 따르는 것이고(理發而氣隨之), 칠정은 곧 기가 발함에 리가 그 기를 타는 것(氣發而理乘之)이오.15)

이 이후에는 그의 관점이 변하지 않았고, '사단은 곧 리가 발함에 기가 그 리를 따르는 것이고, 칠정은 곧 기가 발함에 리가 그 기를 타는 것이다'(理發而氣隨之, 氣發而理乘之)라는 말은 조선철학사에 큰 획을 그어 버린다. 그의 학설은 리기호발理氣互發 혹은 주리主理의 관점으로 후대에 받아들여지고 계승된다. 그 역시 '주리'와 '주기', 즉 어떠한 것이 위주가 되는가를 중점으로 '리발', '기발'을 보충하여 설명하였다.

> 대개 리가 발하여서 기가 이를 따르는 것은 리를 위주로 말한 것일 따름이지 리가 기의 바깥에 있다고 말한 것은 아니니, 사단이 이것이

---

15) 『退溪集』, 권16, 「答奇明彦 論四端七情第二書」, "雖滉亦非謂七情不干於理, 外物偶相湊著而感動也. 且四端感物而動, 固不異於七情, 但四則理發而氣隨之, 七則氣發而理乘之耳."

오. 기가 발하여서 리가 탄다는 것은 기를 위주로 말한 것일 따름이지 기가 리의 바깥에 있음을 말한 것이 아니니, 칠정이 이것이오.[16]

이러한 이황의 논의는 또 '리발理發', 즉 리의 운동성을 긍정한 것이기도 하다. 정지운의 명제인 '발어리發於理, 발어기發於氣'는 '~에서 발했다'는 것으로 원류가 리와 기에 있다는 말이다. 이황이 이를 '리지발理之發, 기지발氣之發'로 고쳤을 때는 '~가 발한 것이다'가 되어, 원류가 리와 기에 있을 뿐만 아니라 리와 기가 사사물물事事物物에 대해 모두 작용을 하고 있다는 것이다. 이황은 이러한 논의를 더욱 명확히 설명하기 위해 리를 사람으로, 기를 사람이 타는 말로 예를 들었다. 즉 사람이 나가려면 말을 타야 하지만 말을 부리는 것은 결국 사람이라는 것이다. 이황은 아무리 사람과 말이 함께 나가더라도 사람과 말의 구분은 존재한다고 하였다.

또한 사람이 말을 몰아서 길을 갈 수도 있고, 말이 스스로 알아서 길을 찾아갈 수도 있지만, 똑같이 길을 가는 것이라도 그 '소종래所從來'는 차이가 있다고 덧붙였다. 사단과 칠정도 이와 마찬기지로 리발과 기발의 소종래는 분명히 구분된다고 하였다. 이황은 이 소종래의 차이를 '견해가 달라 끝내 서로 일치하지 못하는 것'으로 구분하였다. 사실 기대승이 말한 '소종래'의 뜻은 현상적인 일 가운데에서 리 또는 기 어느 하나가 위주가 되는 것이고, 이황이 말한 '소종래'는 아예 현상적으로 발생하는 일의 근원이 형이상학적으로 리 또는 기 그 자체에 있다는

---

16) 『退溪集』, 권16, 「答奇明彦 論四端七情第二書」, "大抵有理發而氣隨之者, 則可主理而言耳, 非謂理外於氣, 四端是也. 有氣發而理乘之者, 則可主氣而言耳, 非謂氣外於理, 七情是也."

것이다. 그러므로 중절·부중절로 사단과 칠정을 구분한 기대승의 논의
와 리 또는 기가 직접적으로 발한다는 이황의 논의는 결코 일치할 수
없는 것이었다.

3) 제2서들의 핵심 주장

기대승과 이황의 제2서는 논의의 전개 양상이 확연하게 바뀐다. 즉
두 사람의 2서는 모두 형식성과 체계성을 가진다. 이황의 제1서를 12절
로 나눈 기대승, 이를 받아 다시 자신의 학설을 기대승의 방식에 따라
구분하면서도 새롭게 기대승의 이론과 '근본은 같지만 이론적 전개 방
향이 다른 것'(本同而趨異)과 '서로 견해가 달라 끝내 서로가 일치하지 못
하는 것'(見異而終不能從)으로 나눈 이황의 주장은 제1서에 비해 근본적으
로 바뀐 것은 없다. 비록 기대승이 이황의 논의를 따라 '넓게 보아 리발
과 기발로 나눌 수 있다'라고 인정하였지만, 이것은 언어 맥락의 차원이
지 정말로 리 또는 기가 발하는 것으로 인식한 것은 아니었다. 이황 역
시 사단과 칠정이 각기 다른 정이고 따라서 사단과 칠정의 선善이 다르
다는 기대승의 지적에 공감을 하지만 여전히 자신의 주장은 이치에 어
긋난 것이 아니라고 하였다.

5. 사칠논쟁 제3서

1) 기대승의 제3서: 고봉답퇴계재논사단칠정서高峯答退溪再論四端七情書

기대승의 제3서는 세 부분으로 구성되어 있다. 앞부분의 편지 인사 말과 '제1서개본第一書改本', 그리고 '조열條列', '후론後論'으로 구성되어 있다. 이 편지는 1561년 1월 16일 기대승이 쓴 것이다.

편지의 앞부분 인사말에서 기대승은 이황에게 불초不肖·부덕不德한 자신에게 넓은 가르침을 주어 감사하다는 말과 그럼에도 서로의 논의를 합치하자고 제안하였다. 하지만 기대승은 "도리를 강론할 때 자기 생각 없이 맞장구를 쳐서는 안 된다"(於講論道理之際, 不可苟且雷同)라고 자신의 뜻을 밝히면서 사칠논쟁을 계속 이어 가길 바랐다. 기대승의 3서에서 기대승이 먼저 제기한 것은 '주리'와 '주기'의 문제였다.

> 맹자께서 리 한쪽만을 뽑아내어 가리킨 것은 참으로 '주리'라고 할 만합니다. 하지만 자사께서 리와 기를 함께 섞어 말씀하셨는데, 이것조차 '주기'라고 말할 수 있겠습니까?[17]

기대승은 이미 제2서에서 '리발'을 인정하였다. 그렇다고 해서 '기발'을 인정한 것은 아니었다. 여기에서도 사단을 리理가 중심적이라는 것은 인정할 수 있어도, 칠정은 리와 기를 겸하고 있기 때문에 '주기主氣'라

---

17) 『高峯全書』, 「兩先生四七理氣往復書」, "盖孟子剔撥而指理一邊時, 固可謂之主理而言矣. 若子思渾淪而兼理氣言時, 亦可謂之主氣而言乎?"

고 할 수 없다는 것이었다. 이는 이황의 입장에서 바라본 논리에서도 타당한 것이라 할 수 있다. 그리고 '사단도 부중절할 수 있다'는 자신의 입장을 이황이 반박한 것에 대해서도 다음과 같이 말하였다.

> 칠정에 밝은 부분도 있고 어두운 부분도 있는 것은 바로 물이 맑거나 흐리기 때문이고, 사단 중에서도 절도에 들어맞지 않은 것이 있는 것은 마치 달빛은 비록 밝기는 하지만 물결의 움직임에 의해 일그러져 버리는 것과 같은 것입니다.[18]

이 말 역시 사단과 칠정을 주리와 주기로 분속할 수 없다는 것이다. 그는 한 걸음 더 나아가 이를 인설因說과 대설對說을 예로 들어 설명을 하였다.

> 제가 생각하기에 주자께서 "사단은 리가 발한 것이고, 칠정은 기가 발한 것이다"라고 말씀하신 것은 대설이 아니라 인설을 말한 것입니다. 무릇 대설이란 오른쪽과 왼쪽에 나란히 놓고서 말하는 것과 같아서 서로 상대지우는 것입니다. 하지만 인설이란 위와 아래에 세워 놓고 수직적으로 말하는 것과 같아서 서로 순차적인 인과 관계를 만드는 것입니다.[19]

---

18) 『退溪集』, 권17, 「答奇明彦 論四端七情第三書○先生旣答第二書. 明彦又以書來辯. 先生不復答. 只就書中. 批示數段. 今略節來書. 而錄其批語.」, "七情之有明暗者, 固因水之淸濁, 而四端之不中節者, 則光雖明而未免有波浪之動者也."

19) 『退溪集』, 권17, 「答奇明彦 論四端七情第三書○先生旣答第二書. 明彦又以書來辯. 先生不復答. 只就書中. 批示數段. 今略節來書. 而錄其批語.」, "大升以爲朱子謂, '四端是理之發, 七情是氣之發者', 非對說也, 乃因說也. 盖對說者, 如說左右, 便是對待底. 因說者, 如說上下, 便是因仍底."

기대승은 이제 애초의 주장을 바꾸지 않고 아예 논리적 순차로 보아야 할 '인설'을 이황이 굳이 좌우 대칭으로 구분하는 '대설'로 바꾸어서 성현의 말을 바꾸었다고 주장하고 있다. 이 때문에 기대승은 넓은 측면에서 '사단은 기가 발한 것이고, 칠정은 리가 발한 것'이라는 말을 옳다고 한 것이지만, 세부의 차원에서는 형이상에서 형이하로 전파되어 내려오는 것이므로 사단이 발한 것만이 주리이고, 칠정이 발한 것은 주기가 아니라고 하였다. 기대승은 다시 한 번 주리는 형이상의 차원에서 말한 것이므로 옳고, 주기는 현상적 차원이기 때문에 세부적으로 살펴보면 옳지 않다고 말한 것이다. 그리고 기대승 역시 이황의 명제에 대응하여 하나의 명제를 도출한다.

> 또 "사단은 곧 리가 발함에 기가 그 리를 따르는 것이고, 칠정은 곧 기가 발함에 리가 그 기를 타는 것이다"라고 말씀하신 두 구절 역시 참으로 정밀한 것입니다. 그러나 제 생각으로는 이 두 글귀의 뜻은 칠정은 리와 기를 겸하고 있지만, 사단은 리가 발한다는 것 한쪽만을 가리키는 것으로 여겨집니다. 이에 저는 이 두 글귀를 "정이 발함에 리가 움직여 기가 함께 하기도 하고, 기가 감응하여 리가 타기도 한다"라는 것으로 고치고 싶은데, 이렇게 말한 것에 대해 선생님이 어떻게 생각하실지 모르겠습니다.[20]

기대승은 이황의 '리발기수理發氣隨'라는 말은 문제가 있다고 보았다.

---

20) 『退溪集』, 권17, 「答奇明彦 論四端七情第三書○先生旣答第二書. 明彦又以書來辯. 先生不復答. 只就書中. 批示數段. 今略節來書. 而錄其批語」, "且'四則理發而氣隨之, 七則氣發而理乘之'兩句, 亦甚精密. 然鄙意以爲此二箇意思, 七情則兼有, 而四端則只有理發一邊爾. 抑此兩句, 大升欲改之曰, '情之發也, 或理動而氣俱, 或氣感而理乘', 如此下語, 又未知於先生意如何?"

이것은 애초 기대승의 관점이 변화한 것이 아님을 보여 준다. '기발리승 氣發理乘'은 현상계에 일어나는 일에 '리'가 원래 내재해 있다는 것이지만 '리발기수'는 아무리 기(情)가 리를 따른다고 하더라도 리가 독자적으로 움직인다는 것을 내포하고 있기 때문이다. 기대승은 역시 '리동理動'이라는 용어를 사용하였지만, 이것은 '형이상학적인 움직임'이기 때문에 실지로 움직이고 멈추는 현상적인 사실을 말하는 것이 아니라 원리로서의 리가 주재함을 말하는 것이다. 그러므로 결코 리 자체가 움직인다는 것은 아니다. 더군다나 기대승은 자기가 만든 명제의 시작에 '정지발情之發'이라는 한정을 하고 있다. 즉 그는 정情의 발함에 대해서만 말하고 있지, 리의 발함은 아예 거론을 하지 않은 것이다. 이것이 바로 기대승에게 있어서는 '인설因說'인 것이다.

2) 이황의 제3서

이황의 제3서에 관해서는 『고봉전서』와 『퇴계집』에 실려 있는 것이 다르다. 현재 『고봉전서』에 실려 있는 '퇴계여고봉서退溪與高峯書'는 『퇴계집』에 비추어 볼 때, 이황의 3서가 아니라 이황이 기대승에게 논쟁 과정, 엄밀히 말해서 이황의 제3서를 쓴 이후에 보낸 한 통의 편지이다. 그러니까 이황의 제3서를 보지 못하고 그냥 편지를 보낸 것이다.[21] 이황의 제3서는 『고봉집』에 실려 있지 않다. 그러므로 이 부분은 『퇴계집』 권17 세 번째에 있는 '답기명언答奇明彦'으로 판본의 기준을 바꾸어 보아

---

21) 이 부분에 대해서는 '사칠논쟁 제3서 이후의 편지들'에서 언급하겠다.

야 한다.

『퇴계집』의 '답기명언'의 제목 옆에는 작은 각주의 형식으로 '논사단칠정제3서論四端七情第三書'라고 되어 있고, "선생이 이미 제2서를 통해 답을 했으나, 기대승이 편지를 보내 논변을 하였고, 선생이 더 이상 답을 하지 않고 다만 편지 가운데 몇 단락으로 비답을 하였다. 지금 왔던 편지의 내용을 간략히 추리고 선생의 대답을 기록하였다"[22]라고 부기되어 있다. 『퇴계집』에는 기대승의 질문을 먼저 쓰고, 그 뒤에 이황이 답을 한 내용을 적고 있어 문답의 내용을 보기에 상당히 편하다. 그렇지만 편폭은 매우 짧다. 이를 앞서 논의한 기대승 제3서의 논의에 따라 정리하겠다.

기대승은 제3서에서 "자사께서 리와 기를 함께 말씀하셨는데, 이것조차 주기라고 할 수 있느냐"라고 물었다. 이황의 대답은 간단하였다.

이미 섞어서 말한 것이라고 하였으니, 어찌 주리니 주기니 하는 분별이 있겠소. 마주 놓고 분별하여 말할 때라야 이러한 구분이 있는 것이오.[23]

이황의 대답은 섞어서 말하면 구분이 안 되고, 구별을 하여 보면 구별이 된다는 것이다. 따라서 이황 자신은 구별을 하여 보겠다는 것이다. 혹 사칠논쟁의 과정을 살펴보면 기대승이 제2서와 제3서에서 일정 부분 이황의 의견에 끌려갔다고 할 수도 있는데, 실제로는 이황이 논쟁 도중

---

22) 『退溪集』, 권17, 「答奇明彦」의 두주, "論四端七情第三書○先生旣答第二書明彦又以書來辯. 先生不復答. 只就書中. 批示數段. 今略節來書. 而錄其批語."

23) 『退溪集』, 권17, 「答奇明彦」의 두주, "旣曰渾淪言之, 安有主理主氣之分. 由對擧分別言時, 有此分耳."

논쟁을 슬그머니 포기한 것과 같다. 그럼에도 기대승의 물음에는 간략하지만 대답을 하고 있다. 기대승이 제3서에서 제기한 달과 물의 관계에 대한 것에 관해서 이황은 다음과 같이 말하였다.

> 달이 온갖 물에 비쳐 곳곳마다 모두 둥그런 달이 있다는 말은 일찍이 선유들에게 불가하다는 논의가 있었음을 보았소. 지금 기억하지는 못하지만 비유하여 논해 본다면 하늘과 물이 비록 같은 달이지만 하늘의 달은 진실한 형상이고 물에 비친 달은 그림자일 따름이오.[24]

기대승이 '달과 물에 비친 달'을 비유로 든 것은 사단에도 '부중절한 것'이 있음을 말하기 위해서였다. 따라서 이황의 말은 '사단이 부중절하다'는 것에 대한 기대승의 비유도 잘못되었고 사단 부중절의 설 자체도 잘못되었다는 것이다. 그리고 이황의 '리발기수理發氣隨, 기발리승氣發理乘'의 명제에 대해 기대승이 고친 명제에 대해서 다음과 같이 말하였다.

> 도가 곧 기이고 기가 곧 도이니 가득 찬 가운데 만상이 이미 갖추어져 있다는 것이지 도가 곧 기라는 것이 아니며, 사물과 함께하여 리가 이를 벗어나지 않는다는 것이지 사물이 곧 리는 아닌 것이오.[25]

이황 역시 '리는 리이고 기는 기이다'라고 하여 리와 기를 구별하여 보는 자신의 관점을 마지막까지 굽히지 않고 있는 것이다.

---

24) 『退溪集』, 권17, 「答奇明彦」의 두주, "月落萬川, 處處皆圓之說, 嘗見先儒有論其不可. 今不記得, 但就來喩而論之, 天上水中, 雖同是一月, 然天上眞形, 而水中特光影耳."

25) 『退溪集』, 권17, 「答奇明彦」의 두주, "道卽器, 器卽道, 沖漠之中, 萬象已具, 非實以道爲器, 卽物而理不外是, 非實以物爲理也.

3) 제3서 논쟁의 핵심

이황과 기대승은 '리와 기를 합하여 보는가, 구별하여 보는가'라는 문제를 두고 지난한 논쟁을 펼쳤지만 제3서에 이르기까지도 모두가 자신의 처음 관점을 견지하고 있다.

6. 사칠논쟁 제3서 이후의 편지들

치열했던 논쟁 이후 이황은 우선 기대승에게 사과의 편지를 보낸다. 아울러 이 편지에 시를 한 수 실어 기대승의 마음을 달랬다. 이 편지들이 『고봉전서』에는 기대승의 제3서 뒤에 수록되어 있다.

> 지금까지 오고 가던 편지들이 내게 와서 끊겼는데, 마치 해결해야 할 문제들을 미루어 놓은 것 같소이다. 그 사이에 나도 한두 번 어리석은 생각이나마 말하려 하였으나 다시금 생각해 보니 의리를 논술하고 분석함에는 아주 자세하고도 포괄적이어야 하는데, 내가 논의한 것들을 살펴보니 조목들은 뒤죽박죽 번잡하고, 그에 대한 설명들은 두루뭉술하여 핵심이 없었소.[26]

이황과 기대승의 1·2·3서 이후 이황의 편지는 서로의 논의가 거의

---

26) 『退溪集』, 권17, 「與奇明彦 壬戌」, "向者往復, 至澒而止, 猶是未結公案. 其間, 亦有一二欲畢其愚者, 中復思之, 辭析義理, 固當極其精博, 顧其所論, 條緖猥繁, 辭說汗漫. 或有鄙見, 包羅不周, 超詣未及處."

같아졌음을 시로 언급하고 있으며 그런데도 다투고 있으니 다투지 말자는 것이다. 엄밀하게 말하면 논쟁을 더 하지 않겠다는 것은 이황이었다. 기대승도 이 의도를 알았다. 이에 1566년 11월 6일 이황에게 보낸 편지에서 다음과 같이 말하였다.[27]

　

지난번 선생님께서 지으신 시 한 수를 받아보고 너무나 망연자실하여 다시 여쭈어 보고자 하는 생각이 없었기에 오랫동안 선생님께 편지를 올리지 못했습니다. 그동안 선생님께서 한가로이 지내시는 가운데 깊이 사색하셔서 이 도리에 대해 반드시 더욱 정밀해지고 밝아지셨으리라 생각합니다. 저 역시 한가한 틈을 타 거듭 생각해 보니 제가 이전에 주장한 내용들 가운데 완전히 궁구하지 못한 것이 있다는 사실을 알아차리게 되었습니다. 때문에 후설後說 1편과 총론總論 1편을 지어 선생님께 여쭈려 하였으나 인편이 없어 부치지 못하다가 지금에야 편지를 올리게 되었습니다. 자세히 살펴 주시기를 바라옵니다.[28]

　

기대승은 이황에게 다시 '후설'과 '총론'을 보내게 된다. 그런데 '후설'과 '총론'에서 기대승은 여전히 자기주장을 하는데도 불구하고, 핵심적인 내용인 사단과 칠정을 각기 리와 기에 나누어 분속시키는 이황의 주장이 옳다고 하였다.[29] 그 이후의 이황 편지를 살펴봐도 서로 귀일歸

---

27) 일반적으로 사칠논쟁이 8년간 펼쳐졌다는 것은 여기까지의 편지를 두고 말한 것이다. 이황이 기대승에게 의견을 물은 첫 편지가 1559년 1월 5일 쓰였고, 「四端七情後說」과 「四端七情總說」을 포함한 기대승의 이 편지는 1566년 11월 6일에 쓰였다. 『퇴계집』과 『高峯全書』는 이 이후의 편지도 담고 있다.

28) 『高峯全書』, 「兩先生四端七情往復書・四端七情後說」, "曾奉回諭絶句一首, 深用惘然, 意其無復有更稟之端, 故久不敢仰叩, 想先生閑中深玩, 必益精而益明也. 適因閑寂時, 復思索, 則頗見前日之說, 有所未究者. 故敢述後說一篇總論一篇, 欲以仰稟, 而無便未付, 今併上呈. 伏幸鑑察, 何如."

─하고 있음을 말하고 있다. 그러나 그들의 사상이 합치한 것은 결코 아니었다. 이후의 편지들은 논쟁적이지도 않으며, 서로 말로만 상대를 위하는 듯하고 있다. 그러나 결국 그들의 논쟁은 합일하지 못하고, 평행선을 그으며 대립하게 된다.

7. 사칠논쟁의 의미와 평가

이황과 기대승의 사칠논쟁은 1·2·3서 자체만 놓고 보았을 때는 리기理氣가 합하는가, 분리시키는가 하는 문제를 두고 치열한 논쟁을 벌였으며, 각자의 생각을 상대방에게 끊임없이 논증화해 가는 과정이었다. 이황은 2서에서 기대승은 3서에서 각자 '개본改本'을 다시 쓰며 자신의 생각에 문제가 있었던 것은 곧장 수정하였다. 특히 상대방의 주장을 편지를 받은 당사자들이 목록화하였으며, 서로 의견이 맞지 않는 부분을 정리해 가면서 다시 이 점을 중심으로 논쟁을 펼쳤다. 논쟁 과정에서 그늘의 각자의 논의는 한층 더 탄탄해지고, 논리성을 가지게 되었다. 이러한 부분은 오늘날에 있어서도 눈여겨볼 필요가 있다.

그러나 1·2·3서 자체에서 이황과 기대승은 합치된 결론을 내리려고 하지 않았고, 서로의 주장이 평행선을 이루다 보니 결론을 내릴 수도

---

29) 『高峯全書』, 「兩先生四端七情往復書·四端七情後說」, "四端七情之分屬理氣, 自不須疑, 而四端七情之名義, 固各有所以然."(사단과 칠정을 각기 리와 기에 나누어 연결짓는 것은 의심할 필요조차 없으며, 사단과 칠정이라는 명칭은 각기 그렇게 나누어 부를 수밖에 없는 까닭을 가지고 있는 것입니다) 참조.

없었다. 문제는 그 이후의 편지들이다. 그 이후 편지들에서는 기대승이 이황의 주장에 따라 가는 형세를 보인 것이다. 당시의 역사적 상황이나 현실적 상황이 어떠하든 상관없이, 사칠논쟁 전체를 본다면 논쟁의 결론이 흐지부지한 결과를 낸 것이다. 다시 한 번 말하자면 이 논쟁에서 서로가 서로에게 설복되지도 않았다. 기대승이 리기의 분속을 인정하는 듯한 언급을 한 이후에도 세부적인 사항에서는 여전히 문제를 제기하고 있다. 기대승이 리기의 분속을 인정했다는 측면에서는 이황의 입장이 승리했다고 할 수 있으나, 논리의 승리·학술의 승리라고는 보이지 않는다.

이 논쟁은 순수 학술적인 입장에서 시작되었고 결국에는 선善의 정당성 문제를 두고 다투었다. 그런 측면에서 이 논쟁 자체가 지닌 논쟁의 정당성 문제는 다시 따져 보아야 할 것이다. 혹 이황이 사회적 위치를 이용하여 기대승에게 논의가 동일하여졌다고 말했다면 이는 문제가 있는 것이고, 또 사회적인 입장 때문에 이황의 논의를 기대승이 따랐다고 해도 이는 문제가 있는 것이다. 적어도 학술적 측면에 있어서 완결의 선을 이룬 것은 아니다.

【참고문헌】

李滉, 『退溪先生文集』.
奇大升, 『高峯全書』.

한국고전번역원(http://db.itkc.or.kr/).

제3장 주자학에서 본 이황과 기대승의 사단칠정논쟁

심도희

1. 사칠논쟁의 주요 쟁점

16세기 중엽, 조선에서는 이황과 기대승 사이에 '사단四端'과 '칠정七情'에 대한 논쟁이 벌어졌다. 이 논쟁의 핵심은 도덕에 있어서 감정의 역할과 위치를 어떻게 자리매김하는가에 있었다. 이황이 정지운의 「천명도」에 대해 언급하면서 시작된 이 논쟁은 인간의 심성을 '리기理氣' 범주로 환원하는 과정에서 감정에 대한 두 사람의 해석이 달라지면서 발생한 것이다.[1] 그런데 문제는 견해를 달리 하고 있는 두 사람이 주장의 근거를 동일하게 주자학에서 확보하고 있다는 점이다. 어떻게 동일한 주자학에 이론적 토대를 두고 있으면서 두 사람의 입론이 다르게 형성되고 있는 걸까? 이것이 이 글의 출발점이자 문제의식이다. 그래서 이황과 기대승 사이에 발생한 견해 차이가 어떤 것인지 살펴보고, 주자

---

[1] 두 사람 사이의 논쟁은 『高峯全集』에 있는 「兩先生四七理氣往復書」를 주 텍스트로 한다. 본문에서는 소제목만 표기하겠다.

학으로 돌아가서 그 문제를 다시 점검해 보고자 한다. 이들이 각자 주장하고 있는 논지가 무엇인지, 그리고 그것이 주자학에서 어떻게 이해되고 있는지 살펴보도록 하겠다.

이황과 기대승의 사칠논쟁에 대해 다룬 논문은 많지만,[2] 주자학의 입장에서 그들의 논쟁에 대해 객관적으로 접근하고 있는 글은 드물다. 주자학에서 접근하였다 하더라도 논쟁을 너무 큰 틀에서 다루다 보니 내용 자체에 대한 상세한 분석이 모자라거나,[3] 특정 개념을 통해 논쟁을 다루어서 주자학 일반과의 비교 시각이 잘 드러나지 않거나,[4] 오고 간 편지의 내용을 순서별로 정리하여 서술하고 있어서 주자학적 판단

---

2) 이황의 전체 철학체계에서 사칠론을 다룬 것으로는 윤사순, 「퇴계의 심성관에 관한 연구」, 『아세아연구』 14호(1971); 성태용, 「퇴계 이황의 사상」, 『철학과 현실』 제24집(1995); 금장태, 「퇴계의 이기론과 사칠론」, 『종교와 문화』 제3집(1997); 홍원식, 「퇴계 이황의 사칠론과 그의 성리설」, 『목요철학』 제10호(2012) 등 다수가 있다. 사단칠정의 개념과 주자학의 성, 리기와의 관련성을 분석한 것으로 김기현, 「퇴계의 사단칠정론」, 『사단칠정론』(서광사, 1992)이 있고, 이황의 사칠 분별을 가치와 사실의 상충문제로 보는 윤사순, 「머리말」, 『사단칠정론』(서광사, 1992); 이동희, 「퇴고 사칠논쟁에 대한 윤리학적 일고찰」, 『한국유학사상논문선집』 91(1999)이 있으며, 사칠 분속의 논거를 통해 이황 리발설의 타당성을 논하는 이해영, 「퇴계 사단칠정론의 논거에 관한 검토」, 『한국유학사상논문선집』 15(1993) 등이 있다. 이황에 비해 상대적으로 기대승에 관한 연구가 빈약하지만, 배종호의 「성리학과 기고봉」, 『아세아연구』 16호(1973), 편지 순서별로 기대승의 주장을 요약 정리한 성태용, 「고봉 기대승의 사단칠정론」, 『사단칠정론』(1992), 주로 기고봉의 생애에 대해 다루고 있는 정병연, 「기고봉 삶과 사칠리기논변」, 『남명학 연구』 제10집(2000); 남지만, 「퇴계 호발설의 '七情氣發'에 대한 고봉의 비판과 수용」, 『동양철학』 33집(2010) 등이 있다.
3) 양승무, 「주자학과 퇴계학의 동이」, 『퇴계학보』 제87집(1995); 정상봉, 「주희철학과 한국사칠논변」, 『동서철학연구』 제29호(2003) 참조.
4) 주로 사단과 칠정의 리기 분속 관계를 '대설'과 '인설', '횡설'과 '수설'로 비교하는 시각이다. 이상은, 「사칠논변과 대설 · 인설의 의의」, 『아세아연구』 16호(1973); 이승환, 「퇴계의 '횡설'과 고봉의 '수설' ─ 프레임의 차이로 보는 조선유학의 분기」, 『퇴계학보』 제131집(2012) 등이 있다. 특히 퇴계의 대설을 옹호 지지하는 논문들이 눈에 띤다. 천병준, 「퇴계의 四七論에서 因說에 대응한 對說의 倫理」, 『철학논총』 제40집(2005); 한자경, 「사단칠정론에서 인간의 性과 情 ─ 퇴계의 對說과 고봉의 因說의 차이를 논함」, 『철학연구』 제68집(2005) 등 참조.

에 따른 고찰이 미진한 편이다.5) 따라서 이 글은 이황과 기대승이 주고받은 편지글에서 쟁점이 되었던 세 가지 문제를 중심으로 두 사람의 핵심 주장을 살펴본 뒤, 그 문제를 다시 주자학의 차원에서 논의하고자 한다.

우선 사칠논쟁에서 핵심 쟁점이 되었던 첫 번째 문제는 '정情인 사단과 칠정을 둘로 나눌 수 있는가'이다. 이황은 같은 정이라 하더라도 어떻게든 그 둘을 나누어 보려고 하였고, 기대승은 같은 정이기 때문에 둘을 나누어서는 안 된다는 입장이다. 이에 대해서는 사단과 칠정 개념, 사단과 칠정의 관계를 주자학에서 어떻게 규정하고 있는지를 통해 점검할 수 있을 것이다. 두 번째 문제는 '사단과 칠정을 각각 리理와 기氣에 분속할 수 있는가'이다. 이황은 사단과 칠정을 리와 기로 분속하면서 그것의 근거를 천지지성과 기질지성의 관계와 등치시켰고, 기대승은 기질지성과 마찬가지로 칠정 또한 리와 기를 합한 것으로 봐야 한다는 입장에서 이황의 주장을 비판하고 있다. 이 문제는 주자학에서 리기理氣 범주가 어떻게 심성론으로 환원되는가를 살펴봄으로써 그 각각의 관계를 판단할 수 있을 것이다. 세 번째 문제는 '리理의 운동성(發) 여부'이다. 주자학의 리기론을 바탕으로 이황은 사단과 칠정의 '리기호발理氣互發'을 주장하였고, 기대승은 사단과 칠정의 '리기겸발理氣兼發'을 주장하였다. 여기서 이황이 주장하고 있는 리의 '발發' 문제는 주자학에서 리와 기의 관계를 통해 그 근거의 타당성을 논의할 수 있을 것이다.

이 글은 두 사람 가운데 어느 한편에 손을 들어주거나, 주자학의 기

---

5) 전호근, 「주희 심성론의 한국적 전개를 위한 최초의 갈등」, 『논쟁으로 보는 한국철학』(예문서원, 1995).

준에서 옳고 그름을 가리려는 것은 아니다. 다만 두 사람에게 쟁점이 되었던 문제가 주자학에서 어떻게 정립되고 있으며, 이 논쟁이 한국철학사에서 어떤 의미를 지니게 되었는지 간단하게나마 살펴보고자 한다.

2. 사단과 칠정을 둘로 나눌 수 있는가

1) 사단과 칠정의 관계에 대한 이해 차이

본문에서 첫 번째 다룰 문제는 사단과 칠정의 관계이다. 일반적으로 '사단四端'은 맹자가 말한 인간의 '순선한 도덕적 감정'을 일컫는 것이고, '칠정七情'은 자사가 말한 '선과 악이 섞여 있는 인간의 감정 일반'을 가리킨다. 이 두 개념을 주자학에서는 다 같은 '정情'6)의 범주에 넣고 있다. 문제는 여기서 발생한다. 같은 정의 범주에 속하는 사단과 칠정을 어떻게 해서든 나누어 보려고 하는 이황과, 그 둘을 구분해서 논의하는 것 자체가 잘못이라는 기대승의 입장 차이7)에서 이 논쟁은 출발하고

---

6) '情'이란 개념은 『孟子』「告子上」, 『禮記』「禮運」, 동중서의 「賢良對策」 등에서 언급되고 있다.

7) 물론 두 사람 간의 논쟁이 단순히 사단과 칠정에 대한 이해 차이에서만 생겨난 것은 아니다. 감정인 사단과 칠정을 리와 기로 환원하면서 감정의 기발만을 인정하는 기대승과 기발과 함께 리발까지 주장하는 이황은 근본적으로 두 개념에 대한 이해가 달랐던 것이다. 이황이 정인 사단과 칠정을 나누고, 이것을 리와 기로 나눈 것의 선구적 형태는 권근의 「천인심성합일도」에서 보인다. 권근은 「천인심성합일도」에서 '理之原'에서 나온 사단과 '氣之原'에서 나온 칠정을 구분하였고, 사단은 성에서 발한 것이니 순선하지만, 칠정은 심에서 발한 것이니 선악으로 갈라진다고 보고 있다. 이와 관련해서 이상은, 『퇴계의 생애와 학문』(예문서원, 2011), 130~136쪽 참조

있다.

사단과 칠정을 나누어 보려는 이황에게 기대승은 자사와 맹자의 말을 끌어와서 칠정 이외에 따로 사단이 있는 것이 아님을 다음과 같이 주장하고 있다.

자사의 말은 정의 전체를 말한 것이고, 맹자의 논은 가려 뽑아서 말씀하신 것입니다. 흔히 인심이 아직 발하지 않은 것을 '성性'이라 하고, 이미 발한 것을 '정情'이라 합니다. 그리고 성에는 불선함이 없고, 정에는 선도 있고 악도 있다는 것은 본디부터 그러했던 이치입니다. 다만 자사와 맹자는 '나아가서 말한 것'(所就以言之者)이 다를 뿐입니다. 이런 까닭에 '사단'과 '칠정'에 대한 구별이 있을 따름이지, 칠정 바깥에 다시 사단이 있는 것은 아닙니다.[8]

이처럼 기대승에게 있어서 둘은 '나아가서 말하다 보니' 이름이 달라졌을 뿐, 사단은 칠정 속에 포함되는 '정'일 따름이다. 즉 사단은 칠정 중에서 선한 부분을 가리키는 것일 뿐이고, 이것은 칠정 가운데에서 '발發'하여 절도에 딱 들어맞는 것이지 칠정 바깥을 벗어날 수 있는 것은 아니[9]라고 설명한다. 그렇지만 이황은 기대승의 이러한 비판을 받고서도 계속해서 사단과 칠정을 나누어 본다. 그 연유를 살펴보면 크게 다음의 두 가지이다.

---

8) 「高峯上退溪四端七情書」, "子思之言, 所謂道其全也, 而孟子之論, 所謂剔撥出來者也. 蓋人心未發, 則謂之性, 已發謂之情. 而性則無不善, 情則有善惡, 此乃固然之理也. 但子思孟子所就以言之者不同. 故有四端七情之別耳, 非七情之外復有四端也."

9) 「高峯上退溪四端七情書」, "蓋性之乍發, 氣不用事, 本然之善, 得以直遂者, 正孟子所謂四端者也. 此固純是天理所發, 然非能出於七情之外也. 乃七情中發而中節者之苗脉也. 然則以四端七情, 對擧互言, 而謂之純理兼氣可乎?"

무릇 사단은 정이고, 칠정 역시 정이오. 이 모두가 정이라면 무엇 때문에 사단이니 칠정이니 하는 다른 이름이 있는 것이겠소? 그대가 보내온 편지에서 말한 '나아가서 말한 것이 다르다'는 것, 바로 그 때문이오.10)

사단과 칠정이 비록 같은 정일지라도 '소종래所從來'가 다를 수밖에 없었던 까닭에, 옛날 성현들이 이에 대해 구분해서 말했던 것이오. 만약 소종래가 본래부터 다르지 않았던들 사단과 칠정을 말하면서 무엇 때문에 구분하는 입장을 취했겠소.11)

이황은 기대승의 말에 따라 사단과 칠정이 모두 '정'에 속한다는 것을 순순히 인정한다. 그러면서도 '사단'과 '칠정'을 혼합해서 보면 안 된다는 입장을 고수하고 있다. 기대승이 말한 것처럼 사단과 칠정이 '나아가서 말한 내용'이 다르기 때문에 다른 이름을 갖게 된 것이고, 그 둘의 '소종래所從來'가 다르기 때문에 둘을 똑같이 볼 수 없다는 것이다. 이처럼 이황의 사단과 칠정을 굳이 나누어 봐야 한다는 굳건한 의지는 바로 '인의예지仁義禮智'에서 나온 순선한 사단과 선악을 겸하는 칠정이 다를 수밖에 없고, 인간이 왜 선하고 악한지 그 내원을 해명하다 보면 그 둘을 나누어 볼 수밖에 없다는 생각에서 나온다. 즉 "사단은 인의예지의 성에서 발하는 것이고, 칠정은 바깥 사물이 사람의 오관에 접하고 그것이 마음 가운데서 동하다가 환경에 따라 나오게 되는 것"12)이기 때문에

---

10) 「退溪答高峯四端七情分理氣辯」, "夫四端情也, 七情亦情也. 均是情也, 何以有四七之異名耶? 來喩所謂, 所就以言之者不同, 是也."

11) 「退溪答高峯非四端七情分理氣辯第二書」, "雖同是情, 而不無所從來之異, 故昔之言之者, 有不同矣. 若所從來本無異, 則言之者, 何取而有不同耶."

12) 「退溪答高峯四端七情分理氣辯」, "惻隱羞惡辭讓是非. 何從而發乎? 發於仁義禮智之性焉爾.

성분상 그 둘을 분별할 수밖에 없다는 뜻이다.

이에 대해 기대승은 이황이 논거로 제시한 사단과 칠정이 '나아가서 말한 것'과 '소종래'가 다르다는 것에 대해 다음과 같이 반박한다.

사단과 칠정에 결코 두 가지 뜻이 있는 것이 아니라고 말한 것은 사단 이란 이미 칠정 가운데서 발하여 절도에 맞는 것이니, 이 둘은 내용은 같고 이름만 다른 것이며, 그 근원을 미루어 찾아가 보면 진실로 서로 다른 의미가 있지 않음을 말한 것이지, 어찌 곧바로 그 근원에서 서로 다른 뜻이 없다고 여긴 것이겠습니까?[13]

기대승은 사단과 칠정을 달리 부르더라도 본질적으로 내용이 같기 때문에 서로 대거해서 말할 수 없고, 사단과 칠정은 둘 다 성에서 '발'한 것이기 때문에 각기 소종래를 나누어서 보는 것 또한 잘못된 것이라고 지적한다. 그래서 기대승은 주자학의 '성발위정性發爲情'의 대전제에 따라, "사단이 인의예지의 성에서 발한 것과 마찬가지로 칠정 역시 인의예지의 성에서 발하고"[14], "바깥 사물이 왔을 때 형기形氣만큼 쉽게 감응하여 움직이는 것은 칠정만이 아니라 사단 또한 마찬가지이므로"[15], "사단과 칠정을 각기 '발한 것에 따라 나누는 것은 안 된다"[16]는 주장을 관철시키고 있다.

喜怒哀懼愛惡欲, 何從而發乎? 外物觸其形而動於中, 緣境而出焉爾."
13) 「高峯答退溪論四端七情書」, "若四端七情, 初非有二義云者, 盖謂四端, 既與七情中, 發而中節者, 同實而異名, 則推其向上根源, 信非有兩箇意思也云爾, 豈有直以爲元無異義也?"
14) 「高峯答退溪論四端七情書」, "愚謂四端, 固發於仁義禮智之性, 而七情, 亦發於仁義禮智性也."
15) 「高峯答退溪論四端七情書」, "然則外物之來, 易感而先動者, 莫如形氣一語, 恐道七情不著也. 若以感物而動言之, 則四端亦然." 기대승은 사단 또한 순선하지 못한 경우가 있다고 본다.
16) 「高峯答退溪再論四端七情書」, "大升以爲四端七情, 同發於性, 則恐不可各就所發而分之也."

이렇게 사단과 칠정을 끝까지 나누어 보는 이황의 의도는 인간의 감정 중에서도 선악이 혼재하는 칠정과는 달리 순선한 감정으로서의 사단의 지위를 확보하려는 데 있었고, 이에 대한 기대승의 비판은 사단 역시 칠정이 중절해서 선한 것일 뿐이므로 그 둘의 소종래를 나누고 칠정 바깥에 별개의 사단을 설정해서는 안 된다는 데 있다.

2) 주자학에서 사단과 칠정의 관계

인간의 감정에 대한 두 개념을 놓고 이황과 기대승이 처음부터 첨예한 입장 차이를 보인 것과 달리 정작 주자학에서는 사단과 칠정에 대하여 새로운 개념 규정을 하거나 의도적으로 그 둘을 나누어 보지는 않고 있다. 주희는 두 개념에 대해 별다른 고민 없이 자사가 말한 '희노애락喜怒哀樂'도 정이고, 맹자가 말한 '측은惻隱 · 수오羞惡 · 사양辭讓 · 시비是非' 도 정이라고 하였던 것이다.17) 문제는 출처가 다른 사단과 칠정을 같은 '정'이라고 하면서도 그 둘의 관계를 분명하게 서술하지 않고, 정에 대해 대부분 '심心'과 '성性'의 관계 속에서 사단과 칠정으로 설명하고 있다는 점이다.

주희가 그의 제자와 대화하는 몇 개의 문장을 통해 이 둘의 관계를 살펴보도록 하겠다.

제자가 "'희노애구애오욕喜怒哀懼愛惡欲'은 칠정이고, 논하자면 역시 성

---

17) 朱熹, 『孟子集注』, 권3, "惻隱羞惡辭讓是非, 情也. 仁義禮智, 性也. 心統性情也."; 『中庸章句』, 1장, "喜怒哀樂, 情也, 其未發則性也."

에서 발합니다. 단지 '노怒'만 수오羞惡에서 발한 것이고, '희노애욕喜怒哀欲'은 모두 측은惻隱에서 발한 것 같습니다'라고 물었다. 그러자 선생은 "'애구哀懼가 어디에서 발한 것인가를 보면, 단지 '측은惻隱'에서 발한 것이다. 대개 '구懼' 역시 심하게 놀라는 것이다. 하지만 칠정을 사단으로 분배할 수는 없다. 칠정은 사단에서 두루 관통되고 있다'라고 하셨다.18)

위의 대화를 보면 제자는 우선 칠정이 성에서 발한 것이라고 말한다. 그런데 다음 문장에서 제자는 '노'의 감정은 '수오'에서, '희노애욕'의 감정은 '측은'에서 발한 것이라고 하고 있다. '수오'나 '측은'은 맹자가 말한 '의義'나 '인仁'이 드러나는 단서이지만 앞뒤 문맥상 제자는 그것을 인의예지를 가리키는 '성性'으로 보는 듯하다. 이러한 제자의 물음에 주희 또한 '애구'의 감정은 '측은'이 발한 것이라고 덧붙인다. 그런데 대화가 여기서 끝나는 것이 아니라 주희는 '칠정을 사단으로 분배할 수는 없고, 칠정이 사단에서 두루 관통되고 있다'고 말한다. 이 대화에서 '수오', '측은'을 '사단'으로 볼 것인지, '성'으로 볼 것인지도 애매하지만, 칠정과 사단이 관계 또한 정확히 알 수가 없다. 칠정을 사단에 분배하지 않더라도 칠정이 사단에 어떻게 관통된다는 것인지 잘 이해가 되지 않기 때문이다.

주희와 제자의 또 다른 대화에서도 사단과 칠정의 관계는 잘 드러나지 않는다.

---

18) 『朱子語類』, 권87, "問喜怒哀懼愛惡欲是七情, 論來亦自性發. 只是怒自羞惡發出, 如喜怒哀欲, 恰都自惻隱上發. 曰哀懼是那個發, 看來也只是從惻隱發. 盖懼亦是忧惕之甚者. 但七情不可分配四端, 七情自於四端橫貫過了."

제자가 "칠정을 사단에 분배합니까?" 하고 물었다. 선생은 "'희노애오 喜怒愛惡'는 '인의仁義'이고, '애구哀懼'는 '예禮'를 주로 하며, '욕欲'은 수水 에 속하니 '지智'이다. 대략 이와 같이 말하는 것이니, 또한 분배하기 어렵다"라고 하셨다.[19]

이와 같이 주자학에서 사단과 칠정의 '정'은 각각 '성'과의 관계 속에 서 설명되고 있지만, 정작 내용도 다르고 출처도 다른 사단과 칠정의 관계를 명확하게 파악해 내기란 어렵다. 확실한 것은 사단과 칠정이 같 은 정의 범주에 속한다는 것뿐이다.

기대승은 '칠포사七包四'의 입장에서 사단과 칠정을 나누지 않았고, 이황은 '측은·수오·사양·시비'의 순선한 사단과 중절 여부에 따라 악 하게 될 수도 있는 '희노애락'의 칠정을 나누어 보았다.[20] 주자학에서 보면 기대승이 주장하듯이 사단과 칠정은 같은 정이고, 이 정은 또한 성에서 발한 것(性發爲情)이다. 그렇게 본다면 이황이 주장하는 것처럼 그 둘의 '소종래所從來'를 다르다 할 수 없고, 같은 성에서 '발'한 그 둘을 나누어 보는 것은 무리가 있다. 하지만 문제는 주희가 사단과 칠정을

---

19) 『朱子語類』, 권8, "劉折父問, 七情分配四端. 曰, 喜怒愛惡是仁義, 哀懼主禮, 欲屬水則是智. 且粗恁地說, 但也難分."

20) 이명휘는 이성개념에서 나온 도덕정감과 외재대상의 촉발에서 나온 자연정감을 구 분하면서 기대승이 사단과 칠정을 모두 기에 속한 것으로 보았기 때문에 둘 다 감성 으로 보았다면, 이황은 사단과 칠정의 본질적인 차이를 두었기 때문에 사단을 칠정 과는 다른 도덕주체의 활동으로 보았다고 분석한다. 자세한 내용은 李明輝 著, 『四端 與七情: 關於道德情感的比較哲學探討』(臺灣大學出版中心, 2005), 259~261쪽 참조. 이처 럼 이명휘가 사단을 도덕정감, 칠정을 자연정감이라고 한 것에 대해 정상봉은 사단 을 도덕정감으로 지칭하는 데는 이의가 없지만 칠정을 자연정감으로 볼 것인지, 아 니면 자연정감과 도덕정감으로 통칭하는 정감 일반으로 이해할 것인지는 논의의 여 지가 있다고 말한다. 정상봉, 「儒家의 情感倫理學」, 『중국학보』 제56집(2007), 470~ 471쪽 참조.

같은 정이라고만 하였지, 둘의 소종래를 이야기하거나 둘의 관계를 적극적으로 규명하지 않았다는 데 있다. 그런 점에서 이황의 사칠 구분의 의지는 주자학과 차별성을 갖는다. "성은 리이고, 발한 것이 정이다. 그 근본은 성이다. 마치 그림자를 보면 형체가 어떤 것인지를 아는 것과 같다"[21]라고 한 주희의 말에 비추어 두 사람의 관점을 비교한다면, 이황이 '그림자를 보고 형체가 어떤 것인지를 아는 것'에 중점을 두었다면, 기대승은 '그림자는 형체가 발한 것'에 중점을 두었다고 할 수 있을 것이다. 어쨌든 이황과 기대승은 논쟁이 끝날 때까지 사단과 칠정의 관계에 대한 해석의 틀을 달리하였다. 이러한 두 사람의 견해 차이는 사단과 칠정을 리와 기로 환원하면서 더욱더 극명하게 드러나고 있다.

3. 사단과 칠정을 리와 기에 분속할 수 있는가

1) 천지지성과 기질지성의 관계에서 본 사단과 칠정의 리기 분속

기대승은 이황이 사단과 칠정을 구분하고, 또한 사단을 '리'로 칠정을 '기'로 각각 분속한 것에 대해 사단과 칠정을 대거할 수 없을 뿐만 아니라 리와 기는 '불상리不相離'의 관계이기 때문에 리와 기 또한 나눌 수 없다고 비판한다.[22] 이에 대해 이황은 사단과 칠정이 모두 리理와

---

21) 『朱子語類』, 권5, "性卽理也, 發者, 情也. 其本則性也. 如見影知形之意."
22) 「高峯上退溪四端七情說」, "夫理, 氣之主宰也, 氣, 理之材料也, 二者固有分矣. 而其在事物也, 則固渾淪而不可分開." 참조.

기氣의 합이긴 하나 그 '소종래所從來'와 '소주所主', '소중所重'에 따라 사단을 리로, 칠정을 기로 각각 분배할 수 있다고 주장한다.[23] 한 걸음 더 나아가 이황은 기대승이 오히려 리와 기를 하나의 사물로 여겨 구별하지 않는다고까지 반박한다.[24] 그리고 이황은 선유들의 성론을 근거로 사단과 칠정의 리기 분속이 가능함을 주장하고 있다.

> 성性을 논해 보면 리가 기 가운데 있는 것인데, 자사와 맹자께서는 그 가운데 본연지성本然之性을 가리켜 말씀하셨고, 정이와 장재는 그 가운데 기질지성氣質之性을 가리켜 말씀하셨소. 정情을 논해 보면 성이 기질 속에 있는 것인데, 유독 (정에 있어서만) 각기 발한 것에 따라서 사단과 칠정의 소종래를 나누는 것이 불가하다고 하겠소. 리와 기를 겸하고 선과 악을 함께 가지고 있는 것은 비단 정만이 그런 것이 아니라 성도 그러한데 어찌 이것으로써 나눌 수 없는 근거로 삼는단 말이오. 리가 기 가운데 있다는 말에 따랐기 때문에 성도 또한 그러하다고 말하였소.[25]

즉 이황은 선유들의 논을 종합하여 주자학은 성을 '천지지성天地之性'

---

23) 「退溪答高峯四端七情分理氣辯」, "二者雖曰皆不外乎理氣, 而因其所從來, 各指其所主與所重而言之, 則謂之某爲理某爲氣." 참조. 이후 이황은 '一書改本'에서 '所重'은 삭제한다고 말한다.

24) 이황은 기대승의 관점이 주희의 학설을 틀렸다고 하는 나흠순(정암)의 주장과 일치하는 것이라고 하였고(「退溪答高峯四端七情分理氣辯」, 10절 참조), 이것에 대해 기대승은 나흠순이 말한 내용을 아직 보지 못해 잘 모르겠으나, 자신은 결코 리와 기가 한 가지 사물이라고 여기지도 않았고, 또한 리와 기가 다른 사물이라고 말하지도 않았다고 말한다. 「高峯上退溪四端七情說」 참조.

25) 「退溪答高峯非四端七情分理氣辯第二書」, "論性而理在氣中, 思孟猶指出本然之性, 程張猶指論氣質之性. 論情而性在氣質, 獨不可各就所發, 而分四端七情之所從來乎. 兼理氣有善惡, 非但情爾, 性亦然矣, 然安得以是爲不可分之驗耶. 從理在氣中處言故云性亦然矣."

과 '기질지성氣質之性'으로 나누고 있고, 천지지성이 리의 원래적인 본연
처이기 때문에 '리와 기가 섞여 있더라도' 리만을 가리켜 말하는 것처
럼, 사단 또한 정이어서 리와 기가 섞여 있다 하더라도 리만을 가리켜
말할 수 있지 않겠느냐고 주장하는 것이다.

이 문제에 대해 기대승은 일단 이황이 말한 사단과 칠정의 관계는
천지지성과 기질지성의 관계와 같다는 유비를 인정한다. 하지만 두 사
람이 주장한 내용에는 본질적인 차이가 있다. 기대승은 천지지성과 기
질지성의 관계를 대거하지 않고 있으며, 사단과 칠정의 관계와 마찬가
지로 기질지성 속에 포함된 천지지성을 말한 것이기 때문이다.

> 사단과 칠정은 모두 심心에서 나오지 않는 것이 없고, 심은 곧 리와
> 기가 합해진 것이므로 정도 원래 리와 기를 겸한 것이지, 리에서만 나
> 와서 기를 겸하지 않는 또 다른 하나의 정이 있는 것은 아니라고 생각
> 합니다.26)

> 성이라는 측면에서 말하면 이른바 기질지성은 리가 기질 가운데 떨어
> 져서 있는 것일 뿐 별개의 다른 성이 아닙니다. 그러므로 성을 논함에
> 본연지성이니 기질지성이니 하는 것은 천지天地 및 인물상人物上에서
> 리와 기를 나누어 각각의 사물이 되게 하는 것이 아니라, 하나의 성을
> 있는 곳에 따라 구분해서 말한 것일 따름입니다.27)

---

26) 「高峯答退溪論四端七情書」, "愚謂四端七情, 無非出於心者, 而心乃理氣之合, 則情固兼理氣
也, 非別有一, 但出於理. 而不兼乎氣也."
27) 「高峯答退溪論四端七情書」, "然則論性, 而曰本性, 曰氣稟云者, 非如就天地及人物上. 分理氣
而各自爲一物也, 乃以一性, 隨以所在, 而分別言之耳."

기대승은 심心은 리와 기의 합이고, 심에서 나온 사단과 칠정 또한 리와 기를 겸해서 봐야지 어느 것을 위주로 봐서는 안 된다고 말한다. 마찬가지로 천지지성과 기질지성 또한 같은 성性이고 하나의 성을 '있는 곳'에 따라 구분할 수는 있지만, 각각 리와 기로 나누어서 대거할 수는 없다는 주장이다. 기대승은 공자가 말한 '성상근습상원性相近習相遠'에 대해 주희는 '여기에서 말한 성은 기질氣質을 겸하여 말한 것이다'라고 하였으므로 성이 주主가 되면서도 기질을 겸한 것으로 보아야 한다고 하였다.[28] 그리고 주희가 맹자의 '인간의 본성이 선하다'고 한 것은 그 본체에 대해서 말한 것이니 '미발未發'의 성性을 가리킨 것이라고 설명하고 있다.[29]

기대승의 이러한 관점과 달리 이황은 리와 기의 '불상리不相離'를 인정하면서도, 여전히 리와 기를 차별화하는 '불상잡不相雜'의 관점에서 리 위주의 천지지성과 기 위주의 기질지성으로 나누고 있다.

> 천지지성이 진실로 리만을 가리켜 말한 것이기는 하지만 이때에 다만 리만 있고, 기는 없는 것이겠소? 세상에는 기 없는 리는 없으므로 아마 리만 있는 것은 아닐 것이오. (천지지성에 리와 기가 섞여 있음에도) 오로지 리만을 가리켜 말할 수 있다면, 기질지성에 비록 리와 기가 섞여 있기는 하지만, 어찌 기로써만 가리켜 말할 수 없겠소? 하나는 리가 위주인 까닭에 리로 말했고, 하나는 기가 위주인 까닭에 기로 말했을 따름이오.[30]

---

28) 「高峯答退溪論四端七情書」, 9절 참조.
29) 「高峯答退溪論四端七情書」, 12절 참조.
30) 「退溪答高峯非四端七情分理氣辯第二書」, "滉謂天地之性, 固專指理, 不知此際只有理, 還無氣乎? 則非只有理, 然猶可以專指理言, 則氣質之性, 雖雜理氣, 寧不可指氣而言之乎? 一則理

나아가서 이황은 공자의 '이어받는 것은 선이요, 이루어진 것은 성이다'와 주돈이의 '무극無極이면서 태극太極'이라는 학설은 리와 기가 서로 따르는 가운데 '리'만을 가리킨 것이고, 공자의 '성상근습상원'과 맹자가 말한 '이목구비'의 성은 모두 리와 기에 의해 서로 이루어진 것이지만 '기'를 위주로 말씀하신 것이라는 설명을 하면서,31) 계속해서 본성本性과 기품氣稟을 리와 기로 나누어 말할 수 있듯이 사단과 칠정을 리와 기로 나누어 말할 수 있다고 고집한다.

이 문제 또한 두 사람이 이론적 합치를 보지 못하였다. 이황은 기대승이 나누어 보기를 싫어하고 '합合'으로만 보려 한다고 비판하였고, 기대승은 이황이 합해서 봐야 할 것을 지나치게 '분分'의 입장에서 본다고 비판하였다. 이 문제 또한 주자학에서 '리기'의 관계는 물론 '리기' 범주를 인간의 심성에 환원시킬 때 어떻게 설명하고 있는가를 살펴봐야 할 것이다. 주자학에서 정을 사단과 칠정으로 나누듯이 성 또한 천지지성과 기질지성으로 나누고 있지만, 그것을 리기론으로 환원시켰을 때 그둘을 어떤 관계로 설명하고 있는지가 두 번째 문제를 진단하는 관건이되겠다.

2) 주자학에서 천지지성과 기질지성의 리기 분속

주자학은 우주만물을 설명하는 하나의 틀로써 '리기론'32)을 제시하

為主, 故就理言, 一則氣爲主, 故就氣言耳. 四端非無氣, 而但云理之發, 七情非無理, 而但云氣之發, 其義亦猶是也."
31) 「退溪答高峯非四端分理氣辯第一書改本」, 9절 참조.
32) 주자학에서 '理'와 '氣'의 관계는 『周易』 「繫辭」에서 말하는 '道'와 '器'의 관계이고,

였고, 그 리기론의 틀 속에 인간의 심성론을 대입시키고 있다. 주자학의 심성론[33]은 일반적으로 '성은 곧 리'(性卽理)이고, 이 '성이 발하여 정이 되며'(性發爲情), '성과 정을 통섭하는 것은 심'(心統性情)이라고 본다. 또 주자학에서 성은 천지지성과 기질지성으로, 정은 사단과 칠정으로, 심은 인심과 도심으로 구분하고 있다. 하지만 이 구분은 개념적 구분일 뿐이지 주희가 그 둘을 실질적으로 나누고 있는 것은 아니다.

이황이 사단과 칠정을 분별하는 근거로 제시한 천지지성과 기질지성의 관계는 주자학에서 매우 분명하게 설명되고 있다.

천명지성이 있는 한 기질지성도 있다. 양자는 떨어질 수 없다. 그 하나를 없애버리면 어떤 사물도 생겨날 수 없다.[34]

성을 말하면 거기에는 곧 기질이 포함되어 있다. 기질이 없다면 성은 안착하여 머무를 데가 없고,[35] 기질지성은 곧 리인 천지지성에서 내원한다.[36]

다시 말해서 기질지성의 내원은 천지지성에 있지만, 기질지성이 없으면 천지지성 또한 안착할 데가 없으므로 이 둘은 불가분의 관계이다.

주돈이가 『太極圖說』에서 말한 '太極'과 '陰陽'의 관계와 같다.

33) 주희는 『中庸』에 나오는 '天命之謂性'과 『孟子』에 나오는 '盡心, 知性, 知天'의 학설을 종합 계승하여 하늘이 인간에게 理를 부여했다고 하였다. 朱熹, 『中庸章句序』 참조. 『朱子語類』, 권5, "性卽理也. 在心喚做性, 在事喚做理."; "性旣發爲情."; 『朱文公文集』, 권40, "心主於身, 其所以爲體者, 性也. 所以爲用者, 情也. 是以貫乎動靜而無不在焉." 참조.

34) 『朱子語類』, 권4, "才有天命, 便有氣質. 不能相離. 若闕一, 便生物不得."

35) 『朱子語類』, 권4, "纔說性時, 便有此氣質在裏. 若無氣質, 則這性亦無安頓處."

36) 『朱子語類』, 권4, "性只是理, 氣質之性, 亦只是這裏出."

이러한 주자학의 논지를 기대승은 잘 인용하고 있다.[37] 그런데 천지지성과 기질지성은 서로 떨어질 수 없는 관계로 설정되지만, 리기론으로 환원되면서 둘은 내용적인 층차를 가지게 된다.

천지지성을 논하자면 리만을 가리켜서 말하는 것이고, 기질지성을 논하자면 리와 기를 섞어서 말하는 것이다. 아직 기가 있지 않아도 이미 성은 있고, 기가 존재하지 않더라도 성은 항상 존재한다. 그것이 비로소 기의 가운데 존재한다고 말하나, 기는 원래부터 기이고 성은 원래부터 성이어서 또한 서로 섞이지 않는다.[38]

이처럼 주자학에서 성을 천지지성과 기질지성으로 나누고, 천지지성을 리로, 기질지성을 리와 기로 환원시켜 말한 까닭은 무엇일까? 그것은 앞에서 이황과 기대승이 주희가 성을 나누어 본 것을 언급했듯이, 주희는 선유들이 성에 양 측면이 있는 것을 모르고 한쪽 면만을 가리켜 말함으로써 성을 완전하게 설명해 내지 못했다고 생각했기 때문이다. 그래서 주희는 성을 '기'의 영향을 받은 '기질지성'과 기질지성에서 순수하게 '리'만 있는 '천지지성', 두 가지로 나누었던 것이다.[39]

---

37) 「高峯答退溪論四端七情書」, 5절 참조.
38) 『朱子語類』, 권4, "論天地之性則專指理言, 論氣質之性則以理與氣雜而言之. 未有此氣, 已有此性, 氣有不存, 而性却常在. 雖其方在氣中, 然氣自是氣, 性自是性, 亦不相來雜."
39) 주희는 맹자의 '性善論'을 받아들이다보니 공자가 말한 '性相近習相遠(『論語』, 「陽貨」)이라고 한 부분과 맞지 않다고 보았다. 그래서 맹자의 '性善'은 성의 본원처를 밝힌 것으로 매우 적절하나 기품에 관하여 천명하지 못했으므로 여러 설이 분분해졌다는 것이다. 이에 주희는 맹자처럼 인간의 성을 금수와 차별화되는 개념으로 쓰지 않고 인간과 사물에게 보편적으로 있는 것으로 사용하고, 본래의 성이 아닌 기의 영향을 받은 기질지성을 통해 인간의 선악문제를 해명하려고 하였다. 이에 대해 홍원식은 짐승과의 차별성을 강조한 맹자의 성론이 주자학에서는 도리어 인간과 만물간의 동질성을 확보해 주는 '천지지성'으로 바뀌고 있다고 지적한다. 자세한 것은 홍원식,

이러한 주자학적 개념에 따라 성과 정의 리기론을 정확하게 이해한 사람은 기대승이라 할 수 있다. 이황이 사단과 칠정의 리기 분속을 주장하기 위해 천지지성을 리로 기질지성을 기로 대거한 것은 주자학과 딱 합치되지는 않는다. 그러므로 사단과 칠정을 구분하고 각각 리와 기로 대거할 수 있다는 이황의 주장 또한 설득력이 떨어지고 있다. 이황이 그렇게 한 것은 주자학의 천지지성과 기질지성을 '유출적' 구도로 보지 않고 '대립적' 구도로 변형시킴으로써, 천지지성은 리에 기질지성은 기에 기원을 갖는 것으로 이해했기 때문이다.[40] 주희는 자기 철학체계를 세우는 과정에서 단지 개념적인 구분을 한 것인데, 이황은 실질적으로 둘을 구분하였던 것이다. 이처럼 이황이 사단과 칠정을 끈질기게 구분하고, 각각 리와 기로 분속하려고 했던 이유를 살펴보면, 결국 다음 장에서 논의할 사단의 '리발理發'을 전개하기 위해서라 할 수 있다. 주자학에서 리와 기의 관계 또한 '불상리不相離'와 '불상잡不相雜'의 이중적인 차원에서 말하고 있기 때문에 어느 쪽에 중점을 두는가에 따라 대립적 양상으로 전개될 여지는 가지고 있었다.

「주자학의 성론」, 『계명철학』 제5호(1996), 195~197쪽 참조.

40) 주희 철학에서 본연지성은 '본원적' 영역에 있거나 또는 기질지성 안에 포괄되는 것이다. 그런데 이황이 리기의 존재론적 차원에서의 갈등을 현실적 차원의 갈등으로 끌어내림으로써 주희의 구상으로부터 일탈했고, 이 설정이 기대승과의 논쟁을 불러온 원인으로 분석된다. 한형조, 『주희에서 정약용으로』(예문서원, 1997), 106·166쪽 참조.

4. 리는 운동할 수 있는가

1) 사단과 칠정의 리기호발과 리기겸발

이황은 기대승에게 당시 학자들 사이에 논란이 되었던 「천명도」의 구절을 수정하여 "사단이 발한 것은 순리이기 때문에 불선함이 없고, 칠정이 발한 것은 기를 겸하기 때문에 선도 있고 악도 있다"[41]라는 내용의 짧은 편지를 보냈었다. 이에 대해 기대승은 "이는 리와 기를 별개의 두 사물로 판연히 나누는 것입니다. 이러하면 칠정은 성에서 나오지 않는 것이 되고, 사단은 기를 타지 못하는 것이 됩니다"[42]라고 하며 여전히 고친 내용이 완전치 않다는 뜻을 전하였다. 여기서 사단칠정논쟁의 '발發'[43] 문제가 등장한다.

이에 대해 이황은 『주자어류』에서 '사단은 리가 발한 것이고, 칠정은 기가 발한 것이다'[44]라는 구절을 발견하고, 자신이 처음 정지운에게 고쳐 준 내용이 틀리지 않았음을 재차 기대승에게 말한다.[45] 이에 기대승은 자기 생각을 담아 다음과 같이 적고 있다.

---

41) 「退溪與高峯書」, "四端之發純理 故無不善, 七情之發兼氣 故有善惡."
42) 「高峯上退溪四端七情說」, "則是理與氣, 判而爲兩物也. 是七情不出於性, 而四端不乘於氣也."
43) 유원기는 '發'의 개념이 발원/발현/발동의 의미로 번역되는 경우를 비교 분석하면서, 사칠논변에서는 '발'의 의미를 다양한 명제들의 문맥 속에서 분석하고 검토하는 푸웨이쉰의 방식을 시도해 볼만하다고 말한다. 유원기, 「16世紀 朝鮮性理學 論辯의 分析的 探究」(성균관대학교 박사학위논문, 2010), 37~45쪽 참조.
44) 『朱子語類』, 권53, "四端是理之發, 七情是氣之發." 이 구절에 대해 이황이 말하는 곳은 「退溪答高峯四端七情分理氣辯」 참조.
45) 「退溪答高峯四端七情分理氣辯」, "近因朱子語類論孟子四端處末一條, 正論此事. 其說云, 四端是理之發, 七情是氣之發."

주자께서는 "천지지성을 논할 때는 오로지 리만을 가리켜 말하는 것이고, 기질지성을 논할 때는 리와 기를 섞어 말한 것이다"라고 말씀하셨습니다. 이것으로 보건대, 이른바 '사단은 리가 발한 것이다'라는 말은 오로지 리만을 가리켜 말한 것이고, '칠정은 기가 발한 것이다'라고 한 것은 리와 기를 섞어 말한 것입니다. 그리고 '리가 발한 것이다'라는 말은 진실로 바뀔 수 없는 것이지만, '기가 발한 것이다'라고 말한 것은 기만을 가리켜 말한 것이 아닙니다. 이 때문에 세세한 연유가 없지 않을 것이라는 말씀을 드린 까닭입니다.[46]

이 내용으로 볼 때, 기대승은 사단과 칠정의 관계를 천지지성과 기질지성의 관계와 동일하게 생각하고 있다. 그래서 기대승은 사단의 '리발理發' 또한 리와 기가 섞여 있는 칠정 중에서 사단의 리만을 가리킨다는 의미에서 '주리主理'를 인정하지만, 칠정의 '기발氣發'은 리기가 아닌 오로지 기만을 가리켜 말한 것이기 때문에 인정하지 않고 있다. 그래서 기대승은 이황의 '리발'을 그리 문제 삼지 않는다. 그러면 여기서 기대승이 인정하고 있는 '리발'의 의미는 무엇인가? 이때의 '리발'은 이황처럼 '리' 자체의 발용을 의미하는 것은 분명히 아니다. 기대승은 단지 측은해하는 마음이나 부끄러워하는 마음과 같은 것은 그 기를 자연스레 발현하게 하는 것이 '리'이기 때문에 '리에서 발한다'고 말한 것이다.[47] 따라서 기대승이 말한 것은 이황의 주장 내용과 달리 리가 기의 '소이연

---

46) 「高峯答退溪論四端七情書」, "朱子有曰, 論天地之性, 則專指理言, 論氣質之性, 則以理與氣雜而言之. 以是觀之, 所謂四端是理之發者, 專指理言, 所謂七情是氣之發者, 以理與氣雜而言之者也. 而是理之發云者, 固不可易, 是氣之發云者, 非專指氣也. 此所謂不能無曲折者也."
47) 「高峯答退溪論四端七情書」, "且如惻隱羞惡, 亦豈非氣之自然發見者乎. 然其所以然者, 則理也. 是以謂之發於理爾."

94 제1부 퇴계 이황과 고봉 기대승의 사단칠정논쟁

자所以然者'라는 측면에서 사단의 '리발'을 인정한 것이다.

하지만 이황은 기대승이 자신이 말한 순수한 리만이 발한 것(理發)을 인정하면서 왜 '기발氣發'에 대해서는 오로지 기만을 발한 것으로 말해서는 안 된다고 반박하는지 의문을 가진다.[48] 그리고 이황은 논쟁의 결론으로 사단과 칠정을 모두 '리기호발理氣互發'로 연결시키면서 "사단은 리가 발함에 기가 따르는 것이고 칠정은 기가 발함에 리가 타는 것이다"[49]라고 하였다.

이황이 이렇게 사단을 '리발'로 주장하는 것은 "사단이 비록 기를 탄 것이라고 하더라도 맹자께서 가리킨 사단은 그 핵심이 기를 타는 데 있지 않고, 다만 순수한 리가 발한 곳에 있다"[50]는 확신에서 나온 것이다. 그리고 이황은 '리와 기의 관계'를 '사람과 말의 관계'에 비유[51]하여, 사람과 말이 가는 것은 사단과 칠정을 섞어서 말한 것인데, 사람이 가는 것(사단)만 가리켜 말해도 말이 함께 가는 것이고, 또 말이 가는 것(칠정)만 가리켜 말해도 사람이 함께 가는 것이라 하여 기에 대한 리의 주재성을 설명하고 있다.

기내승은 이황의 그 최종안에 대해서 자신의 결론적 생각을 담은 '리기겸발설理氣兼發說'을 제출하고 있다.

---

48) 「退溪答高峯非四端七情分理氣辯第二書」, "公於理發, 則以爲不可易, 氣發則以爲非專指氣, 將一樣語, 截作兩樣看, 何耶? 若實非專指氣而兼指理, 則不應與理之發者, 對擧而幷疊言之矣."
49) 「退溪答高峯非四端七情分理氣辯第二書」, "但四則理發而氣隨之, 七則氣發而理乘之耳."
50) 「退溪答高峯非四端七情分理氣辯第二書」, "四端雖云乘氣, 孟子所指, 不在乘氣處, 只在純理發處."
51) 이 내용은 「退溪答高峯非四端七情分理氣辯第二書」 참조. 이황은 리와 기의 관계를 사람과 말의 관계로 비유하면서 또한 사단과 칠정의 관계로 등치시키고 있다. 이것에 대한 이황과 기대승의 입장 차이를 놓고 대설과 인설, 분개와 혼륜, 횡간과 수간 등의 관점으로 구별한다.

이 두 글귀의 뜻은 칠정은 리와 기를 겸하고 있지만, 사단은 리가 발한
다는 것 한쪽만을 가리키는 것으로 여겨집니다. 이에 이 두 글귀를 '정
이 발함에 리가 움직여 기가 함께하기도 하고, 기가 감응하여 리가 타
기도 한다'는 것으로 하면 더 좋겠습니다.[52]

이와 같이 두 사람은 사단과 칠정을 분별하고 리와 기로 분속하는
과정에서 각각 다른 주장[53]을 하게 된다. 논쟁이 길어질수록 기대승이
이황의 최종안에 대해서 상당히 타협적인 태도를 보이는 것 같지만,[54]
본질적으로 이 문제 또한 이황과 기대승이 끝내 의견의 일치를 보지
못한 것으로 이후 한국철학사의 큰 논쟁거리가 된다. 이렇게 이황이 '리
기호발'을 주장하는 이유는 도덕적 가치를 중시하는 주희의 입장을 극
대화하여 이황이 리의 작용성을 강조하거나 능동적인 도덕주체가 되려
고 했다는 것[55]으로 이해할 수 있다. 하지만 이러한 이황의 의도를 과
연 실제적인 리의 발출, 기의 발출로 봐야 할 것인가 하는 의문이 제기
되기도 한다. 그래서 일각에서는 '호발설'을 의미상으로 해석해야 하지

---

52) 「高峯答退溪再論四端七情書」, "然鄙意以爲此二箇意思, 七情則兼有, 而四端則只有理發一邊
爾. 抑此兩句, 大升欲改之曰, 情之發也, 或理動而氣俱, 或氣感而理乘."

53) 리기 관계에서 기대승은 '不相離', 이황은 '不相雜'에 중점을 둔다. 리기론의 관점에서
'불상리'는 리와 기의 관계를 대등한 관계로 보아 떨어질 수 없는 쪽으로, 심성론의
관점에서 '불상잡'은 리와 기의 관계를 차별적 관계로 보아 뒤섞일 수 없는 쪽으로
이해한다. 이황처럼 '불상잡'의 관계로 본다면 리는 실현되어야 할 가치, 기는 조절
하고 통제되어야 할 대상이므로 동일한 위상이 될 수 없는 것이다.

54) 신정근은 '七情是氣之發'에 대한 논쟁 분석을 통해 기대승이 이황의 주장을 수용하였
다고 보는 견해들은 잘못된 것이라고 한다. 신정근, 「고봉은 퇴계의 사단칠정설에
동의하였는가」, 『유교사상문화연구』 제42집(2010) 참조.

55) 이에 대해 전호근, 「주희 심성론의 한국적 전개를 위한 최초의 갈등」, 『논쟁으로 보
는 한국철학』(예문서원, 1995), 174~175쪽; 홍원식, 「주자학적 세계관의 선택」, 『시
대와 철학』 제10집(1993), 39쪽 참조.

않을까 하는 의견56)도 개진되고 있다. 어쨌든 두 사람의 논쟁에서 이후 한국철학사에서 더 문제로 부각되었던 이황의 이 '리발설理發說'57) 또한 주자학에 근거를 두고 있다고 하므로, 주자학에서 리(태극)와 기(음양, 동정)의 문제를 어떻게 설정하고 있는지 살펴봐야 할 것이다.

2) 주자학의 리기론과 리의 운동성

앞서 심성론을 논하면서 언급했듯이 주자학은 '리기' 범주로 우주만물을 설명하고 있다.

천지 사이에는 리가 있고 기가 있다. 리는 형이상의 도道이고 사물을 생하는 근본이다. 기는 형이하의 기器이고 사물을 생하는 도구이다. 그러므로 사람과 사물이 생겨날 때 반드시 리를 품부 받은 뒤에 성性이 있고, 기를 품부 받은 뒤에 형체가 있다.58)

기존의 『주역』이나 『태극도설』이 태극과 음양의 관계를 우주생성론의 관점에서 보았다면, 주자학은 '리본체론理本體論'적 경향을 띠고 있다. 그것은 주희가 천지만물에서 이 "리와 기는 본래 선후를 따질 수 없지

---

56) 윤사순, 『한국유학사상론』(예문서원, 1997), 208쪽, 각주 51) 참조.
57) '리'의 운동을 주장하는 이황의 생각은 다른 사람에게 보낸 편지에서 잘 드러난다. 『退溪集』, 권25, 「答鄭子中李別紙」, "蓋理動則氣隨而生……濂溪云, 太極動而生陽, 是言理動而氣生也."; 권39, 「答李公浩問目」, "朱子嘗曰理有動靜, 故氣有動靜. 若理無動靜, 氣何自而有動靜乎."; 권18, 「答奇明彦別紙」, "無情意造作者, 此理本然之體也. 其隨寓發見而無不到者, 此理至神之用也." 등 참조.
58) 『朱子大全』, 권58, 「答黃道夫」, "天地之間, 有理有氣. 理也者, 形而上之道也, 生物之本也. 氣也者, 形而下之器也, 生物之具也. 是以人物之生, 必稟此理然後有性, 必稟此氣然後有形."

만, 반드시 그것의 소종래를 거슬러 올라가면 리가 먼저 있다"59)라고 말하는 것에서 알 수 있다. 그러면서도 주희는 이 리와 기의 관계를 서로 섞일 수 없는(不相雜) 관계이면서 서로 떨어질 수 없는(不相離) 관계라고 말한다.60) 주희의 이러한 리기합리理氣合離의 사유는 리와 기가 결합되어 있는 현상계의 리와 현상계를 초월하면서도 그것을 있게 하는 본체계의 리를 나누어 보려는 데서 비롯되었다. 이러한 주자학의 리 본체론적 리기론에 따라 '리'의 운동성 문제 또한 파악해야 한다.

주자학에서 이 '동정動靜' 문제는 리기론에만 제한된 것이 아니라 주자학의 전체 체계와 연결되어 있다. 주자학에서 리는 '무정의·무조작·무계탁'의 속성을 가질 뿐만 아니라 '방소도 없고 형체도 없으며, 머물러 있을 만한 위치'도 갖지 않는다.61) 그렇지만 이 리理는 스스로 발현하지 않으면서도 기氣로 하여금 사물을 만들거나 작용하게 한다. 그런데 주희는 이 리의 직접적인 운동을 긍정하기도 하고 부정하기도 하는 모순적인 언설을 남기고 있어서62) 논란의 빌미를 주고 있다. 그래서 태극과 동정의 관계를 '본체本體'와 '유행流行'의 관점에서 아주 잘 드러내고

---

59) 『朱子語類』, 권1, "或問, 必有是理, 然後有是氣, 如何. 曰, 此本無先後之可言, 然必欲推之所從來, 則須說先有是理, 然理又非別爲一物, 即存乎是氣之中, 無是氣, 則是理亦無掛搭處." 주백곤은 천지만물은 모두 생생한 리가 발현된 것으로, 이때 리와 기는 형이상과 형이하의 관계이긴 하지만 시간적인 선후 관계를 말하는 것이 아니라고 보았다. 朱伯崑, 『易學哲學史』 中(北京大學出版社, 1988), 494~495쪽 참조. 그리고 오하마 아키라는 '리선기후'를 논리적으로 리가 기에 앞선다는 구조론으로 이해해야 한다고 말한다. 오하마 아키라, 이형성 역, 『범주로 보는 주자학』(예문서원, 1997), 88쪽 참조.

60) 『朱子大全』, 권46, 「答劉叔文」, "所謂理與氣決是二物, 但在物上看則二物渾淪, 不可分開各在一處, 然不害二物之各爲物也."; 『朱子語類』, 권1, "問理與氣, 曰 伊川說得好, 曰, 理一分殊. 合天地萬物而言, 只是一箇理, 及在人, 則又各自有一箇理."

61) 『朱子語類』, 권1, "理却無情意, 無計度, 無造作."; 권94, "太極, 無方所, 無形體, 無地位可頓放."

62) 정상봉 「주희철학과 한국사칠논변」, 『동서철학연구』 제29호(2003), 211쪽 참조.

있는 아래의 문장을 통해, 주희의 관점이 무엇인지 그 의미를 해석해
보려고 한다.[63]

대개 태극이 동정을 함유(含)하고 있다고 말하는 것이 옳다고 한 것은
본체의 입장에서 말한 것이고, 태극이 동정을 가지고 있다(有)고 말하
는 것이 옳다고 한 것은 유행의 입장에서 말한 것이다. 그런데 만약
태극이 동정한다(是)고 말한다면, 이것은 형이상과 형이하의 구분이 없
는 것이다.[64]

위 문장에서 태극의 '본체론'적 관점에서 말하는 '함(含)'의 의미는 태
극이 동정을 함유한다는 의미가 아니라 태극이 '동정動靜의 리理'를 함유
한다는 의미로 해석해야 한다. 즉 주자학에서 태극 자신은 스스로 동정
하지 않지만, 태극에 내재하는 정의 리에 의해 정하게 되고, 동의 리에
의해 동하게 된다는 것을 말한다. 그리고 태극의 '유행론'적 관점에서
말하는 '유有'의 의미는 천명이 끊임없이 이어지는 것을 말한다. "태극
이 동정을 가지고 있다는 것은 바로 천명이 유행한다는 것이다."[65] 그
러나 동정이 바로 태극이 아니라, "그것이 동하고 그것이 정하는 데에
는 반드시 동하고 정하게 하는 이치가 있는데 그것이 바로 태극"[66]이라

---

63) 이 글의 '태극'과 '동정'의 관계는 본체론과 유행론의 관점에서 해석한 심도희 「주자
학에서 '리의 운동상에 관한 연구」(계명대 대학원 석사학위논문, 1997), 4장을 참조
하였다. 이 '동정'에 대해 1) 생성론의 차원에서 자기선개, 2) 본체론의 자기현현,
3) 일반적인 의미에서의 구체적인 변화 운동, 세 가지로 상세하게 분석하고 있는
글로 정상봉, 「주희철학과 한국사칠논변」, 210~213쪽 참조.
64) 『朱子大全』, 권45, 「答楊子直」, "謂太極含動靜則可, 以本體而言也, 謂太極有動靜則可, 以流
行而言也. 若謂太極, 便是動靜, 則是形而上下者, 不可分."
65) 朱熹, 『太極圖說解』, 「朱註」, "太極之有動靜, 是天命之流行也."
66) 朱熹, 『太極圖說解』, 「集說」, "而其動其靜, 則必有所以動靜之理, 是則所謂太極也."

고 하였다. 이와 같이 주자학에서 리(太極)와 기(動靜)의 관계는 '동정하게 하는 자'와 '동정하는 자'의 관계임을 알 수 있다.

따라서 '발하지 않을 때는 오로지 리이지만, 발하면 바로 기를 타고 유행하게 된다'는 관점에서 주장된 기대승의 '리기겸발설'은 태극의 유행의 측면을 따른 것이다. 하지만 "정은 곧 태극의 체이고 동은 곧 태극의 용"[67]이라는 주희의 말에 비추어 보면, 이황의 '리발설' 또한 전혀 근거가 없다고 딱 잘라 말할 수는 없다. 왜냐하면 '리가 동정한다'[68]거나 '기가 동정하니까 그것을 타고 있는 리도 마땅히 동정한다'[69]는 주희의 언급들은 태극의 직접적인 동정을 주장하게 하는 논거로 사용될 수도 있기 때문이다. 그럼에도 불구하고 주자학의 전체 체계에서 볼 때 '리'는 그 자체로는 운동하지 않으면서 '기'로 하여금 운동하게 하는 것이다. 그렇다면 직접적으로 운동하는 것은 기의 영역이지 리의 영역이 아니라는 점에서 이황의 '리기호발설'은 주자학에서 새롭게 해석될 여지를 주고 있다.

5. 논쟁의 의의

이황과 기대승의 사칠논쟁은 형식적으로 이황이 '사단은 리가 발함

---

67) 『朱子語類』, 권94, "蓋靜卽太極之體也, 動卽太極之用也."
68) 『朱子語類』, 권94, "問, 動靜, 是太極動靜? 是陰陽動靜? 曰, 是理動靜."
69) 『朱子語類』, 권5, "太極是理, 陰陽是氣. 理無形而氣有迹. 氣旣有動靜, 則所載之理, 亦安得無動靜."

에 기가 그 리를 따르는 것이고, 칠정은 곧 기가 발하매 리가 그 기를 타는 것'(四則理發而氣隨之, 七則氣發而理乘之)으로, 기대승은 '정이 발함에 리가 움직여 기가 함께하기도 하고, 기가 감응하여 리가 타기도 하는 것'(情之發也, 或理動而氣俱, 或氣感而理乘)으로 마무리되었다. 이 두 사람은 논쟁을 하는 과정에서 상대방이 반론하는 것에 대해 조금씩 양보도 하고 수정도 했었다. 그러나 이 글에서 다룬 세 가지 문제에 대해서는 두 사람이 견해를 달리하면서 끝내 이론적 합의를 도출해 내지 못하였다. 그 원인에 대해 윤사순은 사단과 칠정에 대해 그 의미(所指)와 유래(所從來)에 따라 해석하는 관점이 달랐기 때문에 윤리적 성격 또한 다르게 되었다고 하였고,[70] 이승환은 '기호배치방식의 차이에 대한 인식의 부족과 핵심개념에 대한 정의 미비'[71]라고 분석하고 있다. 필자는 우선 사실과 가치를 분리해서 주자학을 이해할 수 없다는 것과 논쟁에서 오고간 말의 논리성보다 주자학이 갖는 치열한 실천적 성향을 실감하였다.

---

70) '의미'로 하는 해석은 가치론의 성격으로 이해하는 것이고, '유래'로 내리는 해석은 사실론의 성격으로 이해하는 것인데, 서로 다른 성격의 해석을 하나로 합쳐서 내리려는 것이 이 문제가 풀리지 않았던 원인이라고 분석한다. 윤사순, 「머리말」, 『사단칠정론』(서광사, 1992), 7~8쪽 참조. 또한 윤사순은 유학 '원전의 문맥'에 따라 사단과 칠정의 윤리적 성격에 대해 규명을 하면서 사단은 덕성윤리관의 사유와 연관되고, 칠정은 '의무윤리관의 사유'와 연관된다고 보았다. 그리고 퇴계의 사단칠정론은 둘 다를 통합하는 윤리이지만 그의 호발설은 사단의 '리발로 상정된 덕성윤리의 측면'에 더 비중이 있다고 말한다. 윤사순, 「사단칠정론의 윤리적 성격에 대한 성찰」, 『퇴계학보』 제133집(2013), 13~24쪽 참조.

71) 두 사람의 논쟁에서 첫째, '갑'은 횡설에 입각하여 논의를 전개하는데 '을'은 수설로 대응하고, 또 '을'이 수설을 사용하여 주장을 펼치는데 '갑'은 횡설로 대응하였던 것이고, 둘째, 리기의 정의를 분명히 하지 않은 결과, 승반론(수설)의 구도에서 '기'는 '재료' 즉 사물을 구성하는 존재론적 토대를 의미한다면, 도덕심 리학적 성향이론(횡설)에서는 사람이 가진 '기'적 성향을 뜻하는 것이기 때문에 의견이 합치될 수 없었던 것이다. 자세한 것은 이승환, 「퇴계의 '횡설'과 고봉의 '수설' ― 프레임의 차이로 보는 조선유학의 분기」, 『퇴계학보』 제131집(2012), 68~69쪽 참조.

논쟁의 세 가지 문제를 주자학에서 다시 정리해 보면, 첫째, '측은·수오·사양·시비'인 사단과 '희노애락'인 칠정은 인간의 감정으로 동일한 정의 범주에 속한다. 그런데 출처와 내용이 다른 사단과 칠정을 주자학에서 정의 범주에 같이 넣다 보니 이황은 사단과 칠정을 나누어서 보았고, 기대승은 사단을 칠정에 포함시켜 보았다. 두 사람의 이러한 견해 차이는 주자학에서 그 둘의 관계를 분명하게 규명하지 않은 탓도 있지만, 하늘로부터 부여받은 인간의 순선한 감정이 있다는 것을 확보하려는 이황의 끈질긴 고집도 중요한 요인으로 자리하고 있다.

둘째, 주자학에서 사단과 칠정은 정이고, 정은 리와 기가 합해진 것이다. 그리고 천지지성과 기질지성은 성이고, 천지지성은 리로, 기질지성은 리와 기의 합으로 환원된다. 그렇다면 천지지성을 리와 기의 합으로 보고 사단과 칠정의 리기 분속을 정당화하려고 했던 이황의 주장은 주자학과 정합적이라고 보기는 힘들다. 기대승이 비판하고 있는 것처럼 같은 성이라도 '있는 곳'에 따라 구분해야지 두 성을 각각 리와 기로 나누어서 대거할 수는 없기 때문이다. 하지만 주자학은 천지지성과 기질지성의 두 성을 설정하고, 이와 함께 리기의 관계 또한 '불상리', '불상잡'으로 설명하는 가운데 이미 상이한 이해의 가능성을 던져 주고 있다.

셋째, 사단과 칠정을 리와 기로 환원하고 그것의 '발發'을 논의하면서 이황은 사단과 칠정의 '리기호발론'을 주장하였고, 기대승은 '리기겸발론'을 주장하였다. 문제는 리의 운동성 여부이다. 분명히 주자학에서 리와 기의 관계는 '동정하게 하는 원리'와 '동정하는 것'의 관계이다. 따라서 어디까지나 리는 형이상의 본체로서 기를 작용하게 하는 것이지 리 자체가 직접적인 운동을 하는 것은 아니다. 그렇게 볼 때 기대승의

'리기겸발'은 태극의 유행론적 관점을 잘 충족시키고 있지만, 이황의 '리기호발'은 리의 직접적인 운동을 주장한다는 점에서 주자학과는 다른 이론적 특성을 가지게 되었다.

결과적으로 주자학에서 말하는 사단과 칠정의 관계, 천지지성과 기질지성의 관계, 태극과 동정의 관계를 전반적으로 잘 이해한 사람은 이황보다는 기대승이라고 할 수 있다. 기대승은 주자학의 기본 명제인 '리기'의 불가분리성을 만족시켰을 뿐만 아니라, 사단과 칠정의 범주에 대한 분석이나 성性에 대한 이해도 주자학의 심성론 체계와 잘 부합하고 있다. 그에 비해 이황은 주자학의 기본 명제에 충실하면서도 같은 정인 사단과 칠정을 끝까지 나누어 보았고, 그것의 근거를 본연지성과 기질지성으로 유비시켜 리기론을 적용하였으며, 순선한 사단에서 리의 운동성을 끝까지 고수하였는데 이는 주자학의 체계에서 보면 매우 새로운 발상이다. 어쨌든 인간의 감정에 대하여 주자학을 기준으로 펼쳐졌던 두 사람의 오랜 논쟁은 이후 조선에서 주자학에 대한 이해를 더욱 심화시켰고, 한국 주자학이 중국 주자학과는 다른 차별성을 가지고 발전하는 계기[72]가 되었다.

---

[72] 두유명은 주자학과의 합치 여부와 상관없이 이 논쟁은 '주희를 재표현한 특징적 전개'였고, '기대승의 도전이 아니었다면 이황은 주희의 사상을 그렇게 세련된 방식으로 서술하지 못했을 것'이라는 평가를 하고 있다. 두유명, 「주희의 리철학에 대한 퇴계의 독창적 해석」, 『퇴계학보』 제35집(1982), 22쪽 참조. 한 걸음 더 나아가 김기현은 퇴계 '리발설'의 가치를 부여하는 세 가지 길을 제시하고 있다. 첫째, 가치론상의 장점을 부각시키되, 주희 철학을 이해하는 데는 실패했다. 둘째, 주희 해석에서 이론상의 과오가 없는 대안으로 정비해 준다. 셋째, 주자학에 머물지 말고 독창적인 한국철학사상으로 자리매김한다. 김기현, 「퇴계의 이발설이 갖는 의의에 대한 검토」, 『철학』 제60집(1999), 26~27쪽 참조. 홍원식은 두 사람이 논변을 통해 서로의 견해 차이를 분명히 드러냈다는 점 자체를 높이 평가한다. 이 논변을 통해 이후 조선의 주자학은 퇴계학파와 율곡학파로 나눠져 전개되었고, 이 논변의 중심이 우주가 아닌

【참고문헌】

朱熹, 『朱子大全』.
____, 『朱子語類』.
____, 『中庸章句』.
____, 『孟子集注』.
____, 『太極圖說解』.
李滉, 『退溪集』.
奇大升, 『高峯全集』.

민족과사상연구회, 『사단칠정론』, 서광사, 1992.
윤사순, 『한국유학사상론』, 예문서원, 1997.
이상은, 『퇴계의 생애와 학문』, 예문서원, 2011.
한국철학사상연구회, 『논쟁으로 보는 한국철학』, 예문서원, 1995.
한국철학사연구회, 『한국유학사상논문선집』 15, 불함문화사, 1993.
_____, 『한국유학사상논문선집』 91, 불함문화사, 1999.
한형조, 『주희에서 정약용으로』, 예문서원, 1997.
李明輝 著, 『四端與七情: 關於道德情感的比較哲學探討』, 臺灣大學出版中心, 2005.
朱伯崑, 『易學哲學史』 中, 北京大學出版社, 1988.

오하마 아키라, 이형성 역, 『범주로 보는 주자학』, 예문서원, 1997.

금장태, 「퇴계의 이기론과 사칠론」, 『종교와 문화』 제3집, 1997.
김기현, 「퇴계의 이발설이 갖는 의의에 대한 검토」, 『철학』 제60집, 1999.
남지만, 「퇴계 호발설의 '七情氣發'에 대한 고봉의 비판과 수용」, 『동양철학』 제33집, 2010.
두유명, 「주희의 리철학에 대한 퇴계의 독창적 해석」, 『퇴계학보』 제35집, 1982.
배종호, 「성리학과 기고봉」, 『아세아연구』 16호, 1973.
성태용, 「퇴계 이황의 사상」, 『철학과 현실』 제24집, 1995.
신정근, 「고봉은 퇴계의 사단칠정설에 동의하였는가」, 『유교사상문화연구』 제42집, 2010.

인간, 리기론이 아닌 심성론에 있다는 점이 한국 주자학의 특성을 갖게 되는 결정적 전기를 마련하였다는 것이다. 홍원식, 「주자학과 퇴계학의 형성 및 전개」, 『안동학연구』 제9집(2010), 141쪽 참조.

심도희, 「주자학에서 '리의 운동성'에 관한 연구」, 계명대 대학원 석사학위논문, 1997.
양승무, 「주자학과 퇴계학의 동이」, 『퇴계학보』 제87집, 1995.
유원기, 「16世紀 朝鮮性理學 論辯의 分析的 探究」, 성균관대학교 박사학위논문, 2010.
윤사순, 「퇴계의 심성관에 관한 연구」, 『아세아연구』 14호, 1971.
_____, 「사단칠정론의 윤리적 성격에 대한 성찰」, 『퇴계학보』 제133집, 2013.
이상은, 「사칠논변과 대설·인설의 의의」, 『아세아연구』 16호, 1973.
이승환, 「퇴계의 '횡설'과 고봉의 '수설' ― 프레임의 차이로 보는 조선유학의 분기」,
      『퇴계학보』 제131집, 2012.
정병연, 「기고봉 삶과 사칠리기논변」, 『남명학 연구』 제10집, 2000.
정상봉, 「주희철학과 한국사칠논변」, 『동서철학연구』 제29호, 2003.
_____, 「儒家의 情感倫理學」, 『중국학보』 제56집, 2007.
천병준, 「퇴계의 四七論에서 因說에 대응한 對說의 倫理」, 『철학논총』 제40집, 2005.
한자경, 「사단칠정론에서 인간의 性과 情 ― 퇴계의 對說과 고봉의 因說의 차이를 논함」,
      『철학연구』 제68집, 2005.
홍원식, 「주자학적 세계관의 선택」, 『시대와 철학』 제10집, 1993.
_____, 「주자학의 성론」, 『계명철학』 제5호, 1996.
_____, 「주자학과 퇴계학의 형성 및 전개」, 『안동학 연구』 제9집, 2010.
_____, 「퇴계 이황의 사칠론과 그의 성리설」, 『목요철학』 제10호, 2012.

제2부

퇴계학파의 사단칠정설 전개

제1장 퇴계 이황의 사칠론과 그의 성리설

홍원식

1. 사칠논쟁의 의미와 전개양상

퇴계退溪 이황李滉(1501~1570)은 고봉高峯 기대승奇大升(1527~1572)과 8년여에 걸쳐 전개한 '사단칠정논쟁四端七情論爭'(이하 사칠논쟁)을 통해 체계적이며 깊이 있는 자신의 성리설을 내놓게 된다. 이를 테면 사단과 칠정, 천지지성天地之性(本然之性)과 기질지성氣質之性에 대한 대설對說의 관점과 '주리主理'적 리기설理氣說, '리발기수理發氣隨, 기발리승氣發理乘'의 '리기호발설理氣互發說', '리유체용설理有體用說' 등과 같은 그의 대표적인 성리설이 대부분 사칠논쟁을 통해 비로소 제시된 것이다.

사칠논쟁은 윤사순이 "비록 심성설의 한정된 부분에서나마 한국의 성리학으로 하여금 당시 중국 성리학 수준을 능가하였다는 점에서 뜻이 있으며, 이 논구를 계기로 한국 성리학에 문제 중심의 독자덕인 학파가 비로소 형성되었다는 점에도 뜻이 있다"[1]라고 평가한 것에서 볼 수

---

1) 윤사순, 「한국 성리학의 전개와 특징」, 『한국 사상의 심층 연구』(우석, 1982), 194쪽.

있듯이 한국철학사에서 기념비적 사건이자 새로운 이정표를 세웠다고 말할 수 있다. 이렇듯 이 논쟁을 기점으로 '한국 주자학'의 시대가 열렸으며, 학파의 전개가 본격적으로 이루어졌다. 실은 이 논쟁은 심성론心性論에만 그친 것이 아니라 리기론理氣論, 나아가 공부론工夫論 등 성리설 전반과 긴밀하게 관계되어 있으며, 또한 단순히 학파 분화만 가져온 것이 아니라 이것이 뒷날 다시 지역이나 정치적 입장과 긴밀하게 결합되면서 조선 후기 사회의 기본적인 판형을 형성하였다.

잘 알려져 있다시피 사칠논쟁은 추만秋巒 정지운鄭之雲(1509~1561)이 「천명도설天命圖說」을 지으면서 "사단은 리에서 발한 것이고, 칠정은 기에서 발한 것"(四端發於理, 七情發於氣)이라고 한 것을 이황이 "사단은 리가 발한 것이고, 칠정은 기가 발한 것"(四端理之發, 七情氣之發)이라고 수정하도록 한 것에서 발단이 되었다. 정지운이 1553년 이렇게 이황의 감수를 받은 내용을 담아 「천명도설」을 출간하게 되자 이를 읽어 본 세간의 학자들 사이에서 이견이 분분하게 일어났다. 그러던 차에 1558년 10월 갓 과거에 급제한 32세의 신예 기대승이 당시 성균관대사성으로 있던 58세의 원로 이황을 찾아 자신의 의견을 개진하게 된다.

이후 이황은 그해 12월 18일 자신의 설을 보충하기 위해 "사단이(으로) 발한 것은 순리이기 때문에 선하지 않음이 없고, 칠정이(으로) 발한 것은 기를 겸하기 때문에 선도 있고 악도 있다"(四端之發純理, 故無不善, 七情之發兼氣, 故有善惡)로 조금 바꾼 내용을 담은 편지를 기대승에게 보내게 되며, 기대승은 이 편지를 1559년 1월 5일 받아보게 된다. 이에 기대승이 조목을 나누어 비판한 내용을 담은 편지를 이황에게 보내면서 본격적으로 사칠논쟁은 시작되었다. 이후 두 사람은 크게 3차례 편지를 주고

받으며 진지하면서도 치열한 논쟁을 전개하였으며, 1566년 11월 6일 기대승이 자신의 견해를 후설後說과 총설總說로 정리해 보내면서 본 논쟁을 일단락지었다.[2]

　이황은 애초 이렇게 길게 논쟁을 이어갈 생각이 아니었던 것 같다. 그는 첫 번째 답변을 준비하느라 이 책 저 책을 살펴보다 뒤늦게 『주자어류朱子語類』에서 맨 처음 자신이 말했던 "사단은 리가 발한 것이고, 칠정은 기가 발한 것"(輔漢卿 기록)이란 구절을 찾아내고서 회심에 찬 마음으로 답변서를 다 마련하고서는 맨 끝에다 이 사실을 적어 밝혔다.

　온 편지를 받고서 곧바로 내 생각을 전하려 하였지만, 감히 나의 견해가 의심할 여지없이 반드시 옳다고 할 수가 없어 오랫동안 답신을 보내지 못하였소. 그런데 근래 『주자어류』에서 맹자의 사단을 논한 마지막 한 조목을 보니, 바로 이 일에 대한 논의였소. 그곳에서 "사단은 리가 발한 것이고, 칠정은 기가 발한 것이다"라고 말하였소. 감히 자신을 믿지 말고 자신의 스승을 믿으라고 옛사람들이 말하지 않았소! 주자는 우리가 스승으로 받드는 사람이고, 또한 천하 고금을 통틀어도 스승 중의 스승이오. 이 말을 듣고 난 연후에야 나는 비로소 나의 견해에 그리 큰 잘못이 없고, 당초 정지운의 학설 역시 병통이 없어서 모두 고칠 필요가 없을 것 같았소.[3]

---

2) 논쟁 전개의 세부 내용에 대해서는 이기훈, 「퇴·고의 사칠왕복서에 대한 서지적 정리」, 『목요철학』제9집(계명대학교 목요철학원, 2011), 그리고 이상호, 『사단칠정 자세히 읽기』(글항아리, 2012), 72~73쪽 참조.

3) 李滉, 『退溪先生文集』, 「退溪答高峰四端七情分理氣辯」, "自承示喩, 卽欲獻愚, 而猶不敢自以其所見爲必是而無疑, 故久而未發. 近因『朱子語類』論孟子四端處末一條, 正論此事. 其說云, '四端是理之發, 七情是氣之發'. 古人不云乎! 不敢自信而信其師. 朱子吾所師也, 亦天下古今之所宗師也. 得是說然後, 方信愚見不至於大謬, 而當初鄭說, 亦自爲無病, 似不須改也."

그러나 기대승으로부터 돌아온 답변은 기대와 달랐다. 기대승은 『주자어류』속 그 말이 '한순간 우발적으로 던진 치우친 말'에 지나지 않는다고 단언하고서 더욱더 상세한 내용으로 두 번째 편지를 보내온 것이다. 이황은 논쟁을 이어갈 수밖에 없게 되었고, 마침내 "사단은 리가 발하고 기가 그것에 따른 것이며, 칠정은 기가 발하고 리가 그것에 탄 것"(四端理發而氣隨之, 七情氣發而理乘之)이라는 수정설을 내놓게 되며,[4] 이것은 그의 최종설이 되기도 한다.

이황과 기대승 간의 사칠논쟁에서 중점적으로 논의된 내용은 먼저 사단과 칠정의 관계와 구분에 대한 것이며, 이것과 연관하여 천지지성과 기질지성에 대해서도 논의하였다. 그 다음은 리와 기의 관계 및 리의 능발·능동의 문제였다. 이에 이것을 중심으로 장을 나누고, 각 장 안에서는 초기설과 수정설(최종설), 그리고 여타 저술과 자료 속 관련된 내용의 순서로 정리, 분석함으로써 이황의 사칠론을 검토해 보기로 한다. 본 논문은 일목요연한 정리에 일차적인 목표를 두고 있음을 앞서 밝히며, 이를 통해 초기설과 후기설의 차이와 그의 성리설이 형성되는 과정을 동태적으로 파악할 수 있기를 기대한다.

---

4) 이황은 두 번째 답변 글(「退溪答高峯非四端七情分理氣辯第二書」)에서 "앞의 네 조목에 대해서는 그대의 가르침을 받고서 나의 말에 합당함을 잃은 곳이 있음을 깨달았으니, 이 또한 개정하였소"라고 말하면서, 구체적으로 다음 네 곳을 적고 있다. "第六節, '七情不專是氣'之說. 同節中, 辯曰之二, '情雖緣境, 實由中出'之說. 辯曰之七, '善惡未定'之說. 第九節, '偏指而獨言氣'之說."

2. 사단과 칠정의 관계

이황과 기대승 간 사칠논쟁은 바로 사단과 칠정의 관계에 대한 문제에서부터 시작되었다. 사단과 칠정은 바로 인간의 순선한 도덕적 감정과 선과 악이 섞여 있는 감정 일반을 각각 가리킨다. 이것은 인간의 현실적 양태라고도 할 수 있다. 이 둘은 감정, 곧 '정情'이라는 점에서는 같지만 내용적으로 서로 같지는 않으며, 그렇다고 순선과 순악으로 나누어지는 상반된 정도 아닌 점에서 애초 논란의 여지를 가지고 있었다. 같지도, 그렇다고 상반되지도 않은 사단의 정과 칠정의 정을 먼저 어떠한 관계로 볼 것인가 하는 문제로부터 시작해서, 논의가 다시 사단과 칠정의 정이 어디로부터 발생하였는가의 문제로 이어지면서 입장의 차이가 더욱 분명하게 드러난다.

일찍이 주자학에서는 '심이 성과 정을 통섭하며'(心統性情), '성이 곧 리'(性卽理)이고, '성이 발하여 정이 생겨난다'(性發爲情)는 것을 대명제요 대원칙으로 받아들인 터이다. 이황과 기대승 모두 주자학의 후예로서 리理인 마음속 성性이 발하여 정情이 생겨났음은 똑같이 받아들이되 성이 발해 생겨난 정이 사단과 칠정 두 가지란 점에서 해석은 달라지기 시작한다. 여기에다 주자학에서는 성마저 천지지성(本然之性)과 기질지성 둘로 나누어 보았으므로 논쟁의 양상은 더욱 복잡해진다.

먼저 사단과 칠정에 대해 이황은 일관되게 구분해 보는 관점을 취한다. 그러나 기대승은 사칠논쟁을 진행하면서 바로 이 점에 대한 비판으로부터 시작하였다.

자사子思의 말은 정情의 전체를 말씀하신 것이고, 맹자의 논은 가려 뽑아서 말씀하신 것입니다. 흔히 인심人心이 아직 발하지 않은 것을 '성'이라 하고, 이미 발한 것을 '정'이라고 합니다. 그리고 성에는 불선함이 없고, 정에는 선도 있고 악도 있다는 것은 본디부터 그러했던 이치입니다. 다만 자사와 맹자는 '나아가서 말한 것'이 다를 뿐입니다. 이런 까닭에 '사단'과 '칠정'에 대한 구별이 있을 따름이었으니, 칠정 바깥에 다시 사단이 있는 것은 아닙니다.[5]

기대승은 여기에서 사단과 칠정이 '나아가서 말한 것'(所就而言之者)이 다를 뿐 사단은 칠정 가운데 선한 부분만을 가려내어서 말한 것이므로 칠정 밖에 달리 사단이 있지 않다고 주장하였다. 이것이 이른바 '칠포사七包四'의 논리이며, 칠정 가운데 중절中節한 것이 다름 아닌 사단일 따름이라는 주장으로 이어진다. 이에 대해 이황은 다음과 같이 비판하며 말하였다.

무릇 사단은 정이고, 칠정 역시 정이오. 이 모두가 정이라면 무엇 때문에 사단이니 칠정이니 하는 다른 이름이 있는 것이겠소? 그대가 보내온 편지에서 말한 '나아가서 말한 것이 다르다'는 것, 바로 그 때문이오.…… 그러한 까닭에 가리켜 말한 것이 다르다면 구별이 또한 없을 수 없는 것이리라. 옛날 성현들이 이 둘을 논할 때, 어느 적에 이 둘을 뭉뚱그려 반드시 하나의 사물이라 하고서 구별하지 않고서 말하였습니까?[6]

---

5) 奇大升, 『高峯集』, 「高峰上退溪四端七情說(1書)」, "子思之言, 所謂道其全也, 而孟子之論, 所謂剔撥出來者也. 蓋人心未發, 則謂之性, 已發謂之情. 而性則無不善, 情則有善惡, 此乃固然之理也. 但子思孟子所就以言之者不同, 故有四端七情之別耳, 非七情之外復有四端也."

6) 李滉, 『退溪先生文集』, 「退溪答高峰四端七情分理氣論」, "夫四端情也, 七情亦情也. 均是情

여기에서 이황은 기대승 본인 스스로 '나아가서 말한 것이 다르다'고 말했듯이 바로 그 때문에 맹자와 자사는 각각 사단과 칠정이라고 구분해서 말했던 것이며, 나누어 볼 까닭이 있기 때문에 나누어 본 것이라고 주장하였다. 나아가 그는 '나아가서 말한 것'(所就而言之者)이 다른 것은 "사단은 리가 발한 것이고, 칠정은 기가 발한 것"(四端理之發, 七情氣之發)이라고 말한 것에서 이미 나타나 있듯이 '소종래所從來' 곧 '말미암아 나온 곳'의 차이가 있음에서 비롯되었다고 주장하였다.

측은惻隱 · 수오羞惡 · 사양辭讓 · 시비是非의 마음은 어디에서 발하겠소? 인仁 · 의義 · 예禮 · 지智의 성性에서 발하는 것이오. 그럼 희喜 · 노怒 · 애哀 · 구懼 · 애愛 · 오惡 · 욕欲은 어디서 발하겠소? 바로 바깥 사물이 사람의 오관五官에 접하고 그것이 마음 가운데서 동하다가 환경에 따라 나오게 되는 것이오.…… 이것으로 보건대, 이 둘이 비록 리와 기를 벗어나지 못한다고 말하지만, 그것이 각기 말미암아 나오는 바에 따라 주된 것과 중점을 둔 것을 가리켜 말한다면 어느 것은 리이고 어느 것은 기라 하니, 이를 어찌 있을 수 없는 것이라 하오.[7]

이황은 사단과 칠정이 모두 성이 발해 생겨난 정으로서 리와 기를 다 가지고 있기는 하지만 '주된 것'(所主)과 '중점을 둔 것'(所重)을 가려 말한다면 '소종래'를 나누어 말할 수 있다고 주장하였다. 곧 사단은 리

也, 何以有四七之異名耶? 來喩所謂, 所就以言之者不同, 是也.……然而所就而言之不同, 則亦不容無別. 從古聖賢, 有論及二者, 何嘗必滾合爲一物, 而不分別言之耶?"

7) 李滉, 『退溪先生文集』, "退溪答高峰四端七情分理氣辯", "惻隱羞惡辭讓是非, 何從而發乎? 發於仁義禮智之性焉爾. 喜怒哀懼愛惡欲, 何從而發乎? 外物觸其形而動於中, 緣境而出焉爾.……由是觀之, 二者雖曰皆不外乎理氣, 而因其所從來, 各指其所主與所重而言之, 則謂之某爲理某爲氣, 何不可之有乎?"

와 기 중에서 리를 위주로 해서 생겨났기 때문에 '리발'이라 할 수 있고, 칠정은 리와 기 중에서 기를 위주로 해서 생겨났기 때문에 '기발'이라 할 수 있다는 주장을 펴고 있다. 여기에서 바로 '주리主理', '주기主氣'라는 말이 생겨났다. 하지만 기대승은, 사단은 순선하고 칠정은 선과 악을 겸하고 있어 상반된 것이 아니므로 대거對擧할 수 없으며, 따라서 리와 기에 분속하는 것뿐만 아니라 주리와 주기로 구분해 말하는 것도 옳지 않다는 비판을 하였다. 특히 「천명도설」에서 사단과 칠정을 양쪽으로 나누어 그려 놓고서 설명하는 것은 크게 잘못된 이해를 불러올 수 있다고 말하였다.[8) 이에 이황은 마침내 수정설을 내놓게 된다.

대개 섞어서 말할 때 칠정이 리와 기를 겸한다는 것은 그리 많은 말을 하지 않아도 명확한 것이오. 그렇지만 만약 칠정을 사단과 대비하여 각기 나누어서 말한다면 칠정의 기에 대한 관계는 사단의 리에 대한 관계와 똑같으니, 그것들의 발함에 각기 혈맥이 있고, 그것들의 이름에 모두 가리키는 바가 있소. 그런 까닭에 그것이 주로 하는 바에 따라 나누어 소속시킬 수 있을 것이오. 비록 나 역시 칠정이 리와 아무런 상관없이 바깥 사물에 의해 우연히 감응하여 움직이는 것은 아니라고 생각하오. 또한 사단이 바깥 사물에 감응하여 움직이는 것도 진실로 칠정과 다르지 않다고 생각하오. 그렇지만 사단은 곧 리가 발하고 기가 그것에 따른 것이고(理發而氣隨之), 칠정은 곧 기가 발하고 리가 그것

---

8) 李滉, 『退溪先生文集』, 「退溪答高峯非四端七情分理氣辯第二書」, "四端發於理, 七情發於氣', 此二句, 鄭丈著之於圖者, 正與朱子所言不殊. 若曉得時, 豈有病乎? 大升前日之所疑者, 正恐使曉不得之, 却生病痛也. 蓋泛論四端七情, 而曰四者發於理, 七者發於氣, 固無不可矣. 今乃著之於圖, 而以四端置理圈中, 而謂之發於理, 以七情置氣圈中, 而謂之發於氣. 雖寫成圖本, 勢不得不然, 而位置之際, 似不免離析太甚. 若後學見之, 指其已定之形, 而分理與氣二者, 別而論之, 則其爲慤人, 不亦旣甚矣乎?" 참조.

에 탄 것이오(氣發而理乘之).9)

이황은 이전에 칠정만 바깥 사물에 감응하여 생겨난 것처럼 말한 것은 잘못되었음을 받아들인 뒤 사단과 칠정을 지나치게 리와 기에 나누어 소속시켰다는 비판에 대해서도 "사단은 리가 발하고 기가 그것에 따른 것이고, 칠정은 기가 발하고 리가 그것에 탄 것"(四端理發而氣隨之, 七情氣發而理乘之)이라고 수정하여 답변에 나섰다. 하지만 이것은 문자상의 수정일 뿐 내용적으로 보면 이전에 사단과 칠정 모두 리와 기를 가지고 있으며, 사단과 칠정을 주리와 주기로 말할 수 있다고 한 것과 연속적인 것으로 볼 수 있다. 더욱이 사단과 칠정의 구분에 대해서는 한 걸음도 물러서지 않았다. 다만 그는 사단과 칠정의 관계를 사람이 말을 타고서 출입하는 비유를 가져와 종합적으로 볼 수도 있고 나누어서 볼 수도 있다는 주장을 펴면서, 자신은 후자의 입장으로 '사단은 리가 발하고 기가 그것에 따른 것'은 비록 사람이 출입한다고 말해도 말이 함께 출입하는 경우와 같고, '칠정은 기가 발하고 리가 그것에 탄 것'은 비록 말이 출입한다고 말해도 사람이 함께 출입하는 경우와 같다고 말한 뒤 도리어 기대승이 종합적 관점에만 서 있다고 비판하였다.10) 그는 이 비유를

---

9) 李滉, 『退溪先生文集』, 「退溪答高峯非四端七情分理氣辯第二書」, "盖渾淪而言, 則七情兼理氣, 不待多言而明矣. 若以七情對四端, 而各以其分言之, 七情之於氣, 猶四端之於理也, 其發各有血脉, 其名皆有所指. 故可隨其所主, 而分屬之耳. 雖滉亦非謂七情不干於理, 外物偶相湊著而感動也. 且四端感物而動, 固不異於七情. 但四則理發而氣隨之, 七則氣發而理乘之耳."

10) 李滉, 『退溪先生文集』, 권16, 「退溪答高峯非四端七情分理氣辯第二書」, "古人以人乘馬出入, 譬理乘氣而行正好. 盖人非馬不出入, 馬非人失軌途, 人馬相須不相離. 人有指說此者, 或泛指而言其行, 則人馬皆在其中, 四七渾而言者是也. 或指言人行, 則不須並言馬, 而馬行在其中, 四端是也. 或指言馬行, 則不須並言人, 而人行在其中, 七情是也. 今見滉分別而言四七, 則每引渾淪論者以攻之, 是見人說 '人行馬行', 而力言人馬一也, 不可分說也. 見滉以氣發言七情, 則

리와 기의 관계를 설명하면서도 원용하고 있다.

또한 그는 이 수정설을 바탕으로 성현들의 희노애락과 일반 사람들의 희노애락을 구분하는 듯한 설명을 하고 있다.

> 맹자의 기뻐함, 순임금의 노함, 공자의 슬퍼함과 즐거워함은 기가 리를 따라서 발함에 조금이라도 막힘이 없었던 것이므로 리의 본체가 혼륜히 온전했던 것이오. 보통 사람들이 친한 이를 만나 기뻐하고 상喪을 당해 슬퍼하는 것 역시 기가 리를 따라 발한 것이기는 하지만, 기가 그 상황에 알맞게 갖추어질 수 없는 까닭에 리의 본체 또한 순수히 온전할 수는 없는 것이오. 이것으로 논해 보건대 비록 칠정이 기가 발한 것이라 하더라도, 어찌 그것이 리의 본체에 해가 되며, 또 어찌 형기形氣와 성정性情이 서로 관계되지 않는다는 염려가 있겠소?[11]

이처럼 이황은 성현들의 희노애락도 정이기는 하지만 '리발기수'한 사단의 정이요, 일반 사람들의 희노애락은 '기발리승'한 칠정에 따른 것이기 때문에 부중절할 수 있다고 말하였다. 이것은 일반 사람들의 중절한 칠정이라고 할지라도 성현들의 사단과는 다르다는 주장으로, 이로써 선도 사단에 의한 것과 중절한 칠정에 의한 것으로 나누어질 수 있게 된다. 그의 견해에 대해 기대승은 단연코 비판하고 나섰다.

力言理發, 是見人說馬行, 而必曰人行也. 見滉以理發言四端, 則又力言氣發, 是見人說人行, 而必曰馬行也. 此正朱子所謂迷藏之戲相似, 如何如何." 참조.

11) 李滉, 『退溪先生文集』, 권16, 「退溪答高峯非四端七情分理氣辯第二書」, "孟子之喜, 舜之怒, 孔子之哀與樂, 氣之順理而發, 無一毫有碍, 故理之本體渾全. 常人之見親而喜, 臨喪而哀, 亦是氣順理之發, 但因其氣不能齊, 故理之本體, 亦不能純全. 以此論之, 雖以七情爲氣之發, 亦何害於理之本體耶, 又焉有形氣性情不相干之患乎."

그러나 칠정이 발하여 절도에 딱 들어맞는 것은 사단과 결코 다르지 않습니다. 칠정이 비록 기에 속하지만 그 기 속에는 리가 이미 들어 있고, 그것이 발하여 절도에 맞는 것이 곧 '천명天命의 성性'이자 '본연本然의 체體'인데, 어찌 기가 발한 것이라고 해서 사단과 다르다고 말할 수 있겠습니까? (선생님께서 보내신 편지에서 "맹자의 기뻐함, 순임금의 노함, 공자의 슬퍼함과 즐거워함은 기가 리를 따라서 발함에 조금이라도 막힘이 없었던 것이다"라고 하신 것과 "각기 소종래가 있다"고 하신 말씀은 모두 타당하지 않은 것 같습니다. 무릇 발하여 모두 절도에 맞는 것을 '화'라 하는데, 화란 곧 달도입니다. 보내신 편지에서 주장하신 것과 같은 논리로 달도 역시 [사단과는 달리] 기가 발한 것이라고 말할 수 있겠습니까?) 이 또한 살피지 않을 수 없는 것입니다.[12]

앞서 살펴본 이황의 견해는 기대승에게서 이미 보았듯이 많은 비판을 불러올 수밖에 없었으며, 두 가지 선에 대한 설은 그의 후예들에게 풀어야 할 큰 과제로 남게 되었다. 이에 대한 이론적 모색을 한 대표적인 경우로 '근기 퇴계학파'를 연 성호星湖 이익李瀷의 '공희노설公喜怒說'을 들 수 있겠다.

이황은 맨 처음부터 가졌던 사단과 칠정을 구분하는 관점에 대해 비판을 받는 가운데 '소주'와 '소중' 및 '소종래'의 입장에 서서 '주리'와 '주기', '리발기수'와 '기발리승'의 설을 제기하면서 끝까지 지켜 나가 그의 정론으로 삼았으며, 『성학십도聖學十圖』속「심통성정도心統性情圖」에

---

12) 奇大升, 『高峯集』, 「四端七情後說」, "然而七情之發而中節者, 則與四端初不異也. 盖七情, 雖屬於氣, 而理固自在其中, 其發而中節者, 乃天命之性, 本然之體, 則豈可謂是氣之發而異於四端耶? (來書謂'孟子之喜, 舜之怒, 孔子之哀與樂, 是氣之順理而發, 無一毫有碍'及'各有所從來'等語, 皆覺未安. 夫發皆中節謂之和, 而和卽所謂達道也. 若果如來說, 則達道亦可謂是氣之發乎?) 此又不可不察也."

그대로 포함시켰다. 또한 이것은 그의 후예들에게 있어서 도통道統과 학통學統 상전相傳의 중심적인 내용이 되었다.

3. 천지지성과 기질지성의 관계

사칠논쟁에서 그 출발점이기도 했던 사단과 칠정의 관계에 대한 논의는 천지지성(本然之性)과 기질지성의 관계에 대한 논의로 파생, 확대되었다. 여기에서 논의의 중심적 내용은 두 가지 성 간의 관계에 대한 문제보다도 두 가지 성이 두 가지 정, 곧 사단·칠정과 어떠한 관계에 있느냐 하는 것이었다. 사칠논쟁은 '성발위정론性發爲情論'의 바탕 위에서 전개된 것이기 때문에 두 가지 정만이 아니라 두 가지 성 또한 문제가 되지 않을 수 없었다고 볼 수도 있다. 이황은 다음과 같이 말하고 있다.

> 성을 논해 보면 리가 기 가운데 있는 것인데, 자사와 맹자께서는 그 가운데 본연지성本然之性을 가리켜 말씀하셨고, 정이와 장재는 그 가운데 기질지성氣質之性을 가리켜 말씀하셨소. 정을 논해 보면 성이 기질 속에 있는 것인데, 유독 (정에 있어서만) 각기 발한 것에 따라서 사단과 칠정의 소종래를 나누는 것이 불가하다고 하겠소. 리와 기를 겸하고 선과 악을 함께 가지고 있는 것은 비단 정만이 그런 것이 아니라 성도 역시 그러한데 어찌 이것으로써 나눌 수 없는 근거로 삼는단 말이오. 리가 기 가운데 있다는 말에 따랐기 때문에 성도 또한 그러하다고 말하였소.[13]

이황은 자사가 『중용』에서 천명지성을 말한 것과 맹자가 성선의 성을 말한 것은 모두 리와 기가 섞여 있는 성 가운데에 순선무악한 본연지성의 부분만 가려서 말한 것이고, 뒷날 정자와 장재는 그 가운데 선과 악이 섞여 있는 기질지성을 가리켜 말한 것으로, 정에 사단과 칠정의 구별이 있는 것은 마치 성에 본연지성(천지지성)과 기질지성의 구별이 있는 것과 같다고 주장하였다. 따라서 그는 사단·칠정과 마찬가지로 본연지성과 기질지성을 '소주'와 '소중'에 따라 '주리'와 '주기'로 나누어 볼 수 있다고 하였다. 결국 본연지성은 사단과, 기질지성은 칠정과 연결되며, '성발위정론'에 따를 것 같으면, 사단은 본연지성이 발한 것이고 칠정은 기질지성이 발한 것이라고 말할 수 있게 된다.

이에 대해 기대승은, 성의 경우는 성이 있는 곳을 가리켜 본연지성과 기질지성으로 나누어 본 것이므로 나누어 보아도 큰 무리가 없지만, 정은 이미 성이 기질에 떨어진 뒤이므로 리와 기, 선과 악을 겸하고 있어서 나눌 수 없다고 말하였다.[14] 그러면서 그는 사단과 칠정을 상대지워 '순리純理'와 '겸기兼氣'로 말하는 것은 옳지 않지만, '인심人心'과 '도심道心'은 혹 이렇게 말할 수도 있다고 하였다.[15] 이황은 기대승과 논변하는 과정에서는 이에 대해 별다른 언급을 하지 않지만, 제자들과의 문답

---

13) 李滉, 『退溪先生文集』, 권16, 「退溪答高峯非四端七情分理氣辯第二書」, "論性而理在氣中, 思孟猶指出本然之性, 程張猶指論氣質之性. 論情而性在氣質, 獨不可各就所發, 而分四端七情之所從來乎. 兼理氣有善惡, 非但情爾, 性亦然矣, 然安得以是爲不可分之驗耶. 從理在氣中處言故云性亦然矣."

14) 奇大升, 『高峯集』, 「高峯答退溪論四端七情書(2書)」 참조.

15) 奇大升, 『高峯集』, 「高峰上退溪四端七情說(1書)」, "然則以四端七情, 對擧互言, 而謂之純理兼氣可乎? 論人心道心, 則或可如此說, 若四端七情, 則恐不得如此說. 盖七情, 不可專以人心觀也." 참조.

에서는 도심과 인심 또한 사단·칠정의 관계와 같다고 보았다.

> 인심은 칠정이 바로 이것이며, 도심은 사단이 바로 이것이다. 별개의
> 도리가 있지 않다.16)

> 인심은 칠정이 되고, 도심은 사단이 된다.『중용』서문에서 주자의 설
> 이나 허동양의 설 등을 보면, 인심과 도심이 칠정과 사단이 된다고 해
> 도 진실로 안 될 것이 없다.17)

이황은 이처럼 사단과 도심, 칠정과 인심을 연결시킴으로써 결국 사
단과 칠정의 관계를 본연지성과 기질지성, 도심과 인심의 관계와 등치
시켜 보았다. 이것은 다시금 뒷날 큰 논란을 불러오게 되는데, 우계牛溪
성혼成渾과 율곡栗谷 이이李珥 간의 이른바 '인심도심논쟁人心道心論爭'이 바
로 그것이다.

4. 리와 기의 관계

사칠논쟁은 사단과 칠정의 관계에 대한 문제로부터 논쟁이 불붙었
지만, "사단은 리가 발한 것이고, 칠정은 기가 발한 것"(四端理之發, 七情氣之
發)이라고 말한 것에서부터 논쟁이 시작되었기 때문에 사단과 칠정에

---

16) 李滉,『退溪先生文集』,「答李宏仲問目」, "人心, 七情是也, 道心, 四端是也. 非有兩簡道理也."
17) 李滉,『退溪先生文集』,「答李平叔」, "人心爲七情, 道心爲四端. 以中庸序朱子說, 及許東陽之
    說類觀之, 二者之爲七情四端, 固無不可."

리와 기를 분속시키는 문제와 더불어 리와 기의 관계에 대한 문제도 동시에 논란이 일어날 수밖에 없었다. 앞에서 보았다시피 이황 스스로도 사단과 칠정에 리와 기를 분속시키는 것은 문제의 소지가 있다고 생각하여 '소주'와 '소중'에 따라 '주리'와 '주기'로 바꾸어 말하였으며, 또한 '리발'과 '기발'을 '리발기수'와 '기발리승'으로 보완하였다. 그가 이렇게 수정, 보완하게 된 것은 사단과 칠정이 모두 정으로서 성이 발한 것이므로 리와 기가 다 있을 수밖에 없다는 비판과 더불어 특히 리와 기는 '서로 떨어질 수 없다'는 '불상리不相離'의 주자학적 대명제에 어긋날 수 있었기 때문이다. 그렇지만 그는 또 하나의 주자학적 대명제인 리와 기가 '서로 섞일 수 없다'는 '불상잡不相雜'의 입장을 강하게 내세우면서 자신의 철학적 특색을 분명하게 드러낸다.

그러나 일단 이황이 사칠논쟁 중에서 리와 기를 말한 것은, 그것이 '주리'와 '주기'이든, 아니면 '리발기수'와 '기발리승'이든, 어디까지나 성과 정, 곧 심과 관계하여 말했다는 사실에 주목할 필요가 있다. 바로 심성론과의 관계 속에서 말한 것이며, 심성의 문제를 밝히는 과정에서 말한 것이다. '마음속의 리', 바로 '심중지리心中之理'가 문제였던 것이다. 물론 그는 주자학자로서 마음 밖의 리를 도외시해서도 안 되고, 그렇게 하지도 않았지만, 그의 일차적인 관심은 '심중지리'에 있었다. 그의 리기에 대한 논의를 이를 떠나 이해한다면, 그의 철학적 고민과 핵심을 놓치고 말 것이다.

이황은 사칠논쟁 중에서 기대승이 사단과 칠정을 구분해 보지 않으려 한다고 계속해서 비판했으며, 마찬가지로 리와 기에 대해서도 '불상리'만 강조하고서 구분해 보지 않는 것에 대해 비판하였다.[18] 그러면서 그는 이렇게 리와 기의 '불상리'만 강조하다 보면 나흠순羅欽順(호 整庵)의 '리기일물설理氣一物說'과 같게 될 수 있음을 경계하였다.

이는 결국 리와 기를 하나의 사물이라 하여 구별할 것이 없다고 여긴 것이오. 근세에 나정암이 '리와 기는 두 가지 사물이 아니다'라는 학설을 제창하였고, 심지어 주자의 학설도 틀렸다고 하였소. 이에 대해 내가 시원찮아 그 뜻이 무엇인지 정확히 파악하지 못하였지만, 보내신 편지의 뜻 역시 그것과 비슷하다고 말하시진 않으시겠지요?[19]

또한 이황은 이렇게 나누어 보기를 싫어하고 합쳐 보는 것에만 힘쓰다 보면 그 잘못이 기를 성으로 보고, 인욕을 천리로 보게 될 수 있음을 경계하였다.

무릇 강론하고 배우는 데 있어서 분석하기를 싫어하고 하나의 학설로 합치기에 힘쓰는 것에 대해 옛사람들은 대추를 씹지 않고 삼키는 것처럼 학문의 맛을 모른다 하였으니, 그 병통이 적지 않으리다. 그래서 이와 같이 계속되다 보면 자신도 모르는 사이에 기氣로 성性을 논하는 폐단에 급속히 빠지게 되며, 인욕을 천리로 여기는 잘못에 떨어지게 되니, 어찌 옳을 수 있겠소?[20]

---

18) 李滉, 『退溪先生文集』, 「退溪答高峰四端七情分理氣辯」, "竊詳來喩之意, 深有見於理氣之相循不離, 而主張其說甚力. 故以爲未有無理之氣, 亦未有無氣之理, 而謂四端七情, 非有異義. 此雖近是, 而揆以聖賢之旨, 恐有所未合也." 참조.
19) 李滉, 『退溪先生文集』, 「退溪答高峰四端七情分理氣辯」, "是則遂以理氣爲一物, 而無所別矣. 近世羅整庵, 倡爲理氣非二物之說, 至以朱子說爲非. 是滉尋常未達其指, 不謂來喩之意亦似之也?"
20) 李滉, 『退溪先生文集』, 「退溪答高峰四端七情分理氣辯」, "夫講學而惡分析, 務合爲一說, 古人謂之鶻圇吞棗, 其病不少. 而如此不已, 不知不覺之間, 駸駸然入於以氣論性之弊, 而墮於認人欲作天理之患矣, 奚可哉?"

이황은 사단과 칠정, 리와 기는 '섞어서 볼'(渾淪言之者) 수도 있고 '나누어서 볼'(分別言之者) 수도 있는 것인데, 위에서 보았다시피 기대승은 섞어서 보는 것만 주장하기 때문에 문제가 있다고 비판하였다. 그러면서 그는 '리발기수', '기발리승'의 설이야말로 사단과 칠정에 대해서 뿐만 아니라 리와 기 일반론에서도 가장 합당한 것이라고 주장하였다. 여기에서 이른바 '인설因說'과 '대설對說'의 논의가 제기된다. 기대승은 "제가 '포괄적으로 논하면 꼭 안 될 것이 없다'고 한 것은 '인설'에 근거하여 말한 것이고, '그림을 그리는 것은 타당하지 않다'고 한 것은 '대설'에 근거하여 말한 것입니다. 만약 '대설'을 기준으로 말한다면 비록 주자께서 직접 하신 말씀일지라도 잘못 생각하신 것이 틀림없을 것입니다"[21]라고 말하면서, 사단과 칠정, 리와 기를 대설하는 것은 어떠한 경우에도 틀렸음을 주장하였다.

무릇 성性과 정情에 대한 학설은 『중용장구中庸章句』와 『중용혹문中庸或問』, 연평延平 이동李侗 선생과 정자程子의 「호학론好學論」 그리고 주자께서 「성도性圖」에서 말씀하신 동정설動靜說과 「호광중胡廣仲과 호계수胡季隨에게 답한 글」을 위주로 삼고, 여기에다 『주자어류朱子語類』에 나오는 내용을 참고해 본다면 무엇을 중요하게 여기고 무엇을 덜 중요하게 여겨야 할지 아주 분명하게 깨달을 수 있을 것입니다. 그런데 선생님께서는 사단과 칠정을 나누어 볼 수 있다는 학설을 반드시 주장하려다 보니, 이러한 학설을 위주로 삼지 않으시고 오히려 『주자어류』의 내용을 정론으로 삼았으며, 심지어 그 내용이 '누구도 거치지 않고 곧바로

---

21) 奇大升, 『高峯集』, 「高峯答退溪再論四端七情書」, "大升謂 泛論則無不可者, 以其因說者而言之也, '著圖則有未安'者, 以其對說者而言之也. 若必以對說者而言之, 則雖朱夫子本說, 恐未免錯認之病. 如何如何?"

전해진 오묘한 뜻'이라고까지 말씀하셨습니다. 게다가 「천명도天命圖」를 통해서 그것을 증명하고 논증을 통해 주장하시면서 반드시 대설對說(사단과 칠정을 나누어 보는 관점)을 견지한 까닭에 사단과 칠정은 완전히 두 조각으로 나누어져 버렸습니다. 이는 마치 음陰과 양陽, 강剛과 유柔는 대대對待 관계에 있고, 위와 아래 그리고 사방은 각기 정해진 자리가 있다는 식이 되어 더 이상 사단과 칠정이 서로 뒤섞이고 서로 상통한다는 그러한 의미는 없어져 버렸습니다. 이러한 주장이 과연 어떻게 해서 생겨났는지는 잘 모르겠으나, 어떻게든 나누어 보려는 선입견이 너무 지나쳐서 생긴 잘못이 없지 않은 듯합니다. 바라옵건대 좀 더 자세히 살펴보시는 것이 어떠하실는지요. 너무 주제넘은 말을 한 까닭에 죽을죄를 지은 것 같습니다. 이에 머리 숙여 여쭈옵니다.[22]

이에 대해 이황은 사단과 칠정, 리와 기는 인설과 대설이 모두 가능하며, 이 가운데 자신이 사단과 칠정, 리와 기를 나누어 본 것은 대설에 따른 것임을 말하면서, 사람이 말을 타고 출입하는 비유를 가져와 거듭 자신의 입장을 옹호하고 있다.

옛날 사람들은 사람이 말을 타고 드나드는 것으로 리가 기를 타고 드나드는 것에 비유하였는데, 이것은 참으로 좋은 비유라 할 수 있소. 대개 사람은 말이 없으면 드나들지 못하고 말은 사람이 없으면 길을 잃게 되니, 사람과 말은 서로를 필요로 하고 서로 떨어질 수 없는 것이라오. 어떤 사람이 이에 대해서 가리켜 말할 경우에 사람과 말이 가는

---

22) 奇大升, 『高峯集』, 「四端七情後說」, "大抵性情之說, 以『中庸章句』『或問』, 延不說及程子「好學論」, 朱子「性圖」動靜說, 答二胡書爲主, 而叅以『語類』之說, 自覺大小大分明. 而先生必欲主張分別之說, 不以諸說爲主, 而寧以『語類』爲定, 至乃謂之單傳密付. 而其所以證之於圖, 驗之於辭者, 必用對說, 皆成兩片. 如陰陽剛柔之有對待, 上下四方之有定位, 無復渾淪貫徹之意. 此意未知果何如, 亦恐不無先入爲主之累也. 伏幸窮索何如? 僭率之甚, 死罪死罪. 大升謹稟."

것을 한꺼번에 묶어서 말한다면 사람과 말은 모두 그 가운데 있는 것이니, 사단과 칠정을 섞어서 말한 것이 바로 이것이오. 또 사람이 가는 것만을 가리켜 말하고 말이 함께 가는 것을 반드시 말하지 않았다 하더라도 말이 가는 것은 역시 그 가운데 있으니 사단만을 말한 것이 바로 이것이오. 또 말이 가는 것만을 가리켜 말하고 사람이 함께 가는 것을 반드시 말하지 않았다 하더라도 사람이 가는 것은 역시 그 가운데 있으니 칠정만을 말한 것이 바로 이것이오. 그런데 내가 사단과 칠정을 나누어 말하는 것을 보고 (공은) 항상 섞어서 말한 것을 끌어다가 (내 말을) 논박하니, 이것은 사람도 가고 말도 간다 라고 말하는 것을 듣고서 사람과 말은 하나이니 나누어 말할 수 없다고 애써 말하는 것과 같소. 또 내가 칠정을 기가 발한 것이라고 말하면 리가 발한 것이라고 애써 말하니 이것은 마치 말이 간다 라고 말하는 것을 듣고서 꼭 사람도 간다고 말하는 것과 같소. 또 내가 사단을 리가 발한 것이라고 말하면 다시 기가 발한 것이라고 애써 말하니 이는 마치 사람이 간다고 말하는 것을 듣고서 꼭 말도 간다고 말하는 것과 같소. 이것이야말로 바로 주자께서 말씀하신 숨바꼭질 놀이를 하는 것과 흡사하니 어떻게 생각하시오.[23)

이황은 이처럼 사칠논쟁에서 리와 기의 관계를 '불상리'와 '불상잡', '혼륜'과 '분별', '인설'과 '대설'로 동시에 말할 수 있다고 주장하면서도 정작 자신은 불상잡과 분별, 대설의 입장에 서 있다. 바로 여기에 그의

---

23) 李滉, 『退溪先生文集』, 권16, 「退溪答高峯非四端七情分理氣辯第二書」, "古人以人乘馬出入, 譬理乘氣而行正好. 盖人非馬不出入, 馬非人失軌途, 人馬相須不相離. 人有指說此者, 或泛指而言其行, 則人馬皆在其中, 四七渾淪而言者是也. 或指言人行, 則不須並言馬, 而馬行在其中, 四端是也. 或指言馬行, 則不須並言人, 而人行在其中, 七情是也. 今見滉分別而言四七, 則每引渾淪言者以攻之, 是見人說人行馬行, 而力言人馬一也, 不可分說也. 見滉以氣發言七情, 則力言理發, 是見人說馬行, 而必曰人行也. 見滉以理發言四端, 則又力言氣發, 是見人說人行, 而必曰馬行也. 此正朱子所謂迷藏之戱相似, 如何如何."

리기론에 있어서의 특징이 두드러진다. 그는 리와 기가 불상리와 불상잡의 관계임은 거듭 전제한다.[24] 그리고 그는 천하만물 중에는 '리 없는 기'도 없으며, '기 없는 리'도 없음을 거듭 말하였다.[25] 그렇지만 그는 "리는 본래 극히 존귀해서 상대할 것이 없으며, 사물에 명령을 내리기만 하지 사물의 명령을 받지 않아 기가 이길 수 있는 것이 못 된다"[26]고 말하였다. 이렇듯 그는 리와 기가 비록 불상리의 관계이지만 결코 서로 상대해서 말할 수 있는 존재가 아님을 단언하였다. 이러한 그의 리기불상잡론은 주희의 "리와 기는 결단코 다른 존재이다"[27]라는 말을 연상케하며, 뒷날 한주寒洲 이진상李震相과 같은 그의 후예들로 하여금 '유리론唯理論'의 길을 터주고 있다.

5. 리의 동정과 리기호발론

사칠논쟁이 마무리 단계로 접어들 무렵인 1561년 1월 16일 이황은 기대승으로부터 새로운 문제제기를 담은 편지를 받게 된다.

주자께서 "기는 응결하는 것이자 조작할 수 있는 것이지만, 리는 정감

---

24) 李德弘, 『艮齋先生文集』, 권5, 「溪山記善錄上」, "理之與氣本不相雜, 而亦不相離. 不分而言, 則混爲一物而不知其不相雜也. 不合而言, 則判然二物而不知其不相離也." 참조.
25) 李滉, 『退溪先生文集』, 「答李宏中問目」, "天下無理之氣, 無無氣之理. 四端理發而氣隨之, 七情氣發而理乘之, 理而無氣之隨, 則做出來不成, 氣而無理之乘, 則陷利欲而爲禽獸, 此不易之定理." 참조.
26) 李滉, 『退溪先生文集』, 권13, 「答李達李天機」, "理本其尊無對, 命物而不命於物, 非氣所當勝也."
27) 朱熹, 『朱子大全』, 권46, 「答劉叔文」, "理與氣, 決是二物."

과 의지도 없고 헤아림이나 조작함도 없다. 다만 이렇게 기가 응결하여 모이는 곳 속에 바로 리가 있다"라고 말씀하신 것은 바로 이를 말한 것입니다. 그런데 선생님께서는 지금 "리와 기는 둘 다 발용함이 있으므로 어느 하나가 발하게 되면 반드시 다른 하나가 따르게 되는 것이다"라고 하셨으니, 이것은 리에도 정감과 의지가 있고 헤아림이나 조작함이 있다는 말씀입니다. 이는 또한 리와 기가 별개의 사람처럼 한 마음속에 각기 자리하고 있다가 상황에 따라 때로 리가 먼저 발하면 기가 이에 따르고, 때로 기가 먼저 발하면 리가 이에 따르게 되는 것과 같이 되어버리고 말 것입니다. 그런데 이것은 바로 우리들 논의의 토대이자 출발점이므로 조금의 잘못이라도 있어서는 안 될 것입니다. 만약 이 토대에 조금의 잘못이라도 있다면 모든 것이 잘못되어 버릴 것입니다. 자세히 깨우쳐 주시기를 간절히 바랍니다. 저 기대승은 여기서 삼가 편지를 봉합니다.[28]

기대승은 이른바 이황의 '리기호발설'에 대해 문제제기를 해 온 것이다. 기가 발하는 것이야 당연한 일이지만, 리도 발한다는 것이 문제였다. 기대승도 인용해 말하고 있듯이 주희는 일찍이 리는 '정감과 의지'(情意)이며 헤아림과 조작함, 곧 발함이 없다고 말하였는데, 리기호발의 설은 이와 어긋난다고 문제제기를 한 것이다. 주희가 주돈이周敦頤의 태극·음양설을 풀이하면서 "'양은 동하고 음은 정하다'고 한 것은 태극이 스스로 동정하는 것을 말한 것이 아니라 리에 동정이 있음을 말한 것이다. 리는 볼 수가 없고 음양에 의지한 뒤에 알 수가 있다. 리는 음양에

28) 奇大升, 『高峯集』, 「四端七情後說」, "朱子曰, '氣則能凝結造作, 理却無情意無計度無造作. 只此氣凝聚處, 理便在其中', 正謂此也. 今曰, '互有發用, 而其發又相須', 則理却是有情意有計度有造作矣. 又似理氣二者, 如兩人然, 分擄一心之內, 迭出用事, 而互爲首從也. 此是道理築底處, 有不可以毫釐差者. 於此有差, 無所不差矣. 伏乞詳證, 何如? 大升謹覆."

실려 있으니 마치 사람이 말에 타고 있는 것과 같다"[29]라고 말한 것을 보아도 태극(리)의 직접적 동정을 말하지 않았음이 분명하다. 주희의 이 말은 오히려 '기발리승'을 곧장 떠올리게 한다. 그런데 이황은 '기발리 승'과 더불어 '리발기수'를 함께 말한 것이다. 이에 대한 논의는 말한 바와 같이 사칠논쟁 마무리 단계에 제기되어 충분히 이루어지지는 않았지만, 리기호발설에 대한 이황의 입장은 일관되고 확고하였으며, 따라서 이후 퇴계학파 전개에 있어서 도통과 학통의 핵심적 상전 내용이 되었다.

일단 이황은 리의 직접적 동정을 이론적으로 확보하기 위해 온 힘을 쏟지 않을 수 없었다. 아무래도 주희의 견해와는 달랐기 때문이다. 그럴수록 그는 주희가 말한 "사단은 리가 발한 것이다"를 끝까지 움켜 쥘 수밖에 없었다. 그렇지만 그것으로 충분치 않았음은 그 자신도 잘 알고 있었다. 이에 그는 먼저 주돈이가 『태극도설太極圖說』에서 "태극이 동하여 양을 낳는다"(太極動而生陽)고 한 말이 바로 리의 직접적인 동정을 말한 것이라고 주장하였다.[30] 나아가 주희가 '리에는 동정이 있다'(理有動靜)[31] 고 한 말을 가져와 곧장 리의 직접적 동정으로 설명하였다.[32] 그렇지만

---

29) 朱熹, 『朱子語類』, 권94, 「周子之書·太極圖」 참조.
30) 李滉, 『退溪先生文集』, 권13, 「答李達李天機」, "太極之有動靜, 太極自動靜也. 天命之流行, 天命之自流行也. 豈復有使之者歟?"; 권25, 「答鄭子中別紙」, "理動則氣隨而生, 氣動則理隨而顯. 濂溪云'太極動而生陽', 是言理動而氣生也. 易言'復其見天地之心', 是言氣動而理顯, 故可見也." 참조.
31) 朱熹, 『朱子大全』, 권56, 「答鄭子上」, "理有動靜, 故氣有動靜. 若理無動靜, 氣何自而有動靜乎." 참조. 주자는 주돈이의 태극·음양을 말하면서도 '理有動靜'을 말하였다. 『朱子語類』, 권94, 「周子之書·太極圖」 참조.
32) 李滉, 『退溪先生文集』, 권19, 「答李公浩」, "朱子嘗曰, '理有動靜, 故氣有動靜. 若理無動靜, 氣何自而有動靜乎?' 知此則無此疑矣."; 권25, 「答鄭子中別紙」, "朱子嘗曰, '理有動靜, 故氣有動靜. 若理無動靜, 氣何自而有動靜乎? 蓋理動則氣隨而生, 氣動則理隨而顯." 참조.

우리는 앞에서 이미 주희가 주돈이의 태극·음양설을 해석하면서 '리유동정'을 말하였으며, 이것은 리의 직접적 동정을 부정하는 가운데 제기된 것임을 보았다. 그는 어쩔 수 없이 또 다른 답변을 준비해야 했다. 이런 가운데 다음의 내용이 우리의 눈을 끈다.

> 감정과 의도함, 조작함이 없는 것은 리의 본연한 체體요, 그것이 깃드는 것에 따라 발현하여 이르지 않음이 없는 것은 이 리의 지극히 신묘한 용用이다. 지금 다만 본연한 체의 무위無爲함만 보고 신묘한 용이 드러나 행해짐을 알지 못한다면, 리를 죽은 존재로 여기는 것과 다를 바 없으니, 이렇다면 도로부터 멀어짐이 또한 심하지 않은가.[33]

이것은 이른바 '리에는 체와 용이 있다'는 '리유체용설理有體用說'이다. 이황은 리에 체와 용이 있음을 말한 뒤, 자신이 주장하는 리의 직접적 동정을 리의 용에다 연결시켜 말하고 있다. 그리고 더욱 우리의 눈을 끄는 것은 리의 용, 곧 리의 직접적 동정을 알지 못한다면 리를 '죽은 존재'(死物)로 보는 것과 다를 바 없다고 한 대목이다. 이는 리가 죽은 존재가 되지 않기 위해서는 직접적으로 동정해야만 한다는 주장으로, 바로 여기에 그의 철학적 고뇌가 담겨 있으며, 또한 이 때문에 그는 주희와는 다른, 혹은 그를 뛰어 넘는 '철학적 감행'을 시도한 것이다. 그는 확신에 찬 목소리로 자신의 이러한 주장을 제자에게 전하였다.

---

33) 李滉, 『退溪先生文集』, 「答奇明彦別紙」, "無情意造作者, 此理本然之體也, 其隨寓發見, 而無不到者, 此理至神之用也. 向也但見於本體之無爲, 不知妙用之能顯行, 殆若認理爲死物, 其去道不亦甚矣乎."

감정과 의도가 없는 것은 (리의) 본연한 체이고, 발하고 생할 수 있는 것은 (리의) 지극히 오묘한 용이다. 리는 스스로 용을 가지고 있는 까닭에 저절로 그러하게 양을 낳고 음을 낳는다.[34]

또한 그는 리의 용을 '신神'과 연결시켜 논의하기도 하였다.

정精은 기의 진상眞爽이니 이것을 바탕으로 사물을 이루며, 백魄은 음陰의 영靈이다. 신神은 리와 기가 오묘하게 결합한 것이어서 그 발용함을 헤아릴 수 없다.[35]

주자는 "신神은 리가 기를 타고 출입하는 것이다"라고 말하였는데, 나도 신명神明이라고 할 때의 신을 반드시 이렇게 보아야만 그 오묘함을 볼 수 있다고 생각한다. 전적으로 '기氣'자에만 연결시키면 좀 거칠게 된다.[36]

여기에서 이황이 직접적인 동정과 오묘한 작용의 내용을 담고 있는 '신'을 다른 주자학자들과는 달리 기에다 연결시키지 않고 리를 체와 용으로 나눈 뒤 리의 용, 곧 리의 범주에다 넣고 있음을 볼 수 있다. 여기에서 볼 수 있듯 그는 리가 직접적으로 동정하는 존재가 될 수 있도록 하기 위해 백방으로 이론적 노력을 시도하고 있다. 그러면 그는

---

34) 李滉, 『退溪先生文集』, 권37, 「答李公浩」, "無情無意, 本然之體, 能發能生, 至妙之用. 理自有用, 故自然而生陽生陰也."
35) 李滉, 『退溪先生文集』, 권39, 「答李公浩」, "精是氣之眞爽, 所資以成此物者, 魄是陰之靈也. 神是理氣之妙而發用不測者."
36) 李滉, 『退溪先生文集』, 권25, 「答鄭子中別紙」, "朱子曰, '神是理之乘氣而出入者', 滉謂神明之神, 須作如此看, 方得其妙. 全靠氣字, 便麤了些子."

왜 이렇게 했을까? 답은 간단할 수 있다. 하늘로부터 부여받은 선의 원리인 내 마음속의 리가 언제 어디서든 현실의 악을 직접적으로 제어할 수 있게 하기 위해서이다.

6. 이황의 사칠론이 후대에 끼친 영향

퇴계 이황과 고봉 기대승 간의 이른바 '사칠논쟁'은 본격적인 '한국 주자학'의 시대를 연 일대 사건으로, 이황 자신도 이 논쟁을 통해 비로소 자신의 체계적이며 깊이 있는 이론을 세울 수 있었다. 두 사람은 모두 주자학의 후예들로서, 주자학의 이론적 바탕 위에서 자신의 주장을 펼쳐 나갔다. 이때 논쟁의 바탕이 된 가장 중심적 이론은 '성즉리性卽理'와 '심통성정心統性情', 그리고 '성발위정性發爲情'의 설이다. 여기에서 볼 수 있듯 중국 주자학에서 심·성·정과 그것들 간의 관계에 대한 논의는 이미 기본적으로 이루어져 있었다. 그런데 '성발위정'이라고 했을 때, 인간 마음속 현실적 감정 양태라고 할 수 있는 '정'이 사단과 칠정 두 가지로 제시된 점에 대해서는 크게 주목하지 않았다. '한국 주자학'에서는 바로 이 점에 착안하여 사칠논쟁을 시작하였다. 순선한 사단의 정과 선악이 섞여 있는 칠정의 정이 같지도 않으면서, 그렇다고 상반되지도 않은 점이 본 논쟁의 불씨가 되었으며, 여기에다 성마저 '천지지성'(本然之性)과 '기질지성'으로 나누어 논의해 왔던 터라 논쟁은 더욱 뜨겁고 복잡하게 달아올랐다.

이황은 사칠논쟁의 과정에서 "사단은 리가 발한 것이고, 칠정은 기가 발한 것"(四端理之發, 七情氣之發)이라는 처음의 주장에서 "사단은 리가 발하고 기가 그것에 따른 것이며, 칠정은 기가 발하고 리가 그것에 탄 것"(四端理發而氣隨之, 七情氣發而理乘之)으로 수정·보완하였지만, 사단과 칠정의 구분과 리발의 인정을 끝까지 바꾸지 않음으로써 큰 입장의 변화가 없었다고 볼 수 있다. 곧 그는 먼저 '소주所主'와 '소중所重' 및 '소종래所從來'에 따라 '주리主理'와 '주기主氣'로 말할 수 있다고 주장하면서 사단과 칠정을 구분해 보았으며, 이를 다시 '천지지성'과 '기질지성', '도심道心'과 '인심人心'의 관계로 연결하여 등치시켰다.

이 중에서 중절中絶한 칠정과 사단의 관계는 계속 과제로 남아 뒷날 성호 이익에게서 '공희노公喜怒'의 논란을 불러 왔으며, 도심과 인심으로 연결하는 문제는 우계 성혼과 율곡 이이 간의 '인심도심논쟁'을 불러왔다. 그리고 사칠논쟁에서 파생된 논의로도 볼 수 있는 리와 기의 관계에 대해 이황은 '불상리不相離'를 인정하는 가운데 '불상잡不相雜'을 특히 강조하여 리의 '극히 존귀하여 상대할 것이 없음'(極尊無對)을 주장함으로써 '유리론唯理論'으로의 길을 열었다. 또한 그는 '기발리승氣發理乘'과 더불어 '리발기수理發氣隨'도 함께 인정한 '리기호발설理氣互發說'을 주장하여 주희와 다른 길을 걷기 시작하였으며, 자신의 설을 정당화하기 위해 주돈이의 태극동정설太極動靜說과 주희의 '리유동정설理有動靜說'을 끌어 오고 스스로 '리유체용설理有體用說'을 제시하기도 하였다.

이후 한국 주자학 전개에 있어서 그의 리기호발설은 퇴계학파의 정안定案이 되어 기호 율곡학파의 '기발일도설氣發一途說'과 정면으로 대립하게 되었으며, 그의 대표적 후예인 한주 이진상은 리와 기, 리발과 기발의 질적 차이를 바탕으로 '유리론적唯理論的 리발일도설理發一途說'을 제시하여 율곡학파에 맞섰다.

【참고문헌】

朱熹, 『朱子語類』.
____, 『朱子全書』.
李滉, 『退溪先生文集』.
李德弘, 『艮齋先生文集』.
奇大升, 『高峯集』.

민족과사상연구회, 『사단칠정론』, 서광사, 1992.
이상은, 『퇴계의 생애와 학문』, 예문서원, 1999.
이상호, 『사단칠정 자세히 읽기』, 글항아리, 2012.
이승환, 『횡설과 수설』, 휴머니스트, 2012.
한국철학사상연구회, 『논쟁으로 보는 한국철학』, 예문서원, 1995.

윤사순, 「한국 성리학의 전개와 특징」, 『한국 사상의 심층 연구』, 우석, 1982.
이기훈, 「퇴·고의 사칠왕복서에 대한 서지적 정리」, 『목요철학』 제9집, 계명대학교 목요철학원, 2011.
추제협, 「근기 퇴계학의 형성에 관한 연구」, 계명대학교 박사학위논문, 2012.

제2장 사단칠정론의 변화로 본 퇴계학의 분화와 전개

이상호

1. 이황 사칠론의 특성

　모든 논쟁이 그러하듯, 논쟁은 자신의 주장을 관철시키는 과정에서 타인의 주장에 영향을 주기도 하고, 타인의 주장에 의해 영향을 받기도 한다. 이 과정에서 근본적 차이가 확인되기도 하고, 또 어떤 영역은 의견이 모아지기도 한다. 일반적으로 논쟁 초기는 차이가 선명하게 제시되는 반면, 후기로 갈수록 서로의 입장에 대한 반박과 수용이 이루어진다. 이러한 모습은 이황李滉(退溪, 1501~1570)과 기대승奇大升(高峯, 1527~1572) 사이에 진행되었던 사단칠정四端七情논쟁(이하 사칠논쟁) 역시 마찬가지이다. 이황의 사칠론을 전기와 후기로 나누어서 살펴볼 수 있는 이유이며, 이는 기대승의 사칠론 역시 마찬가지이다.[1]

---

1) 참고로 기대승의 논쟁 전·후기 입장을 다루고 있는 대표적인 논문으로는 남지만의 「高峰 奇大升의 性理說 研究」(고려대학교 박사학위논문, 2009)가 있다. 이황의 입장을 전기와 후기로 나누어서 다룬 논문으로는 이상호의 「논쟁 전·후기 퇴계 사칠론의 변이 양상과 퇴계학파 사칠론의 전개」(『퇴계학논집』 제8호, 영남퇴계학연구원, 2011) 가 있다.

이황의 사칠론은 '순선한 정'(四端)을 '선과 악의 가능성을 가진 일반 정'(七情)과 분리시켜 이해함으로써, 선함의 근거인 리가 선한 정감으로 드러날 수 있도록 하려는 데 목적이 있다. 이 때문에 사단과 칠정을 같은 정으로 파악하는 원론적 측면보다는 '선한 정감'과 '악함으로 흐를 가능성을 가진 정감'으로 이해되면서 이 둘을 대대 관계로 파악한다. 더불어 사단의 근거를 리에서, 칠정의 근거를 기에서 찾으면서, 리와 기의 관계 역시 선과 악의 근거로 이해되어 불상잡(不相雜) 중심의 대대 관계로 파악한다.[2] 그런데 리와 기의 관계가 불상잡 중심으로 이해되면 논리적으로 리는 그 자체로 활동성을 가져야 한다. 기에 대한 제어나 통제의 수준일 수도 있고 직접적 자발성일 수도 있지만, 적어도 리의 활동성이 이론적으로 보장되어야 하는 것이다. 바로 이것이 '리발(理發)'이라는 퇴계학의 특수성이 형성되는 지점으로,[3] 여기에서 퇴계학은 주자학과 다른 이론적 차별성을 획득한다.[4]

이와 같은 퇴계학의 특징은 논쟁 전체 과정에서 거의 변하지 않는다. 이황이 자신의 입장을 확고하게 관철시키려는 노력이 엿보이는 대

---

2) 주자학 내에서 리기 관계는 섞여 있지도 않지만(不相離), 그렇다고 떨어져 있지도 않다(不相雜)는 말로 정리된다. 세상 모든 존재는 리기의 결합이므로 불상리이지만, 동시에 리기는 세계를 형성하는 두 개의 궁극적 근원이어서 하나로 섞일 수 없으므로 불상잡이다. 세계를 리기라는 이원론으로 설명하는 과정에서 나온 것이다.

3) 이와 관련된 자세한 논의는 이상호, 「퇴계학파의 리발강조와 그 윤리적 함의」, 『퇴계학논집』 제6호(영남퇴계학연구원, 2010)를 참조할 것.

4) 이 같은 논의를 이끌고 있는 대표적인 글들로는 유정동, 『퇴계의 생애와 사상』(박영사, 1974); 윤사순, 『퇴계철학의 연구』(고려대학교출판부, 1995); 김기현, 「退溪의 〈理〉철학에 내재된 세계관적 함의」, 『퇴계학보』 116집(퇴계학연구원, 2004); 김기현, 「퇴계의 이발설이 갖는 의의에 대한 검토」, 『철학』 60집(한국철학회, 1999); 이향준, 「리발설의 은유적 해명」, 『철학』 91집(한국철학회, 2007); 안유경, 「조선후기 퇴계학파의 '리발설'에 대한 해석」, 『동양철학』 25집(한국동양철학회, 2006) 등이 있다.

목이다. 그런데 퇴계학의 특징은 주자학 일반론과 비교할 때 두 개의 선한 정감이 마음속에 있게 되고, 존재론적 이유에서 설정되었던 리기론이 가치론의 영역으로 치환되면서 발생하는 문제, 예컨대 '리발'과 같은 논의가 문제점으로 노정된다. 주자학 일반론에 근거한 기대승의 반박은 이 지점에서 이루어진다. 이렇게 되면서 이황은 논쟁 초기 자신의 입장을 강조하는 데 치중했다면, 후기에서는 주자학의 일반론 내에서 자신의 입장을 설명해야 하는 과제를 안게 된다. 이 지점이 바로 이황 사칠론을 전기와 후기로 나눌 수 있는 대목인데, 그 특징들을 간략하게 살펴보자.[5]

이황의 전기 입장은 주로 기대승의 편지에 대해 입장을 표명한 「퇴계답고봉사단칠정분리기변退溪答高峰四端七情分理氣辯」(이하 「퇴계 1서」)에서 확인할 수 있으며, 후기 입장은 「퇴계 1서」에 대한 기대승의 비판을 받고 앞의 편지를 수정한 「퇴계답고봉비사단칠정분리기제일서개본退溪答高峰非四端七情分理氣第一書改本」(이하 「개본」) 및 「개본」을 보내면서 함께 보낸 「퇴계답고봉비사단칠정분리기제이서退溪答高峰非四端七情分理氣第二書」(이하 「퇴계 2서」)와 「후론後論」에서 확인할 수 있다. 이 가운데 특히 「퇴계 1서」에 대한 기대승의 비판 이후 그에 대한 「개본」을 기술하면서 이황이 고친 4조목[6]이 중요한데, 그에 대한 의미체계를 「퇴계 2서」와 「후론」에서 읽을

---

5) 이 내용은 이상호, 「논쟁 전·후기 퇴계 사칠론의 변이 양상과 퇴계학파 사칠론의 전개」, 『퇴계학논집』 제8호(영남퇴계학연구원, 2011)에서 진행되었던 논의를 간략하게 정리한 것이다. 세밀한 논의와 각 주장의 자세한 논거는 이 논문의 본론 2를 참조할 것.

6) 李滉·奇大升, 『兩先生四七理氣往復書』, 「退溪答高峯非四端七情分理氣辯第二書」, "第六節, '七情不專是氣'之說. 同節中, 辯曰之二, '情雖緣境, 實由中出'之說. 辯曰之七, '善惡未定'之說. 第九節, '偏指而獨言氣'之說. 右四條, 承誨, 覺已語失稱停者, 亦已改之." 참조. 『兩先生

수 있다. 물론 이러한 입장 변화가 전향적이거나 퇴계학의 근본 특징을 뒤집는 것은 아니지만, 미세한 차별성이 형성되었던 것은 사실이다.

「퇴계 1서」는 "사단이 발한 것은 순리純理이기 때문에 불선不善함이 없고, 칠정七情이 발한 것은 기氣를 겸하기 때문에 선도 있고 악도 있다"[7]라는 말에 대한 타당성을 논증한 글이다. 이 과정에서 이황은 그의 철학 전반에 흐르는 사단칠정 및 리기 대대 관계에 대한 자기 입장을 드러내고 있다. 그는 기대승의 입장에 대해 조목조목 비판하면서 사단과 칠정을 각각 리와 기로 치환시키고, 사단과 칠정의 소종래所從來를 강조한다. 이러한 기반 위에서 '리발'의 당위성을 설명하고 있다. 주자학과 구별되는 '퇴계학의 특징'들이 잘 드러나고 있는 것이다.

나중에 이황은 기대승의 비판을 받고 「퇴계 1서」 내용에 문제가 있다고 생각한 4개의 조항을 「개본」에서 수정한다. 여기에서 이황은 칠정을 리와 기의 합으로 긍정하면서 그것이 가진 본래적 속성을 선함으로 인정하는 모습을 보여 준다. 정을 악함의 근거로 설정하지 못하게 되면서, 사단과 칠정 역시 대대 관계를 통해 대립적으로 설정하지 못하게 된다. 더불어 리기 관계 역시 여전히 불상잡에 무게중심은 있지만, 불상리를 전제하면서 그 내용을 관철시켜야 하는 부담을 안게 된다. 이황이 「개본」을 통해 수정한 내용은 대체로 이와 같다. 이렇게 되면서 리발 역시 기에 의지해서 발할 수밖에 없어서 리는 주재와 제어 이상의 의미를 부여하지 못한다. '리기호발理氣互發'은 이러한 입장의 표현이다. 퇴계

四七理氣往復書」는 『고봉집』에 실려 있는 것을 저본하여 책명으로 표기함.
7) 李滉·奇大升, 『兩先生四七理氣往復書』, 「退溪與高峰書」, "四端之發純理, 故無不善, 七情之發兼氣, 故有善惡."

학을 주자학 범주 내에서 설명하려는 시도인 것이다.

　다시 말해서 논쟁 전기에는 주자학과 구별되는 퇴계학만의 특징이 강조되다가 후기로 가면서 주자학 체계 내에서 퇴계학의 특징을 설명하려는 시도로 이행된다. 물론 논쟁 초기부터 끝까지 사단칠정 및 리기를 대대 관계로 파악하거나 리의 능동성 및 주재성에 대한 입장은 유지되지만, 후기설은 주자학 일반론 내에서 이것을 관철시켜야 하는 과제 앞에 섰던 것이다. 이 과정에서 퇴계학만의 특징은 수위가 낮아질 수밖에 없고, 주자학 일반론과 대화할 수 있는 폭은 넓어졌다. 그런데 이 같은 전기설과 후기설의 미세한 차이가 퇴계학이 전개되는 과정에서 맞서게 되는 다양한 비판과 시대적 과제 앞에서 좀 더 다양하고 분명하게 드러난다. 이 글은 바로 이 같은 이유에서 시작되었다. 이황의 철학 속에 내재되어 있는 퇴계학의 전개 가능성을 중심으로, 이것이 이후 퇴계학의 계승과 전개과정에서 어떻게 다양화 되는지 확인해 보려는 것이다. 이를 통해 우리는 퇴계학인들이 어떻게 퇴계학의 특수성을 지켜가면서, 동시에 비판자들 앞에서 퇴계학을 어떻게 갈무리하는지를 살펴볼 수 있다.

　이를 위해 퇴계학의 전개를 3단계로 나누어서 살펴보려 한다. 물론 이 3단계는 퇴계학 전개를 정리한 일반론이라고 보기에는 무리가 있다. 아직 퇴계학 전개에 대한 단계별 구분이나 상황들이 정리되지 않았기 때문이다. 다만 여기에서는 사단칠정론의 수용과 해석에 따른 굴곡점을 중심으로 단계를 나누었다. 그래서 초기(1단계)는 이현일을 중심으로 이황 전기설의 수용 관점을 살펴보고(2절), 중기(2단계)는 이상정을 중심으로 이황 후기설의 수용이 어떻게 이루어지는지를 확인해 볼 것이다(3

절). 이를 바탕으로 4절(3단계)에서는 퇴계학의 특징을 고착화시켜 갔던 이진상과 이상정의 후기설을 유지하고 있는 유치명을 통해 이론적 분화와 논쟁의 양상을 살펴볼 것이다. 이를 통해 퇴계학의 특징과 그것을 중심으로 한 넓은 범위의 퇴계학 프리즘을 확인할 수 있을 것으로 기대한다.

2. 1단계: 전기설에 따른 초기 퇴계학파의 사단칠정론
― 이현일을 중심으로

이현일李玄逸(葛菴, 1627~1704)은 김성일金誠一(鶴峯, 1538~1593)의 제자인 장흥효張興孝(敬堂, 1564~1633)의 외손으로 이황으로부터 김성일로 이어지는 학통의 적전을 잇는 인물이다. 그는 정치적으로 남인과 기호의 다툼이 심화되었을 때 활동하면서, 처음으로 퇴계학파라는 학파적 의식을 가지고 율곡설 비판에 앞장섰다.[8] 당시 이현일은 기호의 영수였던 송시열宋時烈(尤庵, 1607~1689)과 대척점을 형성하면서, 송시열이 따르고 있는 율곡 이이에 대한 비판을 진행했다. 이 과정에서 이현일의 사단칠정론은 이황과 이이李珥(栗谷, 1536~1584)의 철학적 차이를 극대화하는 데 초점을 맞추게 되고, '퇴계학의 특징'에 초점을 맞춘 이황의 전기설을 적극적으로 수용하였다.

---

8) 이동희, 「퇴계학파는 퇴계의 성리학을 어떻게 이해하고 계승했는가? ― 갈암 이현일의 율곡 비판을 중심으로」, 『철학연구』 89집(대한철학회, 2004), 320쪽 참조.

이러한 이유에서 이현일은 사단칠정에 관해 「율곡이씨논사단칠정서변栗谷李氏論四端七情書辨」이라는 글을 짓는데, 그 서두에서 그는 "이율곡이라는 사람이 나와 퇴계선생의 정론을 배척하고 고봉의 전설前說만을 가지고 고봉의 학설은 명백직절明白直截하고 퇴계의 설은 의미가 명확하지 않다고 하면서 방자하게 나무라고 꺼리는 것이 적지 않았다"[9]라면서 다소 도발적인 비판을 제기한다.

이 같은 입장에 서서 이현일은 사단과 칠정의 관계에 "대개 그 소종래所從來는 각기 주로 하는 바가 있으니, 그것은 원래 그 근본부터 그러한 것이지 애초에 발하는 것은 한 길이었다가 발하고 난 이후 선 하나를 선택하여 사단이 되는 것은 아니다"[10]라는 입장을 분명히 한다. 사단과 칠정을 소종래에 따라 각각 리와 기로 치환시켜야 한다는 말이다. 사단과 칠정을 철저한 대대 관계로 이해했던 이황의 입장이 그대로 녹아 있다. 이와 같은 이유에서 그는 "주자께서는 원래 사단과 칠정을 인심人心과 도심道心에 분속시키고 서로 대대待對시켜서 말씀하셨다"[11]라고 말한다.

이처럼 사단과 칠성을 대대 관계로 파악하게 되면서, 그 소종래인 리와 기 역시 자연스럽게 대대 관계로 파악될 수밖에 없다. 리와 기의 관계가 불상잡 중심으로 파악된다는 의미이다. 이현일은 "리와 기는 결

---

9) 李玄逸, 『葛庵先生文集』, 권18, 「雜著・栗谷李氏論四端七情書辨」, "其後有栗谷李氏者出, 斥退陶之定論, 拾高峯之前說, 以爲高峯之說, 明白直截, 退溪之論, 義理不明, 肆加譏誚, 不少顧忌."

10) 李玄逸, 『葛庵先生文集』, 권18, 「雜著・栗谷李氏論四端七情書辨」, "蓋其所從來, 各有所主, 自其根本而已然, 初非發則一途, 而旣發之後, 擇善一邊而爲四端也."

11) 李玄逸, 『葛庵先生文集』, 권18, 「雜著・栗谷李氏論四端七情書辨」, "朱子固以四端七情分屬人心道心, 而相對說下矣."

단코 두 개의 존재이니, 비록 그것이 기 가운데 있다고 하더라도 리는 원래부터 리이고 기는 원래부터 기여서 서로 섞이지 않는다"12)라고 말한다. 이 말은 이이가 사단과 칠정을 리와 기에 각각 분속시키지 않고 일도一途로만 이해한다는 비판에서 나온 것으로, 리와 기를 철저한 대대관계 속에서 파악해야 한다는 입장을 밝히고 있다. 그래서 그는 원론적인 차원에서 리기불상리를 받아들이는 모습을 보이지만, 그의 이론 전반을 통해 리와 기를 섞어서 같은 존재로 보아서는 안 된다는 입장을 분명히 한다.

> 사물에 감응하여 동하게 되면 혹 리가 동하면서 기가 그것을 끼우기도 하고, 혹 기가 동하면서 리가 그것을 타기도 한다. 그러므로 비록 (리가) 기 위에 있으면서 혼륜하여 분개分開할 수 없다고 하지만, 그러나 (리와 기) 두 존재가 각각 하나의 존재라고 하는 데 방해될 것은 없다.13)

이 같은 이현일의 입장은 리와 기의 관계 규정에 있어서 이황보다 좀 더 강한 입장을 견지한 것으로 평가할 수 있다. 리기불상리는 외형적으로 보이는 모습에 불과할 뿐, 원래부터 리와 기는 각기 다른 존재라는 말에서 우리는 이 같은 그의 입장을 읽을 수 있다. 이 때문에 이현일은 불상리를 강조했던 퇴계학파 내에서의 논의에 대해서도 강한 비판

---

12) 李玄逸, 『葛庵先生文集』, 권19, 「愁州管窺錄」, "竊謂理與氣, 決是二物, 雖其方在氣中, 理自理, 氣自氣, 不相夾雜."
13) 李玄逸, 『葛庵先生文集』, 권19, 「愁州管窺錄」, "其感物而動, 則或理動而氣挾之, 或氣動而理乘之. 雖在氣上, 渾淪不可分開, 然不害二物之各爲一物也."

적 시각을 보이고 있으며,14) 장현광과 같은 인물들이 가졌던 존재론 중심의 리기관에 대해서도 비판적 시각을 분명히 한다.15)

이처럼 리와 기를 철저한 대대 관계로 파악한 이현일은 그 논의를 이어 '리발'에 대한 입장도 좀 더 강하게 제기한다. 사실 이황에게 있어서 리발은 기에 대한 주재 또는 제어와 같은 정도에서 능동성을 갖는 것으로 이해되었다. 물론 이것 역시 존재론 중심의 주자학에서는 이론적으로 받아들 수 없는 대목이었지만, 이현일에 오면서 이 부분은 한층 더 강화된다. 그는 우선 이이의 기발일도설에 대해 다음과 같이 비판하면서, 여기에 대한 자신의 입장을 분명히 한다.

> 비록 리가 무위無爲이기는 하지만, 실제로는 모든 조화造化의 근간이고 품위品彙의 근본이다. 그런데 만약 이씨(율곡)의 설과 같다면 이 리는 단지 허무공적虛無空寂한 것이 되어서 모든 조화의 근원이 될 수 없고 오직 음양과 기화氣化만이 이리저리로 그 조화를 행하게 되니, 어찌 잘못된 것이 아니겠는가?16)

이현일은 리理의 특징으로 제시된 무위無爲가 이이의 말처럼 되면 '허무공적'한 것에 불과하게 되어 기 마음대로 조화를 진행하는 문제가 있다고 보았다. 어떠한 경우든 리는 조화의 근간이고 품위의 근본이 되

---

14) 안유경, 『갈암 이현일의 철학사상』(한국학술정보, 2009), 109쪽 참조.

15) 여기에 대해서는 김용헌, 「퇴계학파의 여헌 장현광 비판에 관한 연구」, 『퇴계학보』 123집(퇴계연구원, 2008); 유권종, 「갈암의 여헌 성리학에 대한 비판 고찰」, 『유교사상연구』 제27집(한국유교학회, 2006) 등을 참조.

16) 李玄逸, 『葛庵先生文集』, 권18, 「雜著·栗谷李氏四端七情書辨」, "夫理雖無爲, 而實爲造化之樞紐, 品彙之根柢. 若如李氏之說, 則此理只是虛無空寂底物, 不能爲萬化之原, 而獨陰陽氣化, 縱橫顚倒以行其造化也, 不亦謬乎."

어야 하기 때문이다. 기화氣化의 동인動因은 리여야 하며, 그러한 의미에서 리는 기에 대한 직접적인 주재성을 가져야 한다. 이는 리가 사물死物이 되어서는 안 된다는 이황의 입장을 좀 더 강하게 해석한 것으로, 이와 같은 이유에서 그는 리발에 대해 다음과 같이 말한다.

사단의 발은 비록 기가 그 속에 있다고 말하지 않을 수는 없지만, 그러나 심 속에 본래부터 있던 리가 감응에 따라 드러난 것은 리가 주主가되고 기는 아직 작용하지 않은 것이다. 그런데도 기가 동한 것이라고만 말하고 리가 발한 것이라고 말할 수는 없다는 말인가?[17]

이현일은 마음속에 본래부터 있던 리가 감응에 따라 드러난 것은 '기가 아직 작용하지 않은 것'으로 보았다. 즉 사단은 기가 작용하지 않은 채 리가 감응에 따라 드러난 것으로, 리가 주主를 이룬 것이다. 이현일은 이 말을 통해 리가 적극적으로 주재하고 제어하는 능력에서 한걸음 더 나아가, 리가 직접 감응할 경우 기의 작용 없는 리발이 가능하다는 입장을 드러내고 있다. 이러한 이유에서 그는 사단이 정이기 때문에 기라고 말했던 율곡학을 비판하면서, "사단을 기의 발함이라고 생각한다면 그것이 가능하겠는가?"라고 반문한다.[18]

그렇다면 리의 직접적 감응이란 게 어떠한 의미일까? 이 물음에 대한 답을 통해 이현일이 말하는 리발의 구체적 의미를 확인해 보기로

---

17) 李玄逸, 『葛庵先生文集』, 권19, 「愁州管窺錄」, "四端之發, 雖不可不謂之氣便在其中, 然心中本有之理, 隨感而見, 理爲之主, 氣未用事. 則其可止謂之氣動, 而不謂之理發耶."
18) 李玄逸, 『葛庵先生文集』, 권19, 「愁州管窺錄」, "孟子元初本意固出於此, 而今以四端爲氣之發則其可乎哉?"

하자. 그는 유자입정孺子入井의 예를 들어 다음과 같이 말한다.

> 무릇 리와 기는 서로 떨어질 수는 없다. 그러나 어린아이가 우물에 들어가는 것을 보자마자 마음속에 본래부터 있었던 리가 접촉하여 발하므로 심이 그것을 안고 있을 수도 없고, 기가 작용할 수도 없다.(이 세 조목의 말은 주자의 말을 생략한 것이다.) 그러므로 측은해하는 마음이 어떻게 리발이 아니란 말인가?[19]

이현일은 원론적 차원에서 리와 기가 떨어져 있지 않다는 사실을 전제한다. 하지만 그럼에도 불구하고 그는 기가 작용할 수 없는 상태를 분명히 한다. 즉 유자입정의 상태는 마음속에 본래부터 있었던 리가 직접 접촉하여 드러나는 단계이며, 이 경우 심이나 기의 작용과 무관하게 이루어진다는 말이다. 이는 이황의 리발설이 대체로 기의 운동성을 전제한 상태에서 기에 대한 주재나 제어의 의미를 갖는 것에 그친 것에서 한 단계 더 나아가 리가 기에 의존하지 않고 발할 수 있음을 보여 주고 있다. 리는 리대로 발하고 기는 기대로 발한다는 '리기각발설'로 이행될 수 있는 이론적 가능성을 열고 있는 대목이다. '리발'에 대한 이현일의 입장이 이황의 리발에 비해 강화된 의미를 갖는 이유이다.

지금까지의 논의를 정리해 보면, 이현일의 사단칠정론은 기대승의 입장을 잇는 이이의 사단칠정론에 대한 강한 비판과 거리두기를 진행하면서 이황 사칠론의 특징을 강하게 드러낸 것으로 평가할 수 있다.

---

19) 李玄逸, 『葛庵先生文集』, 권18, 「雜著・栗谷李氏四端七情書辨」, "夫理氣固不相離. 然方其乍見孺子入井時, 心中本有之理隨觸而發, 心包蓄不住, 氣著脚手不得.(此三轉語節略朱子語.) 則惻隱豈非理之發耶."

특히 사단과 칠정의 관계는 이황에 비해 한층 더 강화된 '대대 관계'로 설정하고, 이는 리기의 관계 역시 동일한 설정으로 이어지게 했다. 이러한 기반 위에서 이현일은 사단을 순수한 리발의 영역에서 파악하려고 한다. 이황의 리기호발설은 그것이 비록 리발이라고 하더라도, 기에 의존하지 않을 수 없다. 그러나 이현일은 실제 기의 작용을 거의 제한시켜 버리면서, 기의 영향을 받지 않는 리발을 말하고 있다. 퇴계학의 특징이 한 단계 더 확정되고 있는 영역으로, 이황의 전기설을 강하게 해석한 결과로 이해할 수 있다.

3. 2단계: 후기설에 따른 중기 퇴계학파의 사단칠정론
― 이상정을 중심으로

이현일의 리기설은 이황의 전기설에 방점을 두고 있다. 주자학과 차별적 개념으로서의 '퇴계학' 특징을 분명히 한 것이라고 말할 수 있다. 그런데 이 같은 특징은 기호학파뿐 아니라 퇴계학파 내에서까지 리기 및 사단칠정을 너무 '분개'해서 보고 '리발'설은 '리기각발理氣各發'에 가깝다는 비판을 받게 된다. 이현일이 기호학파와 대립하면서 각을 세우는 과정에서 나온 결과이지만, 이러한 논의는 영남학파에게 부담으로 작용한다.

이상정은 이 같은 이현일에 대한 안팎의 비판을 극복하면서도 퇴계학의 특징을 유지해야 하는 책무를 받았다. 이 같은 이유에서 그는 다음과 같이 말한다.

문성文成(李珥)의 무리가 오직 혼륜의 논의만을 위주로 하였기 때문에
후대 그것에 대해 논의하는 사람들은 어쩔 수 없이 그 잘못됨을 지적
하고 오류를 수정하지 않을 수 없었다. 이것이 바로 증왕부曾王父(이현
일)께서 고심하고 힘을 다해 그 평생의 힘을 모두 사용하여 혼륜에 대
해서는 간략하게 말하고 분개만을 상세하게 말했으며 다른 부분만을
밝히되 같은 점에 대해서는 말을 거의 하지 않았던 것이다.[20]

이상정은 이현일의 리발설에 대한 문제가 당시 율곡학파의 잘못된
병폐에 대한 약방문이었다는 입장을 분명히 한다. 이현일에 대한 변호
로부터 자신의 입장을 제시하고 있는 것이다. 율곡학인들이 혼륜만을
강조했기 때문에 그에 대한 대응으로 분개를 강조할 수밖에 없었다는
말이다. 이 말을 통해 이상정은 원래 이현일의 입장이 혼륜과 분개를
동시에 중시하는 원론에서 벗어나지 않았음을 천명하면서, 동시에 기호
학파가 혼륜 중심의 논의를 진행했다고 비판한다. 이와 같은 기반 위에
서 그는 사단칠정론의 기본 입장 역시 이황의 후기설에 무게를 둔 해석
을 하게 된다.

이와 같은 이유에서 이상정은 사단칠정의 관계에 있어서 이현일에
비해 한 단계 물러서는 입장을 보여 준다. "두 정情(사단과 칠정)이 발하는
것은 머리를 나란히 해서 함께 움직이거나 두 고삐를 나란히 해서 함께

---

20) 李象靖, 『大山先生文集』, 권39, 「雜著・四端七情說」, "自夫文成之徒, 專主渾淪之論, 則後之
議者, 不得不摘其偏而訂其謬. 此曾王父, 所以苦心極力, 以用其一生之力, 其略渾淪, 而詳分
開, 明其所異, 而不甚言所同."

나오는 것이 아니며, 또한 각각 한쪽을 차지하고서 스스로 동하거나 정
靜하는 것도 아니다"[21]라는 이상정의 입장은 여기에서 나온다. 여기에
서 그는 기본적으로 '사단과 칠정'을 '정情'의 범주에서 설정하고 있다.
사단을 성의 범주와 연결시키려 했던 이현일에 비해 그는 기의 영역인
정임을 전제한 것이다. 두 개의 머리처럼 각기 다른 존재도 아니고 서
로가 별개의 존재도 아니라는 말이다. 분개에 대한 비판적 입장으로,
기존의 이현일 입장에 대한 이론적 보완이라고 말할 수 있다.

하지만 그렇다고 이 둘의 관계를 혼륜한 상태로만 이해하지도 않는
다. 사단과 칠정은 각각 '주로 하는 것'에서는 차이가 있음을 분명히 하
고 있다. 이상정은 "(사단과 칠정은) 일에 따라 감응하면서 서로 바탕이
되기도 하고 타기도 하지만 그 가운데 주리와 주기의 구분이 있음을
볼 수 있으니, 어떻게 두 개로 나누어지는 것을 의심하겠는가?"[22]라고
말했다. 사단과 칠정을 주리와 주기의 차이에 의해 나누고 있는 것이다.
이는 이현일을 변호하면서 혼륜해서만 보아서는 안 된다는 입장을 제
기한 것으로, 퇴계학의 기본 입장을 잇고 있음이다.

이상정은 이렇게 혼륜과 분개의 양쪽을 모두 말하면서, 결국 이 둘
모두를 통간해야 한다고 말한다.[23] 그는 이 같은 입장에서 율곡학에 대
해 "리와 기가 나누어지지 않았다는 것만 보고 사단 또한 기가 발한

---

21) 李象靖, 『大山先生文集』, 권39, 「雜著·四端七情說」, "二情之發, 非齊頭俱動並轡偕出, 又非
各占一邊而自爲動靜也."
22) 李象靖, 『大山先生文集』, 권39, 「雜著·四端七情說」, "隨事而感, 互相資乘, 而但於其中, 見
其有主理主氣之分耳, 亦何有二岐之疑哉."
23) 여기에 대한 자세한 논의는 김경호, 「대산 이상정의 율곡 비판과 퇴계학의 옹호」,
『율곡사상연구』 제16집(율곡학회, 2008), 68~69쪽을 참조.

것이라고 하는 것은 하나만 알고 둘은 모르는 것이니, 그 폐단은 대충 섞어서 구별이 없는 것이다"[24]라고 말하면서 '구별하지 않은 병폐'를 비판한다. 그러면서 동시에 구별, 즉 분개만 강조하는 입장에 대해서는 "혹 나누어진 것만을 위주로 하여 서로 합일되어 있지 않다고 하고, 심지어 칠정은 성이 발한 것이라고 말할 수 없다고 하면 다름만 보고 같음을 알지 못하는 것이니, 그 폐단은 소활疏闊하여 실정에 맞지 않는 것이다"[25]라고 비판한다. 사단과 칠정이 정이라는 사실에서는 동일하지만, 그것이 각각 리와 기를 위주로 하기 때문에 완전히 같은 하나의 정이라고 볼 수는 없다. 사단과 칠정의 관계를 주자학 내부의 논리 속에서 설명하려 했던 이황의 후기설과 닿아 있는 영역이다.

이렇게 되면서 이상정은 리기 관계 역시 분개와 혼륜을 통간해야 한다고 말한다. 그는 퇴계학맥의 전수자로서 율곡학의 리기 관계에 대해 다음과 같은 비판적 입장을 취한다.

저들이 말하는 '같음'은 '같음'만 있고 '다름'은 없는 것이지만, 제가 말하는 '같음'은 같으면서도 다른 것입니다. 또 저들이 말하는 '하나'는 '하나'이면서 '둘'이 아닌 것이지만, 제가 말하는 '하나'는 하나이면서 둘인 것입니다. 저들은 혼륜만 있지만 저는 (혼륜을 말할 때) 분개도 겸해서 말합니다. 저들은 단지 (기발일도라는) 하나의 도만 있지만 저는 (리기)호발을 겸해서 말합니다.[26]

---

24) 李象靖, 『大山先生文集』, 권39, 「雜著・四端七情說」, "彼見理氣之不離而爲四端亦氣發者, 固見一而不知二, 其弊也鶻侖無別."

25) 李象靖, 『大山先生文集』, 권39, 「雜著・四端七情說」, "而其或專主分開, 不相統一, 而至謂七情不可謂性發, 則又見異而不知同, 其弊也疏闊不情."

26) 李象靖, 『大山先生文集』, 권20, 「答李希道」, "夫彼所謂同, 同而無異, 而吾所謂同, 同而異.

여기에서 혼륜과 분개를 동시에 말하는 이상정의 입장이 잘 나타나 있다. 그는 율곡학파에 대해 혼륜만 있다고 비판하면서, 혼륜 속에 분개가 함께 들어 있는 것을 자신의 입장으로 설명한다. 이는 율곡학이 실제 그러한지의 여부를 떠나, 이상정은 율곡학에 대해 기 하나로 설명하는 문제가 있다고 비판한다. 이것은 분개를 중시하는 퇴계학의 특징을 주자학 일반론인 혼륜과 연관시켜 드러냄으로써, 분개 중심의 이해라는 비판을 극복하면서 퇴계학의 강점을 '고른 이해'로 부각시키려 한 것이다. 물론 결론적으로 분개에 방점을 찍지만, 그럼에도 불구하고 이상정은 혼륜 속에서 분개를 설정함으로써 주자학의 일반론 속에서 퇴계학의 특징을 드러내고 있다.

> 퇴계선생은 일찍이 "리와 기는 서로 따르되 섞이지 않으니, '서로 따르는 것(相須)을 체體로 삼고' 서로 대대하는 것(相對)을 용으로 삼는다"라고 말씀하였다. 또 "리 없는 기는 없고, 기 없는 리 또한 없다"라고 하셨으니, 이른바 '둘이면서 하나'라고 한 것은 바로 이것이다. 또 "같은 데 나아가 다른 것을 본다"라고도 말씀하셨는데 이것은 혼륜의 입장에 서서 분개를 본다는 것으로 이른바 '하나이면서 둘이다'라는 말이 이것이다. 그런데 율곡은 반드시 저것만을 주장하고 이것을 배척하려 하니, 왜 그런가?[27]

彼所謂一, 一而不二, 而吾所謂一, 一而二. 彼但有渾淪, 而吾以分開者而兼言. 彼但有一道, 而吾以互發者而兼論."

27) 李象靖, 『大山先生文集』, 권40, 「讀聖學輯要」, "退陶嘗曰, 理氣相循不雜, 相須以爲體, 相對以爲用. 又曰, 未有無理之氣, 亦未有無氣之理, 卽所謂二而一者也. 又曰, 就同而見異, 卽渾淪而見分開, 卽所謂一而二者也. 而栗谷之必欲主彼而斥此, 何也."

퇴계학은 리와 기를 고르게 본다면, 율곡학은 기일변도로 본다는 비판이다. 이와 같은 점은 리기를 결단코 다른 존재로 파악하면서 리일변도의 입장을 취하려 했던 이현일과는 차이가 있다.

이와 같은 리기관계론은 리발설에도 영향을 준다. 이상정 역시 퇴계학파의 기본 입장을 받아들이면서, '리발'을 긍정한다. 리가 동하지 않으면 '죽은 존재'(死物)라고 말하면서, 리의 능동성이나 주재성을 인정하고 있다. 이러한 이유에서 이상정은 "리는 활물活物이다"라고 선언한다. 그러나 우리는 이 말에 대한 이상정의 설명을 통해 그가 말하는 '리발'의 의미를 분명히 할 필요가 있다.

> 리는 활물이다. 비록 기를 타야 동動하고 정靜하지만, 그것이 발휘되고 운영되는 묘리는 지극한 신명의 용이다. 그러므로 (리는) 무위無爲하면서도 위爲하므로 완전하게 무위한 존재가 아니다. 또한 주재하지 않으면서도 주재하므로 완전하게 주재하지 않는 존재도 아니다.[28]

리가 활물인 것은 분명하지만, 동정하기 위해서는 반드시 기를 다야한다. 리는 무위無爲이지만 그러면서도 위爲하는 존재이므로, 완전히 무위하다고 말할 수는 없다. 이처럼 비논리적인 언설들이 쏟아져 나온다. 그런데 우리는 이러한 말들을 통해 이상정의 고민을 읽을 수 있다. 주자학의 일반론에 따르면 리는 무위하는 존재이다. 기를 타야 동정이 가능하고, 주재성도 가질 수 없다. 그러나 퇴계학을 잇고 있는 그의 입장

---

28) 李象靖, 『大山先生文集』, 권40, 「讀聖學輯要」, "蓋理是活物. 雖乘氣而爲動靜, 而其發揮運用之妙, 則乃其至神之用耳. 故無爲而爲, 非泯然無爲也. 不宰而宰, 非冥然無宰也."

이라면 리는 활물이어야 하고 이는 당연히 위爲할 수 있는 존재이며, 적극적으로 기를 주재할 수 있어야 한다. 논리적으로 대립적인 두 입장을 하나의 틀로 설명해야 하는 딜레마에 빠져 있는 것이다. 이러한 고민 속에서 이상정은 기발설을 원론적으로 인정하되, 그 기반 위에서 리발설을 말하는 형식을 취할 수밖에 없게 된다.

> 측은·수오·사양·시비의 단서는 인의예지仁義禮智의 성에서 발하지만 그 바탕이 되어 발하는 것은 기이다. 그러나 그 주된 바는 리에 있다. 희노애구애오욕喜怒哀懼愛惡欲의 정은 형기의 사사로움에서 발하지만 기를 타고 행하는 것은 리이다. 그러나 그 주된 바는 기에 있다. 사단도 반드시 리발에 따르지 않고 기에 휩쓸리게 되면 그런 연후에 흘러 악이 되고 칠정도 반드시 발해서 중절하게 된 연후에는 선하게 되니 이른바 선함이라는 것은 또한 리를 따라 털끝만큼도 거리끼는 것이 없는 것이다. 이것이 주자가 말한 리발기발의 설이면서 퇴계선생이 도圖를 그리고 글을 써서 그 설을 드러낸 것이니, 이른바 분별해서 말한 것이다.[29]

이미 앞에서 보았던 것처럼 리발과 기발의 의미는 '리를 위주로 하는 것'과 '기를 위주로 하는 것'으로 나누어진다. 사단과 칠정 모두 리와 기의 합으로 드러난 것이지만, 사단은 리를 위주로 한 것이며, 칠정은 기를 위주로 한 것이라고 말하는 것은 이러한 이유에서이다. 결국 리를

---

29) 李象靖, 『大山先生文集』, 권39, 「雜著·四端七情說」, "蓋惻隱羞惡辭讓是非之端, 發於仁義禮智之性, 其所資而發者, 氣也. 然所主則在乎理. 喜怒哀懼愛惡欲之情, 發於形氣之私, 其所乘而行者, 理也. 然所主則在乎氣. 四端必理發未遂而爲氣所揜, 然後流而爲惡, 七情必發而中節, 然後爲善而其所謂善者, 亦只是順理而無一毫有礙焉耳. 此朱子理發氣發之說而退陶先生著圖爲書, 以發明其說, 所謂分別言之者也."

위주로 한다는 것은 동정의 구체적인 현상은 기로 드러난다 하더라도 그에 대한 리의 주재나 통제가 이루어지고 있음을 말하려는 것이다. 주재성이나 통제성 정도에서 '리발理發'이 인정되며, 기의 도움 없는 리발은 인정될 수 없다. 이황이 기대승의 비판 앞에서 리기호발설로 물러서면서 제시했던 논지를 따르고 있는 대목이다. 이 때문에 이상정은 앞의 인용문에서 보았던 것처럼 율곡학이 기발일도만을 주장한다고 비판한 동시에, 자신의 입장은 리기호발설임을 강조한다. 대산학大山學의 계승을 모토로 하고 있는 유치명柳致明(定齋, 1777~1861)이 "퇴계선생을 존신하는 자들 가운데에도 종종 그 중中만을 말하였으니, 대산大山선생에 와서 리기동정理氣動靜설이 있었다"[30]라고 말한 것은 이러한 의미이다.

이렇듯 이상정의 리발은 기의 활동성을 전제하고 있는 이황의 후기설에 따른 것이다. 따라서 그가 말하는 리발은 리가 주재하고 통제해서 기가 움직인다는 의미를 갖고 있으며, 이러한 점은 기를 배제한 리의 운동 가능성까지 이론적으로 나아갔던 이현일과는 차이가 있다. 말 그대로 '리기호발'에 충실한 것이며, 리발의 의미를 주자학 일반론 범주에서 설명하려 했던 것이다. 이러한 측면은 정치적인 현실인식과 대응에 있어서도 이현일에 비해 한층 완화되는 모습으로 드러난다.[31]

---

30) 柳致明, 『定齋集』, 권19, 「理動靜說」, "以尊信退陶者, 而亦往往爲其所中, 至大山先生, 爲理氣動靜說."
31) 설석규, 「정재학 위정척사론의 대두와 성격」, 『근현대 영남유학자들의 현실인식과 대응양상』(한국국학진흥원, 2009), 97쪽 참조.

4. 3단계: 사단칠정의 해석에 따른 퇴계학파의 분화
― 이진상과 유치명을 중심으로

이현일과 이상정을 중심으로 한 이황 사단칠정론의 해석은 '퇴계학의 특수성'과 '주자학적 보편성 안에서의 퇴계학'을 잘 확인할 수 있도록 해 준다. 전기설을 중심으로 율곡학과의 차별성을 강조했던 이현일의 입장과 후기설을 바탕으로 주자학 내에서 퇴계학을 설명하려 했던 이상정의 입장은 퇴계학이 가진 프리즘을 확인시켜 주었다. 그러나 영남학파 내에서 이상정의 위치가 확고해지고 그의 논의 자체가 기준이 되면서,32) 다시 이상정의 논의를 재해석하여 퇴계학의 특징을 고착화시키는 입장과 그의 이론을 그대로 이어 후기설을 고착화시키는 입장으로 나누어진다. 전자는 이진상李震相(寒洲, 1818~1886)과 한주학파로, 후자는 유치명과 정재학파33)로 드러나는데, 여기에서는 각각 이진상과 유치명을 중심으로 이 같은 내용을 확인해 보려 한다.

---

32) 이상정이 이황의 후기설을 잇고 있다면, 이진상은 전기설을 잇는 것으로 평가할 수 있다. 이진상 본인은 비록 이상정의 성리설에 기반하여 그것을 잇는다고 밝히고 있지만, 철저한 전기설의 입장을 채택한다. 이는 이진상이 이상정에게서 보이는 퇴계 이황만의 특수성에 주목한 결과로 이해되며, 더불어 이상정의 논의가 여전히 논리적으로 정리되지 못했음을 의미하는 것이기도 하다. 이진상의 이상정에 대한 입장은 이상하,「한국 성리학 主理論의 발전 上에서의 大山 李象靖」,『대동한문학』제25집(대동한문학회, 2006) 참조.

33) 정재학파의 형성은 이황으로부터 김성일을 거쳐 이상정으로 이어지는 퇴계학의 도통 자임과 한말 강한 의병운동으로부터 독립운동으로 이어지는 실천력에서 찾을 수 있으며, 성리설은 실제 대산학을 그대로 잇고 있다. 이와 같은 논의와 관련하여 자세한 내용은 이상호,「정재학파 성리학의 지역적 전개 양상과 사상적 특성」,『국학연구』제15집(한국국학진흥원, 2009) 참조.

1) 퇴계학 특징의 고착화 ― 이진상의 사단칠정론과 리발일도의 주리설

퇴계학과 그것을 가장 잘 이었다고 자임했던 이상정의 대산학大山學은 성주지역을 중심으로 활동했던 이진상과 안동지역을 중심으로 활동했던 유치명을 통해 전승된다. 이들은 이후 한주학파와 정재학파로 이어지면서 퇴계학 후기를 장식하게 되는데, 이들은 함께 퇴계학과 대산학을 잇고 있으면서도 서로 강한 비판을 통해 입장 차이를 드러내고 있다.[34] 이는 퇴계학 내부의 이론적 분화가 극심하게 이루어졌음을 알 수 있는 대목이다. 더불어 이진상과 유치명의 이론적 차이가 분명함을 알 수 있는 대목으로, 퇴계학의 이론적 분화가 서로 간의 비판으로 이어질 만큼 넓어지고 있음을 보여 준다.

이진상은 자신의 성리설이 이황과 이상정의 논의 위에 서 있다고 말한다. 이미 이상정에 의해 정리된 논의를 받아들이고 있다는 의미이다. 이러한 이유에서 그는 사단과 칠정의 관계도 이상정과 마찬가지로 혼륜과 분개의 측면을 모두 보아야 한다고 생각했다.[35]

혼륜의 측면에서 말하면, 사단과 칠정은 정입니다. 정은 성에서 발하는데, 성은 곧 리입니다. 그러므로 율곡의 말처럼 정이 비록 온갖 형태일지라도 그 중 리에서 발하지 않은 게 무엇이겠습니까? 이러한 뜻은

---

34) 특히 이진상의 심즉리설은 안동과 상주지역 학자들에게 배척을 당하였다. 도산서원에서는 문집을 돌려보냈고 상주지역에서는 심지어 문집이 불태워지는 사건까지 발생한다. 여기에 대한 자세한 내용은 홍원식, 『한주 이진상의 생애와 사상』(예문서원, 2008), 21~22쪽 참조.

35) 李震相, 『寒洲先生文集』(문집총간본), 권19, 「書·答郭鳴遠疑問」, "蓋道理有渾淪說時, 有分開說時."

이미 퇴계선생의 글 가운데에 갖추어져 있으니, 칠정 역시 인의예지에서 발한 것이고 달도達道의 정情도 리에서 발한 것으로 여기셨습니다.…… 분개의 측면에서 말하면 사람이 가진 하나의 마음은 리와 기의 합입니다. 성명性命은 (마음) 속에 있고 형기는 (마음) 밖에 있습니다. 그러므로 성명에 말미암아 그대로 따라 나온 것이 있으니, 이것이 사단이고 형기에 따라 좌우로 생겨나는 것이 있으니 이것이 칠정입니다.[36]

이 인용문에서 중요한 내용은 칠정도 인의예지에서 발한 것이고, 달도의 정도 리에서 발한 것이라는 말이다. 이 내용은 조금 뒤 리발에 대한 입장을 논하면서 다시 상세하게 언급하기로 하고, 우선 이 인용문에서 드러난 사단과 칠정의 관계를 보자. 이진상은 일단 혼륜의 측면에서 사단과 칠정을 모두 '정'으로 인정한다. 그런데 이러한 정이 모두 리에서 발하지 않은 게 없다고 말하면서, 그 속에 리의 강한 개입이 있음을 시사한다. 이에 비해 분개의 측면에서 보면 성명性命에 따라 발한 것이 사단이고 형기로 인해 촉발된 것이 칠정이라면서, 이 둘의 속성을 구분한다. 선한 정감과 일반적 정감의 차별성을 드러낸 것이다. 이러한 입장에서 보면 사단과 칠정에 대한 원론적 입장은 이상정의 입장을 받아들였다고 볼 수 있다.

그러나 이진상은 이 같은 원론적 입장에 동의하면서도, 사단과 칠정의 묘맥苗脈을 강조하는 모습을 보여 준다. 이진상이 "사단과 칠정은 각

---

36) 李震相, 『寒洲先生文集』(문집총간본), 권19, 「書·答郭鳴遠疑問」, "渾淪說則四七皆情也, 情發於性, 性則理也. 故栗谷曰情雖萬般, 夫孰非發於理乎. 此義已具於退陶書中, 以七情爲亦發於仁義禮智, 以達道之情爲發於理.……分開說則人之一心, 理與氣合. 而性命在中, 形氣在外. 故由性命而直遂者有是四端, 緣形氣而横生者有是七情."

각 그 묘맥이 있으니, 사단의 묘맥은 리에 감응하여 리를 따르는 것으로 리를 위주로 한다. 이에 비해 칠정의 묘맥은 기에서 감응하여 기를 따르는 것으로 기가 도리어 중첩된다. 리를 위주로 하므로 이를 일컬어서 리발이라 하고, 기가 도리어 중첩되므로 이를 일컬어 기발이라고 하니, 이것이 퇴계선생께서 말씀하신 본래의 가르침이다"[37]라는 말은 이와 같은 입장에서 나온다. 묘맥, 즉 소종래에 대한 인정을 통해 여전히 사단과 칠정의 질적 차별성을 인정하는 것이다. 다만 그 차이가 '주리와 주기로 인한 대대 관계' 정도이며, 이러한 점에서 이진상은 이상정의 기본 입장 위에 서 있음을 알 수 있다.

그런데 이 같은 사단과 칠정의 관계보다 논의과정에서 나온 이진상의 리에 대한 입장이 눈에 띈다. 앞의 인용문에서처럼 이진상은 사단과 칠정이 '정'이지만 이것이 '모두' 리에서 발했다고 말한다. '칠정과 달도의 정' 모두 인의예지의 성에서 발했다는 말이다. 어떤 의미였을까? 이를 위해 우선 리기 관계에 대한 이진상의 입장부터 살펴보자.

리와 기는 서로 떨어지지도 않고(不相離) 서로 섞이지도 않는다(不相雜). 불상리의 측면에서 보는 것을 '횡간'이라 하고, 불상잡의 측면에서 보는 것을 '수간'이라고 한다. 무릇 태극의 본래적 측면에서 수간하게 되면 동함은 태극의 동함이고 정함도 태극의 정함이다. 그러나 유행의 측면에서 횡간하게 되면, 동함은 양陽에 속하게 되니 태극이 양을 타서 그 용用이 운행되고, 정함은 음에 속하니 태극이 음을 타서 그 체體가

---

37) 李震相, 『寒洲先生文集』(문집총간본), 권19, 「書·答郭鳴遠疑問」, "然四七各有苗脈, 四端之苗服, 感於理而從理, 理爲主. 七情之苗脈, 感於氣而從氣, 氣反重. 自其理爲主而謂之理發, 自其氣反重而謂之氣發, 此乃退陶立言之本指."

선다.38)

이진상은 불상리의 측면을 '횡간橫看'으로, 불상잡의 측면을 '수간竪看'으로 이해한다. 그런데 "본원의 측면에서 수간하는 사람도 있고, 유행의 측면에서 횡간하는 사람도 있으며, 형적形迹의 측면에서 도간倒看하는 사람도 있습니다"39)라는 이진상의 말에 따르면, 본원의 측면에서 리기는 불상잡으로 전제되어 있다. 즉 '태극의 원두처'에서 보면 리와 기는 결코 섞이지 않는데, 드러나는 현상은 리기가 섞여 있는 것처럼 보인다는 말이다.

이진상은 이 같은 입장을 바탕으로 "수간하게 되면 동정動靜은 '태극의 동정'"이라고 말한다. "『주역周易』 「계사전繫辭傳」에 동動해서 양陽을 생하게 하고 정靜해서 음陰을 생하게 한다고 했으니, 동함 또한 태극의 동함이고 정함 또한 태극의 정함이다"40)라는 말은 이 같은 이진상의 입장을 잘 드러내고 있다. 리기 관계를 "수간하게 되면 리는 기의 앞에 있게 되고 기의 주인이 되니, 정靜함은 리의 체이고 동動함은 리의 용이다"41)라는 입장으로 보았기 때문이다. 물론 횡간의 경우 리가 동하여 기를 타기도 하고 기가 동하여 리를 따르는 경우도 말하지만, 수간을

---

38) 李震相, 『寒洲先生文集』(문집총간본), 권5, 「上崔海庵」, "理與氣, 不相離不相雜. 故就不相離處兼看則謂之橫, 就不相雜處專看則謂之竪. 夫直自太極源頭竪看, 則動是太極之動, 靜是太極之靜. 自其流行處橫看, 則動便屬陽, 太極乘陽而用行, 靜便屬陰, 太極乘陰而體立."

39) 李震相, 『寒洲先生文集』(문집총간본), 권7, 「答沈穉文」, "故有就本原上竪看者, 有就流行處橫看者, 有就形迹上倒看者."

40) 李震相, 『寒洲先生文集』(문집총간본), 권33, 「雜著 · 太極圖箚義後說」, "繫之曰動而生陽靜而生陰, 則動亦太極之動而靜亦太極之靜也."

41) 李震相, 『寒洲先生文集』(문집총간본), 권33, 「雜著 · 太極圖箚義後說」, "竪看則理在氣先, 理爲氣主, 而靜則理之體, 動則理之用也."

중시하는 이진상의 입장⁴²⁾에서는 리가 모든 원리를 가지고 있다.

이러한 이유에서 이진상은 "기氣가 있기 전에 먼저 리理가 있었으니 이 리가 있자 비로소 동정動靜할 수 있게 되었다. 그러므로 동 또한 태극의 동이고, 정 또한 태극의 정이다"⁴³⁾라고 말하고, 나아가 "기는 동動하면 정靜하지 않고 정하면 동하지 않으니, 결코 스스로 동하고 스스로 정하는 사물이 아니다"⁴⁴⁾라고 했다. 이진상은 리와 기를 존재론적인 대등한 관계로 파악하지 않고 있는 것이다. 리의 선재성에 대한 긍정, 리로 인해 기가 동정할 수 있다는 사실은 전적인 리의 우위를 강조한 것이다. 이렇게 되면 기는 리의 적극적인 주재와 제어에 따른 피동적 존재에 불과하다. 동정이나 발함 역시 리의 의지에 따라 기가 따르는 것이다. 기의 자발적인 동정이 부정되면서, 동정 그 자체도 리의 영역으로 넘어오게 된다. 이렇게 되면 우리가 앞에서 이상정이 '정도 리가 발한 것'이라고 말했던 의미를 알 수 있다.

이 때문에 이진상은 사단과 칠정이 각각 주리와 주기의 차이로 인해 리발과 기발이 나누어진다고 말하면서도, "리가 발하는 것은 성명으로 말미암아 이 마음이 발한 것이고, 기가 발하는 것은 형기에 연하여 이 마음이 발한 것입니다. 그래서 사실상 이것(리발) 역시 리가 기를 타고 발한 것이며, 저것(기발) 역시 리가 기를 타고 발한 것입니다"⁴⁵⁾라고 말

---

42) 이진상의 수간 중시는 물에 대한 비유나 옥에 대한 비유에서도 잘 드러나 보인다. 물의 비유와 관련해서 자세한 내용은 경북대학교 퇴계연구소 편, 『한주 이진상 연구』 (역락, 2006), 93쪽 참조.

43) 경북대학교 퇴계연구소 편, 『한주 이진상 연구』(역락, 2006), 91쪽에서 재인용.

44) 경북대학교 퇴계연구소 편, 『한주 이진상 연구』(역락, 2006), 91쪽에서 재인용.

45) 李震相, 『寒洲先生文集』, 권19, 「書·答郭鳴遠疑問」, "渾淪說則四七皆情也, 情發於性, 性則理也, 故栗谷曰情雖萬般, 夫孰非發於理乎. 此義已具於退陶書中, 以七情爲亦發於仁義禮智,

한다. 이러한 이유에서 이진상은 "결코 리는 동쪽에서 발하고 기는 서쪽에서 발하는 것이 아니라, 기가 발해질 때 리는 모두 거기에 타고 있다. 발하는 바의 주체와 바탕의 차이가 원래부터 그러할 따름이다"[46]라고 말하면서, 리에 의해 모든 '발發'이 결정된다고 말한다.

사단이나 칠정 모두가 정이라는 사실은 인정하되, 정의 영역을 기발에서 바라보는 기호학파와 달리, 그는 정 모두가 리발이라고 말한다. 사단은 리발로 칠정은 기발로 정리하려 했던 퇴계학의 기본 입장에서 한 단계 더 나아가 사단과 칠정 모두를 리발로 바라보고 있는 것이다. 이상정이 리기호발에 머물고 있다면, 이진상은 발發에 있어서 기의 역할을 제한적으로 해석함으로써 이론적으로 리발일도理發一途까지 밀고 간 것이다.[47] 이상정이 "예컨대 주인이 나가면 손님이 되기도 하지만, 그렇다고 해도 이는 단 한 사람이다. 진실로 성정의 실상을 구해 보면, 리발만 있고 기발은 없다"[48]라고 말했던 이유는 여기에 있다.

이진상은 사단과 칠정을 철저하게 대대시키고, 리와 기를 불상잡 중심으로만 이해했던 이현일의 관점을 그대로 수용하지는 않는다. 하지만 리를 강조했던 퇴계학의 기본 입장을 더욱 고착화시키면서, 사단과

以達道之情爲發於理.……分開說則人之一心, 理與氣合, 而性命在中, 形氣在外. 故由性命而直遂者有是四端, 緣形氣而橫生者有是七情. 而四端之發, 理爲主故謂之理發, 七情之發, 氣反重故謂之氣發. 然其曰理之發者, 由性命而此心發也, 氣之發者, 緣形氣而此心發也. 其實則此亦理乘氣而發也, 彼亦理乘氣而發也."

46) 李震相, 『寒洲先生文集』, 권19, 「書·答郭鳴遠疑問」, "初非理發於東而氣發於西也, 氣以發之而理皆乘焉. 則所發之主資自爾也."

47) 여기에 대해 좀 더 자세한 논의는 경북대학교 퇴계학연구소 편, 『한주 이진상 연구』 (역락, 2006), 92쪽 및 홍원식, 『한주 이진상의 생애와 사상』(예문서원, 2008), 133~ 134쪽을 참조.

48) 李震相, 『寒洲先生文集』, 권32, 「雜著·四七原委說」, "比如主出爲客, 只是一人. 苟求性情之實相, 則有理發而無氣發."

칠정 모두를 리발의 영역에서 인정한다. 리와 기의 관계 역시 원론적인 측면에서 불상잡에 좀 더 무게중심을 두고 기의 기능을 최대한 제한적으로 인정함으로써 순수한 리발의 영역을 열고 있는 것이다. 이현일의 리기각발설보다 한 걸음 더 나아간 것으로 평가할 수 있는 입장으로, 주리로 대변되는 퇴계학만의 특징을 극단까지 밀고 간 것이다. 이러한 논의 기반 위에서 이진상은 '심즉리心卽理'를 주창하게 되었으며, 이는 퇴계학단 내에서도 강한 비판의 대상이 되었다.

2) 후기설의 고착화 — 유치명의 사단칠정론과 리기호발의 주리설

정재학인인 권상익權相益(省齋, 1863~1935)은 "기호지역 인사人士 가운데 그 전승되어 오는 논의를 조술하여 반드시 심즉기心卽氣라고 말하니, 본래의 의미를 잃어버렸다. 그러자 근세 영남지역 여러 학자들이 그 폐단을 고치기 위해 심즉리心卽理설을 주로 하려고 힘쓰니 이것 역시 이른바 굽은 것을 고치려다 바름이 지나쳤다고 말하는 상태가 되었다"[49]라면서 당시 학술계를 비판한다. 여기에서 '굽은 것을 고치려다 바름이 지나친 형국'은 이진상과 한주학파에 대한 비판이다. 이와 같은 그의 입장은 유치명의 철학에서 비롯된다.

유치명의 사단칠정론은 대산학 계승에 초점이 맞추어졌다. 유치명은 이진상과의 논의과정에서 사단과 칠정의 관계에 대한 기본 입장을 제시하는데, 여기에서 그는 이상정에 의해 확고해진 '호발'을 강조한다.

---

49) 權相益,『省齋先生文集』, 권6,「書・答族姪憲夫別紙」, "畿湖中人士, 祖述其傳承之論, 必謂之心卽氣, 固爲失之. 近世嶺中數公欲矯其弊, 又力主心卽理之說, 所謂矯枉而過直也."

이진상이 "리기호발론은 퇴계 이황께서 주자의 설에 근본하여 입언立言한 것인데, 그 후 이문성(율곡 이이)이 근본이 둘이라고 비판하였으니, 호발 두 자에는 각발의 뜻이 있습니까?"라고 묻자 "사단과 칠정이 발하여 나오는 묘맥은 확연히 다르니, 하나는 리를 주로 하는 것이 있고 하나는 기를 주로 하는 것이 있어서, '호발'이라고 말한다. 대개 사단이 발할 때에는 천리가 무성하게 유출하여 심이 그것을 감싸둘 수 없고 기가 손발을 붙일 수 없다. 그러므로 리발이라고 말한다. 칠정이 발할 때에는 형기가 격하게 넘어 들어오면서 리가 그것을 관섭管攝할 수 없다. 그러므로 기발이라고 말한다. 리가 발할 때도 있고 기가 발할 때도 있으니, 어찌 호발이라고 하지 않겠는가?"라고 대답하였다.[50]

이진상의 물음은 리기호발론에 대한 것이지만, 유치명은 여기에 대해 답하는 과정에서 사단과 칠정의 관계를 정리하고 있다. 유치명은 사단과 칠정의 관계가 각기 다른 묘맥에서 나왔다고 본다. 같은 정이라 하더라도, 그 원뿌리가 다르다는 말이다. 이러한 이유에서 유치명은 "정情에는 사단이 있고 칠정도 있으니 정情이 발하는 바가 동일하지 않음을 알 수 있다. 이로 보아 성은 하나이지만 정은 둘임을 알 수 있다"[51]라고 말했다. 사단과 칠정은 각기 발하는 바에 차이가 있으며, 따

---

50) 이 내용은 이상하, 「한국 성리학 主理論의 발전 上에서의 大山 李象靖」, 『대동한문학』 제25집(대동학문학회, 2006), 각주 29)에서 재인용한 것으로, 대화체로 되어 있는 것과 번역된 내용을 주의 원문을 참조하여 조금 고쳤다. 이 논문에서 밝힌 원전의 서지사항은 다음과 같다. 李震相, 『寒洲集』(초간본, 한적, 40권 7판), "問, '理氣互發之論, 退陶本朱子說而立言者也, 其後李文成以二本議之, 互發二字徵有各發之嫌歟?' 答曰, '四七發出之苗脈, 灼然不同, 一主乎理, 一主乎氣, 故謂之互發. 蓋四端發時, 天理藹然流出, 心包畜不住, 氣着脚手不得. 故謂之理發. 七情發時, 形氣激越出來, 理亦管攝他不得. 故謂之氣發. 有理發時者, 有氣發時者, 豈非互發乎?'"

51) 柳致明, 『定齋集』(문집총간본), 권18, 「雜著·讀書瑣語」, "情則旣有四端, 又有七情, 則情

164 제2부 퇴계학파의 사단칠정설 전개

라서 성은 같아도 정情인 사단과 칠정은 다르다는 말이다. 이러한 이유에서 그는 "사단과 칠정은 각각 그 소종래所從來가 있으니 위로 그 근원을 미루어 보면 어떻게 리와 기의 구분이 없겠는가? 이것이 리발과 기발이라는 가르침이 있게 된 이유이다"[52]라고 말했다. 이황과 이상정을 이어 유치명 역시 사단과 칠정을 대대 관계로 바라보는 입장이 유지되고 있으며, 이러한 입장은 당시 논쟁 대상이었던 이진상과도 동일하다. 이 같은 관점은 정재학파 전체를 통해서도 그대로 유지된다. 유치명의 고제인 김도화金道和(拓菴, 1825~1912)나 김흥락金興洛(西山, 1827~1899)의 고제였던 권상익權相益(省齋, 1863~1935), 이상룡李相龍(石洲, 1858~1932)에게서도 이 같은 입장은 확인가능하다.[53]

그러나 이처럼 묘맥 차이를 분명히 인정해도 유치명은 이것이 각발을 의미하지는 않는다고 말한다. 이는 그가 말하는 리기 관계를 통해 확인가능하다. 이상정과 마찬가지로 유치명 역시 리기 관계에 대해 불상리와 불상잡의 고른 이해를 강조한다. 유치명이 "리와 기는 불상리不相離이면서 불상잡不相雜하므로, 합해서 성이라고 해도 본연지성과 기질지성으로 다르게 가리키는 것이 있다"라고 말하고, 그 뒤를 이어 "발해

之所發不一, 可知也. 此其性一而情二, 亦可見也."

52) 柳致明, 『定齋集』(문집총간본), 권8, 「答金金文瑞」, "蓋四七, 各有所從來, 推其向上根原, 豈無理氣之分. 所以有理發氣發之訓也."

53) 김도화의 입상은 『拓菴集』, 권6, 「書·答李德彦」, "四端理發七情氣發云云, 統以性發爲情言之, 則七情亦可曰理發, 如中庸之言喜怒哀樂未發是也. 以四七對言, 則七情卽是氣發, 如朱子之言各有苗脈是也. 大山說亦以統言者言之也, 豈有前後之相戾耶?" 참조. 권상익의 입장은 『省齋先生文集』, 권6, 「答族姪惠夫別紙」, "四七皆情也, 則固是一物, 而特所發之苗脈不同耳. 雖然其所謂不同者非二物, 一時齊頭而並行也, 同是情也. 而有純善時有未純善時, 純善者, 理之直發也, 未純善者, 緣形氣而發故耳"를 참조. 이상룡의 입장에 대해서는 李相龍, 『國譯石洲遺稿』 上(안동독립운동기념관 편, 경인문화사, 2008), 466쪽 참조.

서 정이 되면 리발과 기발이라는 두 이름이 있다"라는 입장을 밝히고
있으며, 나아가 "정에 사단이 있는 것은 성에 리가 있기 때문이고 정에
칠정이 있는 것은 성에 기가 있기 때문"이라는 입장을 제기한 것은 이
러한 이유에서이다.[54] 당시 이진상의 입장이 리 우위의 입장을 강조한
것에 비해 유치명은 리와 기의 역할을 동시에 인정하고 있음이다. 이와
같은 유치명의 입장을 이어 그의 제자인 김홍락이 이진상의 리발설에
대해 "(사단과 칠정을) 지금 모두 리발이라고 말하거나, 성즉리性卽理라
고 말하는 것은 척발剔拔의 의미가 있다"[55]라고 말할 정도였다.

이처럼 유치명은 리발과 기발은 보는 입장에 따른 것일 뿐, 실제 리
와 기는 떨어져 있지 않다고 말한다. 그러면서 동시에 사단과 칠정에
각각 리와 기가 달리 작용한다는 사실을 말하면서, 사단과 칠정을 각각
리와 기로 치환시킨다. 불상리와 불상잡에 대한 고른 이해의 강조 결과
로 볼 수 있다. 이와 같은 유치명의 입장은 리발설에 있어서 철저한 리
기호발의 강조로 이어진다. 유치명 역시 "리는 활물活物"[56]이라고 말하
지만, 그 의미는 다음과 같다.

> 대산선생께서는 리와 기가 동정한다는 설에 대해 "리는 본래 기에 타
> 기 때문에 (리의) 동정이 있다고 말한다. 그러나 그 본체가 무위無爲한
> 것은 원래부터 그러하니, 이것은 기를 주로 하기 때문에 동정이 없다
> 고 말한 것이다. 그러나 그 지극히 신묘한 운용은 혹여라도 줄어들지

---

54) 柳致明, 『定齋集』, 권7, 「與李忠立別紙」, "夫理之與氣, 不相離, 亦不相雜. 合而爲性, 而有本
然氣質之異指, 則昔人之所已分也. 而高明宗之. 發而爲情, 而有理發氣發之二名, 則昔人之所
已言也. 而高明述之. 且情之有四, 以性之有理也, 情之有七, 以性之有氣也, 而高明言之."
55) 金興洛, 『西山集』, 권7, 「書·答崔肅仲」, "今曰皆是理發, 曰性卽理, 則是剔拔之意."
56) 柳致明, 『定齋集』, 권19, 「雜著·理動靜說」, "大抵是理活物也."

않으니 이것을 가지고 '두루두루 정절精切하다'고 말하는 것이니, 그러
므로 리가 동정한다는 것은 더욱 잘 볼 수 있다. 만약 리에 동정이 없
다고 하면 리는 죽어 버린 무정無情한 존재로만 여기는 것이니, 이렇게
되면 기는 아무런 근거도 없이 동정動靜하게 된다"고 했다.[57]

유치명 역시 리발을 인정한다는 점에서 이진상과 큰 차이가 없다.
만약 리에 동정이 없다고 하면 리는 죽어 버린 존재가 되고, 기는 아무
런 근거 없이 제 마음대로 동정하게 된다는 것은 '리의 능동성과 주재
성'이 반드시 리기 관계에 있어서 인정되어야 한다는 의미이다. 이 때문
에 유치명은 그의 스승인 남한조南漢朝(損齋, 1744~1809)에게 보낸 질문에서
"대개 사단에 부중절함이 있는 것은 기가 그렇게 하게 한 것이지만, 그
소종래는 분명히 천리가 발한 것입니다. 다만 기가 그것을 가려서 그렇
게 된 것일 뿐입니다. 그러므로 이것을 기에서 발했다고 여기는 것은
옳지 않은 것 같습니다"[58]라고 말하기도 한다. 사단은 천리가 발한 것
이라는 입장을 강조한 것이다.

하지만 그는 리발일도를 강조했던 이진상과 분명한 차이를 형성하
고, 그의 제자들은 강하게 한주학인들을 비판하게 되는데, 그 이유는
리의 동정에 대한 범위에서 차이가 있기 때문이다. 그는 이상정의 가장
중요한 업적으로 "퇴계선생을 존신하는 자들 가운데에도 종종 중中이

---

57) 柳致明, 『定齋集』, 권19, 「雜著・理動靜說」, "至大山先生, 爲理氣動靜說, 而曰理本搭於氣,
故謂之有動靜也. 而其本體之無爲者自若也, 實主於氣, 故謂之無動靜也. 而其至神之妙用, 又
未嘗或損也, 是其爲言周徧精切, 而理之有動靜者, 益可見也. 如曰理無動靜, 則是特認爲死灰
無情之, 而氣使無所自而爲動靜矣."
58) 柳致明, 『定齋集』, 권2, 「書・上損齋先生稟疑」, "蓋四端之有不中節, 固是氣使之然, 然其所
從來, 則分明是天理之發. 而特爲氣所掩而然耳. 固不可以是而爲發於氣也."

(동정하게) 한다고 여겼으나, 대산선생에 와서 리기가 동정한다는 설(理氣動靜說)이 있었다"[59]라는 입장을 분명히 한다. 중(中)이 동정하게 한다고 믿는 사람들도 있었다는 비판으로, 이진상을 염두에 둔 것으로 보인다. 이러한 이유에서 유치명은 리기호발을 정론으로 확정하고, 리발은 그 범위 안에서만 용인될 수 있음을 분명히 한다. 이 때문에 유치명은 김자익金子翼이 "태극의 동정이라고 했을 때 여기에서의 동정은 혹 리를 가지고 말하는 경우도 있고 혹 기를 가지고 말하는 경우도 있으니, 리와 기를 겸해서 보아야 할 듯합니다. 어떻습니까?"[60]라고 묻자 큰 틀에서 긍정하면서 "리는 동정動靜이 오묘하게 운행되게 하는 주인이고, 기는 동정이 갖추어지는 바탕이다. 그러므로 동정이라는 글자를 가지고 리에서 보거나 기에서 보아도 모두 가능하다"[61]고 답한다. 동정에 있어서 리와 기의 역할을 모두 인정하고 있으며, 따라서 보기에 따라 리가 발한 것일 수도 있고 기가 발한 것일 수도 있다.

유치명의 사단칠정론은 이처럼 철저한 대산학의 계승에 위치해 있다. 퇴계학의 전통 속에서 리의 주재성과 능동성을 인정하고 있는 대목이다. 이 영역은 발함을 기의 영역으로만 이해하는 기호학파와 차이가 있는 대목이다. 하지만 그렇다고 유치명의 리발설이 기와 관계없는 순수한 리발을 의미하지는 않는다. 이론적으로 볼 때 리발일도까지 밀고

---

59) 柳致明, 『定齋集』, 권2, 「書·上損齋先生稟疑」, "以尊信退陶者, 而亦往往爲其所中, 至大山先生, 爲理氣動靜說."

60) 柳致明, 『定齋集』, 권6, 「答金子翼問目」, "太極動靜, 此動靜, 或以理言, 或以氣言, 兼理氣看. 如何?"

61) 柳致明, 『定齋集』, 권6, 「答金子翼問目」, "理者, 所主以動靜之妙也, 氣者, 所資以動靜之具也. 故動靜字, 於理於氣, 皆可用."

갔던 이진상의 리발설과도 차이가 있다. 정재학파의 리발설은 '기를 주재하는 라'로서의 의미를 가지며, 실제 발현하는 것은 기에 두는 입장을 취하는 이유이다. 다만 사단과 칠정은 주리와 주기의 묘맥 차이가 있음을 인정함으로써 퇴계학의 기본 입장을 잇고 있다. 이는 사단과 칠정을 하나의 정으로 인정하고 그 소종래를 인정하지 않는 율곡학과는 차별성을 분명히 한 것이면서, 동시에 사단과 칠정을 모두 리발의 영역에서 바라보고 있는 한주학파의 입장과도 다르다. 바로 이 영역에 유치명의 사단칠정론이 위치하고 있다.

5. 퇴계학 전승과 분화의 의미

지금까지 우리는 이황의 사단칠정론을 논쟁 과정에서 나타난 특징을 중심으로 전기와 후기로 나누고, 그것이 그 후학들을 통해 어떻게 받아들여져서 전개되고 있는지를 3단계로 살펴보았다. 이황의 사단칠정론은 기대승과의 논쟁 과정에서 전기와 후기에 미세한 이론적 차이를 드러낸다. 물론 그 이론 차이가 사단칠정 및 리기 관계를 대대 관계로 파악해서 리의 적극적인 주재나 능동성을 강조하는 '리발설 자체를 변화시키는 것은 결코 아니다. 다만 논쟁 전기에는 이와 같은 입장들이 상조되면서, 주자학과 구별되는 '퇴계학의 특징'이 형성되고 있다. 이에 비해 기대승의 비판을 받고 수정하기 시작한 이황의 후기설은 '주자학으로서의 퇴계학'으로 설명할 수 있다. 사단과 칠정을 단순한 대대 관계로 설정하지 못하고, 리와 기의 관계 역시 불상리를 전제한 상태에서 불상잡을 강조한다. 리의 주재성이나 능동성은 '리기호발설', 즉 리가 기를 주재함으로써 기가 발하게 되는 정도의 개념으로 설정되는 이유도 여기에 있다.

전기와 후기에 미세하게 드러나는 이황 사칠론의 변화는 퇴계학 전개의 1단계인 이현일과 2단계인 이상정에게서 분명하게 부각된다. 이현일은 퇴계학파라는 학파의식을 가지고 율곡학파와 정치적·이론적 대립 관계를 형성하면서, 이황에 비해 사단칠정 및 리기의 관계를 강한 대대 관계로 설정한다. 리기 관계 역시 불상잡 중심으로 해석하게 되고, 이러한 이론 위에서 리발 역시 기의 작용 없는 리발이 가능할 수 있는 이론 영역을 연다. 주자학과 다른 퇴계학만의 특수성이 부각되고 있는 대목이다. 이에 비해 2단계를 형성하고 있는 이상정은 이황 사칠론의 후기 입장을 견지한다. 칠정을 성의 발함으로 이해하고 사단과 칠정을 같은 정으로 이해한다. 이렇게 되면서 리기 관계 역시 불상리를 전제한 불상잡을 강조하게 된다. 물론 퇴계학을 이어 가면서 사단과 칠정이 주리와 주기에 의해 나누어지므로, 그 묘맥 차이가 있음은 인정한다. 다만 그것이 순수한 리발이나 기발의 영역에서 설명되는 것이 아니라, 리의 능동성에 따라 기가 움직이는 것과 기가 능동적으로 움직일 때 리가 관여되는 개념으로 리발과 기발을 구분한다. '리기호발설'을 충실하게 받아들이고 있는 것이다.

이처럼 이상정에 오면 퇴계학의 사단칠정론은 리기호발설 중심으로 정리된다. 그런데 이 같은 이상정의 학설이 그 후예들을 통해 다시 재해석되면서 퇴계학의 분화가 진행되는 지점이 바로 3단계이다. 이 시기

이론적 분화는 이진상과 유치명으로 대표된다. 이진상은 사단과 칠정을 철저하게 대대시키고 리와 기를 불상잡 중심으로 이해했던 이현일의 관점을 그대로 수용하지는 않으며, 이상정의 기본 입장을 유지하고 있다. 그러나 리를 강조했던 퇴계학의 기본 입장을 더욱 고착화시키면서 사단과 칠정 모두를 리발로 인정한다. 리의 능동성과 주재성을 강하게 해석한 반면, 기는 리의 명령에 따라 움직이는 피동적인 존재로 설정함으로써, 모두 리의 의지에 의한 리발이라고 볼 수 있다는 의미이다. 이러한 점은 주리로 대변되는 퇴계학의 특징을 극단까지 밀고 간 것이다. 이에 비해 유치명의 사칠론은 대산학의 고착화라고 말할 수 있다. 그 역시 리의 주재성과 능동성은 인정하고, 사단칠정 및 리기 관계는 대대 관계로 파악한다. 더불어 '리발설'도 인정한다. 그러나 유치명이 말하는 리발은 '기를 주재하는 리'로서의 의미이며, 리의 주재 및 그에 따라 발하는 기의 범위 역시 넓게 긍정한다. 철저한 리기호발설로, 리발일도의 이진상 철학과도 다르고 기발일도의 율곡학과도 다르다.

퇴계학은 주자학의 존재론 중심 철학이 가치론 중심으로 옮겨 온 학문이다. 이 때문에 사단칠정과 리기의 관계를 선악 구조로 파악하게 된다. 앞에서 본 것처럼 이러한 특징은 전 단계를 통해 유지되는데, 그것은 강도에 차이일 뿐 사단과 칠정 및 리기 관계를 대대 관계 및 불상잡 중심으로 파악하는 데에서 잘 드러난다. 더불어 리의 능동성과 주재성을 강조하는 리발 역시 강도의 차이만 있을 뿐, 전 단계를 통해 유지된다. 우리는 이 점을 '퇴계학의 전승'으로 정리할 수 있다.

다만 강도의 차이는 퇴계학의 다양한 프리즘을 형성하게 한다. 퇴계학의 특징을 잘 드러냈던 이황의 전기설은 이현일 사단칠정론의 근거가 되면서 퇴계학과 주자학의 차별적 특징을 더욱 벌려 간다. 그리고 이것은 이진상을 통해 리발일도의 철학까지 형성되어 간다. 이에 비해 주자학적 특징 내에서 퇴계학의 특징을 설명하려 했던 이황의 후기설 은 이상정 사단칠정론의 근거가 되면서 주자학(율곡학)과 퇴계학의 대화 가 가능한 지점으로 이행된다. 주자학과 퇴계학이 만날 수 있는 이론적 접점을 만들면서, 퇴계학의 특징을 주자학 이론체계 내에서 설명하려 했던 것이다. 그리고 이것은 유치명을 통해 철저한 리기호발의 철학으 로 유지된다. 퇴계학의 프리즘이 리발일도로부터 리기호발까지로 드러 났던 것이다. 퇴계학은 이처럼 다양한 이론적 단계와 전개 내용을 보이 면서 한말까지 지속되었다고 말할 수 있다.

【참고문헌】

李滉, 『退溪集』.
李玄逸, 『葛庵先生文集』.
李象靖, 『大山先生文集』.
柳致明, 『定齋集』.
李震相, 『寒洲先生文集』.
權相益, 『省齋先生文集』.
金道和, 『拓菴集』.
金興洛, 『西山集』.
李相龍, 『國譯石洲遺稿』.

경북대학교 퇴계연구소 편, 『한주 이진상 연구』, 역락, 2006.
안유경, 『갈암 이현일의 철학사상』, 한국학술정보, 2009.
유정동, 『퇴계의 생애와 사상』, 박영사, 1974.
윤사순, 『퇴계철학의 연구』, 고려대학교출판부, 1995.

홍원식, 『한주 이진상의 생애와 사상』, 예문서원, 2008.

김경호, 「대산 이상정의 율곡 비판과 퇴계학의 옹호」, 『율곡사상연구』 제16집, 율곡학
　　회, 2008.
김기현, 「퇴계의 이발설이 갖는 의의에 대한 검토」, 『철학』 60집, 한국철학회, 1999.
＿＿＿, 「退溪의 〈理〉철학에 내재된 세계관적 함의」, 『퇴계학보』 116집, 퇴계학연구원,
　　2004.
김용헌, 「퇴계학파의 여헌 장현광 비판에 관한 연구」, 『퇴계학보』 123집, 퇴계학연구원,
　　2008.
남지만, 「高峰 奇大升의 性理說 硏究」, 고려대학교 박사학위논문, 2009.
설석규, 「정재학 위정척사론의 대두와 성격」, 『근현대 영남유학자들의 현실인식과 대
　　응양상』, 한국국학진흥원, 2009.
안유경, 「조선후기 퇴계학파의 '리발설'에 대한 해석」, 『동양철학』 25집, 한국동양철학
　　회, 2006.
유권종, 「갈암의 여헌 성리학에 대한 비판 고찰」, 『유교사상연구』 제27집, 한국유교학
　　회, 2006.
이동희, 「퇴계학파는 퇴계의 성리학을 어떻게 이해하고 계승했는가? — 갈암 이현일의
　　율곡 비판을 중심으로」, 『철학연구』 89집, 대한철학회, 2004.
이상하, 「한국 성리학 主理論의 발전 上에서의 大山 李象靖」, 『대동한문학』 제25집, 대
　　동한문학회, 2006.
이상호, 「정재학파 성리학의 지역적 전개 양상과 사상적 특성」, 『국학연구』 제15집, 한
　　국국학진흥원, 2009.
＿＿＿, 「퇴계학파의 리발강조와 그 윤리적 함의」, 『퇴계학논집』 제6호, 영남퇴계학연
　　구원, 2010.
＿＿＿, 「논쟁 전·후기 퇴계 사칠론의 변이 양상과 퇴계학파 사칠론의 전개」, 『퇴계학
　　논집』 제8호, 영남퇴계학연구원, 2011.
이향준, 「리발설의 은유적 해명」, 『철학』 91집, 한국철학회, 2007.

제3장 전기 퇴계학파의 사단칠정론
- 권상일을 중심으로

1. 여는 글

청대淸臺 권상일權相一(자 台仲, 시호 僖靖, 1679~1759)은 32세(1710) 때 문과
에 급제하여 대사헌과 지중추부사에까지 오른 당시 영남을 대표하는
관료학자로서, 퇴계학파退溪學派의 적통嫡統이라는 학파의식과 남인南人이
라는 당파의식을 확고하게 지닌 18세기 전반 영남 퇴계학맥의 중심적
인물이다. 일찍이 다카하시 도루(高橋亨)가 권상일을 역사상 "가장 충실
하게 퇴계를 조술한"[1] 인물이라고 평가한 이래 대부분의 학자들이 이
러한 관점에 동의하고 있으며, 또한 많은 학자들이 그의 성리설은 퇴계
退溪 이황李滉(1501~1570)의 초기 학설을 따르고 있다고 평가하고 있다.[2]

---

1) 高橋亨, 「最忠實退溪祖述者權淸臺學說」, 『小田先生頌壽紀念 朝鮮論集』(1934), 427쪽. 금
   장태, 「해제」, 『淸臺全集』 상(여강출판사, 1989), 9~10쪽 재인용.
2) 금장태, 「해제」, 『淸臺全集』 상, 10쪽; 최영성, 『한국유학사상사』 4(아세아문화사,
   1995), 284쪽.

제3장 전기 퇴계학파의 사단칠정론 _홍원식 175

권상일이 이렇게 퇴계학통을 고수한 배경에 직접적으로 그의 6대조 권대기權大器와 5대조 권우權宇(호 松巢, 1552~1590) 부자가 이황의 문하에 나아간 가학연원家學淵源과 그가 54세(1732) 때 도산서원陶山書院 원장을 지낸 이력이 있다. 그는 도산서원 원장으로 있을 때『퇴계(선생)언행록退溪(先生)言行錄』의 간행을 주도하였으며, 이후 이황의 문헌을 보유補遺한『퇴계학속집退溪學續集』의 편찬 및『주자서절요朱子書節要』와『송계원명리학통록宋季元明理學通錄』 등의 중간重刊 작업에도 적극적으로 참여하였다.

정치적으로 보면, 권상일이 활동한 시기는 남인, 특히 영남 남인 세력이 극도로 수세에 몰려 있었던 때였다. 1694년 갑술환국甲戌換局으로 남인들이 정치적으로 몰락한 뒤 1728년 영조 즉위 후 4년 때 일어난 이인좌李麟佐의 난으로 영남지방은 반역의 지방으로 내몰리면서 영남 남인들은 더욱 어려운 정치적 상황에 빠졌다. 그런데 권상일이 당시 만경현령萬頃縣令으로 외직에 있으면서 이인좌의 난을 사전에 알아채고 잘 대응하였는데, 그것이 그가 비록 영남 남인계이지만 그나마 관직 생활을 계속할 수 있었고 이후 탕평정치의 상황 아래 당상堂上의 지위까지 오를 수 있게 했다.

권상일의 저술 가운데 단연 우리의 눈을 끄는 것은『청대일기』이다. 그는 20세 때인 1698년부터 1759년 사망하기 열흘 전까지 무려 62년 간 일기를 썼다.[3] 지금은 24세 때인 1702년부터 쓴 것만 남아 있으며, 그 가운데에도 중간 중간 빠진 것이 있어 전체 62년분 중 대략 43년분만 남아 있다.[4] 우리는 그의 일기를 통해 당시 영남 사족들의 생활상과

---

3) 權相一,『淸臺先生文集』,「附錄・遺事」 참조.
4) 우인수,「청대일기해제」,『청대일기』 1(청솔, 2015), 20쪽 참조.

관직생활의 모습을 잘 살펴볼 수 있을 뿐만 아니라 그의 학술적 교유활동 상황도 잘 파악할 수 있다.5) 일기 속에는 편지와 관련된 기록이 1,680여 건 있으나 원문이 실린 것은 5통에 지나지 않는다.6) 그런데 문집 속에는 주고받은 편지 160여 통이 실려 있다. 따라서 일기와 함께 문집 속에 실린 편지를 통해 그의 학술적 교유활동을 좀 더 깊이 살펴볼 수 있다.

이 가운데 식산息山 이만부李萬敷(1664~1732)와 성호星湖 이익李瀷(1681~1763), 대산大山 이상정李象靖(1711~1781)과 주고받은 편지가 그의 학술교유를 파악하는 데 특히 중요하다.7) 이들은 퇴계학파의 계승에 있어서 중요한 위치를 차지하고 있는 인물들로 각자 나름 퇴계학설을 잇고자 노력하였다. 이 밖에 이재李栽와 이대유李大遊, 이맹휴李孟休, 이중구李仲久 등과 주고받은 편지도 눈여겨볼만하다.8) 이만부는 중년에 한양에서 상주로 이거한 동향 선배로 이익의 친형인 이잠李潛·이서李漵와 절친하여 권상일과 이익을 연결하는 데 큰 역할을 하였으며, 사후 두 사람은 함께 향리의 근암서원近嵒書院에 배향되었다.9) 근기 출신인 이익은 권상일과

---

5) 『청대일기』에 대해서는 우인수의 「청대일기해제」와 장유승의 「『청대일기』 연구」(『서지학보』 30, 2006), 김효경의 「『청대일기』를 통해서 본 18세기 사족의 편지 왕래」(『사학연구』 88, 2007) 등 참조.

6) 김효경, 「『청대일기』를 통해서 본 18세기 사족의 편지 왕래」, 『사학연구』 88(2007), 232~236쪽 참조.

7) 『淸臺先生文集』에 권상일이 이만부에게 보낸 편지 12통, 이익에게 보낸 편지 9통, 이상정에게 보낸 편지 4통이 실려 있다. 『息山集』에는 이만부가 그에게 보낸 편지 20통과 별지 1통, 『星湖全集』에는 이익이 그에게 보낸 편지 18통과 별지 1통이 실려 있다.

8) 『淸臺先生文集』에 권상일이 이재에게 보낸 편지 1통, 이대유에게 보낸 편지 5통, 이맹휴에게 보낸 편지 2통, 이중구에게 보낸 편지 6통이 실려 있다.

9) 근암서원은 경북 문경시 산북면에 소재하며 1665년에 설립되어 寓菴 洪彦忠(1473~1508)을 배향한 뒤 1669년에 漢陰 李德馨(1561~1613), 1693년에 沙潭 金弘敏(1540~

동년배로 일찍이 29세(1709) 때 청량산을 둘러보고 도산서원을 배알한 뒤 이황을 존모하고 영남의 사풍을 흠모하면서 34세 때 『사칠신편四七新編』을 짓는 것으로부터 시작해 『이선생예설李先生禮說』과 『도동록道東錄』, 『이자수어李子粹語』를 지었으며, 권상일이 도산서원 원장을 맡을 때를 전후하여 편지를 통한 교유를 시작한 뒤 평생토록 이어 갔다. 이상정은 권상일의 동향 후배로 갈암葛菴 이현일李玄逸(1627~1704)의 학맥을 계승하면서도 새로운 학설을 제기하여 뒷날 '소퇴계小退溪'라 불렸다.

권상일과 이만부, 이익, 이상정이 살았던 18세기 전반은 갑술환국과 이인좌의 난으로 말미암아 기호 노론세력이 정치적으로 권력을 전횡하는 한편 학술적으로도 율곡栗谷 이이李珥(1536~1584)의 학설을 계승하며 퇴계학설에 대한 비판의 고삐를 놓지 않았다. 당시 권상일 등 남인계를 대표하는 학자들은 기호 율곡학파의 퇴계설 비판에 맞서면서 각자 다양한 이론적 모색을 하였다. 이들에 앞서 17세기 후반 이현일이 퇴계설을 비판한 율곡설에 대해 한 차례 전면적 비판을 한 적이 있다. 어떻게 보면 퇴계학파의 입장에서 볼 때 이현일의 율곡설 비판은 때늦은 감이 있다. 이이가 퇴계설을 비판한 것은 이황이 세상을 뜬 직후인데, 이현일의 율곡설 비판은 근 100년이 더 지나서야 이루어졌기 때문이다. 그것은 퇴·율 사후 동·서 분당이 되고 갈등을 겪다 17세기 중후반에 이르러 남인과 서인 간 환국 상황이 되풀이되는 등 정치적으로 극한적 대립을 겪으면서 그 여파가 마침내 학술 쪽에까지 미친 것으로 볼 수 있겠다.

18세기로 접어들면서 정치적 몰락의 처지에 내몰린 남인계 학자들

1593)과 木齋 洪汝河(1620~1674), 1786년에 活齋 李榘(1613~1654)와 息山 李萬敷(1664~1733), 淸臺 權相一(1670~1750)을 배향하였다.

은 노론계 율곡학파의 퇴계설 비판에 맞서는 데 전심전력하였다. 그들은 각자 나름대로 이론적 모색을 하며 퇴계설 수호에 나섰다. 결국 남인이라는 당색을 같이하고 율곡학파의 비판으로부터 퇴계설을 지킨다는 점에서는 모두가 같았지만, 그들 사이에 학설은 서로 나누어지게 되었다. 이러한 모습을 생생히 잘 살펴볼 수 있는 곳이 바로 권상일의 일기와 편지이다. 권상일은 이만부, 이익, 이상정과 서로 편지를 주고받으며 같은 학파와 당파 의식을 돈독히 다지면서도 한편으로 논변을 통해 학설상 이견을 분명하게 드러내었다. 본 글은 이 점에 착안하여 권상일의 일기와 편지를 중심으로 당시 퇴계학파의 율곡설 비판과 권상일의 성리설 및 퇴계학파의 분화에 대해 고찰해 보고자 한다.

2. 이이의 퇴계설 비판과 이현일의 재비판

1) 이이의 이황 성리설 비판

이황이 주자학에 침잠하여 깊이 천착한 것은 다소 늦은 50세 전후였다. 그가 주희의 저술들을 열독하며 특히 주목한 것이 편지글이었으며, 그의 대표적 저술인 『주자서절요』와 『송계원명리학통록』이 바로 주희의 편지글을 바탕으로 편찬한 저술이다. 그는 주자학을 공부하면서 물론 주희의 학설을 파악하는 데 힘을 쏟았지만 궁극적으로 주희와 같은 현인이 되고자 하는 데 더 큰 관심을 두었다. 이것은 그가 유학 및 주자학을 모름지기 성학聖學, 곧 스스로 성현의 경지에 이르기를 추구하는 학으로 인식했음을 알 수 있다. 그는 이렇게 성학을 추구함에 있어서 주희 관련 저술 가운데 무엇보다 편지글이 가장 적실하다고 보았던 것이다. 이것은 다시 그의 '퇴계심학退溪心學'과 깊은 관련이 있다. '퇴계심학'이란 퇴계학의 중심이 '리학理學'이 아닌 '심학心學', '천지만물'(天)이 아닌 '사람'(人), '리기론理氣論'이 아닌 '심성心性 · 공부론工夫論'에 있음을 뜻한다. 바로 이러한 철학의 중심 이동이 '한국 주자학'의 시대를 연 퇴계학의 본령이다.

이황은 50세가 넘어서 비로소 자신의 철학적 견해가 담긴 저술을 내놓는다. 그는 추만秋巒 정지운鄭之雲(1509~1561)의 『천명도설天命圖說』을 검토하면서 약간의 수정적 견해를 제시하는 한편 자신의 『천명도설』을 편찬하였다. 이 저술 속 내용이 문제가 되어 그는 60세를 전후하여 마침내 고봉高峯 기대승奇大升(1527~1572)과 이른바 사단칠정논쟁四端七情論爭을 긴 시간 동안 이어 가게 되었다. 그는 기대승과 논쟁 과정에서 "사단은 리가 발한 것이요, 칠정은 기가 발한 것"(四端理之發, 七情氣之發)이란 처음의 견해를 "사단은 리가 발하자 기가 거기에 따른 것이요, 칠정은 기가 발하자 리가 거기에 탄 것"(四端理發而氣隨之, 七情氣發而理乘之)으로 바꾸었다. 이것은 그의 최종적 견해인 정안定案이 되었으며, 뒷날 초기설과 후기설의 논단論端을 열어 놓았다. 그리고 그는 논변 과정에서 사단四端과 칠정七情, 본연지성本然之性과 기질지성氣質之性, 도심道心과 인심人心에 대한 분개적分介的 관점을 분명하게 드러내었고, 리와 기의 불상리不相離 · 불상잡不相雜을 말하되 '소주所主'(주로 하는 바) · '소지所指'(가리키는 바) · '소취이언所就而言'(나아가 말하는 바)의 설을 통해 '주리主理'와 '주기主氣'를 말하여 불상잡을 강조하였으며, 리와 기 모두 발發하고 동動한다는 '리기호발설理氣互發 說'을 주장하면서 '리유체용설理有體用說'을 통해 보강하는 한편, 리가 발 하지 않는다면 곧 '죽은 존재'(死物)가 되고 말 것이라고 단언하였다.

여기에서 볼 수 있듯 이황의 중요한 학설은 대부분 사단칠정논쟁 과정에서 제기되었다. 돌아보면 애초 그는 이 논쟁이 이토록 길게 이어 질지 몰랐다. 질문과 대답이 오고감에 따라 그는 논란이 되는 문제 속 으로 한 걸음 한 걸음 이끌려 들어갔고, 이에 대해 깊게 천착해 성실하 게 답변하였다. 이처럼 비록 논란이 제기된 문제에 답하는 가운데 그의 학설은 더욱 풍부해지고 정미精緻해졌지만, 유학의 본령이 성학聖學이라 는 근본적 인식의 끈을 놓지 않았다. 그가 리의 발·동을 말하고, 주리 를 말하고, 리기호발을 말해도, 그 리의 초점은 어디까지나 '마음속의 리' 바로 '심중지리心中之理'에 맞추어져 있었다. 그는 심학, 곧 인간학의 입장에 서서 사단칠정논쟁을 일관하였다. 뒷날 퇴계학파와 율곡학파의 이론적 분립은 사실상 이 논쟁에서 발단이 되었다. 그렇지만 기대승도 그랬듯이 기대승의 입장을 기본적으로 계승한 이이와 이와 대적한 이 황의 후예들마저 사단칠정논쟁에서 제기된 문제만, 그것도 겉으로 드러 난 문제만을 놓고 논란을 거듭하면서, 이황이 본래 가졌던 문제의식과 퇴계심학의 본모습은 많이 가려지고 말았다.

이이는 23세(1558) 때 도산에 잠시 물러나 있던 이황(당시 58세)을 처음 찾은 이래 몇 차례의 만남과 편지를 통해 학문과 여러 가지 문제에 대 해 질정을 구함으로써 그의 문하에 들게 되었다. 그렇지만 이이는 이황 생전에는 「심학도心學圖」의 내용과 『성학십도聖學十圖』 속 「심학도」의 위 치 등에 대해서만 자신의 견해를 밝혔을 뿐, 사단칠정설이나 리기호발설 등에 대해서는 논의하지 않았다. 그는 이황이 세상을 뜬 직후 도우인 우계牛溪 성혼成渾(1535~1598)과 이른바 '인심도심논쟁人心道心論爭'을 벌이면서 이황의 학설을 옹호하는 성혼의 견해를 비판하는 가운데 이황의 성리설에 대한 전면적이면서도 날카로운 비판을 전개하였다. 이렇게 함으로써 그는 이황의 문하에서 스승의 학설을 비판하며 갈라 선 유일한 제자가 되었으며, 조선유학은 퇴계학파와 율곡학파라는 학파 분립의 시대를 맞게 되었다.10)

이이의 퇴계설 비판의 초점은 리기호발설에 맞추어졌다.

> 만약 주자가 참으로 리와 기가 각각 발용發用함이 있고 서로 달리 발출發出한다고 여겼다면, 이는 주자 또한 잘못이니 어찌 주자가 될 수 있겠는가?⋯⋯ 퇴계의 병통은 오로지 '호발'이란 두 글자에 있으니, 애석하도다!11)

이이의 이 비판은 이황이 사단칠정논쟁을 벌이면서 처음 제기했던 "사단은 리가 발한 것이요, 칠정은 기가 발한 것"이라고 말한 것에 대한 비판이지만, 뒤에 수정해 "사단은 리가 발하자 기가 거기에 따른 것이요, 칠정은 기가 발하자 리가 거기에 탄 것"이라고 말한 것도 그대로 해당된다. 이이는 이황의 초기설이나 후기설 모두 리기호발로 이해했으며, 주희가 말한 것을 가져와 정당화한 것은 어불성설이라 비판하였

---

10) 홍원식, 「율곡학과 퇴계학」, 『율곡학과 한국유학』(충남대학교 유학연구소 편, 예문서원, 2007) 참조.

11) 李珥, 『栗谷全書』, 권10, 「答成浩原」, "若朱子眞以爲理氣互有發用, 相對各出, 則是朱子亦誤也, 何以爲朱子乎?⋯⋯退溪之病, 專在於互發二字, 惜哉!"

다. 그가 이렇게 리기호발을 비판한 바탕에는 주자학의 리와 기는 서로 떨어질 수 없다는 불상리론이 깔려 있다.

> 리는 형이상자이며 기는 형이하자이다. 이 둘은 서로 떨어질 수 없으며, 이미 서로 떨어질 수 없으면 그 발용發用도 하나이니 각각 발용함이 있다고 말할 수 없습니다. 만약 각각 발용함이 있다고 말한다면, 이것은 리가 발용할 때에 기가 혹 미치지 못하는 경우도 있고, 기가 발용할 때에 리가 혹 미치지 못하는 경우도 있을 것입니다. 이와 같다면 리와 기가 리합離合이 있고 선후先後가 있고 동정動靜에 단서가 있고 음양에 시작이 있게 될 것이니, 그 잘못이 적지 않습니다.[12]

이이는 이황의 리기호발론이 리기불상잡을 바탕으로 리와 기가 각각 발용한다는 것으로 이해해 비판하면서, 주희가 "사단은 리가 발한 것이요, 칠정은 기가 발한 것"이라고 말한 것을 자신의 관점에 맞춰 해석하며 다음과 같이 말하였다.

> 주자가 (그렇게) 말한 뜻은 "사단은 오로지 리만 말하고, 칠정은 기를 겸하여 말한 것"이라고 말한 것에 지나지 않을 따름이지, 결코 "사단은 리가 먼저 발하고 칠정은 기가 먼저 발한다"고 말한 것이 아니다. 퇴계선생은 주자의 말을 근거로 "사단은 리가 발하자 기가 거기에 따른 것이요, 칠정은 기가 발하자 리가 거기에 탄 것"이라고 입론하였는데, "기가 발하자 리가 거기에 탄다"고 한 말은 옳을 수 있다. 그러나 칠정

---

12) 李珥, 『栗谷全書』, 권10, 「答成浩原」, "理, 形而上者也, 氣, 形而下者也. 二者不能相離, 旣不能相離, 則其發用一也, 不可謂互有發用也. 若曰互有發用, 則是理發用時, 氣或有所不及, 氣發用時, 理或有所不及也. 如是則理氣有離合, 有先後, 動靜有端, 陰陽有始矣, 其錯不小矣."

만 그러한 것이 아니라 사단도 역시 기가 발하자 리가 거기에 타는 것이다.…… 단지 사람의 마음만 그런 것이 아니고 천지의 조화도 기가 일어나자 리가 타지 않은 것이 없다. 그러므로 음양이 동정하자 태극이 거기에 타는 것이니, 이러한즉 선후를 말할 수 없다는 것이다.[13]

여기에서 이이는 이황이 "사단은 리가 발하자 기가 거기에 따른 것이요, 칠정은 기가 발하자 리가 거기에 탄 것"이라고 말한 것 가운데 후자만 인정한 뒤 칠정만 그러한 것이 아니라 사단 또한 그러하다며 자신의 '기발일도설氣發一途說'을 입론하였다. 나아가 이 기발일도설은 사단·칠정과 같은 사람의 마음만 그러한 것이 아니라 천지만물 또한 그러하다고 주장하였다. 그가 '천'과 '인'을 정합적으로 보고자 하는 모습이 돋보인다. 그리고 자신도 인정한 이황의 '기발리승氣發理乘'에는 기와 리 사이에 선후가 없지만, 이황이 말한 "리발기수理發氣隨, 기발리승氣發理乘"에는 리와 기의 선후가 있다는 생각을 드러내고 있다. 그는 기발리승의 기발일도설을 다시 자신의 '리통기국설理通氣局說'과 연결시켜 설명하였다.

리와 기는 원래 서로 떨어지지 않아 일물一物인 것 같지만, 그것이 다른 까닭은 리는 무형無形하고 기는 유형有形하며 리는 무위無爲하고 기는 유위有爲하기 때문이다. 무형하고 무위하면서 유형하고 유위한 것

---

13) 李珥, 『栗谷全書』, 권10, 「答成浩原」, "朱子之意, 亦不過曰, '四端專言理, 七情兼言氣'云爾耳, 非曰, '四端則理先發, 七情則氣先發也'. 退溪因此而立論曰, '四端, 理發而氣隨之, 七情, 氣發而理乘之', 所謂氣發而理乘之者, 可也. 非特七情爲然, 四端亦是氣發而理乘之也.……非特人心爲然, 天地之化, 無非氣化而理乘之也. 是故, 陰陽動靜, 而太極乘之, 此則非有先後之可言也."

의 주主가 되는 것이 리이며, 유형하고 유위하면서 무형하고 무위한 것
의 기器가 되는 것이 기이다. 리가 무형하고 기는 유형하므로 리는 편
재(通)하고 기는 국한(局)된다. 리가 무위하고 기는 유위하므로 기가 발
하자 리가 (거기에) 탄다.14)

이이는 리가 무위하고 기는 유위하다는 것을 근거로 기발리승을 말
하고, 이에 짝을 맞추어 리가 무형하고 기는 유형하다는 것을 근거로
리통기국을 말하고 있다. 여기에서 그가 말한 의미를 좀 더 분명히 새
겨볼 필요가 있다. 그가 리와 기의 선후를 인정하지 않은 만큼 기발리
승을 "기가 발하자 리가 거기에 탄다"라고 단순히 말하기보다는 "기가
발하자 리가 이미 거기에 타 있다"라고, 그리고 리통기국을 리는 무형
하여 편재하므로 유형하여 국한된 기 속에 언제든지 함께 있다고 보는
것이 좋을 것이다. 이러한 리와 기의 관계를 그는 '하나이면서 둘이고
둘이면서 하나'(一而二, 二而一)인 '묘합妙合'으로 말하기도 하였다. 또한 여
기에서 그가 리와 기를 '주主'와 '기器'란 용어로 관계시켜 말한 것을 눈
여겨볼만한데, 그가 말한 '주'는 '주재主宰'와 같은 의미를 갖는 것이 아
니라 기器, 곧 유형의 기氣(사물) 속에 담기는 내용물 정도의 의미이다.
이와 연관하여 그는 리가 무위하므로 기만 유위·동정하며, 기가 유
위·동정할 때 리는 그 '근저根抵'가 될 뿐 리가 시켜서 하는 것이 아니라
고 말하였다.15) 여기에서 그가 '근저'라고 말한 것을 우리가 일반적으로

---

14) 李珥, 『栗谷全書』, 권10, 「答成浩原」, "理氣元不相離, 似是一物, 而其所以異者, 理無形也,
氣有形也, 理無爲也, 氣有爲也. 無形無爲而爲有形有爲之主者, 理也, 有形有爲而爲無形無爲
之器者, 氣也. 理無形而氣有形, 故理通而氣局. 理無爲而氣有爲, 故氣發而理乘."
15) 李珥, 『栗谷全書』, 권20, 「聖學輯要」, "動靜之機, 非有以使之也. 理氣亦非有先後之可言也.
第以氣之動靜也, 須是理爲根抵."

생각하는 '근본'이란 의미로 받아들인다면 많은 오해의 여지가 있다.

2) 이현일의 이이 성리설 비판

이현일은 50세 때 천거로 출사한 뒤 영남 남인을 대표하는 인물로 활동하면서 이조판서에까지 이르렀지만, 갑술환국 뒤 유배지를 전전하다 75세(1701, 숙종 27) 때 풀려나 강학과 저술활동으로 생을 마쳤다. 영남 남인으로서 정치적 굴곡은 사후에도 이어져 1710년과 1853년 두 차례의 관직 환수와 복관, 그리고 1871년 뒤늦게 내려진 문경文敬이란 시호도 환수되었다가 조선(대한제국)이 멸망하기 직전인 1908년에서야 시호와 함께 관직이 회복되었다. 그는 62세(1688) 때 경신대출척庚申大黜陟(1680, 숙종 6)으로 물러나 있으면서 이황의 성리설을 비판한 이이의 성리설을 19개 조목으로 나누어 재비판한 「율곡이씨논사단칠정서변栗谷李氏論四端七情書辨」을 저술하였다. 이어 그는 69세 때 갑술환국으로 유배를 가서도 이이를 비롯하여 조식曺植과 이황의 문도인 이덕홍李德弘, 류성룡柳成龍, 조호익曺好益, 장현광張顯光의 성리설에 대해서도 비판적 견해를 제기하며 「수주관규록愁州管窺錄」을 저술하였다. 이 밖에도 만년에 그는 제자인 신익황申益愰(호 克齋, 1672~1722)[16], 친우인 정시한丁時翰(호 愚潭, 1625~1707)[17]과 깊이 있는 성리논쟁을 벌였다.

이현일은 이이가 이황의 리기호발설에 대해 기발리승만 인정하여 기발일도설을 주장하며 리발기수에 대해서는 비판한 것에 대해 다음과

---

16) 72세부터 77세까지 전개.
17) 75세부터 78세까지 전개.

같이 반박하였다.

이이는 (이황이) "사단은 리가 발하자 기가 거기에 따른 것"(理發而氣隨之)이라고 한 조목을 결정적인 공안公案으로 삼아 붙잡고서 끝까지 놓지 않았으나, 이는 남의 말뜻을 제대로 알지 못하고서 무고하게 두들겨 패고 옭아맨 것이다. 무릇 "사단은 리가 발하자 기가 거기에 따른 것"이라고 말한 것은 (주돈이가) "태극이 동하여 양을 낳고 정하여 음을 낳는다"고 말한 것과 같다. 리가 동하자마자 기가 바로 거기에 따른 것이니, 어찌 선후를 나누어 말할 수 있겠는가?[18]

이현일은 이이의 퇴계설 비판에 맞서, 이이의 이황에 대한 비판은 오로지 '리발기수'에 모아져 있고, 이황이 본래 말한 뜻을 제대로 알지 못한 채 부당하게 비판해마지 않았다 하였다. 나아가 이황의 '리발기수'는 주돈이周敦頤가 『태극도설太極圖說』에서 말한 것과 그대로 일치하며, 결코 리와 기를 선후로 나누어 말한 것이 아니라고 비판하였다. 여기에서 리와 기는 선후가 없다는 말을 사람이 말 타는 비유를 들어 풀이하며 다음과 같이 발하였다.

또한 사람이 말을 타면 말이 따르는 것과 같으니, 사람이 말에 올라 움직이려 하면 말이 바로 따라 출발하는 것이지, 사람이 이미 문을 나섰는데 말은 여전히 마구간에 있다가 채찍으로 몰아서 끌고 나온 뒤에서야 그를 따르는 것을 말한 것이 아니다.[19]

---

18) 李玄逸, 『葛庵集』, 권18, 「栗谷李氏論四端七情書辨」, "愚謂李氏以理發氣隨之一款, 爲決正公案, 持之不置, 然不能盡乎人言, 而遽爲之鍛鍊羅織者也. 夫所謂理發而氣隨之者, 猶太極動而生陽, 靜而生陰之謂也. 理纔動, 氣便隨之, 豈有先後之可言乎?"

이현일은 여기에서 이이가 이황의 '리발기수'를 리선기후理先氣後로 이해한 것에 대해 '리발'과 '기수', 곧 사람이 말에 올라타는 것과 말이 출발하는 것이 시간적 간극 없이 동시적으로 이루어짐을 뜻하는 것이라고 비판하였다. 그렇지만 그는 '중요하게 여기는 것'(所重)에 따라 논하면 리와 기의 선후를 말할 수 있다고 하였다.

> 무릇 리와 기는 참으로 선후가 있지 않지만 또한 선후로 논하지 않을 수 없는 곳이 있다. 리는 자취가 없고 기는 자취가 있으며, 기는 유위有為하고 리는 무위無為하기 때문에 각각 중요하게 여기는 것을 들어서 논하면 선후로 나누어 말할 수 있는 것이 있다.[20]

이처럼 '소중所重'에 따라 리와 기를 선후로 나누어 볼 수 있다는 주장은 쉽사리 이황의 '소주所主'에 따라 '주리'와 '주기'를 나누었던 것을 떠올리게 하며, 또한 이것은 리와 기가 불상리不相離이기는 하지만 불상잡不相雜하다는 것과 맞닿아 있다. 이제 그는 이황의 리발기수의 리기호발론을 적극적으로 지지하며 이이를 비판하고 나섰다.

> 이이는 리와 기가 서로 떨어지지 않고 선후가 있지 않다고 여겼기 때문에 "어린아이가 우물에 빠지는 것을 보고서 측은히 여기는 것은 기"라고 하였으니, 이는 맹자의 본지를 잃은 것이며, "음양이 동정하면 태극이 거기에 탄다"고 하였으니, 이 또한 주돈이의 본지를 잃은 것이다.

19) 李玄逸, 『葛庵集』, 권18, 「栗谷李氏論四端七情書辨」, "又如人乘馬, 馬隨人, 人纔動著, 馬便隨出, 非謂人已出門, 馬尙在廐, 待驅策牽引而后從之也."
20) 李玄逸, 『葛庵集』, 권11, 「答元聖夫」, 元書別紙, "夫理氣固非有先後, 而亦有不得不以先後論處. 理無跡而氣有跡, 氣有為而理無為, 故各擧所重而論之, 有可以先後言者耳."

무릇 리와 기는 참으로 서로 떨어지지 않으나 어린아이가 우물에 빠지려는 것을 보는 순간 심속에 본래 가지고 있던 리가 감촉함에 따라 발하는 것이지, 심이 그것을 끌어안고서 묶어 두거나 기가 간여할 수 없다. 그렇다면 측은히 여기는 것이 어찌 리가 발한 것이 아니겠는가? 맹자의 애당초 본뜻은 본래 여기에서 나온 것인데 지금 사단을 기가 발한 것이라고 하면 옳겠는가?[21)

여기에서 이현일은 맹자가 말한 사단의 마음은 리가 발하자 기가 거기에 따른 것이지, 결코 기가 발하자 리가 거기에 탄 것이 아니라고 하여 이이의 기발일도설을 비판하고 있다. 결국 기만 발하는 것이 아니라 리도 발하며, 칠정과 사단이 각각 거기에 해당함을 분명하게 밝히고 있다.

"사단은 리가 발한 것이요 칠정은 기가 발한 것"이라는 설은 주자가 맹자의 본지를 조술한 것으로 리와 기를 분별하여 양편으로 나누어서 사단은 오로지 리만을 말하고 칠정은 오로지 기만을 말한 것이다. 퇴계가 "사단은 리가 발하자 기가 거기에 따른 것이요, 칠정은 기가 발하자 리가 거기에 탄 것"이라 말한 것 또한 리와 기를 분별하여 양쪽으로 나누어 말한 것이다.[22)

---

21) 李玄逸, 『葛庵集』, 권18, 「栗谷李氏論四端七情書辨」, "李氏以理氣不相離, 非有先後之故, 而謂見孺子而惻隱者氣也, 則失孟子之旨矣, 謂陰陽動靜而太極乘之, 則又失周子之旨矣. 夫理氣固不相離, 然方乍見孺子入井時, 心中本有之理隨觸而發, 心包蓄不住, 氣著脚手不得. 【此三轉語節略朱子語】 則惻隱豈非理之發耶? 孟子元初本意固出於此, 而今以四端爲氣之發, 則其可乎哉?"

22) 李玄逸, 『葛庵集』, 권8, 「答丁君翊」, "四端理發七情氣發之說, 朱子蓋述孟子之意, 分別理氣, 劈做兩片說, 四端專言理, 七情專言氣. 若退溪所謂四端理發而氣隨, 七情氣發而理乘云者, 亦是分別理氣, 兩下開說."

이현일은 이황이 사단칠정논쟁에서 처음 "사단은 리가 발한 것이요 칠정은 기가 발한 것"이라고 말한 것은 아예 주희가 맹자의 본지를 조술하여 말한 것을 가져왔을 뿐이고, 뒤에 "사단은 리가 발하자 기가 거기에 따른 것이요, 칠정은 기가 발하자 리가 거기에 탄 것"이라 말한 것 또한 앞의 것과 마찬가지로 리와 기를 나누어 리발과 기발을 말한 것이라고 주장하였다. 그가 이황의 초기설과 후기설을 구분하고 있지 않음을 여기에서 볼 수 있다.

이현일은 리발을 주장함으로써 이황의 리기호발설을 적극 옹호하고 나아가 '리유체용설理有體用說'을 통해 '리유동정理有動靜'을 말하였다. 그는 주희가 "동하는 것이 태극이 아니라 동하는 것은 태극의 용일 따름이며, 정하는 것이 태극이 아니라 정하는 것은 태극의 체일 따름이다"[23]라고 한 말을 가져와 리유체용설을 주장하였다.

> 대개 태극은 동정動靜의 리를 갖추고 있으니, 동함도 또한 태극의 동함이요 정함도 또한 태극의 정함이지, 음이 정함으로 말미암아 태극의 체體가 서는 것도 아니요 양이 동함으로 말미암아 태극의 용用이 유행하는 것도 아니다.[24]

이현일은 또 이이를 비판하면서 "무릇 정靜함은 태극의 체體(본체)요, 동動함은 태극의 용用(작용)이다. 하나의 태극이 이발已發할 때에는 유행

---

23) 朱熹, 『朱子語類』, 권94, 「太極圖」, "動不是太極, 但動者太極之用耳, 靜不是太極, 但靜者太極之體耳."
24) 李玄逸, 『葛庵集』, 권11, 「與元聖夫致道」, "蓋太極具動靜之理, 而動亦太極之動, 靜亦太極之靜, 非因陰靜而極之體立, 非因陽動而極之用行."

하고, 미발未發할 때에는 수렴한다"25)고 말하였으며, 정시한과 논변하면서 다음과 같이 말하였다.

> 단지 이 '리理'라는 한 글자는 체를 가리켜 말한 것도 있고 용을 가리켜 말한 것도 있으며, 그 근원이 되는 곳을 가리키는 것도 있고 개별 사물에 흩어진 곳을 가리키는 것도 있는데, 모두 태극이라는 한 근원 중에서 나누어 말한 것이다.26)

그런데 이 리유체용설은 이황이 리의 직접적 동정을 말하기 위해 이미 제기하였던 것이다. 이현일은 주희와 이황에게서 리유체용설을 가져와 동정함이 기인 음양에 귀속되는 것이 아니라 리인 태극에 귀속되며, 리의 동정함은 자동자정自動自靜하는 것이지 기가 간여할 수 있는 것이 아님을 분명히 하고 있다. 이것은 리도 발·동하고 기도 발·동한다는 리기호발론의 일반적 의미를 넘어 오로지 리만 발·동함을 말하는 것으로 해석될 여지를 남기고 있으며, 이황의 리유체용설에서 볼 수 있듯 리의 체를 통해 무위無爲를 말하고 리의 용을 통해 유위有爲·동정動靜을 말하는 것과도 사뭇 다르다. 동시에 이것은 이이가 기발일도를 말하고 음양의 동정함이 그 무엇이 시켜 그런 것이 아니라고 주장한 것을 근본적으로 뒤엎는 것이다. 마침내 이현일은 이렇게 리유체용설을 통해 리유동정설을 다진 뒤 이이의 기발일도설에 대해 비판을 쏟아낸다.

---

25) 李玄逸, 『葛庵集』, 권18, 「栗谷李氏論四端七情書辨」, "夫靜卽太極之體也, 動卽太極之用也. 一箇太極, 流行於已發之際, 斂藏於未發之時."
26) 李玄逸, 『葛庵集』, 권8, 「答丁君翊 甲申」, 別紙, "只此一箇理字, 有指體而言者, 有指用而言者, 有指其源頭處, 有指其散殊處, 皆自太極一原中分言之也."

무릇 리는 비록 무위하지만 실로 조화의 추뉴樞紐이며 만물의 근저根柢
이다. 만약 이이의 말과 같다면, 이 리는 다만 허무虛無·공적空寂한 것
이 되고 말아 온갖 변화의 근원이 될 수 없고, 음양의 기화氣化만이 종
횡으로 휘젓고 다니고 본말이 전도된 채 조화를 부려댈 것이니, 또한
잘못된 것이 아닌가?[27]

이이도 리가 만물의 '근저'임을 말하였다. 그렇지만 리의 동정을 인
정하지 않는다면, 그 리는 허무·공적한 것이 되고 말아 기가 함부로
날뛰어도 통제할 아무런 힘도 어떠한 방법도 없게 된다는 것이다. 이황
이 말하였듯 리는 '죽은 존재'(死物)가 되고 만다는 것이다. 여기에서 리
가 '허무·공적'해진다는 말은 아무런 알맹이도 힘도 없어진다는 것이
지만, 그 용어가 노老·불佛에서 온 것이고 보면 이단이란 관점에서 비
판한 것이라고 볼 수 있다. 이렇듯 이현일은 이이의 기발일도설을 노·
불의 이단이란 관점에 서서 비판하고, 리와 기의 혼륜적渾淪的 관점을
나흠순羅欽順(호 整庵)의 리기일물설理氣一物說로 몰아붙임으로써[28] 퇴계학
파와 율곡학파는 정치적 대립 이상으로 학문적으로도 서로 용납할 수
없는 상황으로 치닫게 되었다.

---

27) 李玄逸, 『葛庵集』, 권18, 「栗谷李氏論四端七情書辨」, "夫理雖無爲, 而實爲造化之樞紐品彙
之根柢. 若如李氏之說, 則此理只是虛無空寂底物, 不能爲萬化之原, 而獨陰陽氣化縱橫顚倒以
行其造化也, 不亦謬乎."
28) 李玄逸, 『葛庵集』, 권18, 「栗谷李氏論四端七情書辨」, "李氏於羅整庵人心道心爲體用之說,
顯斥其說而陰主其意, 以爲於大本上未錯. 夫李氏所謂大本者何, 理氣渾淪不可分開之謂也."
참조.

3. 권상일의 이이 성리설 비판과 그의 성리설

권상일은 이황의 성리설이 주희와 황간黃幹(호 勉齋)의 학설을 철저히 따라 이룬 것으로 한 글자도 더하거나 뺄 수 없는 완전무결한 것이라고 생각하였다.[29] 그리고 그는 "주자가 또한 '리와 기는 불상리不相離하면서 불상잡不相雜하다'고 한 이 말은 매우 분명한데, 고금의 학자들 병폐는 모두 불상리한 곳에만 나아가 말한 것에 있으며"[30], "근세 학문의 폐단은 오로지 불상리를 주장하는 데 있기 때문에 혼륜渾淪한 것으로 보기도 하고 일물一物인 것으로 보기도 한다"[31]고 지적하였다. 따라서 그는 철저하게 리와 기의 분개적分介的 관점을 견지하는 한편 혼륜적 관점을 비판함으로써 자연스레 이이의 학설이 그 표적이 되었다. 그는 리와 기의 묘합妙合과 혼융무간混融無間을 말한 이이의 학문에 대해 '일종지학一種之學'[32]이라 규정하였다. 이것은 율곡학이 유학의 정통적 위치에 있지 않고 비정통의 별종別種임을 폄하해 말한 것이다.

권상일은 먼저 사단칠정논쟁에서 제시된 이황의 수정 전·후의 설에 대해 다음과 같이 말하였다.

리가 발한 것이요 기가 발한 것이라고 말한 것은 불상잡한 곳에 나아

---

29) 權相一, 『淸臺集』, 권9, 「答黃得甫」, "退翁平生着精會心上, 證朱子黃勉齋諸說而成之者, 此固攧撲不破, 添減一字不得." 참조.

30) 權相一, 『淸臺集』, 권15, 「觀書錄」, "朱子又曰, 理氣不相離而不相雜, 此言極甚分曉, 而古今者之病, 皆在於只就不相離處說."

31) 權相一, 『淸臺集』, 권8, 「答李景文」, "近世學問之弊, 專在於主張不相離處, 或作混淪看, 或作一物看."

32) 權相一, 『淸臺集』, 권8, 「答李景文」 참조.

가 나누어 말한 것이고, 기가 따르고 리가 탄 것이라고 말한 것은 불상리한 곳에 나아가 겸해서 말한 것이다. 리와 기의 모습이 본래 이와 같은 것이다.[33]

권상일은 이황이 기대승과 사단칠정논쟁을 전개하면서 처음 "사단은 리가 발한 것이요, 칠정은 기가 발한 것이라고 말한 것"이라고 말한 것은 리기불상잡의 관점에서 말한 것이고, 기대승의 비판을 받아들여 "사단은 리가 발하자 기가 거기에 따른 것이요 칠정은 기가 발하자 리가 거기에 탄 것"이라고 수정한 것은 리기불상리의 관점을 밝힌 것이라고 파악하였다. 이황이 리와 기를 지나치게 나누어 본다는 기대승의 비판을 받아들여 수정, 보완한 설을 내놓았으므로 권상일의 말이 사실과 크게 어긋나지는 않는다. 그렇지만 그가 퇴계설의 본령이 불상잡을 말한 수정 이전의 견해에 있다고 생각한 점은 수정 후 견해를 퇴계설의 정안으로 받아들이는 퇴계학파의 여느 학자와 차별점이 보인다.

권상일은 비판해마지 않았던 리기불상리의 병폐가 다름 아닌 '기를 리로 인식'(認氣爲理)한 데 있다며 다음과 같이 말하였다.

사단은 본연지성本然之性에서 나오고 칠정은 기질지성氣質之性에서 나온다. 기가 리를 따르게 되면 기는 모두 중절中絶하여 애哀는 측은惻隱과 흡사하고 노怒는 수오羞惡와 흡사하게 된다. 그렇지만 그 소종래所從來를 궁구해 보면 그 묘맥이 같지 않으니, 서로 흡사한 것 때문에 분별을 분명하게 하지 못한다면 애를 측은으로 인식하고 노를 수오로 인식하

33) 權相一, 『淸臺集』, 권9, 「答黃得甫」, "理發氣發云者, 就不相雜處而分言之者也, 氣隨理乘云者, 就不相離處而兼言之者也. 理氣面目, 本來如此."

는 경우가 많을 것이다. 이것이 이른바 '기를 리로 인식'(認氣爲理)하는 것이니, 그 병폐는 리와 기를 나누지 않고서 한 가지 사물(一物)로 여긴 데에서 근원한다.[34]

권상일은 애·노와 같은 칠정이 중절하면 측은·수오와 같은 사단과 흡사해 보이지만 그 소종래를 따지면 본연지성과 기질지성의 차이가 분명히 있음을 말하여 사단과 칠정을 철저히 분개하는 한편, 이를 바탕으로 기를 리로 잘못 인식하는 병폐를 설명하고 있다. 그에게 소종래에 따른 사단과 칠정의 구분만 있을 뿐 칠정의 중절 여부에 따른 사단과 칠정의 구분은 논의의 여지가 없다.

권상일이 리기불상잡을 강조하는 모습은 '리생기理生氣'와 '리선기후理先氣後'를 말하는 데에서 잘 드러난다.

노선생(이황)께서 "리가 동하면 기가 따라서 생겨난다"고 말한 것과 염계(주돈이)의 "태극이 동하여 양을 낳는다"는 것은 리가 동하여 기가 생겨남을 말한 것이다.[35]

(주렴계가 말한) "태극이 동하여 양을 낳는다"는 것은 맨 처음이고 원두源頭로서, 리가 기를 낳고 리가 앞서고 기가 뒤서는 때이다. 이곳에서 어찌 '기氣'자와 결합시켜 볼 것인가?[36]

---

34) 權相一, 『淸臺集』, 권15, 「觀書錄」, "四端出於本然之性, 七情出於氣質之性. 氣若順理, 氣皆中節, 則哀似惻隱, 怒似羞惡. 然究其所從來, 則其苗脈不同, 以其相似, 而不能分明辨別, 則認哀爲惻隱, 認怒爲羞惡者, 多矣. 此所謂認氣爲理, 其病原於不分理氣爲一物看."

35) 權相一, 『淸臺集』, 권8, 「答李仲久守恒別紙」, "老先生所謂理動則氣隨而生, 及濂溪之太極動而生陽, 是言理動而氣生."

36) 權相一, 『淸臺集』, 권8, 「答李景文」, "太極動而生陽, 是最初源頭, 理生氣理先氣後之時, 此

이렇게 '리생기설'과 '리선기후설'에 서면, 리와 기가 분명하게 나누어짐은 물론 리가 절대적 우위에 서게 된다. 여기에 권상일의 철학적 특징이 잘 드러남으로 일찍이 입재立齋 정종로鄭宗魯가 그의 성리설 본령이 '리생기'와 '리선기후'에 있다고 한 말[37]이 정확하다.

권상일은 리의 동정 문제에 있어서도 이황과 선학先學 이현일의 관점을 철저하게 이어받고 있다. 그는 주희가 "리에 동정이 있으므로 기에 동정이 있다"고 한 말을 굳게 이어받으며 다음과 같이 말하였다.

대개 리가 본연지묘이기 때문에 절로 동과 정을 가지고 있으며, 기는 타는 바의 기틀이기 때문에 또한 뒤따라서 동과 정을 가지게 된다. 리가 동·정을 가지고 있는 것은 기와 불상잡이기 때문에 그러한 것이며, 기가 동·정을 가지고 있는 것은 리와 불상리이기 때문에 그러한 것이다.[38]

권상일은 리와 기가 모두 동·정을 가지고 있기는 하지만 리의 동·정과 기의 동·정은 구분될 뿐만 아니라 기의 동·정은 리의 동·정으로부터 말미암은 것이라고 말하고 있다. 그리고 리의 동·정과 기의 동·정을 각각 불상잡과 불상리에 연결시켜 리의 동·정은 자동자정自動自靜하는 것이지만 기의 동·정은 그렇지 못하고 리의 동·정에 기인한 것으로 여겼다. 결국 그는 불상잡을 통해 리의 동·정과 기의 동·정을

處豈合着氣字耶."
37) 鄭宗魯, 『立齋集』, 권26, 「序」.
38) 權相一, 『淸臺集』, 권15, 「觀書錄」, "盖理是本然之妙, 故自然有動有靜, 而氣是所乘之機, 故亦隨而有動靜. 理有動靜者, 是與氣不相雜而然也, 氣有動靜者, 是與理不相離而然也."

질적으로 구분하고, 불상리를 통해 기의 동·정을 리의 동·정에 붙들어 매 종속시켰다. 이처럼 동·정을 리에 귀속시키는 것에 대해 후학 이상정이 "음양의 경계를 침범하여 형이상과 형이하의 구별이 분명치 않게 된다"[39]고 이견을 보이자, 그는 다음과 같이 답하였다.

> 만약 동정을 오로지 음양에만 귀속시키고 동정하는 소이所以만 리에 귀속시킨다면, 리는 체가 되고 기는 용이 되며, 리는 무위가 되고 기는 유위가 되어 작용하는 것은 기일 뿐인즉 리는 한낱 '죽은 존재'(死物)가 되고 말 것이다.[40]

리가 동정을 가지지 않고 동정하지 않는다면 곧 '죽은 존재'가 된다는 말은 일찍이 이황과 이현일이 한 것으로, 그도 그대로 이어받고 있다.

여기에서 사단칠정논쟁 중 이황의 수정 전과 후의 설을 권상일이 불상잡과 불상리로 나누어 설명한 것을 상기해 보면, 그는 이황이 '리발·기발'을 '리발기수·기발리승'으로 바꾼 것이 기대승의 비판을 받아 불가피하게 수정, 보완한 것이 아니라 불상리론에 따라 적극적으로 답변한 것이며, 나아가 기발을 리발에 얽어매 종속시키기 위한 것으로 해석하고 있음을 엿볼 수 있다. 이황이 실제로 그러했는가는 물론 별개의 문제이다.

---

39) 李象靖, 『大山集』, 권6, 「答權淸臺相一」, "侵犯陰陽界分, 而不明於形而上下之別矣."
40) 權相一, 『淸臺集』, 권8, 「答李景文」, "若以動靜專歸於陰陽, 而所以陰陽者歸之理, 則是理爲體而氣爲用, 理無爲而氣有爲也, 作用祗是氣, 而理則爲一死物也."

4. 권상일과 이익·이상정의 성리설 논변

1) 권상일과 이익의 성리설 논변

이익은 34세 무렵 저술한 『사칠신편四七新編』의 「부록附錄」에서 '기의記疑' 형식으로 중국의 진덕수眞德秀와 더불어 이황과 기대승, 이이의 성리설을 비판적으로 검토하면서 자신의 성리설을 정립하는 가운데 이황에 대한 이이의 비판적 관점을 어느 정도 수용하되 기본적으로 이황의 관점을 옹호하는 입장에 섬으로써 퇴계학파의 한 후예로서의 모습을 드러내었다.41) 그리고 그는 『사칠신편』의 내용을 제자들과 토론한 결과 일부 수정한 내용을 담아 61세(1741) 때 「중발重跋」을 저술하였다. 그는 권상일과 여러 차례 편지를 주고받았지만, 사단칠정에 대해 논한 것은 1734년42)과 1745년43) 두 번이다.44) 이를 중심으로 두 사람 간의 논변을 살펴보기로 한다.

먼저 이익은 이황의 성리설을 비판적으로 검토하면서 다음과 같이 말하였다.

> 선생의 뜻을 자세히 궁구해 보면, 대개 사단은 본연지리에서 곧바로
> 발한 것이요, 칠정은 기품으로 인하여 발한 것이라고 여겼기 때문에

---

41) 이익은 이황과 달리 이이에 대해서는 "千言萬語가 한결같이 틀렸다"는 말을 하고 있다.
42) 李瀷, 『星湖全集』, 권13, 「答權台仲 甲寅」.
43) 李瀷, 『星湖全集』, 권14, 「答權台仲 乙丑」.
44) 안병걸, 「성호 이익의 퇴계와 영남에 대한 관심」, 『한국실학연구』 18 참조.

이렇게 말한 것이다. 그러나 사실은 정에 사단과 칠정의 구분이 있는 것과 성에 본연지성과 기질지성이 있는 것은 같지 않다. 본연지성과 기질지성은 두 성이 아니다. 혹은 기품과 합해서 말한 것이요, 혹은 기품을 발라내고서 말한 것이니, 하나는 (리만을) 단언單言한 것이요, 하나는 (리와 기를) 겸언兼言한 것이어서 본래 대립하는 것이 아니다. 정에 이르러서는 분명하게 두 길인 것이다. 성은 하나이지만 혹은 이렇게 발하고 혹은 저렇게 발하니 어찌 두 길이 아닌가? 45)

이익은 이황이 "사단과 칠정의 구분이 있는 것처럼 성에도 본연지성과 기질지성의 구분이 있다"고 한 것에 대해 사단과 칠정은 분명히 구분되는 것이지만, 본연지성은 리만 말한 것이고 기질지성은 리와 기를 겸해 말한 것일 뿐 하나의 성을 말한 것이라면서 '일성이정론一性二情論'을 제기하였다. 곧 미발일 때에는 하나의 성이고 이발하게 되면 사단과 칠정으로 나누어지게 된다는 것이다. 이러한 이정론二情論에 따라 다시 그는 퇴계설을 비판적으로 논의하고 있다.

칠정의 밖에 아마도 다시 사단이 있는 것이다. 측은은 희노애락이 아니며 사양도 희노애락이 아니다. 그 밖의 것들도 무리를 미루어 알 수 있다. 만약 칠정의 밖에 다시 사단이 있지 않다면 리발과 기발의 두 길을 끝내 구분할 수 없을 것이다. 선생의 뜻은 반드시 가리키는 바가 있을 것인데, 지금은 이해할 수 없으니 다시 자세히 살펴야 할 것이다. 46)

---

45) 李瀷, 『星湖全書』, 권7, 「四七新編」附錄, 「讀退溪先生書記疑」, "詳究先生之意, 盖以四端直發於本然之理, 而七情由氣稟而發, 故有此云爾. 然其實, 情之有四端之分, 與性之有本然氣稟, 差不同. 本然之性與氣稟之性, 非二性也. 或與氣稟合言之, 或剔去氣稟而言之, 一則單言, 一則兼言, 本非對立物也. 至於情, 分明是二路. 性一也, 而或如此而發, 或如彼而發, 則豈非二路耶?"

이익은 이황이 사단칠정논쟁 과정에서 기대승의 비판을 받아들여 "칠정 밖에 따로 사단이 있는 것이라고 할 수 없다"고 한 말에 대해 불만을 품으며, 사단과 칠정은 분명하게 구분되며, 그것이 전제되지 않는다면 리발과 기발의 구분도 성립할 수 없을 것이라고 하였다. 일단 권상일은 이익의 일성이정론에 대해 다음과 같이 답하였다.

사칠론은 노선생 이후 제현들의 쟁변이 많았으니 새삼스럽게 다른 말을 할 필요는 없습니다만, 저의 생각에 리와 기는 불상리이면서 불상잡입니다. 때문에 불상잡한 곳에서는 혼륜으로 설명하고 불상리한 곳에서는 분개하여 말합니다. 주자서와 퇴계집에는 이런 설명이 많습니다. 퇴계선생이 이평숙에게 답한 글은 혼륜설의 하나이니, 이 때문에 사단과 칠정의 분개에 의심을 가져서는 안 됩니다. 대개 성은 기 안에 있습니다만, 분개할 수는 없더라도 섞어서 일물로 삼아서는 안 됩니다. 그러므로 퇴계는 본연과 기질을 끌어다가 사단과 칠정이 같지 않음을 말하였고, 율곡은 본연과 기질을 하나로 삼았기 때문에 이를 취하여 사단과 칠정이 나뉘지 않는 증거로 삼았던 것입니다.[47]

권상일은 이익이 본연지성과 기질지성은 리만 가리켜 말한 것과 리와 기를 겸해 말한 것의 차이만 있을 뿐 하나의 성이라고 본 것에 대해, 성이 둘로 나누어지지 않는다고 해서 같은 것으로 봐서는 안 된다고 말하면서, 이황이 두 성의 차이를 가지고 사단과 칠정의 차이를 말했다

---

46) 李瀷, 『星湖全書』, 권7, 「四七新編」 附錄, 「讀退溪先生書記疑」, "七情之外, 恐復有四端. 惻隱, 非喜怒哀樂也, 辭讓, 非喜怒哀樂也. 餘可類見. 若七情之外, 不復有四端, 理發氣發二路, 終不可分矣. 先生之意, 必有所指, 而今不可解, 更詳之."
47) 權相一, 『淸臺集』, 권6, 「答李子新」.

고 답변하였다.

리기호발론에 대해서도 이익과 권상일은 논변을 전개하였다. 이익은 리기호발론이라는 말이 애초 이이가 이황의 말을 잘못 이해하고서 한 것이라고 보았다.

기가 발동하는 마음 안에서 어떤 경우에는 리가 먼저 있고 나서 기가 뒤따르고, 어떤 경우에는 기가 먼저 있고 나서 리가 탄다고 하였는데, 이런 경우가 어디 있겠습니까? 율곡은 퇴계의 설명을 잘못 이해하여 호발설이라고 비판하였습니다. 호발설이라는 말은 결코 옳지 않습니다.

이익은 이곳에서 이황이 '리발기수理發氣隨, 기발리승氣發理乘'이라고 한 말을 이이가 리발과 기수, 기발과 리승 사이에 시간적 간극과 선후를 전제로 호발이라는 말을 잘못 가져다 붙였다고 비판하고 있다. 나아가 이익은 "리는 기의 장수이고, 기는 리의 졸개이다. 모든 움직임에는 장수인 리가 앞선다. 그러므로 졸개인 기가 앞서고 장수인 기가 그 뒤를 따르는 경우는 없다"고 말하여 '기발리승' 자체를 부정하고 있다. 결국 그는 '리발기수'만을 인정하였다. 사단은 성명性命의 리가 형기의 끼어듦 없이 곧장 발한 것이고, 칠정은 형기가 끼어들어 발한 것일 뿐 칠정 또한 리가 발한 것이다. 곧 칠정도 '리발기수'인 것이다. 주자학 상전相傳의 '성발위정론性發爲情論'과 그의 '일성이정론一性二情論'이 결합하여 마침내 '칠정리발설七情理發說'이 나오게 되었다. 이러한 내용을 담은 이익의 편지에 대해 권상일은 다음과 같이 답변하였다.

불상리이면서도 불상잡인 것이 리와 기의 본래 모습입니다. 이미 불상잡이라면 리와 기는 호발하지 않을 수 없습니다. 만약 분개할 수 있는데도 분개하지 않고 혼륜하게 말한다면 진실로 퇴계의 본의가 아닐 것이며, 리와 기의 원두처에서도 조그만 어긋남이 생기게 될까 두렵습니다. 도리는 본래 평범하고 곧은 것입니다. 만약 칠정 또한 리발기수라 하고 그 위에 다시 한 층의 형기라는 묘맥을 설정한다면 어찌 매우 위험하고 굽은 학설이 아니겠습니까? 하물며 사단칠정설은 퇴계의 평생 정력이 모두 결집된 것으로서 마음으로 생각하고 몸으로 중험하며 고치고 또 고쳐서 마침내 임금께 바친 것입니다! 대대로 제현이 이 학설을 논급한 것이 어찌 한량이 있겠는가마는, 또한 이런 식의 설명은 듣지를 못했습니다.[48]

권상일은 리기호발설이 이황의 정설이며, 이 리기호발설은 리·기 불상잡론에 따른 것임을 분명히 하면서, 이익의 '칠정리발설'과 이에 따른 '리발일도설'에 대해서는 아직 듣지 못한 새로운 견해라고 비판하고 있다. 그는 같은 편지에서 이익의 이러한 견해에 대해 아무리 반복해 생각해 보아도 끝내 이해할 수가 없으며, 견해가 비록 독특하지만 생각이 너무 지나치고 관찰이 너무 세밀하다고 거듭 비판하였다.

---

48) 權相一, 『淸臺集』, 권6, 「答李子新」, "不相離而不相雜, 是理氣本來面目. 旣不相雜, 則或理或氣, 不得不互發矣. 若可分而不分, 渾淪爲說, 則實非退翁本意, 而於理氣原頭, 竊恐有毫釐之差也. 道理本來平直. 若謂七情亦理發氣隨, 而其上頭, 又有一層形氣苗脈, 則豈不大段崎曲耶. 況四七說, 退翁平生精力, 盡在此裏, 心思體驗, 改之又改, 而終乃芹獻於君上者. 後來諸賢, 論及此說何限, 而亦未聞有此等語也."

2) 권상일과 이상정의 성리설 논변

이상정은 밀암密菴 이재李栽의 외손으로 이현일의 학통을 잇고 있지만 그의 성리설은 자못 새로운 내용이 많다. 그는 당시 유학의 병폐가 리와 기를 불상리와 불상잡 어느 한쪽으로만 치우쳐 논하는 데 문제가 있다고 비판하면서 다음과 같이 말하였다.

> 근세에 리·기를 말하는 자는 불상리에만 매달려 리를 거의 말라빠져 죽은 존재인 것처럼 생각하며, 동정하고 합벽閩闢하는 것을 모두 기의 기틀이 스스로 그렇게 하는 것이라고 하니, 참으로 잘못됨이 큽니다. 그러나 그 병통이 이렇다고 하여 또 리를 기와 서로 대립시켜 각각 발용發用한다고 여긴다면, 아마도 굽은 것을 바로잡으려다 지나치게 곧게 한 꼴이 되고 말아 이 또한 굽는 결과를 범하고 말 따름입니다.[49]

이 글은 바로 이상정이 권상일에게 보낸 편지이다. 여기에서 불상리에 매달린 근세 유학자는 율곡학파를 가리키며, 이를 바로잡으려다 '교왕과직'의 잘못을 범한 이는 다름 아닌 권상일이다. 결국 그는 리와 기를 논하면서 불상리와 불상잡 어느 한쪽으로 치우치는 것을 경계하며 자신의 성리설을 전개하였다. 그는 "곰곰이 생각해 보건대 천지 사이에 다만 리와 기의 동정함이 있을 뿐이다"[50]라며 리와 기의 동·정을 모두 인정하였다.

---

49) 李象靖, 『大山集』, 권6, 「答權淸臺相一」, "近世爲理氣之說者, 其主於不相離, 則殆認理爲枯槁死物, 凡動靜閩闢, 皆氣機之自爾, 固失之遠矣. 而病其爲此, 則又若以理爲與氣相對, 而各自發用, 恐是矯枉過直, 是亦枉而已矣."
50) 李象靖, 『大山集』, 권39, 「理氣動靜說」, "竊意天地之間, 只有理氣之動靜."

주자가 일찍이 "리에 동정이 있으므로 기에 동정이 있다. 만약 리에 동정이 없다면 무엇으로부터 동정할 수 있겠는가"라 말한 것은 리를 중심에 두고(主理) 동정을 말한 것입니다. 또 "태극이 동정을 포함한다(含)고 말하면 옳으며, 동정이 있다(有)고 해도 옳으나, 태극을 곧 동정이라고 말하면 형이상과 형이하를 분별할 수 없게 되어 '역易에 태극이 있다'는 말도 군더더기가 된다"고 말한 것은 기를 중심에 두고(主氣) 동정을 말한 것입니다. 모름지기 이와 같이 양면을 다 보아야 비로소 두루 갖추게 됩니다.[51]

이상정은 위와 같이 리를 중심에 둔 동정과 기를 중심에 둔 동정이 있음을 말한 뒤 바로 권상일을 비판하며 "오로지 리에 동정이 있다는 것만 주장하고 기가 동함을 말하는 다른 한 측면은 받아들이지 않았다"[52]고 하였다. 이에 그는 직접 권상일에게 비판적 견해를 제시하였다.

대개 타는 것은 태극이고 동정은 기틀이 될 따름이니, 태극이 기틀을 타고서 동정함이 있다고 말하는 것은 옳겠으나, 동정함이 바로 태극이라고 말하는 것은 음양의 경계를 침범하여 형이상과 형이하의 구별이 분명치 않게 됩니다. 또한 동정함이 바로 태극이라 하면 타는 것이 또 태극이 되어 리가 리를 타는 셈이니, 어찌 옳다고 할 수 있겠습니까?[53]

---

51) 李象靖, 『大山集』, 권7, 「答李仲久守恒」, 別紙, "朱子嘗曰, 理有動靜, 故氣有動靜. 若理無動靜, 氣何自而動靜乎, 此主理而言動靜也. 又曰, 謂太極含動靜則可, 有動靜則可, 若謂太極便是動靜, 則是形而上下不可分, 而易有太極之言亦贅矣, 此主氣而言動靜也. 須如是兩下看破, 方是該遍."

52) 李象靖, 『大山集』, 권7, 「答李仲久守恒」, 別紙, "專主理有動靜, 而不容更說氣動一邊."

53) 李象靖, 『大山集』, 권6, 「答權淸臺相一」, "蓋所乘者太極, 而動靜爲其機焉, 則謂太極乘機而有動靜則可, 謂動靜便是太極, 則是侵犯陰陽界分, 而不明於形而上下之別矣. 且以動靜爲太極, 而所乘者又爲太極, 則是以理乘理, 安有是哉."

여기에서 볼 수 있듯 이상정은 태극의 직접적인 동정을 인정하지 않고 있다. 이에 대해 권상일은 다음과 같이 변척하였다.

> 만약 동·정을 오로지 음양에 귀속시키고 동정하게 하는 까닭(所以)만 리에 귀속시키면, 리는 체가 되고 기가 용이 되며, 리는 무위가 되고 기가 유위가 되어, 작용하는 것은 기일 뿐 리는 한낱 '죽은 존재'가 되고 말 것입니다.[54]

권상일은 동·정을 음양에만 귀속시키면 '리체기용理體氣用'의 설이 된다고 비판한다. 그는 이황으로부터 내려온 '리유체용설'을 받아들여 리의 동정은 리의 용과 관계된 것이라고 생각한 터라 이상정의 견해를 받아들이지 않았던 것이다. 또 그는 리에 동·정하게 하는 까닭(所以)만 귀속시켜 무위의 존재로 만들어 버리면, 그 리는 '죽은 존재'가 되어 버리고 만다고 비판하였다. 이 또한 이황으로부터 내려온 견해이다. 계속해서 그는 "리를 중심으로 삼지 않고 반드시 기와 상대시켜 말하면, 말류의 폐단으로 '기'자가 리의 경계를 침범하여 기를 리로 인식한 듯합니다"[55]라고 말하여, 철저하게 '주리'의 입장에 서지 않으면 '기를 리로 인식'하는 이른바 '인기위리認氣爲理'의 함정에 빠질 수 있다고 경계하였다.

그러나 앞에서도 보았듯이 이상정도 율곡학파가 불상리에만 매몰되어 리를 '죽은 존재'처럼 만들어 버렸다고 비판한 적이 있다. 이상정은

---

54) 權相一, 『淸臺文集』, 권8, 「答李景文」, "若以動靜專歸於陰陽, 而所以動靜者歸之理, 則是理爲體而氣爲用, 理無爲而氣有爲也, 作用祇是氣, 而理則爲一死物也."
55) 權相一, 『淸臺文集』, 권8, 「答李景文」, "不以理爲主, 而必以氣對說, 末流之弊, 似將氣字侵過理界分, 而認氣爲理矣."

율곡학파가 기의 동·정을 리와 무관하게 스스로 하는 것이라고 보았기 때문에 이와 같이 비판한 것이다. 결국 이상정은 기의 동·정이 리와의 관계 속에서 이루어지긴 하지만, 그렇다고 리가 직접적으로 동·정하거나 리에 반드시 동·정을 귀속시켜야만 '죽은 존재'처럼 되지 않는다고 생각하지 않은 점이 권상일과 다르다. 이상정은 리의 무위를 '무위無爲하면서 위爲한다'(無爲而爲)란 말로 말하기도 했다.

> 대개 리는 '살아 있는 존재'(活物)이다. 비록 기를 타고 동정한다고 할지라도 그것이 운용의 묘를 발휘할 수 있는 것은 그것이 지닌 지극히 신묘한 용 때문입니다. 그러므로 무위하면서 위하는 것이지 마냥 무위한 것이 아니며, 주재하지 않으면서 주재하는 것이지 마냥 주재함이 없는 것이 아닙니다.[56]

이렇듯 이상정도 리는 결코 '죽어 있는 존재'가 아니라 '살아 있는 존재', 바로 '사물死物'이 아니라 '활물活物'이라고 말하고 있다. 그렇지만 리가 직접 동정·유위하기 때문에 활물인 것이 아니라 '무위하면서도 (유)위하는' 활물이라는 것이다. 결국 그는 리가 무위인 것은 분명한데 단순히 무위인 것이 아니라 '무위하면서도 유위하고', 무위로써 유위하기 때문에 활물이며, 이를 통해 기의 동정·유위에 관섭關涉한다는 것이다.

---

56) 李象靖, 『大山集』, 권40, 「讀聖學輯要」, "蓋理是活物. 雖乘氣而爲動靜, 而其發揮運用之妙, 則乃其至神之用耳. 故無爲而爲, 非泯然無爲也, 不宰而宰, 非冥然無宰也."

5. 맺는 글

청대 권상일은 당시 영남을 대표하는 관료학자로서 퇴계학파의 적통嫡統이라는 학파의식과 남인南人이라는 당파의식을 확고하게 지닌 18세기 전반 영남 퇴계학파의 중심적 인물이다. 갈암 이현일 이후 퇴계학파는 집권 노론 세력들과 정치적으로 대립하는 한편, 율곡 이이로부터 비판을 받은 퇴계 이황의 성리설을 옹호하고 이이의 성리설을 비판하는 데 온 힘을 쏟았다. 그 대표적인 인물로 권상일과 성호 이익 및 대산 이상정이 있다. 이 세 사람은 남인으로서 정치적으로는 같은 입장을 가지면서도 학문적으로 각자의 관점에 따라 퇴계학설을 옹호하는 가운데 퇴계학파는 분화되어 갔다. 권상일은 이익, 이상정과 편지를 통해 논쟁을 전개하였는데, 논쟁의 핵심은 '리기호발설理氣互發說'이었다.

일찍이 이이는 퇴계학설의 핵심이 리기호발설이라고 규정하고, 여기에 가장 큰 병폐가 있다고 비판하였다. 그는 리기호발설의 가장 큰 병폐가 리와 기를 선·후로 나누어 구분해 보는 것이라고 지적한 뒤 리는 발(動靜)할 수 없고 오직 기만 발한다고 주장하면서 '기발일도설氣發一途說'을 제기하고, 기는 리와 상관없이 스스로 발한다고 주장하였다.

이러한 이이의 퇴계학설에 대한 비판이 있고 나서 1세기가 지난 뒤 퇴계학파의 후예인 이현일이 등장하여 이이의 성리설을 다시 비판함으로써 퇴계학파와 율곡학파의 분립이 본격적으로 시작되었다. 그는 이황이 리기호발을 말한 것은 맞지만 이이의 비판처럼 시간적 선후를 두어 리발과 기발을 말한 것은 아니라고 비판하였으며, 리기호발설의 입장에 서서 이이의 기발일도설에 대해 비판하며 이황으로부터 물려받은 리유체용설에 따라 리발은 '리의 용'에 해당하며, 따라서 리는 자동자정自動自靜할 뿐만 아니라 기의 동정은 리의 동정으로 말미암은 것이라고 주장하였다.

권상일은 퇴계학설이 한 글자도 더하거나 뺄 수 없는 완전무결한 것이라고 전제한 뒤 이이의 학설이 리와 기의 혼융무간混融無間만을 주장하는 불상리론에 빠져 주자학 정통으로부터 벗어났다고 비판하였다. 그는 사단칠정논쟁 과정 중 이황의 수정 전 '리발·기발설'은 불상잡론에 따른 것이고, 수정 후 '리발기수, 기발리승설'은 불상리론에 따른 것이라고 규정한 뒤 은연중 퇴계학설의 본령은 불상잡론에 있음을 드러내었다. 이에 따라 그는 리생기理生氣와 리선기후理先氣後, 리의 직접적 동정, 리의 동정과 기의 동정의 질적 차이를 적극적으로 주장하여 퇴계학 묵수의 입장을 뚜렷하게 드러내 보였다.

권상일과 동시대를 살았던 근기남인 출신의 이익은 권상일과 달리 퇴계학설에 대한 비판적 검토를 거쳐 약간의 수정적 견해를 제기함과 동시에 이를 통해 율곡학설을 비판하였다. 먼저 그는 본연지성과 기질지성은 가리켜 말한 것만 다를 뿐 하나의 성인 반면 사단과 칠정은 분명히 구분된다고 본 뒤 성발위정론性發爲情論에 따라 일성이정론一性二情論과 칠정리발설七情理發說을 제기하였다. 이이의 퇴계설 비판에 대해서는 이이가 애초 이황의 '리발기수, 기발리승'의 설을 시간적 선후로 잘못 이해해 리기호발설로 비판했다며 반박하고, 리발과 기발의 질적 차이를 들어 이이의 기발일도설을 비판하였다. 권상일은 이익의 율곡설 비판에 대해서는 큰 틀에서 동의하였지만, 새로운 이론적 제기에 대해서는 반대하였다.

　권상일보다 약간 뒤늦게 활동한 영남 남인 출신인 이상정은 리와 기의 불상잡·불상리 어느 한쪽으로 치우친 것에 대해 비판하며, 전자에 권상일을, 후자에 이이를 두었다. 그리고 그는 기본적으로 리기호발설을 받아들인 가운데 리가 직접적으로 동정하는 것은 아니지만, 기가 자동자정하는 것이 아니라 리에 기인한다고 말하여 리가 결코 '죽은 존재'(死物)가 아닌 '살아 있는 존재'(活物)임을 주장하였다. 권상일은 이에 대해 이상정이 불상리론을 지나치게 받아들이고 있다고 보아 비판하였다.

【참고문헌】

朱熹,『朱子語類』.
李珥,『栗谷全書』.
李玄逸,『葛庵集』.
權相一,『淸臺集』.
李瀷,『星湖全集』.
李象靖,『大山集』.
鄭宗魯,『立齋集』.

최영성,『한국유학사상사』4, 아세아문화사, 1995.

금장태,「해제」,『淸臺全集』상, 여강출판사, 1989.
김효경,「『청대일기』를 통해서 본 18세기 사족의 편지 왕래」,『사학연구』88집, 2007.
안병걸,「성호 이익의 퇴계와 영남에 대한 관심」,『한국실학연구』18집, 2009.
우인수,「청대일기해제」,『청대일기』1, 청솔, 2015.
장유승,「『청대일기』연구」,『서지학보』30지, 2006.
추제협,「근기 퇴계학의 형성에 관한 연구」, 계명대 박사학위논문, 2012.

홍원식, 「퇴계학 그 존재를 묻는다」, 『오늘의 동양사상』 4집, 2001.

_____, 「율곡학과 퇴계학」, 『율곡학과 한국유학』, 2007.

高橋亨, 「最忠實退溪祖述者權淸臺學說」, 『小田先生頌壽紀念 朝鮮論集』, 1934.

제4장 이익의 사단칠정설과 성호학파의 사상적 분기

추제협

1. 이익과 『사칠신편』

이 글의 목적은 근기퇴계학파近畿退溪學派의 대표 인물인 이익李瀷(星湖, 1681~1763)의 사단칠정설四端七情說(이하 四七說)에 나타난 특징을 검토하고, 여기에서 파생된 논점이 성호학파星湖學派 내에서 어떠한 양상으로 나타나고 있는지를 살펴보려는 것이다.

익히 알다시피 사단칠정논쟁四端七情論爭(이하 四七論爭)의 핵심은 무엇보다 사단과 칠정의 관계를 혼륜渾淪으로 볼 것인가 분개分開로 볼 것인가에 있었으며,[1] 그 과정에서 이황은 '리기호발론理氣互發論'과 '리발론理發論'을 제기한다. 물론 기대승과의 직접적인 논변은 전자에 있었지만 성혼成渾과 이이李珥 사이에 후자가 함께 거론되면서 중요한 논점으로 부각되었다.[2] 이렇게 이황이 제기한 두 가지 논점은 이후 김장생金長生

---

1) 이상익, 「퇴계 성리학과 퇴계학의 본령」, 『영남성리학연구』(심산, 2011), 45~46쪽.
2) '理發論'은 이황과 기대승의 사단칠정논쟁이 일단락된 후 다시 『대학장구』 '格物'과 '物理之極處無不到'의 해석에 대한 토론과정에서 기대승의 견해를 이황이 수용하면서

과 송시열宋時烈로 이어지는 기호노론과 이현일李玄逸, 이상정李象靖으로 대표되는 영남 남인 사이에 치열한 공방으로 이어지고 여기에 정치적 문제까지 맞물리면서 심각한 대립 양상을 띠게 되었다.[3]

이익은 바로 이러한 상황에서 『사칠신편四七新編』을 저술하여 이 문제에 대해 자신의 입장을 개진하게 된다. 그는 무엇보다 이황의 '사단즉리발기수四端卽理發氣隨, 칠정즉기발리승七情卽氣發理乘'을 옹호하는 입장에서 사단과 칠정에 대해 송유宋儒들의 여러 전거를 활용하여 정리하였다. 그 결과 선행 연구에서도 확인할 수 있듯이[4] 이익의 사칠설은 단순히 이황의 견해를 묵수하기보다 그의 견해에 밝지 못한 부분을 지양하고 보완하고자 하였다. 이러한 노력은 자신의 독창적인 사칠설을 정립하는 데까지 이르게 되었고, 자신의 철학 체계를 세우는 데도 매우 중요한 의미를 가졌던 것으로 보인다. 실제로 『사칠신편』이 1715년 그의 나이 35세 때에 저술하여 만년까지 수정을 거친 것으로 볼 때, 이 문제에 대한 이익의 고민과 노력이 어떠했는가를 알 수 있다.

그러나 문제는 이러한 이익의 사칠설에 대한 성호학인들의 엇갈린 반응에 있었다. 우선 신후담愼後聃은 자신의 독창적인 견해를 질정함으로써 이에 대해 스승인 이익이 많은 부분 수용하는 입장이었고, 이병휴

<hr />

정립된 것으로 알려져 있다. 李滉(이하 생략), 『退溪全書』, 권1, 『文集』, 「答奇明彦別紙」 참조. 이후 이황은 리의 능발을 분명히 언급하고 있다. 『退溪全書』, 권1, 『文集』, 「答李公浩問目」 참조.

3) 김용헌, 『조선 성리학, 지식권력의 탄생』(프로네시스, 2010), 6장 참조.
4) 이익의 사칠설에 대한 대표적인 연구 성과를 들면 다음과 같다. 김용걸, 『성호 이익의 철학사상연구』(성균관대 대동문화연구원, 1989); 송갑준, 「성호 이익의 사단칠정론」, 『사단칠정론』(서광사, 1992); 안영상, 「성호 이익의 성리설 연구」(고려대 박사학위논문, 1998); 이상익, 「성호 이익의 리발기수일로설과 그 비판」, 『영남성리학연구』(심산, 2011).

李秉休는 이러한 견해에 적극 동의하는 편이었다. 그러나 윤동규尹東奎는 이황의 학문을 계승한다고 자부한 이익의 설이 이황의 설과 서로 맞지 않는 부분이 있음을 지적하고 여기에 대한 수정을 요구했다. 특히 사단과 칠정을 모두 '리발기수'로 보는 것과 '공칠정公七情'이 리발인지 기발인지가 중요한 논점으로 대두되었다. 안정복安鼎福은 이병휴의 입장에서 있다가 윤동규의 견해에 동조하는 등 이들의 입장을 조율하여 학파 내의 대립을 막아 보려고 하였다. 그러나 이익 스스로도 여기에 명확한 입장을 표명하지 않은 채 운명을 달리했고, 이후 경학經學이나 서학西學에 대해서도 서로의 견해 차이를 재확인함으로써 이러한 상황은 급기야 학파의 분기로까지 나타나게 되었다.

따라서 이 글은 우선 이황이 제기한 '리기호발론'과 '리발론'에 대해 이익이 어떠한 입장을 갖고 자신의 사칠설인 '리발기수일로설理發氣隨一路說'과 '리발기발설理發氣發說', '공칠정리발기발설公七情理發氣發說'을 전개하고 있는지를 검토한다. 그런 다음 이익이 제기한 사칠설이 어떠한 문제점을 내포하고 있는지, 그리고 이후 성호학인들은 이 문제에 대해 각각 어떤 입장을 취하고 있는지를 살펴보고자 한다.

여기서 미리 언급해 둘 것은 학계에 알려진 성호학파는 흔히 좌파左派와 우파右派, 또는 심해자득파心解自得派와 근수주자파謹守朱子派로 구분한다. 그러나 이러한 구분법이 온당한 것만은 아니다. 특히 이후 논의에서 나타나겠지만 사칠설에 국한하여 볼 때, 우파의 대표적인 인물인 안정복의 설은 단순히 주희를 근수하는 입장으로 보기 어려운 면이 있다. 또한 좌파의 특징으로 언급되는 자득의 학문태도는 우파에 속하는 윤동규에게도 중요시되고 있으며 이는 이익이 '의심疑心'과 함께 '자득自得'

을 강조한 데에서 기인한다. 따라서 이들을 굳이 기존의 틀 속에서 이해하기보다 이러한 문제에 대해 어떠한 입장으로 대응하고 있는가를 살펴보는 것이 더욱 바람직할 것으로 보인다. 그런 점에서 여기서는 논점에 대한 입장 차이에 중점을 두어 살펴보고자 한다.

논의에 앞서 본 서술에 참고가 된 선행연구를 소개하면 안영상과 이상익의 연구가 주목된다. 안영상[5]은 이익의 사상이 주리主理와 주기主氣적 경향을 모두 가지고 있음을 지적하고 이를 바탕으로 사칠설을 재검토하고 있다. 특히 공칠정에 대한 성호학인들과 영남 남인 간의 논쟁을 매우 자세하게 서술해 놓고 있다는 점에서 유익한 지침이 된다. 한편 이상익[6]은 이익이 이황의 사칠설로 제기된 상수설相須說과 호발설互發說을 절충하고자 시도했고, 그 결과 리의 주재와 기의 주재를 모두 인정하여 리발기수에 연결시켰다고 주장했다. 그러나 이러한 시도는 '주재主宰'를 '통솔統率'의 의미로 이해한 나머지 심통성정心統性情에서 심心은 장수將帥로, 성性을 졸도卒徒로 이해하는 결과를 초래하게 되었다고 보았다. 이러한 지적은 이익의 사상을 비판적으로 검토하는 데 매우 유용한 도움이 된다.

---

5) 안영상, 「성호 이익의 성리설 연구」(고려대 박사학위논문, 1998).
6) 이상익, 「성호 이익의 리발기수일로설과 그 비판」, 『영남성리학연구』(심산, 2011).

2. 이익의 사단칠정설과 논점

1) 리발기수와 리발기발

이익의 사칠설은 흔히 '리발기수일로설理發氣隨一路說'로 알려져 있다.[7] 그런데 그는 사단이 '리발理發'이며 칠정이 '기발氣發'이라고도 주장한다. 언뜻 보기에 모순되는 듯한[8] 이 두 가지 언명은 이익이 바라보는 사단칠정의 특징을 단적으로 보여 준다. 따라서 이 둘의 관계를 이해하는 것은 이익 사칠설의 이황 사칠설에 대한 계승점과 차이점 즉 동이同異를 알 수 있는 출발점이라고 하겠다.

사단칠정에 대한 이황의 최종 입장은 '사단즉리발기수四端卽理發氣隨'와 '칠정즉기발리승七情卽氣發理乘'이다.[9] 이는 기대승이 리기를 나누어 사단과 칠정을 대대 관계로 본다는 지적에 따른 것이었다. 그러나 기대승은 이러한 이황의 최종안 또한 받아들이지 않는다. 여전히 '분개分開'의 혐의를 씻지 못하고 있기 때문이었다. 반면 이황에게는 이러한 혐의가 피할 수 없는 선택이었다. 그에게는 무엇보다 사단의 순선성純善性을 확보하는 것이 중요했고, 그러려면 칠정으로부터 철저한 분리를 말하지 않을 수 없었다.

---

7) 송갑준, 「성호 이익의 사단칠정론」, 『사단칠정론』(민족과사상연구회 편, 서광사, 1992), 287쪽; 이상익, 「성호 이익의 리발기수일로설과 그 비판」, 『영남성리학연구』 (심산, 2011), 432~436쪽.
8) 이상익, 「성호 이익의 리발기수일로설과 그 비판」, 454~455쪽.
9) 『退溪全書』, 권1, 『文集』16, 「答奇明彦論四端七情第二書」, "大抵有理發而氣隨之者, 則可主理而言耳, 非謂理外於氣, 四端是也. 有氣發而理乘之者, 則可主氣而言耳, 非謂氣外於理, 七情是也."

이익은 이러한 이황의 분개에 대해 동의하는 입장을 분명히 했다. 그는 주희가 언급한 '사단리지발四端理之發'과 '칠정기지발七情氣之發'이 막힘이 없는 공안公案이라 하고, 이황 또한 이를 확신하여 자신의 견해로 삼았다고 보았다. 따라서 이를 수정한 것은 오히려 논의를 불분명하게 만들어 많은 말들이 필요하게 되었다고 하였다.[10] 이에 이익은 사단과 칠정이 엄연한 차이가 있음을 다음과 같이 말한다.

> 칠정七情 밖에 아마도 다시 사단四端이 있는 것이다. 측은惻隱은 희노애락喜怒哀樂이 아니며, 사양辭讓도 희노애락이 아니다. 그 밖의 것들도 무리를 미루어 알 수 있다. 만약 칠정 밖에 다시 사단이 있지 않다면 리발과 기발의 두 길을 끝내 구분할 수 없을 것이다.[11]

이황은 사단과 칠정의 관계를 "비록 칠정 밖에 다시 사단이 있는 것이라고는 할 수 없어도 만약 마침내 다른 뜻이 있는 것이 아니라고 한다면 아마도 옳지 못하다"[12]라고 애매하게 말하고 있다. 이익은 이렇게 말한 선생의 뜻을 이해할 수 없다고 하면서 인용문에서처럼 칠정 밖에 사단이 있음을 강조한다. 그러면서 또한 사단은 리발이며 칠정은 기발이라는 것까지 말하고 있다. 이황의 의도를 재확인하는 듯한 이 발

---

10) 李瀷(이하 생략), 『星湖全書』, 권7, 『四七新編』, 「序」, "故朱子所謂, '四端理之發, 七情氣之發'二句, 爲總會之公案, 而參以衆說, 無罣礙之患矣. 退溪先生, 始因秋巒鄭靜而之說, 立爲此論, 及見朱夫子傳心之訣, 而尤信之戀, 爲之話頭, 以敎學子."

11) 『星湖全書』, 권7, 『四七新編』, 「附錄·讀退溪先生書記疑」, "七情之外, 恐復有四端. 惻隱非喜怒哀樂也, 辭讓非喜怒哀樂也. 餘可類見. 若七情之外, 不復有四端, 理發氣發二路, 終不可分矣."

12) 『退溪全書』, 권1, 『文集』 16, 「答奇明彦論四端七情第二書」, "雖不可謂七情外復有四端, 若遂以爲非有異義, 則恐不可."

언은, 그러나 여기에 '리발기수'라는 전제를 추가함으로써 이익이 바라보는 입각점이 다름을 보여 준다. 즉 그가 생각하기에 사단은 리발로 인한 리발기수이며, 칠정은 기발로 인한 리발기수라는 것이다. 다음의 논의는 이 점을 자세히 설명하고 있다.

> 사단칠정의 리발理發과 기발氣發은 지극한 것이다. 사단은 형기로 인하지 않고 곧장 발하기 때문에 리발에 속하고, 칠정은 리가 형기로 인하여 발한즉 기발에 속한다.…… 그러므로 나는 '리발기수理發氣隨'는 사단과 칠정이 같다'고 말한다. 그러나 칠정은 리가 발한 위에 일층一層의 묘맥苗脈이 있으니 이른바 형기의 사사로움이 이것이다.13)

위의 인용문은 이익이 61세 때 쓴 「중발重跋」의 첫머리에서 한 말로 사칠에 대한 자신의 정론을 간명하게 언급했다고 봐도 무방하다.14) 여기서 그는 사단과 칠정을 모두 리발기수라고 했다. 그 이유는 감정의 발현이란 점에서 그러하다고 말한다. 그런데 이러한 감정의 발현이 모두 리발기수임에도 사단과 칠정의 차이가 있게 되는 것은 바로 형기의 사사로움이 있기 때문이라고 했다. 즉 사단은 성이 바로 발한 것에 해당하므로 리발로 인한 리발기수인 반면, 칠정은 형기로 인해 성이 발하기 때문에 기발로 인한 리발기수라는 것이다.15) 이러한 사칠의 구분을

---

13) 『星湖全書』, 권7, 『四七新編』, 「重跋」, "四七之理發氣發, 至也. 四端不因形氣而直發, 故屬之理發, 七情理因形氣發, 則屬之氣發.……余故曰, 理發氣隨, 四七同然. 而若七情, 則理發上面, 更有一層苗脈, 所謂形氣之私, 是也."
14) 「중발」은 성호학파 내의 공칠정논쟁에 대한 이익 자신의 입장을 수정하기 위해 쓴 것이고 이후 65세 때 이를 폐기한다. 그러나 이 「중발」의 첫머리에 있는 사칠의 기본 관점을 부정한 것은 아니기에 자신의 정론으로 봐도 무리는 없을 듯하다.
15) 안영상은 이익의 사칠설을 '外感內應'의 구조에 근거하여 사단과 칠정이 모두 리발기

이해하기 위해 우선 이익의 심성체계를 간략히 살펴볼 필요가 있다.[16]

이익은 인간의 몸에 전구지기全軀之氣와 이목오장지기耳目五臟之氣가 흐른다고 생각했다. 이는 그가 말한 '기유대소설氣有大小說'에 근거한 것으로, 전자가 전신에 흐르는 대기大氣에 해당된다면, 후자는 몸의 각 기관에 흐르는 소기小氣에 해당된다. 심心은 바로 소기로, 이를 다시 혈육심血肉心과 신명심神明心으로 나눌 수 있다고 했다. 여기서 혈육심은 오장의 하나인 심장을, 신명심은 혈육심 중의 정영한 기로 출입운용出入運用의 역할을 한다. 그리고 혈육심은 신명심의 존재 근거가 되면서 감관感官에 의한 감각적 정보를 전달하는 역할을 하는 반면, 신명심은 동물과 다른 인간만이 가진 사유작용과 도덕적 인식을 가능하게 한다.

성性은 바로 이 심, 즉 혈육심에 내재하면서 성性이 발하여 정情이 될 때는 신명심에 근거한다. 그런데 이익은 이러한 성이 본래 하나라고 했다. 이황이 성을 본연지성과 기질지성으로 나눈 것은 사단과 칠정이 서로 분개됨을 그 소종래의 다름에서 비롯된다고 말하기 위한 것이었다. 반면 이익은 사단과 칠정의 분개를 인정한다고 해도 그것이 성의 차이로 인한 것은 아니라고 했다.[17] 그 이유는 성이 리에서 연원하므로

수인데 칠정에만 형기의 묘맥이 있어 기발이라 한다고 설명했다. 자세한 내용은 안영상, 「성호 이익의 성리설 연구」(고려대 박사학위논문, 1998), 57~64쪽 참조. 이 또한 감발의 구조와 큰 차이는 없으나 이익이 말한 리발과 기발의 의미를 구분하기 위해 사용한 것이다. 후술하겠지만 이익은 사단과 칠정이 동일한 감정발현인 리발기수이지만, 외물에 감하는 때 즉 감발의 소종래에서 사단과 칠정의 차이가 나타나는데, 이것이 리발과 기발로 구분된다고 주장했다.

16) 이익의 심설에 대한 내용은 그의 나이 60세에 쓴 「心說」에 집중적으로 나타난다. 『星湖全書』1, 『文集』22, 「心說」참조. 이에 대한 자세한 설명은 추제협, 「성호 이익의 心說과 사칠문제」, 『동아인문학』19집(동아인문학회, 2011), 2장 참조.

17) 『星湖全書』, 권7, 「四七新編」, 「附錄·讀退溪先生書記疑」, "本然之性與氣稟之性, 非二性也. 或與氣稟合言之, 或剔去氣稟而言之, 一則單言, 一則兼言. 本非對立物也."

순선성의 근거가 되지만 리가 인간의 형기에 품부되면 기질지성으로만 존재할 뿐이라고 생각했기 때문이다.[18]

이익은 바로 이러한 심성체계에 근거하여 사칠설을 전개해 나간다. 여기에 무엇보다 중요한 것은 심心의 '감발感發'인데, 흔히 외물에 의한 감정의 발현을 말한다. 이 감발에는 마음이 외물에 느끼고 발동하여 드러난 것이 모두 포함된다. 이익의 심성체계에서 보면, 심의 감발은 외부의 사물에 마음의 성이 발하고 이에 신명심이 함께하는 것으로, 성발은 실현된 내용이며 이를 실현하는 것은 기인 신명심이 된다. 이익은 이것을 '리발기수理發氣隨'라고 언명하고, 이러한 측면에서 사단과 칠정이 같다고 보았다. 다만 여기서 리발기수의 '발發'은 '주재主宰'로 이해될 필요가 있다. 그 이유는 신명심의 존재를 설정하는 것은 이를 통해 실현됨을 의미하기 때문이다. 결국 리와 기가 상수相須하되 리가 주재하고 기가 따르는 '혼륜渾淪'의 관점에서 이해하고자 한 의도를 읽을 수 있다.[19]

그런데 이렇게 보면 이이의 '기발리승氣發理乘'과 유사한 면이 없지 않고 실제로 이런 지적이 있었다. 이이의 기발리승일로설氣發理乘一路說을 극력 비판했던 그로서는 달가웠을 리 없음은 물론이고 자신의 의도와 다름을 적극적으로 변호하기도 했다.[20] 그렇다고 그가 이를 피하기 위해 리의 동정을 적극적으로 지지한 것도 아니었다.[21] 오히려 그는 감발

---

18) 『星湖全書』, 권4, 『中庸疾書』, "理是共公之名, 性是墮在形氣者. 然以理訓性, 非謂一理字可以盡性之義也. 始學理以明此性, 非也, 只從這裏做成也."

19) 『星湖全書』, 권7, 『四七新編』, "附錄·讀李栗谷書記疑」, "謹按, 以其迹言, 則理氣固無先後, 以其主宰言, 則理本非如槁木死灰, 必須未動而能動, 御氣而發." 그리고 이익은 이를 장수와 병졸로 비유하면서 리발기수를 '氣發理乘'이라고 했다.

20) 『星湖全書』, 권1, 『文集』, 「答李汝謙」 참조.

21) 이익의 리동설이 이황의 리동설을 잇고 있는가에 대한 논란이 있었고 아직 의문스

의 원인 즉 외감에 대한 소종래의 차이[22]로써 이를 해명하고자 했다. 리발理發, 기발氣發은 그렇게 해서 입론된 것이며 여기에 형기의 묘맥이 제기된다.

물物은 외물外物이다. 성은 나의 성이다. 형기는 나의 형기이다. 밖으로부터 느끼는 것을 '감'이라 하며 나로부터 동하는 것을 '발'이라 한다. 나의 본성이 바깥 사물에 감하여 동할 때 나의 형기와 더불어 서로 간섭하지 않은 것은 '리발'에 속한다. 바깥 사물이 나의 형기에 접촉한 다음 나의 본성이 비로소 감하여 발하는 것은 '기발'에 속한다.[23]

외물에 느끼는 것을 외감外感이라고 한다면 이 외감에도 나의 본성이 직접 외물을 느끼는 경우와 외물의 자극이 나의 형기에 접촉된 결과 나의 본성이 느끼는 경우로 나누어 볼 수 있는데, 이익은 전자를 리발理發, 후자를 기발氣發이라고 했다. 이는 앞서 살펴본 심성체계에서 심기心氣(神明心) 외에 형기形氣(血肉心)가 있음에 근거한 것이다. 즉 리발은 외물을 성이 주동적으로 느끼는 것으로 직발直發이라 하여 심의 형기를 거치지 않는 반면, 기발은 외물에 의해 성이 수동적으로 느끼는 것이므로

러운 점이 없는 것은 아니다. 김용걸, 송갑준은 이익이 리동설을 주장하고 있다고 보는 반면, 이상익은 애매한 상태로 머물러 있다고 진단한다. 김용걸, 『성호 이익의 철학사상연구』(성균관대 대동문화구원, 1989), 39~45쪽; 송갑준, 「성호 이익의 사단칠정론」, 『사단칠정론』(서광사, 1992), 276~279쪽; 이상익, 「성호 이익의 리발기 수일로설과 그 비판」, 『영남성리학연구』(심산, 2011), 406~413쪽 참조.

22) 김낙진은 소종래가 근본의 뜻이 아니라고 하면서 외물에 감하는 때를 소종래라는 말로 언급하기도 한다. 「장현광의 리일원론적 심성론과 그 영향」, 『여헌 장현광의 학문세계 2: 자연과 인간』(예문서원, 2006), 268~269쪽 참조.

23) 『星湖全書』, 권7, 『四七新編』 8, 「四七便是人心」, "物, 外物也. 性, 吾性也. 形氣, 吾形氣也. 自外來感者, 謂之感也, 自吾動者, 謂之發也. 吾性感於外物而動, 而不與吾形氣相干者, 屬之理發. 外物觸吾形氣而後, 吾性始感而動者, 屬之氣發."

심의 형기를 거치기에 기발이라고 한 것이다. 여기서의 '발癹'은 발현의 원인이라는 의미를 내포하므로 앞서 언급한 발의 의미와 다른 맥락이라고 할 수 있다. 따라서 그는 감정발현에서 리발기수로 일관했지만 그 감정발현의 소종래가 어디인가에 따라 분별이 일어난다고 보았던 것이다.[24]

이상의 내용을 이익은 다음과 같이 사람과 말의 관계 즉 인승마人乘馬의 비유를 활용해 설명하고 있다.

> 길을 가지 않으면 그만이려니와 가자면 사람과 말은 서로 떨어질 수 없다. 그런데 사람을 실어 나르는 것은 사람의 일이요, 풀을 뜯고 물을 마시는 것은 말의 일이다.…… 사람을 실어 나르는 것은 말이 아는 바가 아니며 다만 사람을 위해 모는 대로 가는 것이다. 풀을 뜯고 물을 마시는 것은 본래 말이 기뻐하는 바로서 다만 사람이 인도하는 대로 가는 것이다. 사람을 실어 나르는 것은 곧 사람이 발함에 말이 따라서 싣는 것이고 풀을 뜯고 물을 마시는 것은 곧 말이 발함에 사람이 타고 인도하는 것이다. 사람을 실어 나르는 것은 비록 말의 싣는 힘이지만 그 누가 말이 간다고 하겠는가? 풀을 뜯고 물을 마시는 것은 비록 사람이 인도한 공이지만 그 누가 사람이 간다고 하겠는가?[25]

사람이 말을 이끄는 것은 리발기수를 표현한 것이며 사람의 일과

---

24) 이익은 이를 '公'과 '私'로 구분하여 말한다. 즉 사단은 성이 그대로 발한 것이기에 공이고 칠정은 형기에서 발한 것이기에 사라고 했다.

25) 『星湖全書』, 권7, 『四七新編』 15, 「演乘馬人說」, "不行則已, 行則人與馬相離不得. 如過人客之類, 人之事也, 齕草飮水之類, 馬之事也.……過人送客, 非馬之所知, 而只爲人驅而行. 齕草飮水, 本馬之所悅, 而只從人導而行. 過人送客, 卽人發而馬隨之載者也, 齕草飮水, 卽馬發而人乘之導者也. 過人送客, 雖馬載之力, 其雖曰馬行. 齕草飮水, 雖人導之功, 其雖曰人行."

말의 일은 리발과 기발을 나타낸다. 우선 사람이 말을 이끌고 가는 것은 같지만 사람의 일로 가는 것과 말의 일로 가는 것은 다르다고 보아 리발로 인한 리발기수와 기발로 인한 리발기수로 나누어 보고 있음을 알 수 있다. 이를 자세히 풀어 보면, 전자는 리가 발하고 리가 주재한다는 의미로 '리발기수'이다. 리가 발한다고 할 때, 리는 성이며 인용문에서 사람의 일에 해당된다. 그리고 리가 주재하여 기가 따르는 것은 사람이 이끄는 대로 말이 가는 것을 말한다. 반면에 후자는 기가 발하고 리가 주재한다는 의미로 '리발기수'이다. 기가 발한다고 할 때, 기는 형기이며 인용문에서 말의 일에 해당된다. 이런 경우에도 비록 말의 일로 가지만 리가 주재하여 기가 따르는 것으로 말은 사람이 이끄는 그대로 갈 뿐이다. 따라서 이를 앞서 언급한 기발리승이라고 표현한다면 이 리승에는 이미 리발기수의 의미가 내포되어 있는 셈이다.[26]

다시 말해 나의 본성이 바깥 사물에 감하여 감정이 바로 일어나게 되면 이것은 성이 발의 원인이자 주체가 되기 때문에 리발이며 사단이고 공이 된다. 내 마음속에 있는 사단(義理之心)이 발현되는 것이다. 반면에 바깥 사물이 형기에 먼저 감촉하여 그로 인해 나의 본성이 감하여 발하게 되면 이것은 형기가 발의 원인이 되기 때문에 기발이며 칠정이고 사가 된다. 형기로 인해 내 마음속에 있는 칠정(知覺之心)이 발현되는 것이다. 물론 여기서 칠정 또한 나의 본성이 감발한 것이기에 그 자체가 선하지 않다고 말할 수는 없다. 다만 이러한 감발의 원인이 형기로 인해 일어났기 때문에 늘 사사로운 마음으로 흐를 수 있는 가능성이

---

26) 『星湖全書』, 권7, 『四七新編』, 「序」, "謂之乘, 則氣隨在其中矣."

잠재되어 있다고 본 것이다.[27]

이상에서 우리는 이익이 인간의 감정발현을 일원적으로 설명하고 있음을 알 수 있다. 그가 말한 성은 본래 하나이기에 감정의 발현 또한 하나일 수밖에 없다. 다만 사단과 칠정의 분별은 그러한 감정이 어디에 근거하여 나온 것인가에 달려 있을 뿐이다. 이를 그는 다음과 같이 간명하게 정리하여 말한다.

리가 신명기를 타고 직발하는 것은 사단이며, 외물이 형기에 감촉한 것으로 인하여 리가 신명기를 타고 발하는 것은 칠정이다.[28]

그리고 그는 이러한 관점에서 이황의 사칠설을 다음과 같이 수정한다.

퇴계선생에 이르러 리발기수理發氣隨와 기발리승氣發理乘의 논의가 있었다. 기수氣隨의 기는 심心(氣)에 속하는 것이고 기발氣發의 기는 형기形氣에 속하는 것이다.[29]

이 인용문에서 기수의 기와 기발의 기가 심기와 형기로 다르다고

---

27) 여기서 '欲'에 대한 문제가 결부될 수 있다. 이익은 욕을 생을 살아가는 기본적인 것으로 인정했다. 따라서 이것이 형기에서 비롯되지만 마땅히 하고자 할 것에 그친다면 그것은 私가 아닌 公이 될 수 있다고 보았다. 이것을 '공칠정'이라고 하는데 이 공칠정이 과연 리발이냐 기발이냐에 대한 논란이 성호학파 내에서 일어난다. 이에 대한 자세한 설명은 안영상, 「성호 이익의 성리설 연구」(고려대 박사학위논문), 6장 참조.

28) 『星湖全書』, 권1, 『文集』, 「答李斯文」, "理乘神明之氣, 而直發者四也, 理因物觸形氣, 方乘神明而發者七也."

29) 『星湖全書』, 권7, 『四七新編』, 「附錄・重跋」, "至退溪有理發氣隨氣發理乘之論. 氣隨之氣, 屬心(氣), 氣發之氣, 屬形氣."

했다. 이는 이황의 설이 혼륜을 전제로 한 분개의 입장에 서 있음을 명확히 하고, 이익 자신 또한 이를 충실히 따르고 있음을 강조하고자 한 것이다. 그러나 감정발현이 일원적이라는 점에서는 오히려 이황의 견해와 멀어진 결과가 되었다.

2) 공칠정리발기발

이익은 사단을 공公이고 칠정을 사私라고 했다. 일찍이 주희는 공사를 윤리적 의미로 사용했다. 즉 공은 천리이자 공명정대한 것으로 사회 구성원 누구에게나 인정할 수 있는 보편적인 객관성을 갖는 반면, 사는 이기적이며 공동체와 소통하지 않는 은폐적이고 단절적인 측면에서 개체지향적인 성격을 갖는다고 보았다.[30] 이러한 대립적 관점은 이황에게 와서 좀 더 극명하게 나타난다. 그는 공을 공공 또는 공직 사회 영역으로 이해하기도 하지만 개인의 이기심이 없는 무사심無私心과 무아無我의 상태로 본다. 반면 사는 공과 구별되는 개별자로 보기도 하고 가치 중립적인 개인의 영역을 의미하는가 하면 온갖 악의 근원으로 보기도 한다. 이러한 사의 부정적 인식은 공으로의 합일을 위한, 그리고 실천적 공부론을 위한 전제 조건으로 요청되는 것이다.[31]

이익은 이러한 이황의 공사개념을 기본적으로 수용하면서도 사에 대한 부정적인 인식은 약화시키고 있다. 다음 인용문에서 이 점을 확인

---

30) 권향숙, 「주희의 公과 私」, 『철학논구』 30집(서울대 철학과, 2002); 윤원현, 「주희의 公私 개념과 公論」, 『율곡사상연구』 17집(율곡학회, 2008) 참조.
31) 권향숙, 「공사개념을 통해서 본 이익의 철학」(서울대 박사학위논문, 2005).

할 수 있다.

　사단의 '은隱'은 칠정의 '애哀'가 아니다. '은'은 사물에 대해서 가엾어하
는 것이니 공公적인 것이요, '애'는 자기에 대해서 슬퍼하는 것이니 사
私적인 것이다. 사단의 '오惡'는 칠정의 '오惡'가 아니다. 사단의 '오'는
불선을 미워하는 것이니 공적인 것이요, 칠정의 '오'는 자기를 해치는
것을 미워하는 것이니 사적인 것이다.[32]

　여기서 '공公'은 "나의 사사로움에 관계되지 않는 것이지만 내 것처
럼 동일하게 보는 것"[33]으로 나를 미루어 타인에게 향하는 자기화의
과정에 해당된다.[34] 이를 테면 어린아이가 우물에 빠지는 것은 나와는
무관한 일이지만 그것을 보고 측은히 여기는 것은 마치 나의 일인 양
느끼는 것과 마찬가지이다. 한편 '사私'는 "내 몸의 혈기형체에서 생겨
나 다른 사람과 관계가 없는 것"[35]으로 배우지 않고도 할 수 있는 것(不
學而能)이다. 이렇듯 공과 사는 대립되는 것이 아니고, 어느 하나를 부정
해야 하는 것이 아니라 무엇을 지향하느냐의 문제이며, 궁극적으로는
조화의 관계로 이해될 수 있는 것이다.[36]

---

32) 『星湖全書』, 권7, 『四七新編』1, 「四端字義」, "四之隱非七之哀也. 隱者隱於物公也, 哀者哀
　　在己私也. 四之惡非七之惡也. 四之惡惡不善公也, 七之惡惡害己私也."
33) 『星湖全書』, 권7, 『四七新編』4, 「聖賢之七情」, "公者, 何也? 雖不繫吾私, 而一視於己也."
34) 『星湖全書』, 권7, 『四七新編』4, 「聖賢之七情」, "傳曰, '好色則與百姓同之, 好貨則與百姓同
　　之者', 方是自吾身欲惡之私, 而推向公去也. 喜善人之爲政, 怒四凶之分背者, 實以己及物之
　　仁.……聖人偏愛人類, 是以天下爲一家, 以中國爲一人也. 旣是一人, 則物皆屬己, 而氣自貫
　　通. 天下之喜怒, 卽吾之喜怒也."
35) 『星湖全書』, 권7, 『四七新編』4, 「聖賢之七情」, "中庸語類問, '或生於形氣之私?', 曰, '如飢飽
　　寒暖之類, 皆生於吾身血氣形體, 而他人無與, 所謂私也. 亦未能便是不好, 但不可一向徇之耳.'"
36) 『星湖全書』, 권7, 『四七新編』1, 「四端字義」, "四之隱非七之哀也. 隱者隱於物公也, 哀者哀
　　在己私也. 四之惡非七之惡也, 四之惡惡不善公也, 七之惡惡害己私也."

이러한 공사개념에서 보면 사단과 칠정 또한 마찬가지이다. 사단의 '오'는 불선에 대한 부정이기에 공한 것이고, 칠정의 '오'는 나의 형기와 관련되어 나의 위협에 대한 부정이기에 사적인 것이 된다. 따라서 사단과 칠정은 공과 사로 서로 구별되며, 어느 것이 부정되어야 할 대상이 아닌 무엇에 대한 부정인가 하는 관점의 차이로 이해된다.

문제는 칠정이 앞서 설명한 것과 같이 인간이면 갖게 되는, 인신 상에서 발생하는 것이기에 그 자체가 악이라고 할 수는 없다는 점이다. 칠정은 다만 그 발현처가 형기에 근거하기 때문에 악으로 흐를 가능성이 있을 뿐이다.[37] 그렇다면 "욕이 마땅히 하고자 해야 할 것에 그치고, 악이 마땅히 미워해야 할 것에 그치는"[38] 경우가 있는데, 이것은 "자기의 사사로움에서 떠나지 않았다 하더라도 악으로 흐르지 않은"[39] 것으로 바름을 얻을 수 있는 것이다. 이러한 공칠정公七情이 과연 리발인지 기발인지가 애매하게 된다.

사실 이 문제는 기대승이 「사단칠정후설四端七情後說」에서 공칠정은 사단과 다를 바 없다고 주장한 것을 이황이 인정한 것에서 비롯된다. 이익은 이 점을 이해할 수 없는 일이라고 보았다.[40] 이익이 보기에 이것을 그대로 받아들이면 이황이 말한 칠정을 기발이라고 한 것과 어긋나게 된다. 또한 앞서 살펴본 그의 감발론感發論에 근거한다면 칠정이

---

37) 『星湖全書』, 권7, 『四七新編』 4, 「聖賢之七情」, "七情畢竟是從形氣發者, 故爲私有底情也.……夫七情, 不學而能. 不學而能者, 未必皆惡, 但出於形氣之私, 故易至於惡也."
38) 『星湖全書』, 권7, 『四七新編』 4, 「聖賢之七情」, "欲止於所當欲, 惡止於所當惡, 乃私中之正也."
39) 『星湖全書』, 권7, 『四七新編』 4, 「聖賢之七情」, "正者, 何也? 雖不離己私, 而不流於邪."
40) 『退溪全書』, 권2, 『文集』, 「答沈判事 甲寅」, "至於高峰後說, 退溪有爛漫同歸之歎, 而乃以舜之怒孟子之喜之類爲理發, 而與四端無異, 是宜舊前說之不變, 若果聖賢之七情宜屬之理發, 則七者終非氣發一邊事."

아무리 중절하여 성인의 기뻐함과 노여움을 따른다 하더라도 그것이 형기에서 발한[41] 것이기에 이를 리발이라고 하기에는 어려움이 있다는 것이다.

그런데 이익은 이렇게 말하면서도 칠정리발설에 대한 가능성은 열어 두었던 것으로 보인다. 그 이유는 공사개념에 있었다. 이황은 사단칠정과 도심인심을 같은 맥락에서 보는 근거로 공사개념을 생각했고 이익 또한 다르지 않았다.[42] 따라서 사단과 칠정의 조목을 기준으로 보면 칠정은 기발임에 분명하나 공사개념을 기준으로 보면 아무리 칠정이라고 하더라도 그것이 중절하여 공적인 마음이 된다면 그것은 리발이라고 해도 무방한 것이 된다. 이익의 고민은 바로 여기에 있었다. 마침 신후담이 공은 리발이고 사는 기발이라는 논리를 제시하고 이황도 리발설을 인정했다는 점을 질정하자 이를 받아들여 리발설로 돌아선다.[43] 이렇게 자신의 입장을 바꾸게 된 근본적인 이유는 다음의 「중발重跋」에 잘 나타나 있다.

무릇 사람이 죽어 장사지내는 것을 슬퍼함이 간혹 눈물을 흘리며 울기에 이르고 사람이 빠진 것을 두려워함이 간혹 무서워서 삼가는 데 이른다. 다른 사람의 기쁨을 기뻐하고 다른 사람의 성냄을 성내는 것은

---

41) 『星湖全書』, 권7, 『四七新編』 4, 「聖賢之七情」, "若但以七情之中節者爲理發, 則如四端之拘於氣昏而不能中節者, 亦可謂氣發乎? 七情雖中節, 而發於氣則不可易."

42) 『星湖全書』, 권2, 『文集』, 「答李汝謙」, "四七與人心道心相帖, 朱子已有定說人心爲私, 則道心爲公, 公私二字實爲此論之肯綮."

43) 공칠정에 대한 자세한 논쟁과정은 다음 논문이 참고가 된다. 강세구, 「성호학파의 리기논쟁과 그 영향 — 공희노논쟁을 중심으로」, 『역사와 실학』 17·18집(역사실학회, 2000).

모두 자기의 사사로움과 관계되지 않은 것으로 간혹 얼굴빛이나 말에 드러난다.…… 무릇 자기의 사사로움과 관계없는 희노는 모두 리발로서 형기에서 생긴 것과 함께 혼칭해서는 안 된다.[44]

이익은 기본적으로 감정의 발현을 리발기수理發氣隨로 보고 있다는 점에서는 차이가 없다. 그러나 그것이 발현될 때, 리발과 기발의 차이가 있어 비록 칠정이 형기에서 비롯되었다고 하더라도 그것이 기를 타고 있는 리의 주재를 통해 바름을 얻는다면 이는 바로 리발이라고 볼 수도 있다는 것이다. 그래서 그는 사단에도 부중절이 있듯이 칠정이 중절하다면 사단과 다를 바가 없다고까지 했다. 물론 칠정의 중절을 사단과 완전히 같다고 말할 수는 없다. 그래서 그는 역경逆境과 순경順境의 논리로 이들을 분별하고자 했다.[45] 즉 어떤 잘못된 상황을 거부하고 도덕적 양심을 발현하는 것을 역경의 리발이라고 한다면, 제대로 된 상황에 따라서 발현하는 것을 순경의 리발이라고 한다. 공칠정은 바로 순경의 리발에 해당되며, 따라서 이것을 리발이라고 말해도 무방하다는 입장이다.

그런데 이 관점 또한 윤동규의 반론에 직면하면서 다시 기발설로 돌아서게 된다. 물론 윤동규의 반론에 대해 직접적으로 이를 인정한 것은 아니었다. 그 또한 리발과 기발 사이에 애매한 상태임을 여러 사례

---

44) 『星湖全書』, 권7, 『四七新編』, 「附錄·重跋」, "夫哀人之死喪, 或至於涕泣, 懼人之陷溺, 或至於悚懍. 喜人之喜, 怒人之怒, 皆非干私己, 而或見於色辭.……凡喜怒之不干私己者, 莫非理發, 不可與形氣生者混稱也."

45) 『星湖全書』, 권7, 『四七新編』, 「附錄·重跋」, "盖惻隱羞惡, 仁義之發也. 見其失所而危死, 則必爲之惻隱. 見其達道而妄作, 則必爲之羞惡, 此逆境也. 非君子之所願, 而緣境便發者也. 苟見其得所, 見其合道, 則必爲之喜樂, 此實天理之順境, 順則緩, 逆則激. 激然後其感觸尤深, 故其發也益切.……始知聖賢之喜, 固亦順境之仁發, 而其爲人怒, 卽不過逆境之羞惡, 怒與惡, 字雖別, 義實相近, 屬之理發."

를 들어 말하고 있다. 특히 공칠정을 리발로 인정하면서 들었던 만물일체萬物一體와 동인지사同仁之私에 대해서는 결과적으로 사사로움이 개입되어 있지 않다고 하더라도 그 근본은 자신의 사사로움이 아직 남아 있는 사적인 것으로 인정한다. 그러면서도 성인의 칠정 중에서 여전히 리발로 볼 수 있는 경우가 있다고 말한다. 이를 테면 순임금의 노함은 사물이 거울에 비추어질 때 자신은 관여하지 않는 것과 같으니 수오羞惡의 '오惡'와 무슨 구별이 있겠는가 라고 반문하는 경우가 그러하다.[46] 이렇게 말하면서도 다시 기발로 확정하는 듯한 언급을 한다. 그 핵심은 바로 근원과 결과의 차이이다.

이러한 성인의 동인은 비록 성명에 근원하였지만 형기가 동하게 되는
데 이르러서는 칠정의 사에 관련된다. 오직 성인만이 그것을 가지고
있다. 그 시작에 근거하여 리발이라고 할 수 있으나 그 결과를 살펴보
아 기발이라고 할 수도 있다.[47]

앞서 공칠정이 기발인 것은 칠정이 아무리 바름을 얻었나 하더라도 그것이 형기에 근거하기 때문이었다. 중발설은 이렇게 근원이 비록 형기에서 비롯되었지만 중절하여 바름을 얻었다면 그것은 리발이라고 다시 수정하여 말한다. 그런데 여기서 그는 중발설의 근원과 결과를 바꾸어 비록 공칠정이 그 근원은 바른 것에서 비롯되었지만 그 결과가 사적인 것이라고 했다. 물론 이렇게 말하면 공인 사단과 사인 칠정은 리발

---

46) 안영상, 「성호 이익의 성리설 연구」(고려대 박사학위논문), 141~145쪽 참조.
47) 『星湖全書』, 권1, 『文集』, 「答李斯文 庚午」, "此聖人之同仁也, 雖原於性命, 及至形氣爲之
動, 則涉乎七情之私. 惟聖人有之. 原其始, 而謂之理發可也, 究其終, 而謂之氣發亦可也."

과 기발의 구분이 명확해지는 결과를 가져오기는 한다. 그럼에도 리발와 기발에 대한 논란거리는 여전히 남아 있는 셈이다.

이렇게 결과적으로 보면 그는 분명 공칠정을 기발로 보고 있다. 그러나 이병휴와 윤동규의 논란 속에서 안정복의 질문에 이익은 명확히 자신의 입장을 말하지 않는다. 따라서 그가 결코 기발로 확정했다고 보기도 어려운 면이 있다. 이 문제에 대한 이익의 최종적인 입장을 확인할 수는 없지만 그가 궁극적으로 원했던 것을 생각해 보면 칠정에 대해 리발과 기발을 모두 인정해야 하는 것이 아닌가 하는 생각이 든다. 논리적 해명으로는 기발에 서 있었지만 심정적으로는 리발에 서 있었기 때문이다.[48]

3) 이익 사단칠정설의 특징과 논점

이익은 사단을 리발기수理發氣隨의 리발理發로, 칠정을 리발기수理發氣隨의 기발氣發로 정의하고 있다. 이는 이황의 리발기수理發氣隨와 기발리승氣發理乘을 비판적으로 수용한 결과이며, 리발기수는 외감에 의한 심의 감발을 설명한 것이라면 리발기발은 그 감발의 원인이 성인지 형기인지에 따른 것이다. 이러한 구분은 그의 심성체계에서 말한 기유대소설에 근거한 심기와 형기의 차이와 일성이정一性二情 등에서 비롯된다. 결과적으로 그는 이황의 본의가 혼륜을 전제로 한 분개에 있었다고 본 것이다.

---

48) 안영상, 「성호 이익의 성리설 연구」(고려대 박사학위논문), 151쪽, 각주 531) 참조.

이러한 이해는 매우 독특한 것으로, 이황이 사단칠정의 관계를 도심 인심의 관계와 같게 보는 점을 이익도 그대로 계승하고 있기 때문인 것으로 보인다. 사단과 도심이 같고 칠정과 인심이 같게 되는 근거는 바로 공사公私개념이다.[49] 이익 또한 이 공사개념을 통해 사단과 칠정을 바라보고 있다. 그런데 이익은 이 공과 사의 개념을 대립적으로 보기보다 무엇을 지향할 것인가의 관점 차이로 보고 있다는 점에서 다르다. 이것은 사를 배우지 않고도 할 수 있는 것, 즉 부정적으로 인식하지 않은 것에서도 알 수 있다. 이러한 칠정이 비록 형기에서 비롯되었지만 마땅히 하고자 하는 것에 그친다면 이는 중절하여 바름을 얻은 것이 되고, 그것은 또한 공이 되기 때문에 리발이 될 수 있는 여지가 있게 된다. 물론 이익은 처음에 칠정이 형기에서 비롯되었다는 점에서 기발로 처리했지만 궁극적으로는 칠정에 대해 리발과 기발을 모두 인정하는 듯한 인상을 남기고 있다.

이렇게 이 두 가지는 이익 사칠설의 특징적인 면을 보여 주는 것이면서 이황과 기대승의 논쟁에서 제기된 이황설의 문제를 자신의 심설에 근거하여 보완 및 수정하여 이황의 본의에 이르고자 한 것이다. 그러나 이러한 노력은 자신의 의도와는 달리 그 과정에서 몇 가지 난점을 노출하면서 논란의 중심에 서게 되었다.

우선 리발기수와 리발기발에 관한 문제부터 살펴보기로 하자. 이 부분에 대해 일찍이 문제를 제기한 사람은 권상일權相一(淸臺, 1679~1759)이었다. 그는 이익이 사단과 칠정을 리발기수로 일관한 것이 자칫 천리와

---

49) 『星湖全書』, 권2, 『文集』, 「答李汝謙」, "四七與人心道心相帖, 朱子已有定說人心爲私, 則道心爲公, 公私二字實爲此論之肯綮."

인욕을 뒤섞는 폐단이 생길 수 있다고 지적한다.[50] 리와 기는 불상리不相離이면서도 불상잡不相雜이기에 호발하는 것은 당연한 것인데도 분개할 수 있는 것에서 분개하지 않고 혼륜하는 것은 잘못이라고 비판한다. 그리고 이익은 형기의 묘맥을 두어 사단과 칠정을 구분했는데 이 형기의 근거인 기를 대기와 소기로 나눈 것에 대해서도 권상일은 믿을 수 없다고 부정한다. 더불어 이황의 사칠설에 나타난 기는 같은 것으로 이해해도 전혀 문제될 것이 없다고 주장한다.

권상일이 본 이황의 본의는 분개를 통한 호발설에 있었기 때문에 이렇게 혼륜과 분개를 섞어 놓은 듯한 이익의 논의를 인정할 수 없었을 것이다. 그러나 그가 제기한 이황의 본의에 어긋난다는 지적은 결국 이황의 사칠에 대한 수정안 중 어디에 본의가 있었는가에 달려 있다고 할 것이다. 그런 점에서 이익이 제기한 리발기수의 혼륜과 대기소기를 통한 리발과 기발에 따른 분개의 정합성, 그리고 이것이 과연 이황의 본의였는가에 대한 것은 여전히 문젯거리로 남을 수밖에 없다.

둘째, 공칠정리발기발의 문제에 대해서 살펴보기로 한다. 이 문제의 원인은 리발과 기발을 사단칠정의 조목을 중심으로 볼 것인가, 아니면 공사의 개념을 중심으로 볼 것인가에 차이가 있다고 할 것이다. 이황은

---

50) 權相一, 『淸臺集』, 권6, 「答李子新」, "蓋兩箇氣字同異, 從前泛看, 及讀來諭, 可知不易看得到此頓覺聳歎, 然鄙意氣隨之氣字, 是從理帶來說, 氣發之氣字, 是與理對待說, 其輕重緊歇微有不同, 而祇是一般氣也. 旣云氣發理乘, 則氣發之時, 理已乘之, 不可謂不合於理有動靜, 故氣有動靜之訓也. 祇如此看得, 知得而體驗於心, 好矣. ……不相離而不相雜, 是理氣本來面目, 旣不相雜, 則或理或氣, 不得不互發矣. 若可分而不分, 渾淪爲說, 則實非退翁本意, 而於理氣原頭, 竊恐有毫釐之差也. 道理本來平直, 若謂七情亦理發氣隨, 而其上頭, 又有一層形氣苗脈, 則豈不大段崎曲耶. 況四七說, 退翁平生精力, 盡在此裏, 心思體驗, 改之又改, 而終乃芹獻於君上者, 後來諸賢, 論及此說何限, 而亦未聞有此等語也."

공사를 통해 사단과 칠정을 보았다. 그리고 그는 사단의 순선성에 대해 칠정에 드리워진 악의 가능성을 배제하고자 했다. 이는 기대승이 공칠정이 리발이라고 질정하자 이를 인정한 데에서도 잘 나타난다. 물론 이러한 긍정은 사단과 칠정의 구분을 모호하게 하지만 그것을 중절의 공으로 보아 이해하였다.

이익은 먼저 『사칠신편』에서는 사단과 칠정의 조목에 근거하여 공하면 리발이며 사하면 기발이라고 정리했다. 여기에 근거하면 공칠정은 당연히 형기에 근거하기 때문에 기발일 수밖에 없다. 그러나 이를 공사의 개념에 비추어 보면 이야기는 달라진다. 사를 악으로 인정하지 않는 데다 중절한 칠정은 공하기 때문에 리발이 된다. 결과적으로 이 둘을 생각하면 공칠정의 문제가 제기될 수밖에 없게 된다.

이러한 모호한 상태는 인심도심에 근거한 공사의 개념을 그대로 사단칠정에 적용함으로써 발생한 것으로, 결국 그 기준을 명확히 두지 않음으로써 생겨날 수밖에 없는 문제였다. 그러나 이 문제 또한 앞서 살펴본 것과 같이 궁극적으로는 사단과 칠정의 분개에 무게를 둘 것인가, 아니면 혼륜에 무게를 둘 것인가 하는 문제로 환원될 수 있다. 그리고 이황을 계승한다고 자부한 이익의 설이 과연 이황의 설을 충실히 계승하고 있는가에 대한 물음이기도 했다. 여기에 이익은 고심했고, 결국 리발과 기발을 모두 인정하고자 했던 것은 아니었는지 모를 일이다.

이러한 사실을 통해 볼 때, 그는 이황의 견해를 옹호하면서 이이의 논리에 맞서 미흡한 점을 스스로 비판하여 보완하려고 했지만 결과적으로 이황과 다른 입장에 서게 되었다. 이러한 어긋남에서 성호학인들은 이익설의 두 가지 문제에 대해 서로의 입장을 개진하면서 논란이

야기되었다. 이 논란에 뛰어든 인물은 이익의 대표 제자들로 알려진 신후담, 이병휴, 윤동규, 안정복이었다. 그리고 이들의 논란 속에 나머지 제자들도 각자 자신의 의견을 밝히고 거기에 따르게 되면서 성호학파의 사상적 분기가 일어나게 된다.

그렇다면 이들의 논쟁에 나타난 궁극적인 의도는 무엇이었을까? 크게 세 가지로 압축될 수 있겠다. 먼저 이황의 본의에 이익의 견해를 보완하여 이해할 것인가, 아니면 이익의 견해에 이황의 본의를 새롭게 해석할 것인가, 그것도 아니면 이황과 이익의 견해를 각각 이해하고 절충할 것인가이다. 후술하겠지만 신후담과 이병휴는 각자의 입론에 따라 서로 다른 견해를 밝히면서 궁극적으로는 이익의 견해에 이황의 본의를 새롭게 해석하고자 했다. 반면 윤동규는 이익이 이황의 계승자로 자임한 이상 자신의 새로운 해석을 통해서라도 이황의 본의에 이익의 견해를 보완하여 이해하려는 태도를 고수하게 된다. 한편 안정복은 뒤늦게 논란에 뛰어들었지만 그 또한 자신의 입론에 근거하여 이병휴와 윤동규의 견해에 각각 동조하는 듯하면서도 결국 이황과 이익의 견해를 절충하려는 태도를 보여 준다. 다음 장에서 앞서 언급한 두 문제에 대한 이들의 입장을 자세히 살펴보기로 한다.

3. 성호학파의 사단칠정설과 사상적 분기

1) 이익의 견해에 이황의 본의를 재해석하는 입장 ─ 신후담, 이병휴

신후담愼後聃(河濱, 1702~1761)은 23세 때 이익의 문하에 들어와 경전과 사단칠정 등에 대한 새로운 해석을 내놓으며 늘 논란의 중심에 있었던 인물이다. 이익이 자신이 제시한 견해들 중 기의 대소설과 공칠정리발을 그에게서 얻었다고 할 정도로 영향이 컸던 제자 가운데 하나였다.

우선 신후담은 이익이 이황의 사칠설을 해석하다 사단과 칠정의 구분을 더욱 애매하게 만들었다고 생각했다. 그래서 그는 리일분수理─分殊의 원리를 사단과 칠정에 적용한다. 즉 감정의 발현은 리일의 측면과 분수의 측면이 있다는 것이다. 리일의 측면에서 보면 하나의 근원이 있을 뿐이기에 사단과 칠정 모두 리의 인의예지가 뿌리가 된다. 반면 분수의 측면에서 보면 두 가지 근원 즉 성명지리性命之理와 형기지리形氣之理가 있으며, 사단은 전자에, 칠정은 후자에 근거한다고 말한다.[51] 그리고 이렇게 리를 구분하듯이 기 또한 지각知覺과 형기形氣의 기로 구분하여 이해한다. 이러한 방법은 그 또한 이황의 본의가 분개에 있음을 의식하면서 혼륜의 입장도 함께 포용하기 위한 것이라 생각된다.

사단이 발하는 곳에서 타는 기는 지각知覺의 기氣이고, 칠정이 기지발이라고 하는 것은 형기形氣의 기氣이다. 두 기 자는 위주로 하는 것이

---

51) 愼後聃(이하 생략), 『河濱先生全集』, 권2, 「四七同異辨」, "案論, 理氣之大致, 則雖天地萬物同出一理, 固無二原, 而論其分之殊, 則雖一身之內, 有性命之理, 有形氣之理."

본래부터 다르다. 그런데 퇴계에서 시작한 상수의 설은 여기에서 뒤섞인 논의가 되고 말았다. 성호星湖의 오류 또한 그렇다.[52]

이황이 사단과 칠정을 리발기수와 기발리승로 이해한 것을 그는 두 개의 리와 두 개의 기를 통해 이해하고 있다. 즉 사단인 리발기수는 성명의 리와 지각의 기에 근거한 것이라면, 칠정인 기발리승은 형기의 기와 형기의 리에 근거한 것이라고 주장한다. 기를 나누어 이해한 점은 이익과 그리 다르지 않지만 리를 둘로 나누는 것은 차이가 있다. 이익은 성을 근본적으로 하나라고 했으므로 리의 의미는 달라질 것이 없기 때문이다.

이러한 입장에서 공칠정에 대해서도 신후담은 이익과 달리 리발임을 확신한다. 그는 이익과 같이 사단과 칠정에 모두 중절과 부중절이 있다고 말하면서 일반적인 칠정은 앞서 본 것처럼 형기의 리와 형기의 기에 근거하여 발하지만 성인의 칠정은 사단과 같이 인의예지의 공리公理에서 발하기 때문에 형기와는 무관함으로 리발이라고 말할 수 있다는 것이다.

> 선인이 정치하는 것을 기뻐하고 사흉이 죄를 짓는 것을 노여워하며, 안연이 죽는 것을 슬퍼하고 사자를 모시는 것을 즐거워하는 것과 무릇 범인이 부모를 모시는 것이 기쁘며 상에 임하여 슬퍼하는 것은 모두 천리본연에서 발하는 것으로 형기와는 관계가 없는 것이다.[53]

---

52) 『河濱先生全集』, 권2, 「四七同異辨」, "四端發處, 所乘之氣, 是知覺之氣, 七情氣之發, 是形氣之氣. 兩氣字所主本異. 而自退溪理氣相須之說, 於此未免渾淪. 星湖誤亦然."
53) 『河濱先生全集』, 권2, 「四七同異辨」, "喜善人之爲政, 怒四兇之有罪, 哀顔淵之死, 而樂四子

이 말은, 사단은 성명의 리와 지각의 기에서 발하지만 여기에 중절과 부중절이 있고, 칠정은 형기의 리와 형기의 기에서 발하는 경우도 있고 성명의 리와 지각의 기에서 발하는 경우도 있다는 것이다. 칠정을 둘로 나누어 후자를 공칠정으로 이해하여 이것은 바로 성명에 근원하는 공적인 마음이기에 리발로 볼 수 있다는 것이다. 그렇다면 이것이 사단과 같은 것인지 물을 수 있는데, 이에 대해 신후담은 같지는 않고 다만 '동실이명同實異名'일 뿐이라고 한다. 이렇게 보면 신후담은 공적인 감정과 사적인 감정을 기준으로 바로 리발과 기발로 연결하여 이해하고 있음을 알 수 있다.[54] 이는 이후 이병휴에게 영향을 주어 윤동규와 논변을 벌이는 직접적인 계기가 된다.

이병휴李秉休(貞山, 1710~1776)는 이익의 형인 침沈의 셋째 아들로 13세 때부터 이익에게서 배우기 시작하였다. 이익 사후 이익의 유고를 정리하는 작업을 도맡아 하였고, 그의 양아들인 이삼환李森煥은 이후 권철신權哲身, 이기양李基讓, 정약용丁若鏞 등 많은 학자들을 양성하게 된다. 그는 신후담의 견해에 기본적인 입장은 공유하면서 자신의 사칠론을 전개한다. 즉 신후담이 리일분수를 통해 사단과 칠정에는 리일의 측면과 분수의 측면이 있다고 한 관점을 그대로 받아들여 일반적인 관점(凡稱)에서는 '리동기수理動氣隨'이지만 감정이 발현할 때는 리발과 기발의 구분이 있다고 말한다. 여기에는 천리天理의 본연本然과 물화추변지리物化推變之理라는 리의 차이는 물론 범칭하는 기와 형기의 차이가 있음을 지적한다.

之侍, 與夫凡人之見親喜臨喪哀, 皆發於天理本然, 而不與形氣相干."

54) 『河濱先生全集』, 권2, 「四七同異辨」, "四之隱, 非七之哀. 隱者隱於物, 公也, 哀者, 哀在己, 私也. 案此論四七分界甚明, 只就公私二字上, 可驗理發氣發."

사칠은 모두 정이다. 그것이 발할 때에는 리동기수로 확실히 하나이지만, 주자가 반드시 사단은 리발이고 칠정은 기발이라고 한 이유는 무엇인가? 사단은 성명의 리에 근원하기 때문에 리발이라고 하고 칠정은 형기의 사사로움에서 생겨나기 때문에 기발이라고 한다. 그러므로 리발의 리 자는 곧바로 성명의 리를 가리키는 것으로 범칭하는 리동과 다르다. 기발의 기 자는 형기의 기를 가리키는 것으로 범칭하는 기수와 다르다.[55]

감정이 발현할 때는 리동기수이지만 인간의 선한 행위와 악한 행위는 리발과 기발로 말해야 한다고 보았다. 여기서 리동기수는 신후담의 의견을 따라 이루어진 것이지만 이후 이이의 설을 비판 및 수용하는 가운데 기가 발동하면 리는 함께 있다는 이른바 '기동리구氣動理俱'로 변화된다.[56] 즉 인간의 감정이 발현되는 것은 기동리구로 하나이지만 도덕적 가치판단을 할 때는 분명 리발과 기발의 구분이 있어야 한다고 말한다. 여기서 그가 무엇보다 중요하게 생각한 것은 바로 후자의 입장이다. 신후담은 리일과 분수의 측면을 모두 의식하면서 행위가 이루어지는 근거가 무엇보다 중요하다고 생각했다.

한편 이러한 입장은 이익과도 통하는 면이 없지 않다. 범칭이라고 했지만 감정의 발현이 리의 주재에 기가 따른 것으로 본 것이나, 감정의 발동을 리발과 기발로 나누어 본 것도 마찬가지이다. 다만 이병휴는 발

---

55) 李秉休(이하 생략), 『貞山雜著』, 권4, 「上李湖答書」, "四七均是情也. 其發時, 理動氣隨, 光景一般, 而朱子必以四爲理之發, 七爲氣之發, 何也? 四原於性命之理, 故曰理發, 七生於形氣之私, 故曰氣發. 然則理發之理字, 卽指性命之理, 而與汎稱理動者不同. 氣發之氣字, 卽指形氣之氣, 而與汎稱氣隨者又不同."

56) 『貞山雜著』, 권7, 「四七理氣辨」, "愚意人與馬, 猶爲二物, 而情之發出, 氣動理俱, 四七無別."

의 문제를 가치판단의 근거로 본 반면 이익은 이것이 인간이면 누구나 갖는 형기로 인해 생겨난 것이기에 결코 선 또는 악으로 규정하기가 어렵다고 보았다.

이러한 관점에서 그 또한 공칠정이 리발임을 주장한다.[57] 이는 도덕적 근거인 리발과 비도덕적 근거인 기발을 나누는 것이 공과 사의 관점에 있지 사단과 칠정의 조목에 있지 않다는 입장에서 비롯된다. 공적인 마음은 사단과 같이 형기에 근거하지 않는 만큼 순선한 것이기에 확충해야 할 대상이지만 사적인 마음은 형기에 근거하는 만큼 불순한 것이기에 중절해야 할 대상인 것이다.

> 사단과 칠정으로 이것은 리발이고 저것은 기발이라고 말할 수 없고 그 발한 것의 공사를 살펴서 결정해야 한다. 공적인 마음에서 발출한 것은 리발이라 하고, 사적인 마음에서 발출한 것은 기발이라고 한다.[58]

따라서 그는 공칠정이 비록 칠정이지만 공적인 마음이기 때문에 중절해야 할 것이 아니라 확충해야 힐 깃으로 리발에 소속시켜야 한다고 보았다. 실제로 그는 이황이 사단과 칠정을 분개한 것을 부정하지는 않는다. 다만 사단과 칠정의 구분은 도심과 인심처럼 성명과 형기의 구분에서 생기는 것과 같다고 보았다. 즉 실제적인 행위가 성명에서 비롯되었다면 그것은 칠정의 감정에 속하는 것이라고 하더라도 리발이라고 보았던 것이다. 따라서 그에게 중요한 것은 공과 사에 대한 차이에 있

---

57) 『貞山雜著』, 권4, 「召南尹丈書」, "以愚觀之, 與彼惻隱欣喜, 均出於性命之公, 而不可謂氣發."
58) 『貞山雜著』, 권4, 「召南尹丈書」, "四七不須說此理彼氣, 只察其發之公私而斷之. 其以公心發者, 則曰理發, 其以私心發者, 則曰氣發."

었다.

이러한 입장은 이황의 사칠설을 이익이 구상한 것처럼 혼륜과 분개를 함께 고려하는 방법을 모색하는 과정에서 제기된 것이다. 그러나 리와 기를 둘로 나누어 이해한 것은 이익이나 이황의 논의와 멀어진 감이 없지 않다. 바로 이것 때문에 윤동규와 두 차례 논란이 벌어지게 된다. 처음에는 신후담의 견해에 동조하면서 이병휴 또한 리발설을 제기하여 윤동규의 기발설을 비판한다. 이익 사후 「중발」을 두고 다시 논란이 일어나게 되면서 극심한 대립양상을 보인다. 이병휴가 이익의 유고를 정리하면서 「중발」을 다시 살리고자 했기 때문이다. 그는 무엇보다 공칠정을 리발로 본 것이 이익의 만년정론이라고 생각했고 그렇기 때문에 「중발」을 되살려 첨부해야 한다고 보았던 것이다. 그러나 이에 윤동규가 반발하자 『신편』의 기발과 「중발」의 리발을 함께 둠으로써 후학의 질정을 기다리자는 입장을 밝혔지만 역시 받아들여지지 않는다. 그 또한 말은 이렇게 했지만 이익의 본의가 리발에 있음을 강조하고자 한 의도였음은 분명해 보인다.

2) 이황의 본의에 이익의 견해를 보완하는 입장 — 윤동규

윤동규尹東奎(召南, 1695~1773)는 이익 문하에서 가장 연장자이면서 수제자이기도 했다. 여러 제자들이 그를 스승으로 여길 정도로 제자들 사이에 존경의 대상이었고 역사학에 조예가 깊었다. 또한 그는 학인들 사이의 사칠에 대한 논란에서 이익의 기유대소설과 공칠정리발을 비판한 대표적인 인물이기도 했다.

윤동규는 심의 지각을 통해 사단과 칠정을 해명했다. 심의 지각에는 의리에 의해 발한 것과 사태로 인해 발한 것, 그리고 개인의 사사로움으로 인하여 발하는 것이 있다고 말했다.[59] 인심과 도심은 이러한 심의 지각에 따른 차이에서 비롯된 것이며 사단과 칠정도 이와 다를 바 없다고 주장한다. 그러면서 그는 감정의 발현이 둘로 나타나므로 심의 지각이 성에 근거한 것과 그렇지 않은 경우가 있으며, 전자는 사단이고 후자는 칠정에 해당된다고 보았다. 따라서 앞서 지각의 분류에서 의리에 의한 것만 사단에 소속시키고 나머지 둘은 칠정에 소속시킨다.

지각이 사물에 감응할 때 그 고유한 것을 따라 발하는 것이 리발이다.[60]

우리의 마음이 가지고 있지 않고, 배고프고, 춥고, 아프고, 기뻐하고, 화내는 일에 감응하여 비로소 시작되는 감정이다.[61]

이러한 논리로 보면 사단은 오상에 근거하기 때문에 그 자체로 절대적인 선이다. 반면에 칠정은 오상에 근거하지 않기 때문에 선하다고 할 수 없다. 물론 간혹 선할 수는 있다. 그렇다고 하더라도 그것이 사단과 같은 것일 수는 없다. 따라서 사단은 확충해야 할 절대적인 선이고 칠정은 중절과 부중절이 있기 때문에 중절하도록 제어해야 하는 것이다.

---

59) 尹東奎(이하 생략), 『召南遺稿』, 권1, 「上星湖李先生書」, "心之知覺, 有從義理發者, 有因事發者, 有因己私發者."
60) 『召南遺稿』, 권1, 「上星湖李先生書」, "心之知覺感於物, 而從其所固有者發, 曰理發."
61) 『召南遺稿』, 권1, 「上星湖李先生書」, "吾心所無, 而心之知覺感於飢寒痛疾喜怒等事, 而始有此情."

여기에서 우리는 이병휴가 공사에 집중했다면 윤동규는 사단과 칠정의 조목에 근거하여 논의하고 있음을 알 수 있다.

윤동규에 따르면 문제가 된 공칠정은 비록 중절한 칠정이기는 하지만 형기에서 비롯되었기 때문에 기발일 수밖에 없다. 이 점에서 이황의 분개설에 근거하여 사단과 칠정의 엄격한 분리를 주장하려는 그의 의도를 읽을 수 있다. 따라서 그는 이에 근거하여 이익이 주장한 리발설을 반박하게 된다. 그 반박의 예로, 이익이 신후담의 의견을 받아들여 리발설을 제기하면서 언급한 순경의 리발과 역경의 리발에 대해 이러한 구분이 무의미하다고 본 것이다.

사실 이익은 바람직하지 않은 상황에서 드러나는 역경과 바람직한 상황에서 드러나는 순경을 언급하면서 전자는 맹자의 사단이, 후자는 성인의 '희喜'가 해당된다고 보았다. 그런데 윤동규는 이익이 역경의 리발로 든 맹자의 사단에 순경의 리발도 존재할 수 있다고 말한다. 그 이유는 맹자가 사단을 설명하면서 이를 확충해야 한다고 말하고 있기 때문이며, 이는 이익이 말한 순경으로 볼 수 있다는 것이다.

이익은 이러한 윤동규의 입장을 받아들여 기발설로 되돌아가지만 이것을 전적으로 수긍한 것 같지는 않다. 이후 운명할 때까지 여기에 대한 명확한 입장을 표명하지 않았고, 오히려 말년에 이르러서는 리발과 기발을 모두 인정하는 듯한 인상을 주기 때문이다. 이후 윤동규는 이익의 유고문집 정리과정에서 이병휴가 「중발」을 첨부하고자 한 것에 반대하면서, 다시 이 문제에 대한 이익의 본의가 무엇인가에 대한 논란이 생긴다. 무엇보다 그는 이익이 「중발」을 폐기하였기 때문에 본의가 기발에 있음을 강조한다. 그리고 이것이 이황을 잇는 이익의 의도를 분명하게 드러낸 것이라고 하였다.

3) 이황과 이이의 견해를 절충하는 입장 – 안정복

안정복安鼎福(順菴, 1712~1791)은 35세의 늦은 나이로 이익 문하에 들어
갔다. 특히 역사에 관심이 많아『동사강목東史綱目』등의 업적을 남겼으
며 다양한 현실개혁안을 제시하기도 했다.[62] 그리고 학인들 사이에 사
칠에 대한 논란이 일어나자 학파의 분열을 우려해 대립된 두 입장을
조율하고자 노력했다.[63]

우선 안정복은 리와 기의 관계에 대해 혼륜과 분개를 모두 인정한
다.[64] 리 가운데 기가 있고 기 가운데 리가 있다는 정자程子의 견해에서
보면 이는 혼륜으로 말할 수 있고, 리는 불선함이 없고 기는 선악이 있
다는 말에서는 분개로 말할 수 있다고 했다. 이는 비단 그만이 아닌 모
든 성리학자들이 인정하는 부분이다. 그런데 그는 여기서 어느 하나를
볼 것이 아니라 혼륜으로 보는 방법과 분개로 보는 방법을 절충하고자
했다.

사단칠정에 대한 논의에서도 이 점은 분명하게 나타난다. 그는 정이

---

62) 강세구, 『순암 안정복의 학문과 사상 연구』(혜안, 1996), 2편, 3장 참조.
63) 선행연구에서는 안정복을 성호우파에 소속시켜 윤동규와 입장을 같이하는 것으로
이해한다. 물론 그 스스로 성리학에 대한 것은 윤동규와 같다고 말한 바 있으며,
공칠정에서도 처음에 이병휴의 의견에 동조하다 윤동규의 의견을 듣고 여기에 동조
한 것으로 알려져 있다. 그러나 그가 논한 사단칠정만을 본다면 좌우파 어디에도
소속되기 어려운 측면이 있다.
64) 安鼎福(이하 생략), 『順菴全集』, 권2, 「擬問·四七理氣」, "大抵理氣, 有可以渾淪言者, 有可
以分開言者. 理中有氣, 氣中有理, 而程子有不明不備之訓, 則此可以渾淪言也. 理無不善, 氣有
善惡, 而朱子有理發氣發之論, 則此可以分開言也. 渾淪分開, 皆所以明此理氣之學, 則一也."

제4장 이익의 사단칠정설과 성호학파의 사상적 분기 _추제협 243

사단과 칠정으로 나누어지지만 그 근본은 하나라고 말한다.(65) 그러면서 사단을 리발기수라 하고 칠정을 기발리승이라고 하며 여기에 다시 리발기발을 대입하고 있다.

대개 사단이 발하는 데 기가 아니면 할 수 없다면 기발이라고 말하여도 좋을 것이다. 그러나 기는 혹 폐단이 있는데 사단은 없다. 혹 폐단이 있다면 사단을 기발이라고 말할 수 없다. 칠정이 발하는 데 리가 그 가운데 있으면 리발이라고 하는 것이 좋을 것이다. 그러나 리는 확충할 수 있고 칠정은 확충할 수 없다면 칠정은 리발이라고 말할 수 없다. 그래서 이제 나는 리가 발함에 기가 따르며 기가 발함에 리가 타는 뜻을 알겠다. 리발기수의 기는 사단이 발하여 나타낸 기를 향하여 말한 것이다. 기발리승의 리는 칠정이 받아들인 바의 리를 향하여 말한 것이다. 사단이 리에서 발하여 기를 쓰고 칠정이 기에서 발하여 리 역시 거기에 있기 때문에 정자가 "기를 말하는데 리가 분명하지 못함을 말하지 말고 리를 말하는데 기가 갖추어져 있지 않음을 말하지 말라"라고 말하였다. 이 가르침은 매우 명쾌하다. 다만 리가 발하는 곳에서 리가 주인이 된다면 리발이라고 말하는 것이 옳으나 기가 발하는 곳에서 기가 주인이 된다면 기발이라고 말하는 것이 옳다고 하겠다. 주자가 "사단은 리의 발이고 칠정은 기의 발이다"라고 하지 않던가.(66)

---

65) 『順菴全集』, 권2, 「擬問·四七理氣」, "心統性情, 性動爲情, 情則一也. 而有四端之情, 有七情之情, 此所謂一本, 而萬殊者也. 情發以前, 只是性一圈而已. 情發以後, 四七之名, 各有分焉."
66) 『順菴全集』, 권2, 「擬問·四七理氣」, "蓋四端之發, 非氣無以, 則謂之氣發可也. 然而氣或有弊而四端無. 或有弊, 則四端不可謂氣發也. 七情之發, 理在其中, 則謂之理發可也. 然而理可擴充, 而七情不可擴充, 則七情不可謂理發也. 而今以後, 吾乃知理發隨氣氣發理乘之義也. 理發氣隨之氣, 就四端發見之氣而言之. 氣發理乘之理, 就七情所然之理而言之也. 四端發於理, 而氣以用之, 七情發於氣, 而亦在焉故, 程子曰, 論氣, 不論理不明, 論理, 不論氣不備. 此訓甚明快. 但理發處, 理爲主, 則謂之理發可氣發處, 氣爲主, 則謂之氣發可. 朱子不云乎, 四端理之發, 七情氣之發."

사단은 리가 발하고 기가 따른다고 하여 리의 발이라 하고 칠정은 기의 발이되 리가 타고 있다고 하여 기의 발이라고 했다. 약간의 차이는 있으나 대체로 이황의 견해에 부합한다. 그러나 여기서 사단이 기로 인해 부중절이 있을 수 있다고 본 것은 이익의 견해를 받아들인 것으로 보인다. 리와 기의 분개와 혼륜을 모두 인정하면서 사단과 칠정이 모두 정이지만 정이 발하는 것이 같지 않아 분개가 생겨 불선함이 없는 사단과 선함, 불선함이 있는 칠정이 되었다고 보았던 것이다. 결국 이러한 입장은 그가 이황의 본의가 혼륜과 분개를 모두 인정하는 것에 있으며, 이는 이익의 견해와 다르지 않다고 생각했기 때문에 나온 것이다.[67]

한편 안정복은 성인과 군자뿐만 아니라 일반인도 중中을 얻거나 잃는 차이는 있을지라도 기본적으로 칠정이 형기에서 발하는 것은 같다고 보았다. 따라서 성인의 공칠정도 칠정에 속하므로 기발이라고 해야 한다고 했다. 그런데 성인의 칠정에 대해 직접 불선함이 없는 본연의 성에 따라 발하여 정이 되고, 가장 먼저 선의 주변에 나타나는 것으로 보면 리발이라고 말해도 무방하다는 입장도 제시하고 있다. 전자가 윤동규의 입장에서 이황이 강조한 사단과 칠정의 분개를 인정한 것인 반면, 후자는 이병휴의 입장에서 그 근원의 이원적 분리를 인정한 것으로 이황 또한 이를 인정했다는 점을 분명히 했다. 결국 그가 지향한 것은 궁극적으로 이황(성인의 희노는 기가 리를 따라 발한다)이나 이익의 본의에 있

---

67) 『順菴集』, 권8, 「與李士興書 庚寅」, "而近來長川公, '喜怒之理發, 與四端所發之理, 初不有異, 則同謂之道心矣.' 七情之節約歸中, 卽人心之聽命於道心也. 四端發於理, 七情發於氣, 氣若順理而不致乖戾, 則雖謂之七情聽命於四端, 可也. 合理氣兼善惡, 性也心也情也. 原非有異, 則情亦一而已矣. 原來理氣有可以渾淪言者, 有可以分開言者, 談者雖更僕而不出此兩端, 退溪本說可考矣. 今以情一也之句, 謂之渾淪而歧貳師說, 則似未悉僕之本意也."

었음을 알 수 있다.

> 만약 희노喜怒가 올바름을 얻은 경우에는 리발이라고 한다면, 그것이
> 장차 사단이 그 올바름을 얻지 못할 경우에는 【측은함이 아님에도 측
> 은하게 여기고, 수오함이 아님에도 수오하다고 느끼는 따위 같은 것】
> 기발이라고 말할 것인가? 성인의 희노는 발하되 스스로 맞고, 군자의
> 희노는 발하되 맞는 것을 구하며, 일반 사람들의 희노는 발하되 맞기
> 를 잃기 마련이다. 비록 맞고 맞지 않는 차이가 있을 지라도 그것이
> 형기에서 발하는 것은 다름이 없다. 그것은 기의 발임에 의심이 없
> 다.[68]

물론 이러한 생각이 단순히 성호학인들의 분열을 막고자 하는 의도
에서 나온 것만은 아니다. 안정복은 이러한 대립된 상황을 해결하기 위
해서는 무엇보다 이황과 이익의 본의를 정확히 이해하는 것이 필요하다
고 보았다. 그래서 영남의 소퇴계小退溪로 불렸던 이상정李象靖(大山, 1711~
1781)에게 이러한 문제에 대해 자문을 구했고, 여기에 이상정의 사칠론
에 대한 견해를 듣게 되면서 자신의 입장을 정리할 수 있었던 것으로
보인다.[69] 그 결과 그는 일심일성일정一心一性一情의 혼륜에 대한 이심이
성이정二心二性二情의 분개를 말하면서 공칠정 또한 기발이면서 리발일
수 있다고 주장하게 된 것이다. 그러나 이러한 안정복의 입장 또한 쉽

---

68) 『順菴集』, 권4, 「與貞山李景協書」, "若以喜怒之得正者, 謂之理發, 則其將以四端之不得其正
者 【如不當惻隱而惻隱, 不當羞惡而羞惡之類】謂之氣發乎? 聖人之喜怒, 發而自中者也, 君子
之喜怒, 發而求中者也, 衆人之喜怒, 發而失中者也. 雖有中不中之不同, 而其發於形氣則無異.
其爲氣之發, 無疑矣."

69) 안영상, 「순암 안정복의 사단칠정설」, 『한국실학연구』 3집(한국실학회, 2001), 66~
71쪽 참조.

게 받아들여지기보다는 오히려 이기양과 권철신의 강한 비판에 부딪히게 되면서 성호학파 내부의 분열은 막을 수 없게 되었다.

그럼에도 이러한 안정복의 노력은 당시 남인의 서학 신봉이란 노론의 곱지 않은 시선에서 벗어나고자 하는 데에 나름의 의미를 부여할 수 있다.[70] 앞서 살펴본 대로 영남학파와의 사상적 근접성을 확보하여 이익의 설과 자신의 설이 이황을 잇고 있음을 재차 강조하고자 한 것은 그런 점에서 이해될 수 있다.

다만 안정복은 궁극적으로는 사칠론을 비롯한 성리학에 대한 논쟁 자체가 무의하다고 생각했다. 그 이유는 이러한 공허한 것에 매달리다 보면 실천을 소홀히 할 수 있기 때문이며, 안정복은 이것이 바로 당시 공부하는 사람들의 큰 병폐라고 보았다. 따라서 그는 무엇보다 '하학下學'에 대해 매진하는 것이 더욱 중요한 공부라고 역설한다.[71] 안정복이 강조한 하학은 결국 실생활에 체득하여 익히는 것으로 이른바 실사實事에 힘쓰는 공부(務實)라고 할 수 있으며[72] 이러한 생각은 이후 안정복의 문인인 황덕일, 황덕길 형제로 이어지면서 더욱 강조된다.

---

70) 신항수, 「18세기 후반 이익 문인들의 분기와 성호학의 계승」, 『한국실학연구』 8집 (한국실학학회, 2004), 334~337쪽 참조.

71) 『順菴全集』, 권2, 「擬問·四七理氣」, "天下之義理無窮, 人人之所見不同, 則以吾淺薄, 安敢論說性理箇箇, 歸至當之科乎? 近日少欲開發蘊奧, 則毫上起毫, 縷上起縷, 毫毫縷縷, 非天下至情, 其孰能辨之哉. 古人曰, '下學而上達', 不學不已, 則淸明在躬, 志氣如神自然及上達之境矣. 然後可以辨義於毫縷, 判心迹於天壤者也. 然則今日之務, 當在乎下學工夫而已."

72) 『順菴集』, 권8, 「與柳敬之書 乙未」, "爲學之要, 不過務實二字."

4. 정리와 남은 문제

이 글은 이익의 사단칠정설에 쟁점이 된 부분을 살펴본 뒤, 이 문제에 대해 성호학인들이 각각 어떠한 입장을 취하고 있는지 검토하였다. 우선 이익은 이황과 기대승 간의 논쟁에서 제기된 이황의 '리기호발론'에 대해 해명하고자 하는 동기가 있었다. 그는 감정발현이 리가 주재하고 기가 따르는 리발기수로 동일하지만, 그 감정발현의 원인이 성이 직발한 것인지 아니면 형기에 의해 성이 발한 것인지에 따라 리발과 기발의 차이가 있다고 했다. 이러한 주장은 무엇보다 이황에 대한 기대승의 반발을 염두에 둔 수정의 의미도 있으면서 이황의 본의를 나름의 입장에서 정리하고자 하는 의도에서 비롯되었다. 그 결과 리발기수와 리발기발은 혼륜을 전제로 한 분개에 무게를 두고 있음을 강조하게 된 것이다.

그러나 이러한 주장은 자칫 논점을 흐릴 우려가 있었다. 즉 기호노론의 비판에 따라 혼륜을 무시한 것은 아니었다고 하더라도 이익 자신이 이황의 본의라고 생각한 분개 또한 분명하지 않기 때문이다. 따라서 공칠정의 문제가 제기되고 급기야 이는 몇 차례의 수정을 통해 기발로 확정되는 듯했지만 이익이 궁극적으로 이를 인정한 것은 아니라는 점에서 리발의 여지가 그대로 남아 있다고 해야 할 것이다.

이러한 이익의 주장에 성호학인들은 크게 세 가지 입장에서 논의를 전개한다. 먼저 이익의 견해에 이황의 본의를 새롭게 해석하고자 하는 입장이다. 신후담과 이병휴가 대표적 인물로, 이들은 모두 리와 기를 둘로 나누어 사단과 칠정이 그 근원에서는 같으나 실제 감정의 발현과정에서는 서로 다른 리와 기에 근거하고 있다고 주장한다. 그리고 공칠정에 대해서도 공사개념을 통해 사단과 칠정을 보아 공칠정은 형기에 근거하지 않기 때문에 리발이라고 강조한다. 결국 이러한 점은 이익의 견해를 새롭게 구성 및 이해함으로써 이황의 본의가 혼륜을 전제로 한 분개에 있음을 강조하기 위한 것이라고 생각된다.

반면 윤동규는 이황의 본의에 이익의 견해를 보완하여 이해하고자 하였다. 그는 무엇보다 이황의 본의는 분개에 있다고 보아 심의 지각을 통해 사단과 칠정을 구분한다. 즉 심의 지각이 성에 근거하면 사단이고 그렇지 않으면 칠정이라는 것이다. 따라서 그에게는 공칠정이 비록 중절한 칠정이기는 하지만 형기에 비롯된 것을 부정할 수 없다고 했다.

한편 이러한 극명한 대립 속에서 안정복은 이황과 이익의 견해를 절충하여 이해하고자 했다. 영남 남인의 대표적 인물인 이상정과의 토론 또한 이와 무관하지 않다. 그는 우선 리와 기의 관계에 대해 혼륜과 분개의 입장을 모두 인정하고 절충해야 한다고 보았다. 그리고 사단과 칠정 또한 리발기수와 기발리승으로 정리하면서도 '정이 발함에 불선하지 않은' 사단과 '선함과 불선함이 함께 있는' 칠정이 있다고 보았다. 그런 점에서 사단 또한 부중절이 있을 수 있음을 인정한다. 이러한 점에서 안정복은 이황과 이익의 본의가 모두 분개와 혼륜의 절충에 있었다고 보았다.

이상의 정리를 통해 확인할 수 있는 사실은, 이익이 이황의 학문적 견해를 따르고자 고심하였고, 이러한 과정에서 자신의 새로운 이론을 정립하게 되는 결과로 나타나게 되었다는 점이다. 이는 분명 이황의 설과 이익의 설이 충동하는 면이 없지 않으며, 이것은 또한 새로운 사상,

즉 실학으로의 전환을 위한 예비적 단계로 충분히 예상될 수 있는 것이기도 하다. 그리고 그 흐름의 정점에 정약용이 서 있음은 물론이다. 따라서 실학의 집대성자로 일컬어지는 정약용을 이해하기 위해서는 단순히 성호좌파의 흐름이 아닌 성호학파의 전체적인 면모를 통해 그들의 사상적 특징들을 검토하는 것이 선행되어야 함을 알 수 있다.

이 글은 그런 점에서 이익의 사칠설에 대한 성호학인들의 견해만을 집중적으로 살펴보았기에 각 학인들의 철학사상에 대한 면밀한 검토는 하지 않았다. 그들 또한 이익의 사상적 영향 속에서 자신의 독창적인 이론을 정립하고 있다는 점에서 극히 일부분만을 다룬 셈이다. 선행 연구들에서도 이들에 대한 연구가 아직 미진한 상태이므로 이에 대한 본격적인 연구가 다음 과제로 남아 있다.

【참고문헌】

李滉, 『退溪全書』.
李玄逸, 『葛庵集』.
權相一, 『淸臺集』.
李瀷, 『星湖全書』.
愼後聃, 『河濱先生全集』.
安鼎福, 『順菴集』.
尹東奎, 『召南遺稿』.
李秉休, 『貞山雜著』.

강세구, 『순암 안정복의 학문과 사상 연구』, 혜안, 1996.
김용걸, 『성호 이익의 철학사상연구』, 성균관대 대동문화연구원, 1989.
김용헌, 『조선 성리학, 지식권력의 탄생』, 프로네시스, 2010.

강세구, 「성호학파의 리기논쟁과 그 영향」, 『역사와 실학』 17 · 18집, 역사실학회, 2000.

권향숙, 「주희의 公과 私」, 『철학논구』 30집, 서울대 철학과, 2002.

_____, 「公 · 私 개념을 통해 본 이익의 철학」, 서울대 박사학위논문, 2005.

김낙진, 「장현광의 리일원론적 심성론과 그 영향」, 『여헌 장현광의 학문세계 2: 자연과 인간』, 예문서원, 2006.

문석윤, 「퇴계에서 리발과 리동, 리도의 의미에 대하여」, 『퇴계학보』 110집, 퇴계학연구원, 2001.

송갑준, 「성호 이익의 사단칠정론」, 『사단칠정론』, 서광사, 1992.

신항수, 「18세기 후반 이익 문인들의 분기와 '성호학' 계승」, 『한국실학연구』 8집, 한국실학회, 2004.

안영상, 「성호 이익의 성리설 연구」, 고려대 박사학위논문, 1998.

_____, 「순암 안정복의 사단칠정설」, 『한국실학연구』 3집, 한국실학회, 2001.

윤원현, 「주희의 公私개념과 公論」, 『율곡사상연구』 17집, 율곡학회, 2008.

이상익, 「성호 이익의 理發氣隨一路說과 그 비판」, 『영남성리학연구』, 심산, 2011.

_____, 「퇴계 성리학과 퇴계학의 본령」, 『영남성리학연구』, 심산, 2011.

추제협, 「성호 이익의 心說과 사칠문제」, 『동아인문학』 19집, 동아인문학회, 2011.

제3부

율곡학파의 사단칠정설 전개

제1장 기대승의 리기심성론과 사칠론

황지원

1. 기대승의 학문적 연원과 도학정신의 계승

고려 말 유입된 성리학이 200여 년간의 성숙기를 거쳐 조선 중기에 이르면 이론적으로 심화되고 완숙한 단계에 접어드는데, 이것을 잘 보여 주는 사례가 바로 고봉高峰 기대승奇大升(1527~1572)과 퇴계退溪 이황李滉(1501~1570) 사이에 벌어진 사단칠정논쟁이다. 이 사칠논쟁은 조선 성리학의 특성을 명확하게 드러냄과 동시에 이후의 학술적 흐름을 결정한 일대 사건이었다. 그만큼 많은 연구자들의 관심이 집중되었고, 수많은 연구들이 진행되었다. 그럼에도 불구하고 다시 기대승의 사칠론을 다루고자 하는 것은 지금까지의 연구들이 대부분 논쟁 자체를 분석하고 그 의미를 탐구하는 것에만 집중되어 있을 뿐, 기대승의 사칠론이 어디에 근거하고 있고, 어떤 과정으로 도출되어 나왔으며, 다른 학자들과의 차별적 특성이 무엇인지에 대한 탐색이 부족하기 때문이다. 즉 이 논문은 사칠논쟁 자체에 의미를 두기보다는 기대승의 사칠론이 가지는 연원과 특성, 그리고 그 의미에 대해 분명한 이해를 하는 것을 목표로 한다.

기대승의 학문 연원에 대해서는 특별히 밝혀진 것이 없다. 일반적인 이해에 따르면 당시에 이미 성리학자로서 명망이 높고 지리적으로도 가까이 있었던 하서河西 김인후金麟厚(1510~1560)와 일재一齋 이항李恒(1499~1576)의 영향을 받았을 것이라고 추정하지만 실제적인 근거는 없으며, 특히 이항과는 성리학에 대한 견해 자체가 달랐으므로 학문적 영향 관계가 있다고 보기 어렵다. 그러므로 기대승의 학문 연원에 대해서는 사실상 특정한 인물이나 학통의 영향을 직접 받았다기보다는 부친인 물재勿齋 기진奇進(1487~1555)의 가르침과 도학적 경향이 남달랐던 가풍의 영향 하에서 직접 경전을 독학한 것으로 이해하는 것이 옳을 것이다.

16세기는 조선조 성리학이 완숙한 경지에 이르러 다양한 이론을 꽃 피운 시기이기도 했지만, 다른 한편으로는 사화로 얼룩진 정치적 혼란기이기도 했다. 1498년 무오사화를 시작으로 갑자사화(1504), 기묘사화(1519), 을사사화(1545) 등이 연이어 일어나 수많은 사림이 죽거나 유배를 당하였고, 도학道學의 맥이 크게 손상되었다. 도학이란 성리학이 지나치게 사변에 빠지고 관념화되어 수양과 실천을 등한시한다는 반성에서 비롯된 것으로, 유학 본래의 정신으로 돌아갈 것을 강조하고, 아울러 유학 본래의 수기치인의 관점에서 도덕적 실천을 강조하는 유학정신이다. 그러므로 일상적인 규범으로부터 실천궁행을 강조하였고, 철저한 자기반성과 함께 불의와 부정을 결코 용납하지 않는 강한 도덕적 의리 정신을 지니고 있다.

이러한 도학정신은 기대승의 삶과 학문 전반에 걸쳐 매우 큰 영향을 끼쳤으며, 정치적인 이상에 있어서도 기본적으로 지치至治의 실현이라는 강한 목적의식을 지니게 하였다. 그가 이처럼 도학의식을 뚜렷하게 지니게 된 것은 조광조와 함께 삼대지치三代之治의 도학정치를 추구하다 가 기묘사화에 연루되어 죽음을 당한 복재腹齋 기준奇遵(1492~1521)이 개 인적으로 그의 숙부라는 사실과도 밀접한 관련이 있다. 기대승은 경연 석상에서 정몽주 → 길재 → 김종직 → 김굉필 → 조광조로 이어지는 학통을 '동국도통東國道統'으로 규정하고 스스로 도통의 계승자임을 강조 하였다. 또한 이 학문 연원의 정통성을 계승한 조광조의 지치주의 이상 정치를 실현하는 것이 자신의 책무라고 인식했다.[1]

그가 조정에서 건의하거나 힘써 행하고자 했던 것은 대부분 기묘명 현己卯名賢들이 의욕적으로 시행하고자 했던 것이었으며, 그의 경세론 역 시 유가의 전형적인 틀에서 벗어나지 않는다. 다만 선대의 도학자들이 지치주의 개혁정치를 직접 실현하는 데 힘쓴 반면, 기대승은 경연 등을 통해 지치와 개혁의 이념적 기초를 마련하는 등 이론 무장에 힘썼던 것이 차이점이라 할 수 있겠다.[2] 기대승이 이런 신중론을 펴게 된 것은 군덕君德이 완전히 성취되지 않은 상태에서 일을 서두르다가 개혁에 실 패한 기묘명현들의 전철을 되풀이하지 않으려는 의식이 반영된 것이라 고 할 수 있는데, 이는 이황의 정치의식과도 일맥상통하는 모습을 보이 는 것이다. 그런데 기대승의 이런 신중한 태도는 때로 개혁을 거부하고 현실에 안주하려 한다는 오해를 불러일으켜 율곡栗谷 이이李珥(1536~1584) 를 비롯한 소장 학자 층의 비판을 받기도 하였다.[3]

---

1) 奇大升, 『高峰集』, 권2, 「論思錄」 참조.
2) 고봉학술원 편, 『고봉의 생애와 사상』(이화출판사, 2011), 25쪽 참조.
3) 기대승의 경세론은 우선 근본을 확실하게 세우는 데에 주력하고 있으며, 민생과 직 접 관련하여 폐단을 개혁하는 방책에 대해 논한 것은 별로 없는데 이는 개혁을 통한

법령과 제도를 통한 급진적인 개혁이 아니라 군주를 비롯한 인간 심성의 변화, 의식 수준의 변화를 통해 점진적으로 변화시켜 나가는 개혁이라야 비로소 온전한 성취를 얻을 수 있다는 기대승의 개혁론은 이념적 윤리를 우선하는 이상주의적 성향을 나타내게 되며, 이는 그의 성리설과도 유기적인 연관성을 지닌다. 즉 우주론과 존재론의 범주에서 이황에 비해 기의 의미를 상대적으로 중시하고 강조하는 이론적 성향을 가지면서도 다른 한편으로는 리에 절대적 가치를 부여함으로써 인간행위의 강력한 도덕적 근거를 확립하고자 한 이황의 심성론적 목표에도 어느 정도 공감하고 동조하는 태도를 보이는 이중성을 띠게 된 것이다.

2. 리기론

리와 기의 관계에 대한 성리학의 기본 명제는 불상리不相離이면서 동시에 불상잡不相雜인 관계로 설정된다. 즉 리와 기는 언제나 함께 있으며, 개념적으로는 분명하게 구분되지만(理氣不相雜), 현상 사물에 있어서는 결코 나눌 수 없는(理氣不相離) 관계인 것이다.[4] 일반적으로 기대승과

민생의 안정을 우선시한 이이의 개혁론과 방법론적인 측면에서 큰 차이가 있으며, 때로 이이 등으로부터 '개혁을 좋아하지 않는다'는 비판을 받기도 한다.

4) 리기 관계는 우주생성론을 인간 내면의 심성론과 연결시킴으로써 도덕형이상학을 세우고자 하는 성리학, 특히 주자학의 기본 체계에서는 필연적으로 이중구조를 띨 수밖에 없다. 즉 우주론에서는 리기 관계가 수평적이고 동등한 것인데 비해, 인간존재의 도덕성을 확보하고자 하는 심성론에서의 리기 관계는 선후와 본말의 수직적 관계로 설정될 수밖에 없는 것이다. 이에 대한 논의는 김기주, 「사단칠정논쟁, 퇴계

이황 사이에 벌어졌던 사칠논쟁에서 기대승은 리기불상리에, 이황은 리기불상잡에 중점을 두고 있는 것으로 평가된다. 그런데 기대승은 이항李恒이나 노수신盧守愼(蘇齋, 1515~1590)과의 논쟁에서는 이와 다른 태도를 보인다. 이항은 리기 관계에 대해 '혼연한 한 덩어리(一物)여서 체용, 동정의 사이에 잠시 동안도 서로 떨어짐이 없는 것'이라고 주장하여 천도와 인간의 연속성을 강조한다. 그리하여 리기가 둘로 구분되는 것 같지만 그 본체는 하나이며, 하나이면서 둘이고 둘이면서 하나인 것이라고 한다.[5] 이에 대해 기대승은 리와 기가 사물 상에서는 혼연히 섞여 있어서 나눌 수 없는 것 같지만 그렇다고 해서 일물一物이라고 해서는 안 되며, 분명히 서로 다른 것임을 강조함으로써 분개分開의 측면에서 리기불상잡을 옹호하는 태도를 보이고 있다.

또한 기대승은 1565년 인심도심人心道心에 대한 견해차로 노수신과 논쟁을 벌이게 되는데, 리와 기를 하나로 보는 리기일물理氣一物의 관점에서 도심은 체體이고 인심은 용用에 해당하므로 이 둘이 곧 하나의 마음일 뿐이라고 주장하는 노수신의 견해에 대해서도 분명하게 반대의 입장을 취하고 있다. 기대승은 '도심은 리에 속하지만 인심은 기에 속하는 것'이라고 하면서 노수신의 리기일물설을 비판한다. 노수신과의 인심도심논쟁에 대해서는 다음 절에서 논의하기로 하고, 여기에서는 상황에 따라 기대승이 리와 기의 관계를 나누어 보기도 하고 혼륜의 측면에 중점을 두기도 한다는 점을 우선 지적하고자 한다.

와 고봉의 학술적 교류와 도덕적 탐색」, 『국학연구』 제29집(한국국학진흥원, 2016) 참조.

5) 盧守愼, 『一齋先生集』, 「答奇正字書」, "理氣雖二物, 而其體則一也. 蓋一而二, 二而一者也."

그렇다면 기대승은 무엇을 기준으로 하여 어떤 경우에는 분개의 측면에서 리기불상잡을 강조하고 또 어떤 경우에는 혼륜의 측면에서 리기불상리를 강조한 것일까? 일반적 견해에 따르면 초기에는 리기불상리의 관점에 서 있다가 사칠논쟁이 진행되면서 후기에 리기불상잡의 관점으로 변화되었다고 하지만 이것은 사실과 다르다. 이황과의 사칠논쟁이 본격적으로 진행되기 전에도 리기불상잡의 관점에서 리와 기를 엄격히 분리할 것을 언급한 부분이 있기 때문이다. 그러므로 시기에 따라 리기관이 변화했다기보다는 처음부터 나름대로의 기준을 정립하고 있었으며, 시종일관 자신의 관점을 유지해 나갔다고 보는 것이 옳을 것이다.

또한 이것은 리기론과 심성론뿐만 아니라 공부론과 경세관을 비롯한 전체 사유체계와 연결되어 있는 것으로 보인다. 즉 하나의 극단에 치우치지 않고 조화와 균형을 유지하면서 근원적 측면에서 점진적으로 도덕적 이상을 추구하려는 그의 태도가 리기를 혼용하여 통일체로 보려는 관점이나, 이와 반대로 엄격히 구분하여 별개의 사물로 보려는 관점 모두를 그대로 수용하기 어렵게 한 것이다.

기대승은 이념적 차원에서는 리기를 분별함이 마땅하지만 현실의 차원에서는 리기가 따로 떨어질 수 없다는 원칙을 철저히 유지함으로써 이황의 성리설과도 다르고 이이의 성리설과도 다른, 하지만 동시에 이황과도 일정 부분 공통성을 지니고, 반대로 이이와도 연결되는 자신만의 독자적 체계를 형성하고 있는 것이다. 이러한 특징은 '리의 운동성', 즉 '리발'에 대한 이해에서도 드러난다.

기대승은 이황과 사칠논쟁을 시작하기 한 해 전(1558)에 있었던 일재

一齋 이항李恒과의 태극논쟁太極論爭에서 태극을 '순수한 본연의 리'로 상정하고 있으며, 여기에서 리의 동정動靜을 이미 인정하고 있었다. 그는 이렇게 말한다.

> 기가 동정하는 바가 어찌 태극의 동정으로 인한 것이 아니겠습니까? 만약 태극이 동정하지 않으면, 천명의 유행이 기에서 나온 것이라는 말이 되어 버릴 것입니다. 태극은 조짐이 없으므로 그 동정을 직접 볼 수는 없지만 음양이 동정하는 원인을 찾으면 그것은 바로 태극이 동정하기 때문입니다. 지금에 이르러 (태극에) 동정이 없다고 하는 것은 태극의 오묘함을 극찬하려다가 도리어 그 참된 것을 잃어버린 것입니다.[6]

여기에서 기대승이 말하는 태극의 동정은 곧 리의 운동성을 인정하는 전제 위에서 가능한 것이다. 또한 이것은 이황과의 사칠논쟁 초기에 보이는 주기적 경향과는 상당히 다른 관점이라고 할 수 있다. 그렇다면 기대승의 '리동理動' 혹은 '리발理發'과 이황의 '리발'은 동일한 의미로 받아들일 수 있는가?

결론적으로 말하자면 기대승이 말하는 리의 운동성과 이황의 리의 운동성은 동일한 의미로 이해할 수는 없다. 리의 운동성에 대한 그들의 차별성은 '리일理一'로서의 태극의 세계와 '분수分殊'로서의 현상의 세계, 즉 원리적 차원과 현실의 차원에서 리기 관계를 각각 어떻게 파악하는

---

6) 奇大升, 『高峰集』, 권3, 「答先生問目」, "氣機之所以動靜, 豈非太極之動靜也. 若曰太極無動靜, 則天命之流行者出於氣機之爲呼. 太極無眹, 其動靜不可見, 而因陰陽之動靜, 以求其所以然, 則太極之有動靜可知矣. 今日無動靜, 欲以極贊太極之妙, 而反失其眞也."

가에 달려 있다. 즉 기대승이 인정하는 것은 분수 이전 태극 단계에서의 리의 동정이며, 분수된 후 현실세계에서의 리의 동정, 혹은 '발發'은 이황이 말하는 '발'의 의미와는 다른 것이다.

이황은 태극의 리 개념이 가지는 절대성과 순선함, 그리고 '리발' 개념을 분수 이후의 현실세계에도 그대로 적용하였다. 그에게 있어서 현실의 리는 이념적 리와 일치하는 것이었고, 그리하여 실제 인간의 심성에 대해서도 리기를 구분하고자 하였다. 즉 '사단=본연지성=순선함=리', '칠정=기질지성=선악미정=기'로 나누고 양자를 대립시켜 이해한 것이다. 그러나 기대승은 태극이라는 이념적 차원에서와 달리 분수 이후의 현실세계에서 리기 관계는 일원적인 것으로 파악하였다.

이렇게 되면 사단과 칠정은 모두 리기가 함께 섞여 있는 것으로 기질지성의 영역에 속하는 것이 된다. 사단 또한 칠정에 포함되는 정情일 뿐이며, 칠정 또한 사단과 이름만 다를 뿐 원래는 선한 것이라는 그의 주장은 이를 뒷받침한다. 특히 "기질지성의 선한 측면이 본연지성이며, 별도로 또 다른 성이 있는 것은 아니다"[7]라는 그의 주장은 현실세계에서 만물에 내재한 리와 초월적 본원의 리가 분리되어 있는 것이 아니라 동일한 것임을 주장하는 것이다.[8]

이런 점에서 기대승은, 이황이 리발의 '발'을 '움직이다' 또는 '~에서 생겨 나오다'는 의미로 사용한 것과 달리, '드러나다'(發顯)의 의미로 변형하여 사용한다. 결국 사단에 대해 '리가 발한 것'임을 수용하는 관점도 리의 적극적 운동성을 강조하고자 하는 이황과 달리, 기질지성 안

---

7) 奇大升, 『高峰集』, 「四端七情後說」, "氣質之性之善者, 乃本然之性, 非別有一性也."
8) 고봉학술원 편, 『고봉의 생애와 사상』(이화출판사, 2011), 140~142쪽 참조.

에 내재되어 있다가 기질이 고요하고 맑아지면 자연스럽게 '드러난다'는 의미로 변용하여 표현한 것이다. 결국 기대승은 리의 운동성을 인정하여 인간의 내면에서 강력한 도덕 근원을 확보하려는 이황의 시도를 어느 정도 수용하면서도 원리적 측면과 현상적 측면이라는 두 가지 기준을 적용함으로써 실제적으로는 유보적 태도를 취하고 있는 것이다.

기대승은 '리발'의 문제에 있어 이처럼 이황의 관점과 미묘한 차이를 보이고 있을 뿐만 아니라 '기발'에 있어서도 다른 입장을 제기한다. 즉 사단이 리발이라는 부분에 있어서는 동의할 수 있으나,[9] 칠정이 기발이라는 부분에 대해서는 문제가 있기 때문에 동의할 수 없으며, 주희의 견해와도 다르다는 것이다. 그는 이렇게 말한다.

(주자께서) 이른바 '사단은 리가 발한 것이다'라는 말은 오로지 리만을 가리켜 말한 것이고, '칠정은 기가 발한 것이다'라고 한 것은 리와 기를 섞어 말씀하신 것입니다. 그리고 '리가 발한 것이다'라고 말씀하신 것들은 진실로 바뀔 수 없는 것이지만 '기가 발한 것이다'라고 말씀하신 것은 기만을 가리켜 말씀하신 것은 아닙니다.[10]

성性에는 본연지성과 기질지성이 있다. 그런데 이 성이 인간의 정으로 발현되어 나타날 때(性發爲情), 칠정은 선도 있고 악도 있는 정이기 때문에 순선한 본연지성의 발이라고 할 수 없고 기질지성이 발한 것이라

---

9) 물론 사단이 '리발'임을 인정한다 하더라도 이황이 말하는 '리발'과는 그 의미상 차이가 있다는 점을 간과해서는 안 된다.

10) 奇大升, 『高峯集』, 「高峯答退溪論四端七情書」, "所謂四端是理之發者, 專指理言, 所謂七情是氣之發者, 以理與氣雜而言之者也. 而是理之發云者, 固不可易, 是氣之發云者, 非專指氣也."

고 할 수밖에 없는데, 이 기질지성은 기질이라는 기의 요소와 본연지성이라는 리의 요소를 함께 포함하고 있는 것이다. 그러므로 기질지성이 발하여 칠정이 된다는 말은 실제적으로는 '리와 기가 함께 발한 것'이라고 해야 마땅할 것이며, 리와 기의 두 측면이 동시에 드러나고 선과 악의 두 요소가 공존하는 것이므로 단순히 기가 발한 것이라고 해서는 안 된다.

결국 '리발'과 '기발'이라는 용어를 사용함에 있어서 이황은 이념적 차원에서 리와 기를 구별할 수 있는 것처럼 현상세계에서도 소종래所從來에 따라 리적 측면과 기적 측면으로 구별할 수 있다고 보며, 바로 이러한 구별의 관점에서 각각 '리발'과 '기발'을 말하고 있다. 그러나 기대승은 이념적 차원에서와 달리 현상세계에서는 리와 기가 따로 분리되어 드러날 수 없으며 일원적인 관계이기 때문에 순수한 '리발'이나 '기발'은 있을 수 없다고 보는 것이다.

3. 심성론

성리학의 대전제는 우주 본연의 천리天理가 인간 개체에 주어질 때는 본래의 완전한 모습 그대로 각각의 본성으로 주어진다는 것이다. 이것이 이른바 '성즉리性卽理'이며, 이는 곧 인간의 본성과 우주의 리가 일치하는 것임을 언명하는 것이다. 인간의 마음속에 내재한 리(本然之性)는 그 자체로 천리의 리와 동일한 것이며, 그 천리를 부여받은 나의 심은 곧 천의 심과 동일하다. 사단과 같은 순수한 도덕적 감정의 근원이 되는 리는 바로 이 보편적 마음의 리(理一之理)인 것이다. 그러나 천지의 기로부터 응축되어 형성된 개체는 그 개체를 형성하는 기의 차별성으로 인해 각각의 기질이 서로 다를 수밖에 없으며(氣質之性), 기질지성이 발하여 칠정이 생길 때는 기질 속에 내재해 있는 리도 그 기질을 타고 함께 작용하는데, 이 리가 곧 개별적인 마음의 리(分殊之理)인 것이다.

본연지성(천지지성)과 기질지성의 관계에 대해서도 기대승은 기질지성의 선한 측면이 곧 본연지성인 것이지 따로 하나의 성이 있는 것이 아니라는 견해를 피력한다.[11] 이는 본연지성을 기질지성 가운데 '오로지 리적인 부분만을 가리켜 말한 것'(專指理)으로, 기질지성은 '리와 기를 겸하고 있는 것'(兼理氣)으로 파악하는 것이다. 또한 기대승은 이황과 사칠논쟁을 진행하던 중 두 번째 편지에서 사단과 칠정을 각각 리와 기에 분속하는 것을 부정하기 위해 '천지 및 인물상에서 논하는 경우'와 '성에서 논하는 경우'로 나누어 본연지성과 기질지성을 설명하기도 하고,[12] 세 번째 편지에서는 본연지성과 기질지성을 '하늘에 떠 있는 달'과 '물 위에 비친 달'에 비유하기도 한다.[13]

기대승의 이러한 언급들은 리기불상리의 관점에서 리와 기의 분개

---

11) 奇大升, 『高峰集』, 「四端七情後說」, "盖以本然之性, 墮在氣質之中, 故謂之雜而言之. 然氣質之性之善者, 乃本然之性, 非別有一性也."

12) 奇大升, 『高峰集』, 「高峯答退溪論四端七情書」, "此就天地及人物上, 分別理與氣, 固不害一物之自爲一物也, 若就性上論, 則所謂氣質之性者, 卽此理墮在氣質之中耳, 非別有一性也. 然則論性, 而曰本性, 曰氣稟云者, 非如就天地及人物上, 分理氣而各自爲一物也, 乃以一性, 隨其所在, 而分別言之耳."

13) 奇大升, 『高峰集』, 「高峯答退溪再論四端七情書」, "天地之性, 譬則天上之月也, 氣質之性, 譬則水中之月也. 月雖若有在天在水之不同, 然其爲月, 則一而已矣. 今乃以爲天上之月是月, 水中之月是水, 則豈非所謂不能無碍者乎?"

分開를 인정하지 않았다고 해석하게 되는 빌미를 제공하기도 한다. '기질지성의 선한 측면이 곧 본연지성'이라는 견해를 적극적으로 해석하면 본연지성은 단지 개념적 차원의 것일 뿐이고 실재성을 지니지 않는 것이라고 볼 여지가 있는 것이다. 사람과 사물에 있어서의 성은 기질지성일 따름이며, 그것은 기 속에 리가 들어온 것에 해당한다. 그런 의미에서 기대승에게 있어서 일반적인 성의 의미는 순수한 리 자체가 아니며, '기질과 결합해 있는 상태의 리'라고도 말할 수 있다는 주장까지 나오게 된다.[14]

하지만 이와 같은 해석은 너무 지나친 것이며, 리기불상잡의 관점에서 나흠순羅欽順(整庵, 1465~1547)의 '리기일물론理氣一物論'을 적극적으로 비판하는 기대승의 다른 측면을 간과한 것이다. 그가 말하는 기질은 사람이나 사물마다 다른 질료적 측면으로서 개체적·주관적 차이를 발생시키는 것으로 본연의 성이 기질에 가리어 왜곡됨으로써 본성이 한쪽으로 치우쳐 드러나는 성향을 말하는 것일 뿐이지, 그 자체가 보편성과 통일성을 부정하는 것은 아니다. 즉 본연지성과 기질지성이 하나의 성이라고 하더라도 그것이 본연지성의 존재 자체를 인정하지 않는다는 말은 아닌 것이다. 기대승은 이렇게 말한다.

천지만물을 통틀어 본 것에서 리와 기를 나누어 말하자면 태극太極은 리이고 음양陰陽은 기입니다. 사람과 동물이 부여받은 것에서 리와 기를 나누어 말하자면 건순健順과 오상五常은 리이고 혼백魂魄과 오장五臟은 기입니다. 사물 속에서의 리와 기는 비록 뒤섞여 있어서 나눌 수는

---

14) 민족과사상연구회 편, 『사단칠정론』(서광사, 1992), 83쪽 참조.

없지만, 그렇다고 해서 리와 기가 각각의 존재라는 것에는 별 문제가
되지 않습니다.15)

구체적인 현상 속에서는 비록 리와 기가 뒤섞여 있어서 나눌 수 없
다고 하더라도 이를 근거로 리와 기가 동일한 하나의 사물이라고 할
수 없는 것처럼, 인간의 감정이 기질지성을 통해 드러날 수밖에 없다고
하더라도 이를 통해서 본연지성이 무의미하다거나 존재하지 않는다고
해서는 안 된다는 것이다. 만약 기대승이 본연지성의 존재를 인정하지
않았다면 결코 '리의 본체', '기가 순응하는 리', '리의 발' 등과 같은 표
현을 사용할 수 없다. 왜냐하면 이러한 용어들은 본연지성이 기질과 뒤
섞이지 않는다는 이해가 성립할 때에만 사용할 수 있는 용어들이기 때
문이다.16) 리와 기를 구별하는 기대승의 관점은 인심도심에 대한 견해
에서도 드러난다.

기대승은 노수신과의 인심도심논쟁을 통하여 '도심은 리에 속하고
인심은 기에 속한다'는 관점을 드러내면서 나흠순의 영향을 받아 '인심
과 도심이 하나의 마음일 뿐'이라고 주장하는 노수신을 강하게 비판한
다. 그는 이렇게 말한다.

리와 기가 비록 두 가지 사물이라고 말할 수 없는 것이기는 합니다만
만약 그렇다고 해서 하나의 사물로 여겨 버린다면 이 또한 노와 기의

---

15) 奇大升, 『高峰集』, 「高峯答退溪再論四端七情書」, "至於就天地上分理氣, 則太極理也, 陰陽氣
   也. 就人物上分理氣, 則健順五常理也, 魂魄五臟氣也. 理氣在物, 雖曰混淪, 不可分開, 然不害
   二物之各爲一物也."
16) 김낙진, 「주리론으로 읽어 본 기대승의 사단칠정론」, 『퇴계학보』 제124집(퇴계학연
   구원, 2008), 17쪽 참조.

구별이 사라지게 될 것입니다. 지금에 와서 이름이 서로 다를 뿐이고 그 의미에는 다름이 없다고 한다면 성현들께서 말씀하신 리와 기라는 것이 애초에 아무런 실질이 없는 것이 되고 말 것이니 참으로 애석하다고 하지 않을 수 없습니다.[17]

주재로서의 리와 현상으로서의 기는 그 층위의 다름에 따라 반드시 구별해서 이해해야 하는데, 만약 이를 구별하지 않으면 리와 기는 내용상으로 아무런 차이가 없게 되고 리는 유명무실해져 버릴 것이다. 특히 도덕원칙으로서의 리가 기를 주재한다는 의미가 약화되어 리는 그저 기의 발동을 그대로 뒤따르기만 하는 수동적인 역할에 머물고 말 것이다.

기대승은 노수신의 학설을 일러 선뿐만 아니라 악까지도 모두 인간의 본성이라고 하게 된다고 보았으며, 이것은 곧 마음속에 보편적 준칙이 없는 것, 다시 말해서 인간의 실천행위를 제어할 수 있는 도덕적 표준이 없는 것이라고 보았다. 기대승은 인간의 마음(情)이 본래 선한 것이기 때문에 보편적인 준칙이 이 마음속에 있는 것이고, 그것이 도심으로 실현된다고 주장한다. 인간 본연의 선한 마음은 인위적인 노력에 의해 획득되는 것이 아니라 태어나면서부터 이미 존재하는 것이다. 이처럼 인간의 마음이 본래적으로 선하며, 그것은 어떤 상황에서도 늘 보존되어 있다는 것이 기대승의 기본 생각이다. 적어도 리, 혹은 본연지성으로부터 직접 발원한 인간 내면의 도덕성을 승인한다는 점에서 이황과 기대승은 동일한 관점을 취하고 있는 것이다.

---

17) 奇大升, 『高峰集』, 권2, 「先生前上狀」, "理氣雖不可謂二物, 而若以爲一物, 則又無道器之分矣. 今曰指名之異, 而無異義, 則是聖賢之所謂理, 所謂氣者, 初無其實, 而假惜以言也."

사단의 리발은 발현의 측면에서 보면 성선(性善)의 가치가 온전히 실현된 것이므로 이를 확충해 나가야 한다. 한편 칠정의 발은 기발과 리발 두 측면이 있기 때문에 사단과 같이 취급할 수는 없게 된다. 칠정에서는 리발의 측면과 기발의 측면을 구분하는 것이 필요하며, 특히 기발의 측면이 함부로 방종하지 않도록 제어하는 것이 중요하게 된다. 이러한 관점을 발동의 측면에 적용하면 사단과 칠정이 모두 발동은 기에 의한 기발이라고 하여도 사단은 리의 주재가 확실한 것이고, 이에 비해 칠정은 리의 주재가 확실한 것과 그렇지 않은 것이 혼재되어 있는 것이기 때문에 이 점에서 사단과 칠정은 구분될 수 있다. 그리하여 칠정의 기발(兼理氣) 속에서 리발의 측면과 기발의 측면을 구별함으로써 리에서 발한 감정은 확충하고 기에서 발한 감정은 제어해야 한다는 수양의 원칙에 도달한다. 이는 인심도심론에서 도심(性命之正, 理)과 인심(形氣之私, 氣)을 구분하여 도심은 온전하게 지켜내고 인심은 단속하여 도심의 명을 듣도록 하는 '정일집중(精一執中)'의 수양론과 상통한다. 인심도심론에서 인심은 기에, 도심은 리에 나누어 속하게 한 것과 사칠론에서 사단과 칠정을 리발과 기발로 나누는 것은 모순되는 것이 아니다.[18]

인간의 본성 자체가 선한 것이고, 이 선함의 천리가 직접 인간에 내재한 것이라면 악은 어디에서 기원한 것인가? 그리고 천리에서 기원하지 않고 다른 기원을 가진 선함이 있을 수 있는가? 기대승은 사칠논쟁 초기에 사단의 리발은 인정할 수 있어도 칠정의 기발은 인정할 수 없고, 또 사단과 칠정을 리발과 기발로 맞세워 거론해서는 안 되는 까닭은

---

18) 고봉학술원 편, 『고봉의 생애와 사상』(이화출판사, 2011), 118~121쪽 참조.

칠정의 선도 사단의 선과 같은 것이기 때문이라고 하였다. 그는 이렇게 말한다.

> 사단과 칠정을 맞세워 짝지어서 말하고, 「천명도」에 그렇게 표시하여 '어떤 것은 선하지 않은 것이 없고, 어떤 것은 선도 있고 악도 있다고 말한다면 사람들은 이를 보고 두 가지 정이 있는 것처럼 생각하게 될 것입니다. 비록 두 가지 정이라고 의심하지 않는다고 하더라도 정 가운데 두 가지 선이 있어 하나는 리에서 발하고 하나는 기에서 발한다고 의심하게 될 것이니, 이 역시 온당하지가 않습니다.[19]

이황이 사단을 리발에 귀속시키고자 한 것은 인간의 내적인 동기에서 도덕의 근원을 확보하고자 하는 의도였다. 현상적이고 가변적인 기질의 세계가 개입되지 않는 순수한 본연의 리에서 도덕의 근원을 확보하게 될 때, 기질의 세계가 지니지 못하는 보편성을 지니게 되며, 이는 인간에게 보편적 도덕률을 제시해 주는 강력한 기준으로 작용할 수 있을 것이다.[20] 하지만 이러한 주장은 뜻하지 않게 도덕의 근원을 둘로 나누는 모순에 부딪치게 된다. 기대승은 바로 이 점을 지적한 것이다.

이황의 목적은 도덕적 보편성의 발현인 사단과 기질의 편차에 따라 개별적인 감각의 감응인 칠정을 구분하려는 것이었다. 그런데 칠정은 경우에 따라 선으로 흐를 수도 있고 악으로 흐를 수도 있다. 그런데 그 가운데 절도에 들어맞아 리의 보편성을 따르는 감정도 선이라고 하지

---

19) 奇大升, 『高峰集』, 「高峯答退溪論四端七情書」, "盖以四端七情, 對擧互言, 而揭之於圖, 或謂之無不善, 或謂之有善惡, 則人之見之也, 疑若有兩情. 且雖不疑於兩情, 而亦疑其情中有二善, 一發於理, 一發於氣者, 爲未當也."

20) 고봉학술원 편, 『고봉의 생애와 사상』(이화출판사, 2011), 124쪽.

않을 수 없다. 여기서 이황은 이것을 순선한 도덕 감정인 사단과 같게 여길 수 없다고 본 것이다. 하지만 기대승은 칠정 가운데 절도에 들어 맞는 것이 바로 사단이라고 보았다. 이후 논쟁이 진행되면서 기대승은 사단의 리발과 칠정의 기발을 어느 정도 수용하는 모습을 보이지만 선악의 관점에서는 여전히 두 개의 근원을 인정할 수 없으며, 칠정이 사단을 포함한다(七包四)는 기본 입장을 유지하고 있다.

4. 사칠논쟁에 나타난 기대승의 성리학적 특성

주지하다시피 퇴계 이황과 고봉 기대승 사이에서 1559년부터 8년간에 걸쳐 진행된 사칠논쟁의 핵심은 사단과 칠정의 관계를 어떻게 이해할 것인가 하는 것이다.[21] 즉 사단은 리가 발한 혹은 리에서 발한 것이므로 순선무악純善無惡하고, 칠정은 기가 발한 혹은 기에서 발한 것이므로 선으로 흐를 경향성과 악으로 흐를 경향성을 모두 포함하고 있다는 이황의 관점과, 사단과 칠정은 모두 기가 발한 것이며, 그것이 리(天理)를 온전하게 드러낸 것이 사단이고, 온전하게 드러내지 못하고 기의 혼탁함에 의해 가려져 있는 것이 칠정일 뿐이라는 기대승의 관점의 차이에서 발생한 것이다. 이것은 또한 사단과 칠정 모두 정이기는 하지만 각기 소종래의 차이가 있으므로 분별하여 말할 수 있다는 관점(이황)과, 소

---

21) 논리적인 선후 관계를 따져 보면 리의 활동성, 즉 리발을 어떻게 이해하는지가 논쟁의 핵심이라고 할 수 있겠으나 겉으로 드러난 논쟁의 핵심 문제는 사단과 칠정의 관계 설정에 대한 것이라고 볼 수 있다.

종래의 차이를 따로 인정할 수 없으며 칠정 안에 사단이 포함되어 있다는 관점(기대승)으로 드러나기도 한다. 기대승은 다음과 같이 말한다.

천지지성은 하늘의 달에 비유할 수 있으며, 기질지성은 물에 비친 달에 비유할 수 있습니다. 비록 하늘에 있고 물에 있다는 차이가 있지만, 그것이 달이라는 점에서는 하나일 따름입니다. 지금 하늘의 달은 달이라 여기면서도 물에 비친 달은 물이라 한다면, 어찌 막히지 않을 수 있겠습니까?[22]

가령 해가 하늘에서 만물을 비추는데 그 햇볕은 영원토록 변함없이 내려 쬐는 것입니다. 비록 구름이 끼고 안개가 가려도 그 빛은 조금도 줄지 않고 언제나 그대로입니다. 다만 구름과 안개에 가렸기 때문에 흐리기도 하고 맑기도 하면서 한결같을 수가 없게 될 따름입니다. 마침내 구름이 사라지고 안개가 걷히면 온 누리를 두루 비추게 되는데, 이것은 그 빛이 늘어나서가 아니며 빛은 언제나 그대로입니다. 기에 있어서 리 역시 이와 같을 따름입니다.[23]

위의 인용문에 나타나 있는 것처럼 기대승은 사단과 칠정의 질적 차이를 인정하지 않는다. 성이 발하여 정이 된다(性發爲情)는 차원에서 사단과 칠정은 모두가 인간이 외부로 표출하는 감정의 양태이며, 단지 그것이 성의 본래적인 모습을 그대로 구현하는가(四端) 아니면 기질의 제

---

22) 奇大升, 『高峰集』, 「高峰答退溪再論四端七情書」, "天地之性, 譬則天上之月也, 氣質之性, 譬則水中之月也. 月雖若有在天在水之不同, 然其爲月, 則一而已矣. 今乃以爲天上之月是月, 水中之月是水, 則豈非所謂不能無碍者乎?"

23) 奇大升, 『高峰集』, 「高峰答退溪再論四端七情書」, "譬如日之在空也, 其光景, 萬古常新. 雖雲霧瀚浮, 而其光景, 非有所損, 固自若也. 但爲雲霧所弊, 故其陰晴之候, 有難齊者爾. 及其雲消霧捲, 則便得徧照下土, 而其光景, 非有所加, 亦自若也. 理之在氣, 亦猶是焉."

약에 묶여 제한적으로 드러내는가(七情)의 차이가 있을 뿐이다.

그러나 이황은 성性에 본연지성과 기질지성의 구분이 있음을 근거로 하여 정情에도 사단과 칠정의 구분이 있음을 확정하고자 하였다. 그는 이렇게 말한다.

> 그러므로 이 어리석은 늙은이가 어쭙잖게도 정에 사단과 칠정의 구별이 있는 것은 마치 성에 본성本性과 기품氣稟의 차이가 있는 것과 같다고 생각하였소. 그렇다면 성에 대해서도 이처럼 리와 기로 나누어 말할 수 있는데, 어찌 정에 대해서만 유독 리와 기를 나누어 말할 수 없다 하시겠소?[24]

이처럼 이황은 사단과 칠정이 서로 다른 두 가지 정으로 구분되는 것은 사단과 칠정의 소종래인 성에 본연과 기품의 차이가 있기 때문이며, 본연과 기품의 차이는 바로 리와 기의 차이라고 말한다. 태극의 천지지리天地之理가 개체의 본래적 성 즉 본연지성本然之性이 되고, 개체를 형성하는 기질이 개체의 기품의 성 즉 기질지성氣質之性이 된다고 보는 것이다. 따라서 리와 기의 구분에 따라 인간의 성에 본연지성과 기질지성의 구분이 생기게 된 것처럼, 그 성의 발현인 정에 있어서도 소종래에 따라 사단과 칠정의 구분이 있다고 보는 것이다.

그러나 기대승의 논리에 따르면 정이란 모두 성이 기질 가운데 떨어지고 난 뒤에 나타나는 것이기에 반드시 기를 타고 드러나게 되는 것이

---

24) 奇大升, 『高峰集』, 「退溪答高峰四端七情分理氣辯」, "故愚嘗妄以爲情之有四端七情之分, 猶性之有本性氣稟之異也. 然則其於性也, 旣可以理氣分言之, 至於情, 獨不可以理氣分言之乎?"

다. 그러므로 그 중에서 특별히 리적인 측면만을 지닌 것은 있을 수가 없다. 우리는 기를 타고 드러나는 정 가운데서 가장 순수하게 리의 본래적인 모습을 드러내고 있는 것을 통하여 리 자체를 추정할 수 있을 따름이며, 그에 해당하는 것이 바로 사단이다. 그는 이렇게 말한다.

> 자사의 말은 이른바 그 전체를 말한 것이고, 맹자가 논한 것은 이른바 그 일부분을 떼어 낸 것입니다.…… 자사와 맹자가 나아가 말한 바가 같지 않기 때문에 사단과 칠정의 구별이 있게 된 것이지, 칠정 밖에 따로 다시 사단이 있는 것이 아닙니다.[25]

> 성을 논할 때 본연지성과 기질지성을 말하는 것은 천지와 인물을 논하면서 그 원리로 리와 기를 나누어 각각 다른 것으로 여기는 것과는 다르며, 하나의 성을 있는 곳에 따라서 분별하여 말하는 것입니다.[26]

본연지성은 성의 보편적이고 근원적인 측면, 곧 인간이 공통적으로 가지고 있는 도덕성을 가리켜 말한 것이다. 사람은 모두 기본적으로 이런 보편적 도덕성을 지니고 태어나기는 하지만 동시에 구체적인 생물학적 조건인 기품의 제약을 받고 태어난다. 그러므로 사람의 성을 논할 때는 생물학적 조건인 기품의 영향을 배제하고 보편적인 측면만을 지적해 내는 방식이 있고, 다른 한편으로는 구체적인 기품의 영향과 결부해서 논하는 방식이 있을 수 있다. 본연지성과 기질지성은 별개로 존재

---

25) 奇大升, 『高峰集』, 「高峰上退溪四端七情說」, “子思之言, 所謂道其全也, 而孟子之論, 所謂剔撥出來者也.……子思孟子所就以言之者不同, 故有四端七情之別耳, 非七情之外復有四端也.”
26) 奇大升, 『高峰集』, 「高峯答退溪論四端七情書」, “論性, 而日本性, 曰氣稟云者, 非如就天地及人物上, 分理氣而各自爲一物也, 乃以一性, 隨其所在, 而分別言之耳.”

하는 두 개의 성이 아니라 사람이 가지고 있는 하나의 성을 보편적 도덕성이라는 측면에서 보는가, 아니면 구체적인 기품의 차이를 고려하여 보는가에 따라 달라지는 것일 뿐이다.

기대승에 따르면 본연지성은 순수하게 개념적 차원에서 언급한 것이므로 리의 측면만을 지닌다고 말할 수 있으며, 그런 점에서 리와 기가 결합된 형태인 기질지성과 구별하여 말할 수 있다. 하지만 그는 사단이든지 칠정이든지 간에 정이란 애초에 기질지성의 측면, 즉 리와 기가 함께 결합되어 있는 상태이기 때문에 실질적으로 사단과 칠정을 구분할 수는 없다고 보았다. 또한 이를 근거로 하여 사단을 순선한 리발로 보는 것은 긍정하지만 칠정을 기발로 보는 것은 부정한다. 기대승은 다음과 같이 말한다.

> 이른바 칠정이라는 것은 결단코 오로지 기만을 가리키는 것이 아님을 확실히 알 수 있습니다.…… 그렇다면 칠정이 어찌 리와 기를 겸하고 선도 있고 악도 있는 것이 아니겠으며, 또한 사단이라는 것이 칠정 가운데의 리이며 선이 아니겠습니까? 이와 같은데도 사단과 칠정을 나누어서 각각 리와 기에 연결시켜서 서로 상관없는 것으로 여기려 든다면, 이것은 어느 한쪽으로 치우쳤다고 할 수 있을 것입니다.[27]

이 말은 곧 '성이 발하여 정이 된다'(性發爲情)는 도식을 적용할 때, 칠정은 선도 있고 악노 있는 정이므로 순선한 본연지성의 발이 아니라

---

27) 奇大升, 『高峰集』, 「高峯答退溪論四端七情書」, "所謂七情者, 果非專指氣也, 決矣.……然則七情, 豈非兼理氣有善惡, 而四端者, 豈非七情中理也善也哉? 如是而欲以四端七情, 分屬理氣, 而不相管, 亦可謂倚於一偏矣."

리와 기가 결합되어 있는 기질지성이 발한 것이라고 해야 하는데, 기질지성이 발하여 칠정이 된다는 것은 곧 리와 기의 발이라고 해야 타당하지 리의 발이라고만 하거나 기의 발이라고만 하면 타당하지 않다는 것이다.[28]

이러한 관점에 선다면 사단이라는 것도 완전무결한 선일 수가 없기 때문에 엄밀하게 말한다면 사단 역시 순선하다고 말할 수 없다는 주장이 나오게 된다. 사단은 그나마 기의 작용이 가장 절도에 맞고 순수하게 이루어진 것이라고 할 수 있으며, 우리의 성에 주어져 있는 리의 본체가 가장 순수하게 드러나는 상태일 뿐이다. 그 순수성을 보장하는 것은 역시 기의 작용이 절도에 맞는지 그렇지 않은지 하는 것이기에 근원적으로 완전할 수가 없게 되는 것이다.

기대승은 사칠논쟁을 정리하면서 이황의 사단＝리발, 칠정＝기발이라는 도식을 일정 부분 수용하는 태도를 보이는데, 이것은 수양과 도덕 실천의 요구에 따라 이황의 학설을 받아들여 타협하고 절충한 것이라고 할 수 있다.[29] 하지만 그렇다고 해서 칠정이 발하여 중절한 것이 곧 사단이라는 기본 관점을 포기한 것은 결코 아니다. 그는 「후설後說」과 「총론總論」에서 이렇게 말한다.

칠정이 발하여 절도에 딱 들어맞는 것은 사단과 결코 다르지 않습니다. 칠정이 비록 기에 속하지만 그 기 속에는 리가 이미 들어 있고, 그것이 발하여 절도에 맞는 것이 곧 '천명天命의 성性'이자 '본연本然의

---

28) 고봉학술원 편, 『고봉의 철학사상 연구』(이화출판사, 2011), 191쪽.
29) 이상은, 『퇴계의 생애와 학문』(예문서원, 2002), 147쪽.

체體'인데, 어찌 기가 발한 것이라고 해서 사단과 다르다고 말할 수 있 겠습니까?[30]

성이 비록 본래 선하다 할지라도 그것이 기질 속에 떨어져 있으면 치우치거나 우세한 경향이 없지 않은 까닭에 '기질의 성'이라고 일컫습니다. 칠정이 비록 리와 기를 겸하지만 리는 약하고 기는 강하여 리가 기를 제대로 제어할 수 없어서 쉽사리 악으로 흐르는 까닭에 기가 발한 것이라고 말합니다. 그러나 칠정이 발하여 절도에 딱 들어맞는 것은 바로 리에서 발하여 선하지 않은 것이 없는 것이므로 사단과 결코 다르지 않습니다. 사단은 다만 리가 발한 것일 따름입니다.[31]

기대승은 이황과 사칠논쟁을 진행하면서 천지간에 도리가 다르지 않고, 상대방을 이기기 위해 논변하는 것이 아니라 도를 밝히는 데 뜻을 두었기 때문에 분명히 의견의 일치를 이룰 수 있을 것이라고 확신했고, 마지막에는 실천적인 관점에서 이황의 주장을 수용하려고 노력하였으나 근본적인 입장의 차이는 여전히 좁혀지지 않고 있는 것이다.

사실 이러한 차이는 리와 기, 본연지성과 기질지성, 사단과 칠정에 대한 이해의 차이에서 기인한 것이기보다는 이들 개념이 근거하는 관계의 기본 구조에 대한 입장의 차이에 따른 것이다. 즉 이황은 이 개념들을 대립적 관계로 이해하여 이원적인 구조로 이해했다면, 기대승은 통합적 관계로 이해하여 일원적인 구조로 이해하고 있는 것이다. 그러

---

30) 奇大升, 『高峰集』, 「四端七情後說」, "七情之發而中節者, 則與四端初不異也. 蓋七情, 雖屬於氣, 而理固自在其中, 其發而中節者, 乃天命之性, 本然之體, 則豈可謂是氣之發而異於四端耶?"

31) 奇大升, 『高峰集』, 「四端七情總論」, "蓋性雖本善, 而墮於氣質, 則不無偏勝, 故謂之氣質之性. 七情, 雖兼理氣, 而理弱氣强, 管攝他不得, 而易流於惡, 故謂之氣之發也. 然其發而中節者, 乃發於理而無不善, 則與四端初不異也. 但四端, 只是理之發."

므로 시종일관 두 사람의 논변은 평행선을 달릴 수밖에 없었다고 보아야 한다. 이러한 이해구조의 차이는 '대설對說'과 '인설因說'로 표현되기도 한다.

기대승은 이황과 같이 사단과 칠정을 좌우로 대거하여 논하는 방식을 '대설'이라고 하고, 자신과 같이 상하上下의 구조, 즉 성이 발하여 정이 된다는 인과적인 상황에 충실함으로써 사단과 칠정을 구분하기는 하지만 좌우 관계로 놓는 것과 같이 지나치게 분별하지 않고 연결하여 논의하는 방식을 '인설'이라고 하였다.

> 제가 생각하기에 주자께서 "사단은 리가 발한 것이고, 칠정은 기가 발한 것이다"라고 말씀하신 것은 대설이 아니라 인설을 말한 것입니다. 무릇 대설이란 오른쪽과 왼쪽에 나란히 놓고서 말하는 것과 같아서 서로 상대지우는 것입니다. 하지만 인설이란 위와 아래에 세워 놓고 수직적으로 말하는 것과 같아서 서로 순차적인 인과 관계를 만드는 것입니다. 성현들의 말씀에는 대설과 인설의 차이가 있으니 자세히 살펴보지 않을 수가 없습니다.[32]

대설은 사단과 칠정을 리의 측면과 기의 측면을 그 소종래에 따라 엄격하게 구분하는 방식이다. 그에 비해 인설은 성이 발하여 정이 된다는 전제에 입각하여 그렇게 발현된 감정 전체는 칠정이고, 발현된 감정 가운데 선한 부분만을 추출하여 말한 것이 사단이라고 논의하는 방식

---

32) 奇大升, 『高峰集』, 「高峯答退溪再論四端七情書」, "大升以爲朱子謂, '四端是理之發, 七情是氣之發者', 非對說也, 乃因說也. 蓋對說者, 如說左右, 便是對待底. 因說者, 如說上下, 便是因仍底. 聖賢言語, 固自有對說因說之不同, 不可不察也."

이다. 인설은 칠정 밖에 따로 사단이 있는 것이 아니라는 점을 강조하기 위해 도입된 인식 방법인데 그 소종래에 따라 사단과 칠정을 엄격하게 분별하여 논의하는 방식과는 다르다.

기대승은 이황이 사단과 칠정을 리발과 기발로 나누어 보는 것을 대설의 관점으로 규정하였고, 이와 달리 자신이 사단과 칠정을 리발과 기발이라고 긍정한 것에 대해서는 인설의 관점에서 논하였다. 칠정의 기발이라는 측면에서만 보면 기대승은 이황이 사단과 칠정을 그 소종래에 따라 엄격히 구분하는 가운데 칠정을 기발이라고 하였다고 보았다. 그에 비해 자신은 사단을 칠정 가운데 선한 측면으로 보는 전제 위에서 칠정을 기발이라고 한다고 표현한 것이다.

좀 더 살펴보면 기대승이 칠정을 기발이라고 언급한 것은 외형적으로 드러난 측면만을 지적하여 말한 것이고, 오히려 내적으로는 초기부터 가지고 있었던 입장, 즉 칠정을 리기의 발로 보는 입장을 여전히 유지하고 있다는 것을 발견할 수 있다.[33] 이처럼 사칠논쟁이 마무리되는 시점에 이르러 기대승과 이황은 표면적으로는 동일하게 칠정에 대해 기발이라고 하였지만 사실상 이들의 주장은 내용적으로는 전혀 다른 주장이었으며, 기대승의 경우 시종일관 이황의 리기호발설에 대해 부정적인 견해를 유지하고 있었던 것이다.

---

33) 고봉학술원 편, 『고봉의 철학사상 연구』(이화출판사, 2011), 204쪽 참조.

5. 기대승 사칠론의 의의

기대승은 사칠논쟁 초기에 사단의 리발은 인정할 수 있어도 칠정의 기발은 인정할 수 없고, 또 사단과 칠정을 리발과 기발로 각기 맞세워서 거론해서는 안 되는 까닭에 대해 칠정의 선恙도 사단의 선과 같은 것이기 때문이라고 하였다. 특히 '칠정은 기가 발한 것'이라는 표현을 부정했던 이유는 칠정 속에도 리발의 부분, 곧 사단이 포함되어 있다고 보았기 때문이다. 그런데 그는 논쟁을 정리하는 단계인 「사단칠정후설」과 「사단칠정총론」에서 한 발 후퇴하는 모습을 보이며 칠정이 기발임을 인정한다.

이러한 변화는 초기의 존재론적인 운동의 측면에서 기발을 규정하던 것을 가치론과 해석론적 실천상의 문제의식으로 바꾸어 기의 발현을 검속해야 하는 요구 때문이다. 이러한 변화로 사단의 리발은 이황과 같이 리의 순선함의 측면이 강조되어 칠정과는 구분된다. 칠정의 기발은 절도에 맞게 해야 할 것으로서 칠정의 본선함보다는 그것의 감각적이고 충동적인 부분에 주목하게 된 것이다.[34] 곧 칠정의 경우 발하는 것이 기라고 하는 것은 이를테면 기질지성이 리와 기를 함께 겸하고 있는 것임에도 본연지성을 리라고 하는 것에 대비하여 기질지성을 기라고 표현하게 되는 사유방식과 같은 맥락이며, 이런 점에서 칠정을 기가 발한 것이라 할 수 있다고 한다. 기대승은 사단에 대해서는 보존하고 확충해야 할 감정, 칠정에 대해서는 잘 조절하고 제어해야 할 감정으

---

34) 고봉학술원 편, 『고봉의 생애와 사상』(이화출판사, 2011), 129쪽 참조.

로 분리하였고, 이런 점에서 사단의 리발이 갖는 가치를 더 격상시켰다고 볼 수 있다. 이러한 실천상의 요구에서 기대승은 형식적으로나마 이황의 리기호발설理氣互發說을 인정한 것이다.

이처럼 이황과 기대승 사이에 8년간에 걸쳐 벌어진 사단칠정논쟁은 형식적으로는 사단을 리발, 칠정을 기발로 보는 이황의 견해에 기대승이 대체로 수긍하는 것처럼 일단락되었지만 실제적으로 핵심적인 부분에 있어 두 사람의 의견 차이는 조금도 좁혀지지 않았으며, 오히려 각자가 자신의 이론적 약점을 더욱 보강함으로써 견고한 철학적 체계를 건립할 수 있도록 하였다. 앞에서 살펴보았던 것처럼 이러한 차이는 리와 기의 관계뿐만 아니라 본연지성과 기질지성의 관계, 그리고 사단과 칠정의 관계에 대한 기본적인 입장의 차이에 기인한다. 이황은 이 개념들을 대립적 관계로 이해하여 이원적二元的인 구조로 이해했다면, 기대승은 통합적 관계로 이해하여 일원적一元的인 구조로 이해하고 있기 때문에 형식적인 일치에도 불구하고 시종일관 두 사람의 논쟁은 평행선을 달릴 수밖에 없었던 것이다.

그렇다고 해서 이들의 논쟁이 무의미하다거나 탁상공론에 그쳤다고 할 수는 없다. 이후 서로 다른 철학 체계가 더욱 정교하고 세밀하게 가다듬어지면서 영남학파와 기호학파의 분기가 촉진된 것 자체가 바로 이 논쟁의 중요한 성과이기 때문이다. 뿐만 아니라 리기론 중심의 중국 성리학과 달리 심성론 중심의 조선 성리학적 특성을 분명하게 드러내는 계기가 되기도 하였으며, 인심도심논쟁人心道心論爭이나 인물성동이논쟁人物性同異論爭과 같은 또 다른 중요한 논쟁을 가능하게 한 원동력이 되기도 하였다.

【참고문헌】

李滉, 『退溪全書』.
奇大升, 『高峰集』.
盧守愼, 『一齋先生集』.

고봉학술원 편, 『고봉의 생애와 사상』, 이화출판사, 2011.
_____, 『고봉의 철학사상 연구』, 이화출판사, 2011.
민족과사상연구회 편, 『사단칠정론』, 서광사, 1992.
이상은, 『퇴계의 생애와 학문』, 예문서원, 2002.
한국철학사상연구회 편, 『논쟁으로 보는 한국철학』, 예문서원, 1995.

김기주, 「사단칠정논쟁, 퇴계와 고봉의 학술적 교류와 도덕적 탐색」, 『국학연구』 제29
　　집, 한국국학진흥원, 2016.
김낙진, 「주리론으로 읽어 본 기대승의 사단칠정론」, 『퇴계학보』 제124집, 퇴계학연구
　　원, 2008.
남지만, 「高峰 奇大升의 四七說 중 '氣發'의 의미변화」, 『공자학』 제14호, 한국공자학회,
　　2007.
이영자, 「고봉 기대승의 학문관」, 『인문학연구』 제80호, 충남대 인문과학연구소, 2010.
한자경, 「사단칠정론에서 인간의 性과 情」, 『철학연구』 제68집, 철학연구회, 2005.

제2장 기발리승일도설로 본 기호학파의 3기 발전

김기주

1. 사단칠정론으로 그려 보는 기호학파의 전개

　조선 중·후기, 수많은 철학적 토론이 진행되었고, 다양한 시각들이 제기되었던 시대, 그러나 이 시기에 있어 철학적 활동뿐만 아니라 그 철학의 내용은 학파와 밀접하게 관련되어 있었다. 따라서 조선 중·후기 성리학에 대한 이해에서 학파에 대한 연구는 결코 간과할 수 없는 한 부분이다. 그럼에도 불구하고 조선 성리학에 대한 연구는 대체로 인물별 혹은 문제별로 이루어져 왔고, 학파에 대한 연구는 상대적으로 심도 있게 진행되지 못한 것이 사실이다.

　그리고 이미 출판된 조선유학사, 혹은 조선유학의 학파 관련 연구서적과 논문들에서도 각 학파의 내적 통일성을 기초로 히여 그 학파의 일관된 성격을 규정하기보다는, 중심인물들의 사승 관계를 기초로 하여 그들의 사상을 평면적으로 서술하는 방식에 머무름으로써 학파의 내적 통일성과 변화의 흐름을 확연히 드러내 보여 주지 못한 것 또한 부정하지 못할 사실이다.[1] 특히 기호학파 전체의 흐름과 변화의 방향을 전체적으로 조망한 연구논문은 전무한 실정이며,[2] 간혹 발견되는 기호학파에 대한 연구 논문들도 기호학파의 범위를 지나치게 확장하거나 축소시킴으로써 기호학파 전체의 학문 활동과 내용의 통일성을 보여 주지 못하고 있다.[3]

이 글은 기대승奇大升(高峰, 1527~1572)의 사단칠정론이 기호학파에 의해 어떻게 계승 발전되었는지, 즉 기대승과 기호학파의 사상적 연관성에 대한 고찰을 목표로 계획되었다. 그러나 우리는 기대승과 기호학파의 사상적 연관성에 대한 고찰에 앞서 일차적으로 어떤 학자까지를 기호학파에 포함시킬 것인가 라는 기호학파의 범위규정에서부터 장애를 만나기 시작한다. 왜냐하면 아직까지 학계에서는 기호학파를 하나의

---

1) 조선시대의 유학사를 종합적으로 다루면서 학파들을 분류, 소개하는 연구서적에는 장지연의 『조선유교연원』(1922), 다카하시의 『조선유학대관』(1927), 현상윤의 『조선유학사』(1949), 이병도의 『자료한국유학사초고』(1959)와 이것을 보완한 『한국유학사』(1987), 유명종의 『한국철학사』(1969)와 이것을 다시 보완한 『한국사상사』(1981), 한국철학회의 『한국철학사』(1987)와 『한국철학연구』(1977), 한국철학연구회의 『강좌한국철학』(1995), 최영성의 『한국유학사상사』 등을 들 수 있고, 조선시대 유학의 학파들에 대해 전체적으로 조망하고 있는 한국사상사연구회의 『조선유학의 학파들』(1996)이 있다.

2) 기호학파에 대한 연구서적으로는 충남대학교 유학연구소의 『기호학파의 철학사상』(예문서원, 1995); 황의동, 『율곡학의 선구와 후예』(예문서원, 1999); 이상익, 『기호성리학연구』(도서출판 한울, 1998); 이상익, 『기호성리학논고』(심산, 2005) 등이 있고, 민족과사상연구회, 『사단칠정론』(서광사, 1992)에 기호학파 중요인물들의 사칠론에 관한 연구논문들이 실려 있다. 이 밖에 기대승과 기호학파의 관계를 논하고 있는 오종일의 「기호학과 기대승」(『기대승의 철학과 사상 Ⅱ』, 광주직할시, 1991) 등이 기대승과 기호학파의 관계에 대해 논하고 있는 연구서적 혹은 논문들이다.

3) 『서원으로 남명학파를 보다』(경인문화사, 2013), 90쪽에서 필자는 다음과 같은 학파 성립의 2가지 조건을 제시하였다. "첫째는 다른 학파와 구분되는 독립된 체계를 갖춘 학술이론이나 사상이고, 둘째는 그러한 학술이론이나 사상 혹은 그것으로부터 파생된 문제의식을 직간접적으로 공유하는 학자 집단이다. 이 두 가지 조건이 모두 충족될 때 비로소 학파는 성립할 수 있는 것이다."

학파로 성립시키는 학문 내적인 통일성에 대해 수긍할 만한 기준을 제시하고 있지 않기 때문이다. 따라서 우리들의 연구는 먼저 기호학파의 학문적 통일성을 살펴보고 그것을 규정하는 작업으로부터 시작하지 않을 수 없다. 그리고 이 작업으로부터 얻어진 결과를 근거로 하여 기대승과 기호학파의 관련성 여부와 기호학파의 발전과 변화과정을 전체적으로 조망해 볼 것이다. 뒤에서 보다 자세하게 다루겠지만, 우리는 기본적으로 기호학파의 학문적 통일성을 기대승에 의해 제기되고 이이李珥(栗谷, 1536~1584)에 의해 계승된 '기발리승일도설'과 이 철학적 이론에 내재하는 문제를 해결해 가는 과정에서 찾고자 한다.

이러한 관점에서 기호학파를 이해할 때, 기호학파는 단순히 기대승과 이이의 철학사상을 계승한 단조롭고 정적인 일군의 학자들만으로 단순화시킬 수 없다. 그것은 기호학파를 하나의 역동적인 발전과정에서 파악하게 하며, 생동감 있는 철학적 활동과정으로 재구성하게 한다. 뿐만 아니라 기호학파의 사상적 변화과정을 동일한 기준에서 바라봄으로써 각각의 사상가들이 어디에 위치해 있는가, 즉 그들의 사상적 동이同異를 동일한 시각에서 가늠해 볼 수 있다는 점도 이 연구작업을 통해 기대할 수 있는 중요한 소득이 되리라 생각한다.

2. 기호학파의 내적 통일성

현재까지 발표된 여러 연구논문에서 기호학파를 규정하는 기준으로 제시된 기호학파의 내적 통일성과 연관성은 크게 네 가지 방향에서 찾아지고 있다. 그 중에서 먼저 학계에서는 통상 충청과 경기 그리고 호남을 포함하는 기호지역이라는 지역성을 통해 기호학파를 규정하는 것이 일반적인 견해로 자리 잡고 있다. 이것은 퇴계학파를 영남학파라 부르기도 한다는 점에서 일견 무리가 없는 듯이 보이기도 한다. 그러나 또 다른 한편에서 '기호학파'는 '퇴계학파'와 대비되는 '율곡학파', 즉 이이와 그 철학적 내용과 문제를 공유하는 일군의 학자들을 지칭하는 말이기도 하다. 후자의 시각에서 기호학파를 이해할 때, 기호학파는 단순히 기호지역의 성리학이나 기호지역의 학문을 가리키는 것이 아니라, 영남지역 '퇴계학파'와 대비되는 기호지역의 '율곡학파'를 가리킨다는 점이 분명하게 드러난다. 그리고 이와 같은 의미에서 '기호학파'는 현재 학계에서 통용되고 있는 '기호학' 또는 '기호유학', '기호성리학'과도 그 내포와 외연이 일치하지 않는 다른 개념임을 분명히 알 수 있다. '기호학'이나 '기호유학', '기호성리학'이 기호지역, 즉 경기와 호서(충청), 호남(전라)이라는 지역성을 통해 학문을 분류·규정한 것이라면, '기호학파'는 단순히 지역성만으로 규정될 수 없는 학문의 내적 통일성과 연관성을 전제하고 있는 말이다.[4]

따라서 '기호학'이나 '기호유학'에는 기호학파 이외에도 조선 후기

---

4) '畿湖學派'의 '畿'와 '湖'가 어느 지역을 각각 가리키는 것인지에 대해 아직 단정적인 견해는 보이지 않는다. '畿'가 서울을 포함한 경기지역을 가리킨다는 점은 분명하지만, '湖'가 '湖西'지역만을 가리키는지 혹은 '湖南'지역까지도 포함하는지 확실하지 않기 때문이다. 만약 '호서'만을 가리키는 것이라면 제천 의림지의 서쪽인 충청지역을 지칭하는 것이 되고, '호남'을 포함하는 것이라면 금강(옛 이름이 湖江이었음) 이남이나, 김제의 벽골제 이남의 전라도지역도 이 범주에 들어가게 된다.

기호지역에 등장한 북학파와 조선 양명학 등 다양한 학파들이 모두 포함될 수 있다. 이렇게 보았을 때, '기호학파'는 이이의 중심 이론과 입장을 직접적으로 계승하거나 최소한 간접적으로 관련을 맺고 있는 일군의 학자들을 통칭하는 것으로 보는 것이 타당하며, 기호학파를 기호라는 지역성을 통해 이해하는 태도는 기호학파에 대한 올바른 이해의 길이 아니라는 사실 또한 분명해진다.

이러한 지역성 외에도 현상윤玄相允의 『조선유학사朝鮮儒學史』와 이병도李丙燾의 『한국유학사』에서는 정치적 노선, 즉 학파의 분열을 당파의 분열이라는 측면에서 고찰함으로써, '서인학파西人學派'라는 개념을 사용하여 '기호학파'를 지칭하고 있다.5) 이 같은 정치적 입장과 학문적 관점의 일치라는 점에서 볼 때, 영남학파나 기호학파 자체가 순수학문의 입장에서만 분류될 수 없으며, 지역성에 정치노선까지 포함하고 있다는 사실은 부인하기 어렵다.

그러나 학파의 분류에 대한 이들의 관점은 학문 외적인 요소로 학파를 규정하였기 때문에 기호학파의 학문적 특징과 그 내적 변화를 충실히 설명해 내지 못하는 중대한 결함을 지니고 있다. 뿐만 아니라, 이황이나 기대승, 그리고 이이의 사상 속에서 지역이나 정치노선의 일치를 강조하는 어떤 형태의 언명이나 정치적 파벌에 대한 언급을 찾을 수 없다는 사실은 정치노선을 통해 그 학파들을 규정하는 것이 부당함을 드러내는 좋은 증거가 될 것이다.

---

5) 현상윤, 『朝鮮儒學史』(현음사, 1982), 98쪽; 이병도, 『한국유학사』(아세아문화사, 1989), 259~264쪽. 이병도는 또한 이 책에서 '南人學派'라는 개념을 사용하여 영남지역의 退溪學派와 曹植(南冥) 문하의 사상가들을 통칭하여 가리키고 있다.

그렇다면 우리는 무엇을 통해서 기호학파를 특징지어야 하는가? 그리고 어떤 내적 통일성 위에서 기호학파를 이해해야 하는가? 일군의 학자들은 이 물음에 대한 답을 다시 기호학파의 사승 관계 속에서 찾고 있다. 기호학파는 주지하다시피 16세기 중엽 사단칠정에 대한 리기론적 해석을 두고 영남 출신인 이황의 견해와 광주의 기대승, 파주의 이이가 가진 견해가 달랐다는 점에 그 기원을 두고 있다. 이렇게 봤을 때, 기대승과 이이를 직접 계승한 사승 관계는 기호학파를 이해하는 데 있어서 필수적인 요소임이 분명하며, 또한 사승적 계보와 사상의 계승이 긴밀한 관련을 맺고 있는 것으로 확인될 수 있다. 그러나 단순히 사승 관계만으로 기호학파를 이해하고자 한다면, 우리는 결국 기호학파 발전과정의 중·후기에 등장하는 리기론과 심성론, 그리고 사칠론에 관한 다양한 시각과 이론들이 등장한 배경과 그 이론들을 평가할 기준을 찾을 수 없게 된다. 뿐만 아니라, 학자들에 따라서 사승의 계보에 대한 파악도 일치하지 않는 경우가 많기도 하고, 사승 관계가 중첩되는 경우도 허다해 단순히 스승과 제자라는 관계만을 가지고 그 철학적 성격을 결정하는 것은 위험한 일이 아닐 수 없다. 그렇기 때문에 사승 관계에 기초하여 기호학파를 이해하고 규정하는 것 역시 부족한 일면이 있다 하겠다.

이 밖에 기호학파와 영남학파를 각각 주기파主氣派와 주리파主理派로 분류하며, 주기적인 성격을 기호학파의 학문적 통일성으로 규정하는 시각 역시 오래 전부터 일반적인 시각으로 자리 잡고 있다.[6] 그러나 '주

---

6) '주리' 혹은 '주기'라는 표현은 『高峯全集·兩先生四七理氣往復書』「退溪答高峯非四端七情分理氣辯第二書」에서 이황에 의해 먼저 사용되었다. "大抵有理發而氣隨之者, 則可主

라', '주기'라는 표현 자체가 이황의 입장에서 일방적으로 선언된 것일 뿐만 아니라, '주기'적 성격만으로 기호학파의 학문적 통일성을 규정하기에는 어려운 점이 있다. 즉 기에 대해 기호학파가 영남학파에 비해 상대적으로 더 많은 관심을 가진 것은 사실이지만, 기호학파 역시 기에 대한 리의 우선성과 우월성을 전제하고 있음을 부정하기 어렵다.[7] 뿐만 아니라 '주기적' 성격으로 기호학파를 규정한다면, 기대승이나 이이의 철학적 활동이나 학문내용을 계승하면서도, 리의 지위와 주재력을 고양시키려는 조선 후기 기호학파의 학자들의 정위치를 가늠할 수 없게 된다.

이상의 논의에서 명백해진 것은 결국 주기적인 성격으로 기호학파의 학문적 통일성을 규정하는 것이나 사승 관계, 정치적 노선, 지역성 등의 공통성만으로 기호학파의 내포와 외연을 정확하게 규정할 수 없으며, 또 그것을 통해 규정되어서도 안 된다는 점이다. 그렇다면 기호학파의 학문적 통일성, 즉 기호학파의 학자들에 의해 계승되었던 기대승과 이이 사상의 중심은 어디에 있는가? 이 물음에 답하기 위해 우선 이황과 기대승 간의 사칠논쟁으로 되돌아가 그 문제의 핵심을 찾아보자.

理而言耳, 非謂理外於氣, 四端是也. 有氣發而理乘之者, 則可主氣而言耳, 非謂氣外於理, 七情是也." 그러나 이 두 개념을 사용하여 조선유학사의 흐름을 분류하기 시작한 것은 일제강점기 다카하시 도루(高橋亨)가 논문 「이조유학사에 있어서의 주리파 주기파의 발달」에서 조선유학을 주리파와 주기파로 분류함으로써 시작되었다. 그리고 그의 이러한 시각은 阿部吉雄의 논문 「日·朝·明에 있어서 주자학의 두 계통과 주자학의 제 특성」에서 계승되었고, 국내에서는 배종호의 『한국유학사』(연세대출판부, 1974), 이준모 등이 지은 『조선철학사연구』(광주, 1988), 정성철이 지은 『조선철학사 2』(이성과 현실, 1988) 등에서도 비판 없이 견지되었던 시각이다. 이동희, 「조선조 주자학사에 있어서의 주리·주기용어 사용의 문제점에 대하여」, 『동양철학연구』 제12집 (동양철학연구회, 1991), 23~24쪽 참조.

7) 한국철학사상연구회, 『논쟁으로 보는 한국철학』(예문서원, 1995), 138쪽 참고.

기대승과 이황의 사칠논쟁은 비록 그 어느 쪽의 일방적인 승리 없이 끝나고 말았지만, 이황의 사상은 그의 제자들에 의해 계승되어 영남학파를 형성하였고, 기대승의 사단칠정에 관한 기본적인 관점은 이이에 의해 지지되고 옹호됨으로써 이이와 그의 제자들에 의해 단절 없이 계승되는 길이 열리게 되었다. 이렇듯 기호학파는 기대승의 관점을 지지하는 이이와 그의 제자들에 의해 탄생한 만큼, 기대승·이이의 사칠론과 그것의 근거로써 작용하는 '리기론', '심성론'의 계승 여부가 바로 기호학파를 다른 학파와 구분 짓는 중요한 기준이라고 보아야 할 것이다. 그렇다면 우리가 여기에서 확인해야 할 것은 기호학파 전체가 공유하고 있고, '사칠론'과 '리기론', '심성론'과 '수양론'을 관통하여 그 이론들을 정합적으로 결합시키고 구성지어 주는 사상적 공통분모, 혹은 철학적 출발점이 무엇인가 하는 문제이다.

앞에서도 이미 언급하고 있지만, 이황과 기대승 사이에 벌어졌던 사칠논쟁은 사단과 칠정에 관한 리기론적 해석을 통해 인성을 논리적으로 해명하려는 것이고, 이러한 해명은 곧바로 인간 내부로부터 도덕의 근거를 확보하는 하나의 토대로 작용하고 있다. 그리고 기대승은 이 과정에서 선악이 갈등하는 모든 인간 조건은 리와 기로 구성되어 있고, 이 둘은 결코 떨어질 수 없지만, 발하는 것은 기일뿐이라고 주장한다. 그리고 그의 이러한 주장은 이이에게 계승되어 '기발리승일도설'로 정립되었으며, 사칠론과 리기론, 그리고 심성론을 관통하여 그들의 철학 사상을 구성해 내고 있다.

'기발리승일도설'이 어떻게 그들 철학의 핵심이 될 수 있는가? 우리는 이황과 기대승의 논쟁으로 돌아가 생각을 정리해 보자. 이황과 기대승 사이에 진행되었던 '사칠논쟁'을 주 내용으로 하는 왕복서신에서, 서로 가장 첨예하게 견해를 달리했던 문제에는 크게 네 가지가 있었다. 첫째는 '사단과 칠정을 둘로 나누어볼 수 있는가?'이고,[8] 둘째는 '둘로 나눈 사단과 칠정을 각각 리와 기에 분속시킬 수 있는가?'였으며,[9] 셋째는 '사단의 선善과 칠정의 선이 같은가?'였고,[10] 넷째는 '리는 발할 수 있는가?'라는 문제였다.

이 네 가지 문제 중에서 가장 첨예하게 대립했던 문제는 첫 번째와 두 번째 문제로 결국 하나의 문제로 집약될 수 있는데, 그것은 '사단과 칠정을 둘로 나누어 각각 리와 기에 분속시킬 수 있는가?' 하는 것이다. 그러나 이 문제도 결국은 네 번째 문제에 대한 시각의 차이에서 발생하였는데, 그것은 '리는 발할 수 있는가?'라는 문제가 '단순히 리가 발하는가 발하지 않는가'를 묻는 것이 아니라, 리에 대한 이해나 그것을 규정하는 태도의 차이를 드러내는 물음이라는 사실에서 분명히 드러난다. 그리고 세 번째 문제는 이황이 첫 번째와 두 번째 문제를 정당화하기 위해 제시한 논거를 문제화한 것에 불과할 뿐이다.

---

8) 『高峯全集·兩先生四七理氣往復書』,「退溪答高峯非四端七情分理氣辯第二書」에서 이황은 "雖同是情, 而不無所從來之異, 故昔之言之者 有不同矣. 若所從來本無異, 則言之者, 何取而有不同耶"라 주장한다. 반면 기대승은 같은 책 「高峯上退溪四端七情說」에서 "此固純是天理所發, 然非能出於七情之外也. 乃七情中發而中節者之苗脈也"라 주장한다.

9) 『高峯全集·兩先生四七理氣往復書』,「退溪答高峯非四端七情分理氣辯第二書」, "若二者對擧而推其向上根源, 則實有理氣之分, 安得謂非有異耶."; 「高峯答退溪論四端七情書」, "然則論性, 而曰本性, 曰氣稟云者, 非如就天地及人物上, 分理氣而各自爲一物也, 乃以一性, 隨其所在, 而分別言之耳.", "心乃理氣之合, 則情固兼理氣也, 非別有一. 但出於理, 而不兼乎氣也."

10) 『高峯全集·兩先生四七理氣往復書』,「退溪答高峯非四端七情分理氣第一書改本」, "七情本善, 而易流於惡. 故其發而中節, 乃謂之和, 一有之而不能察, 則心已不得其正矣."; 「高峯上退溪四端七情說」, "然其善者, 乃天命之本然, 惡者, 乃氣稟之過不及也. 則所謂四端七情者, 初非有二義也.", "盖以四端七情, 對擧互言, 而揭之於圖, 或謂之無不善, 或謂之有善惡, 則人之見之也, 疑若有兩情. 且雖不疑於兩情, 而亦疑其情中有二善, 一發於理, 一發於氣者, 爲未當也."

리理는 발할 수 없고, 발하는 것은 기氣일 뿐이라는 '기발리승일도'를 주장하는 기대승이나 이이에게 있어서 사단과 칠정은 결코 둘로 나눌 수 없는 것이며, 각각 리와 기에 분속시킬 수도 없는 것이었다.[11] 물론 그들이 사단과 칠정을 나누어 보지 않았기 때문에 '기발리승일도'를 주장할 수밖에 없었다고 볼 수도 있다. 하지만 이 문제는 근본적으로 성리性理를 이해하는 관점의 차이나 성리를 규정하는 태도의 차이로 인해 제기된 문제이다. 왜냐하면 사칠논쟁 자체가 주자학적인 사고의 틀 속에서 진행되었고, 또한 주자학적인 리기론과 심성론을 전제하고 있기 때문이다. 이황과 기대승의 성리에 대한 이해와 규정의 차이에 따라 사단과 칠정의 관계를 각각 다르게 설정하였다는 것은 곧 그들의 주자학에 대한 이해에 근본적인 시각 차이가 있었음을 의미한다. 리와 기가 모두 발할 수 있다고 이해하는 이황은 기발로부터 드러나는 행위와 리발로부터 드러나는 행위를 구별해야 했지만, 리는 발할 수 없고 발할 수 있는 것은 기뿐인 기대승에게 있어서 그러한 구별은 무의미한 것이었다.

이렇게 봤을 때, 결국 '기발리승일도'는 단순히 리와 기의 역할이나 성격 내지는 둘 사이의 관계를 표현하는 말이 아니라, '리와 기', '성과 심'을 이해하는 기대승과 이이의 태도와 관점을 표현하는 말이 된다. 즉 기발리승으로 성리를 이해할 때, '리와 기'·'성과 심'·'사단과 칠정'·'선과 악'의 관계는 그들의 이론체계 속에서 제자리를 잡게 되는 것이다. 이렇게 본다면, 기호학파의 철학적 핵심은 성리에 대한 이해

---

11) 물론 '氣發理乘一途'라는 명칭은 이이가 정식으로 쓰고 있지만, 그것은 기대승의 리기관과 근본적으로 구별되지 않는다는 점에서 이곳에서는 기대승과 이이의 리기관을 기발리승일도로 표현하였다.

혹은 규정을 담고 있는 기발리승일도설에 있고, 이것을 직접 계승하거나, 이것에 내재하는 문제를 해결하려 노력하는 학문적 입장이 바로 기호학파를 형성하였다는 사실이 분명해진다.

이제 우리의 문제는 좀 더 좁혀진 듯하다. 즉 기호학파를 다른 학파와 구분 짓는 중요한 기준으로 작용하는 것은 바로 기대승과 이이 사칠론의 중심을 이루고 있는 '기발리승일도설'이라는 점이 확인되었다. 그렇다면 이이와 그 계승자들을 기호학파로 묶어 주는 학문적 통일성인 '기발리승일도설에 내재되어 있는 문제'란 무엇인가? 기발리승일도설은 그 안에 도대체 어떤 문제점을 안고 있는가? 이황과 기대승 간에 진행되었던 논쟁으로 돌아가 이것을 살펴보자.

이황과 기대승 사이에 진행되었던 사칠논쟁은 근본적으로 사단과 칠정을 어떤 관계로 파악하느냐에서 시작한다. 이황의 경우 사단과 칠정을 각각 리와 기에 분리 소속시킴으로써 이를 해결하려 했다면, 기대승의 경우는 분리를 인정하지 않음으로써 해결점을 모색했다. 그러나 이들의 사칠논쟁은 단순히 사단과 칠정의 발현에 있어서 리기의 역할에 관한 이론이 아니라, 사단과 칠정에 관한 리기론적 해석이라고 보는 것이 보다 타당하다. 왜냐하면 이들에게 있어서 문제의 중심은 사단과 칠정의 발현에 있어서 리기가 어떤 역할을 수행하는가에 있지 않았기 때문이다. 그들의 모든 철학적 노력은 사단과 칠정에 관한 리기론적 해석을 통해 인성을 논리적으로 해명하는 데 집중되어 있었고, 그러한 해명은 궁극적으로 도덕의 근거를 정초하는 데 목표를 두고 있었다. 다시 말해서 이황이나 기대승 모두 그 철학적 목표는 인성에 대한 논리적 해명을 통해 도덕실천의 가능 근거를 규명해 내는 데 있었다고 할 수 있다.

그러나 그들의 이러한 노력에도 불구하고 그 목표가 얼마나 성공적으로 달성되었는가에 대해서는 의문의 여지가 없지 않다. 이제 기대승이 시종일관 견지하고 있는 '리기가 서로 떨어질 수 없다'는 관점으로부터 논의를 계속해 보자. 먼저 기대승은 이 세계의 모든 존재는 리와 기로 구성되어 있을 뿐만 아니라, 그것은 서로 불가분의 관계에 있으며 칠정이나 기질지성도 이를 벗어나지 않는다고 본다. 칠정 가운데 선한 정이 사단일 뿐이고, 기질지성 속에 떨어져 있는 선한 본성이 본연지성이라는 것이다. 이것은 그가 기 없는 리의 세계나 리 없는 기의 세계를 부정하고 '리기가 서로 떨어질 수 없다'(理氣不相離)는 주자학의 원칙을 철저히 견지하고 있음을 말해 준다.

리기는 분명히 존재론적 범주를 달리하면서도 현실적으로는 서로 떨어질 수 없으며 하나로 통합되어 있다. 그렇다면 리理를 기氣적 운동의 '소이연所以然'으로서만 인정하는 기대승은 도덕실천의 측면에서 리와 기가 어떻게 관계 맺고 있고, 어떻게 그러한 관계 맺음이 가능한가라는 물음에 대해서 '기를 통한 리의 실현'이라는 대답을 내릴 수밖에 없다. 그리고 이렇게 볼 때, 기질지성은 현실적 인간 속에 내재하는 윤리적 가능성이며, 본연지성은 추상적 영역에 남겨지거나 기질지성 속에 포괄되는 어떤 것이 될 뿐이다.[12]

---

12) 사실상 이 문제는 기대승이나 이이의 것만은 아니다. 기대승과 이이가 계승하고 재해석한 주자학 자체가 안고 있는 근본 문제이기도 하다. 리기론과 인성론은 주자학의 양대 기둥이라고 할 수 있으며, 자연의 원리와 인간의 원리를 통합하는 그의 철학적 목표는 바로 리기론과 심성론을 복층으로 운영함으로써 가능하였다. 그러나 우주론에서는 큰 문제가 발생하지 않던 리기론을 심성론에 수정 없이 적용시켰을

이러한 철학적 체계에서는 최소한 다음과 같은 문제가 발생한다. 먼저 리(本然之性)는 반드시 기(氣質之性)를 통해서만 현실화되고, 이러한 과정에서 악이 잉태된다는 주장을 결과한다는 점이다. 기(氣)적인 활동을 통해 리(理)는 자신을 실현할 길을 갖게 되었지만 동시에 자신을 온전하게 드러낼 수 없게 된 것이다. 물론 그 실현의 정도는 천차만별이고, 수신의 과정을 통해 어느 정도까지 선천적으로 주어진 기질의 제약을 극복할 수 있는 것이 사실이지만, 근본적으로 그러한 선천적 제약에 리가 개입할 수 없다는 점에서 악이란 운명적인 것, 즉 극복 불가능한 것이 되어 버린다.

그리고 비록 본연지성을 상정하지만, 현실적인 인간성은 곧 기질지성이므로, 이러한 이론체계에서 인성에 대한 규정은 본원적으로는 선하지만 악을 포함한 것이 될 수밖에 없다. 인간에게 내재하는 현실적인 선의 지향성을 긍정하지 않고, 성선의 근거를 선험적 이념에서 찾기 때문에 인간은 스스로 도덕실천을 가능하게 하는 그 근거를 자신 안에서 확인할 수 없으며, 결국 리를 현실화·객관화하는 형식, 즉 예절이라는 온갖 의식을 강조하는 결과를 초래하게 된다.

이와 같은 문제는 기대승의 관점을 더욱 심화 발전시킨 이이의 철학체계에서도 발견되는데, 이이의 사칠론에서 기(氣)는 리(理)를 현실화하는 역할 일체를 담당하므로, 정신 현상의 모든 능동성 혹은 활동성은 기에만 부여된다. 이 경우 리는 그러한 정신 현상의 소이연所以然 또는 근거라고는 하지만 자기 자신을 스스로 현실화할 수 있는 능동성을 갖지

때, 기에 대한 리 혹은 심에 대한 성의 우선성과 주재성을 제대로 확보해 내지 못하고 있다.

못한 수동적인 그 무엇에 불과하다. 선善의 가능적 원리인 리가 실제로 현실화되느냐 그렇지 않느냐 하는 것은 오직 현실화의 능동성을 구비한 기의 순수성 여부에 의해 좌우될 뿐이다.

이이의 사칠론에 내포된 결정적인 취약점은 바로 여기에 있다. 즉 선천적으로 품부받은 기가 극도로 혼탁한 경우 자발적이고 필연적인 도덕의 실현을 기대할 수 없게 된다는 의미로 해석 가능한 것이다. 자신의 이론체계 내에서 상당한 논리적 정합성을 유지하고 있는 이이의 사칠론이지만, 성리학이 추구하고 있는 도덕실천의 필연적 가능 근거인 도덕성의 확보라는 입장에서 보면 분명 불만족스러운 일면이 있음을 지적할 수 있다. 이이는 물론 이러한 문제를 해결하기 위해 기를 순수하게 하는 방법인 수양의 중요성을 강조하지만, 그것은 근본적으로 문제를 해결할 수 있는 만족스런 답이 되지는 않는다. 인성의 선함과 그 인성의 선함으로부터 나타나는 행위의 선함이 기氣의 수양을 전제할 때 비로소 인정될 수 있다면, 인간의 도덕성과 그 실천능력은 우연적인 것으로 변질되어 버리기 때문이다.

이와 같이 기대승과 이이의 사칠론은 현실적 인간에게서 나타나는 악을 하나로 통합된 본연지성과 기질지성을 통해 설득력 있게 설명할 수 있었지만, 악은 인간이 부여받은 기의 청탁편전에 기인하는 극복 불가능한 것이 되어 버렸고, 선은 자기 안에서 직접적으로 확인할 수 없게 되었다. 이렇게 됨으로써 결국 본래의 유학이, 그리고 성리학이 목표하였던 도덕의 필연적 가능 근거는 확보되지 못하였다.[13] 여기서 도덕의

---

13) 이이는 『栗谷全書』 권14에서 "선악은 기의 청탁으로부터 말미암는다"(善惡由於氣之淸濁)고 주장한다. 그리고 그는 다시 "맑은 기가 발한 것이 선이고, 탁한 기가 발한

가능 근거를 확보하지 못했다는 말은 곧 기의 청탁에 관계없이 또는 기에 의해 가려지지 않는 '천리天理의 실현'을 논리적으로 확보하지 못하였다는 말이다. 그리고 이것이 바로 '기발리승일도설'에 내재하는 근본적인 문제이기도 하다.

따라서 기대승과 이이 이후, 그들을 계승하는 기호학파의 학자들은 '기발리승일도설'에 내재하는 근본적인 문제의 해결, 즉 기로 인해 드러나는 인간 정신 현상의 근저(心)에 도덕 실천 능력이 구비되어 있음을 입증해야 하는 과제를 안게 되었다. 다시 말해서 기호학파의 계승자들은 이이가 주장했던 '마음은 기'(心是氣)라는 입장을 견지하면서도, 그 마음이 우연적이 아닌, 자신의 내적 요구에 의해 도덕을 실천할 수 있는 이론적 근거를 마련해야만 했던 것이다. 기대승 이후 기호학파의 형성과 발전과정은 바로 이러한 문제들을 계승하여 드러내는 과정이면서 동시에 문제를 풀어 가는 과정이기도 하였다. 이제 우리는 시기별로 나누어 기호학파의 주요한 학자들이 이 문제에 어떻게 접근하고 있는지를 살펴보자.

것이 악이다"(善者, 淸氣之發也, 惡者, 濁氣之發也)라고 말한다. 여기에서 우리는 이이의 문제를 이해할 수 있게 된다. 즉 이이의 윤리학적 문제는 결국 '탁한 기를 어떻게 맑은 기로 바꿀 것인가? 그리고 또 '그것은 어떻게 바뀔 수 있는가? 즉 '그 변화가능성은 어디에 있는가?라는 두 가지 물음에 답하는 일이다. 첫 번째 물음에 대한 답으로 이이는 誠에 의한 기질의 변화를 주장하였고, 두 번째 물음에 대해 이이는 리의 근원이 하나이듯이 기의 근원도 청허한 하나일 뿐이라고 주장하여, 탁기는 그 본래성을 상실한 경우일 뿐이라고 해명함으로써 이 문제에 답하고 있다.(『栗谷全書』, 권 10, "氣之本則湛一淸虛……於是氣之流行也, 有不失其本然者, 有失其本然者.") 그러나 문제는 이러한 그의 해법이 그가 의도한 결과를 가져올 수 있는가의 여부이다.

3. 기호학파의 제1기 발전: 기대승에서 송시열까지

앞에서 살펴보았듯이, 기호학파의 학문적 특징은 기본적으로 기대 승과 이황의 사칠논쟁에서 드러나는 기대승의 성리학적 특징과 맥을 같이하고 있다. 그리고 이와 같은 기대승의 성리학적 특징을 한마디로 표현한다면, '리와 기는 혼융하여 나눌 수 없기 때문에, 리란 기 속에 존재하는 선'이라는 견해이다. 이에 비하여 이황은 어떤 경우에도 '리 자체'는 기와 구별되어야 한다고 생각하였다. 여기에서 두 사람의 견해 가 근본적으로 일치하지 못하였던 것은 리기의 관계를 설명한 주희朱熹 (元晦, 1130~1200)의 '리기불상리불상잡理氣不相離不相雜'이라는 명제에 대한 이해의 폭을 끝내 좁히지 못하였기 때문이기도 하겠지만, 보다 근본적 인 원인은 그들의 성과 리에 대한 규정이나 이해에 근본적인 차이가 있었기 때문이다.

이이에 의하면 이 세상의 모든 것은 형이상자로서의 리와 형이하자 로서의 기가 불리의 관계 속에서 묘합하고 있다.[14] 그것은 형이상의 세 계에서나 형이하의 세계에서나 마찬가지이다. 리가 있으면 반드시 기 가 있고, 기가 있으면 반드시 리가 있다. 따라서 리 없는 기나, 기 없는 리란 있을 수 없으며, 이러한 리와 기는 시간적인 선후先後도 공간적인 이합離合도 없게 된다.[15] 이러한 리기론을 기초로 하여 이이가 "맹자는

---

14) 李珥, 『栗谷全書』, 권10, 「答成浩原」, "理氣渾融. 元不相離"; 成渾, 『牛溪集』, 권4, 제2서, 「答書」, "非理則氣無所根柢. 非氣則理無所依著. 既非二物, 又非一物, 非一物, 故一而二, 非 二物, 故二而一也. 非一物者何謂也? 理氣雖相理不得, 而妙合之中, 理自理氣自氣, 不相挾雜, 故非一物也."

15) 李珥, 『栗谷全書』, 권10, 「答成浩原」, "雖曰理自理, 氣自氣, 而渾淪無間, 無先後, 無離合."

칠정 중에서 착한 정만을 발라내어 사단이라 이름 붙인 것이니, 칠정 밖에 따로 사단이 있는 것이 아니다"[16]라고 주장하며 기대승의 견해를 지지함으로써 기대승의 사칠론은 기호학파에 의해 계승되는 길이 열리게 되었다. 이렇게 봤을 때, 사단칠정론에 대한 이이의 기본적인 관점은 기대승과 일치하고 있다.

이이의 뒤를 이어 기호학파의 이론 체계를 한 걸음 더 발전시킨 인물들이 바로 김장생과 송시열이다. 우리는 바로 이 두 사람으로부터 기호학파의 두 가지 발전 방향을 읽을 수 있다. 한 방향은 리기론을 중심으로 도덕실천의 근거가 되는 심성론은 이미 이이에 의해 완성되었다고 보고 예학으로 그 학문적 방향을 전환하는 김장생의 철학이고, 다른 방향은 주희의 언론에 대한 재고를 통해 율곡학의 재정립을 시도하는 송시열의 철학이다.

먼저 김장생의 사단칠정론은 그 스승인 이이의 관점을 거의 수정 없이 계승하여, 사단을 칠정 가운데 선한 정으로 파악한다. 그러나 그 사상의 중심은 리기론이나 사단칠정론에 있었다기보다는 예학에 있다고 보는 것이 보다 타당하고, 이것은 일반적인 견해이기도 하다. 그렇다면 김장생의 예학은 어떤 배경에서 형성되었던 것인가? 그의 예학은 기대승이나 이이의 사상과 어떤 연관성을 가지며, 기호학파 안에서 어떤 역할을 담당하고 있는가?

17세기는 흔히 예학의 시대라고 불릴 정도로 예학이 발달하였다. 하지만 예에 대한 관심이 17세기에 이르러 갑자기 고조되었던 것은 아니

---

16) 李珥, 『栗谷全書』, 권10, 「答成浩原」, "孟子於七情中剔出其善情目爲四端, 非七情之外別有四端也."

라는 사실에 주목할 필요가 있다. 이미 15세기 말부터 사림들에 의해 '삼대三代의 예'가 강조되기 시작하였고, 중종 때에 이르러서는 『국조오례의國朝五禮儀』나 『한당례漢唐禮』 외에도 『주자가례朱子家禮』와 『의례儀禮』가 강조되면서, '국조오례의파國朝五禮儀派'와 '고례파古禮派'의 전례논쟁이 벌어지기도 하였다. 또한 16세기 중반에는 『주자가례』를 중심으로 하는 생활규범서인 제례서들의 집필과 함께 『주자가례』에 대한 연구가 본격적으로 시작되었다. 예학의 이러한 발전과정은 사실상 주자학에 대한 이해가 심화되는 과정과 거의 궤를 같이하고 있음에 우리는 주의해야 한다.

본래 주자학은 송에서 당시 광범위하게 유행하였던 불교와 도교를 철학적으로 극복하고 성립된 새로운 유학이다. 보편적이고 불변하는 리理와 현상적이고 변화하는 기氣로써 우주의 생성과 변화를 설명하는 리기론理氣論은 자연과 인간, 그리고 인간이 만들어 가는 사회의 변화를 설명하는 주자학 전체의 기본적인 틀이다. 이러한 리기론을 바탕에 두고 도덕의 실천가능 근거로서의 인성을 설명한 인성론과 도덕적 실천방법 혹은 실천적 역량의 배양 방법을 설명한 수양론이 체계화되었다. 특히 수양론은 보편적 진리인 리는 인간의 지적인 탐구와 수양에 의해서 얻어질 수 있다는 믿음에 근거하고 있었다. 그리고 이러한 수양론에 따라 인욕을 조절하고 천리를 보존함으로써 주자학의 이상을 현실사회에 실현하는 방법 또는 형식이 바로 예였다.

이렇듯 주자학에서 리와 예는 표리 관계에 있다. 예가 사회의 객관적 규범이라면, 리는 예의 실천을 통하여 구현되는 것이다. 그리고 주자학적 구도에서 볼 때, 인간은 직접적인 방식으로 자신 안에서 도덕의 근거와 실천적 힘을 확인할 수 없기 때문에, 리를 현실화하는 도구인 예를 자신 밖에 상정하여 간접적인 방식으로 자신 안에서 도덕의 근거와 실천적 힘을 확인할 수밖에 없다. 이렇듯 예가 도덕의 근거와 실천적 힘을 확인하는 방식으로, 그리고 리를 현실화하는 하나의 방도로 대두되면서, 예학에 관한 연구는 심화될 수밖에 없었다.

외적外的으로 임진왜란(1592~1598)과 정묘호란(1627), 병자호란(1636~1637)으로 인해 해이해진 질서의 회복이 강조되는 시대적 상황과, 인조반정(1623), 이괄의 난(1624) 등 내란이 계속되었던 격동의 시대 속에서 질서성의 근원인 예를 강조하는 것은 어쩌면 당연한 요청이었다고 할 수도 있겠지만, 정의情意가 없고 무조작無造作하는 무위無爲의 리를 대신하여, 외재하는 규준들을 통해 기氣의 활동을 통제하고 순화해야 하는 주자학이나 이이 철학체계의 필연적 요구를 김장생이나 김집金集(愼獨齋, 1574~1656) 등과 같은 예학자들이 따랐다고 볼 수도 있을 것이다. 다시 말해서 주자학이 발전하고 이해가 심화될수록 그것과 비례해 예에 대한 인식이 깊어지기 마련이며, 김장생의 예학은 바로 이러한 주자학이나 율곡학의 내적 요구에 따라 생성된 것이라고 할 수 있다.

이와 같은 김장생의 예학은 한편으로 율곡학의 완성이라는 측면에서도 고찰할 수 있지만, 다른 한편으로는 율곡학에 내재하는 근본적 문제를 적나라하게 표출하는 장이라는 면에서도 바라볼 수 있다. 도덕실천을 가능하게 하는 근거로서의 인성을 리기론과 사단칠정론을 통해 규명하고자 했던 이이의 철학체계를 김장생은 성공적인 것으로 파악했던 것은 아닐까? 그래서 리기론과 심성론, 사칠론에 대한 이론적 확충보다는 이제 그 사상적 방향을 전환함으로써 새로운 지평을 열어 가는 것을 사명으로 삼았고, 김장생의 그러한 학문적 전환은 결과적으로 주자학이나 율곡학 자체에 내재하고 있던 형식화의 경향을 표면으로 드러내는 계기가 되었다고 보는 것은 지나친 것일까?

김장생의 뒤를 이은 송시열의 리기론이나 사칠론 역시 전체적으로 기대승이나 이이의 관점을 충실히 계승하고 있다. 다만 그의 리기론에서 비교적 새롭게 제기되었다고 볼 수 있는 것은 '형形'이라는 개념을 사용하고 있다는 점이다.[17] 하지만 리와 기를 포함하는 개념으로서의 형은 리기의 불상리不相離를 설명하는 방편으로 제기되었다고 보는 것이 보다 타당하며, 그 철학체계 안에서 적극적인 역할을 하고 있다고 보기에는 부족하다. 차라리 우리는 그의 사상 내용에서가 아니라, 학문적 탐구 방향에서 그 학문적 목표를 읽을 수 있다.

송시열에 이르러, 서로 대립하던 영남과 기호학파의 학자들은 각각 주자학에 근거하여 자신들의 이론을 체계화하였다고 주장하면서도, 다른 한편으로는 주희의 언론에 나타나는 차이에 주목하기 시작하였다. 주희 저서에서 나타나는 언론의 차이를 찾아내고 또 그것을 정확하게 해석해 내는 작업이 조선 주자학의 여러 논쟁을 해결하고 시비를 판가름할 수 있는 중요한 열쇠가 될 수 있음을 인식하였던 것이다. 주희의 저서에서 드러나는 언론의 차이를 찾아 정확하게 해석하는 작업은 송시열에게서 구체화되기 시작하여 『주자대전차의朱子大全箚疑』, 『이정서분류二程書分類』, 『주자어류소분朱子語類小分』, 『논맹문의통고論孟問義通攷』, 『심

---

17) 宋時烈, 『宋子大全』, 권101, 「答鄭景由 丁巳」, 別紙, "蓋人物未生時, 理與氣本自混融而無間, 故氣聚成形之時, 理自具於此形之中矣."; 권130, 「朱子言論同異攷」, "形而上形而下, 退溪沙溪二先生所釋, 殊不甚安. 故嘗以爲當以形字爲主而處, 道字器字於形之上下, 以形道器三件物事所釋井井無難矣."

경석의心經釋疑』 등과 같은 책으로 편찬되었고, 또 그가 시작한 『주자언론동이고朱子言論同異攷』는 50여 년의 노력 끝에 한원진韓元震(南塘, 1682~1751)에 이르러서야 비로소 완성되기도 하였다. 이들이 주희의 언론에 대해 재고하기 시작했다는 것은 한편으로 주자학을 기준으로 한 율곡학의 재정립과 재확인 작업이 시작되었음을 뜻하고, 또한 김장생의 예학과 구별되는 또 다른 한 방향으로의 발전을 의미하는데, 이것은 송시열 학문의 목표이기도 하였다.

그러나 송시열의 이러한 작업은 그가 본래 목표로 했던 율곡학의 재정립, 즉 율곡학을 흔들리지 않는 반석 위에 세우고자 했던 의도와 상반된 결과를 가져오기도 하였다. 주희의 언론에 대한 재고를 통해 자신들의 이론에 대한 반성 혹은 비판이 시작되었고, 이러한 반성과 비판을 통해 영남학파의 시각을 일부 수용하는 절충적인 견해들이 제기되거나, 기호학파의 이론체계를 벗어나는 독자적인 시각이 출현하기 시작하게 된 것은 송시열 자신도 미처 예상하지 못하였을 것이다. 이제 우리는 송시열의 후계자들에서 나타나는 기호학파의 이론적 분화로 접근해 보자.

4. 기호학파의 제2기 발전: 낙학과 호학

앞 절에서도 지적하였듯이 기호학파의 새로운 전환에 있어서 그 단서를 제공했던 인물은 송시열이며, 그를 고비로 학문적으로도 정치적으로도 분화가 시작되었다. 그리고 이러한 분화를 통해 등장한 인물들이 바로 낙학洛學과 호학湖學의 학자들이다. 그 분화의 원인은 무엇보다도 기대승과 이이가 견지했던 기발리승일도설에 내재하는 문제의 인식과 그 문제를 해결하는 방식의 차이에서 찾을 수 있다. 그리고 이것은 근본적으로는 주희의 견해를 계승한 기대승이나 이이의 리기론 자체에 해결하지 못한 문제가 있었다는 것을 의미하고, 또 한편으로 그것이 학파분열의 원인으로 작용하였다는 것을 뜻한다.[18]

낙학과 호학의 분열 시기에 대한 학자들의 견해는 대체로 미발선악未發善惡과 인물오상설人物五常說 문제를 둘러싼 한원진과 이간李柬(巍巖, 1677~1727) 사이의 논쟁에서 연원을 찾지만,[19] 그 분화의 씨앗은 권상하(遂庵, 1641~1721)와 김창협金昌協(農巖, 1651~1708)에게 이미 배태되어 있었다는 것에 모아지고 있다.[20]

이렇듯 낙학파의 원류로 인식되고 있는 김창협의 사상은 기본적으로 이이의 학설, 즉 기발리승일도설을 계승하면서도 리의 주재성을 강

---

18) 물론 학문 외적인 원인, 즉 국제정세의 변화, 상품화폐경제의 발달, 도시의 성장, 농민층의 성장, 신분제의 동요, 새로운 정치세력과 사상경향의 대두 등 조선 후기 사회변동에 대한 노론 집권층의 사상적 대응이라는 성격에서 이러한 사상적 분화를 설명하는 견해도 김준석의 「조선후기 국가개조론의 대두와 그 전개」(연세대 박사학위논문, 1991), 조성을의 「정약용의 신분제개혁론」(『동방학지』 제51집, 1986) 등에서 보인다.

19) 17세기 말 이황과 이이의 문인들에 의해서 간헐적으로 인물성동이 문제가 제기되었지만, 본격적인 논쟁은 18세기 초 권상하의 문인이었던 한원진과 이간 사이에서 발단이 되었으며, 그들의 스승인 권상하가 한원진의 인물성이론을 지지함으로써 충청지역 학자들 간의 논쟁은 일단락되었다. 그러나 논쟁 소식을 들은 김창흡, 박필주, 이재 등의 서울, 경기지역 학자들이 이간의 주장에 동조함으로써 인물성동이논쟁은 이후 100여 년 동안 계속되었다.

20) 장지연, 『조선유교연원』(단국대 출판부, 1979), 107쪽; 현상윤, 『조선유학사』(현음사, 1982), 277쪽.

조한다는 점에서 이이와 견해를 달리하고 있다. 즉 그에게 있어서 리는 스스로 발하여 자신을 실현시킬 수 있는 존재가 아니라, 기를 통해 드러날 수밖에 없는 존재라는 점에서 기대승과 이이의 '기발리승일도설'을 계승하고 있다.21) 하지만 그는 기대승이나 이이의 철학체계에서 리의 무위성이 지나치게 강조됨으로써 기에 대한 리의 주재성이 상실되었고, 그렇게 됨으로써 리는 추상적인 원리로 전락하게 되었다고 생각하였다. 그래서 그는 율곡학의 대전제 중 하나인 리의 무위성을 부정하지 않는 범위 안에서 리의 지위를 강화하고자 노력하였다.

리의 지위를 고양시키려는 이러한 김창협의 경향은 선이란 맑은 기의 발이고 악이란 탁한 기의 발이라고 주장한 이이를 비판하면서 선악과 리기의 관계에 대한 자신의 견해를 밝히는 데서 분명하게 드러난다.22) 만약 이이와 같이 맑은 기의 발은 모두 선한 정이 되고 탁한 기의 발은 모두 악한 정이 된다면 정情의 선악은 전적으로 기氣에 의해서 결정되는 것이므로 리는 단지 수동적인 지위에 남겨지게 된다. 다시 말해 선악의 결정과정에서 리는 아무런 작용이나 영향력을 행사할 수 없는 그 어떤 것이 되고 만다. 그래서 그는 리가 정의가 없고 조작이 없다는 특성을 가지고 있기 때문에 비록 기를 통해서 자신을 실현할 수밖에

---

21) 김창협, 『農巖全集』, 「答閔彦暉」, "蓋理氣本混融無間, 而理無形體, 因氣而著, 氣之運行, 卽物可見."; 「四端七情說」, "人心有理有氣, 其感於外物也, 氣機發動, 而理則乘焉."

22) 『農巖全集』, 「四端七情說」, "栗谷人心道心說, 善者淸氣之發, 惡者濁氣之發.……栗谷說, 誠少曲折, 蓋氣之淸者, 其發固無不善, 而謂善情皆發於淸氣則不可, 情之惡者, 固發於濁氣, 而謂濁氣之發其情皆惡則不可.……特以父子之愛, 於天性最重, 故到急切處, 不覺眞心發出, 於此可以見人性之善, 於此可以見天理之不容已. 此豈可曰淸濁之所爲哉, 理雖曰無情意無造作, 然其必然能然當然自然有如陳北溪之說, 則亦未嘗漫無主宰也. 是以人心之動, 理雖乘載於氣, 而氣亦聽命於理. 今若以善惡之情, 一歸之於氣之淸濁, 則恐無以見理之實體而性之爲善也."

없지만, 기 또한 리의 명령을 받는 것이라고 주장하여 리의 주재성을 강조하고 있는 것이다.

이와 같은 주장에서 드러나듯이, 김창협은 기대승과 이이의 리기론과 사칠론이 가지고 있는 근본 문제를 이미 간파하고 적극적으로 그 문제를 해결하려 노력했던 것으로 보인다. 그러나 그는 기발리승일도설 자체를 부정하는 데까지는 이르지 않았기 때문에, 그의 이론이 영남학파와의 절충적 경향이 있음에도 불구하고 본질적으로 이이의 영향권에서 벗어났다고 할 수는 없다. 이이의 학문을 계승하면서도 리의 주재성을 강화하려는 그의 이론적 경향은 인물성동이논변에서 인물성동론을 옹호하는 결과를 낳았는데, 인간뿐만 아니라 사물도 오상을 가지고 있고, 심의 미발시에는 순선하기 때문에, 성인과 범인의 마음은 같다는 것이 그 주장의 핵심이었다.[23] 그런데 리의 주재성을 강화하려는 그의 이론적 경향이 어떻게 인물성동이논변에서 인물성동론을 옹호하는 결과를 낳게 되었는가? 그것은 기를 주재하는 것은 리이고, 만물은 리라는 하나의 본원에서 나왔다는 전제 위에서 가능하다.

김창협을 계승한 낙학의 주요 인물로는 그의 동생인 김창흡金昌翕(三淵, 1651~1708)과 어유봉魚有鳳(杞園, 1672~1744), 이재李縡(陶菴, 1680~1746)가 있고, 다시 이재의 문하에서 박성원朴聖源(謙齋, 1687~1767), 김원행金元行(渼湖,

---

23) 인물성동이의 문제에 대해 최영성은 『한국유학사상사 Ⅳ』(아세아문화사, 1995), 382~383쪽에서 김창협이 상이론의 입장을 취한 것으로 보기도 한다. 그러나 김용헌의 「낙학과 율곡학의 비판적 계승」에서는 "김창협의 인물성론은 이론과 동론의 여지를 다 포함하고 있다. 그러나…… 인물성에 대한 김창협의 이해는 편전에 의한 차별성과 리에 의한 통일성이라는 이중구조였다. 그런데 28세 때 이루어진 「상우재문목」을 제외하고는 그 강조점이 후자에 있었다"라고 설명한다.(『조선유학의 학파들』, 358~359쪽)

1702~1772), 송명흠宋明欽(櫟泉, 1705~1768) 등이 배출되었다. 몇몇 예외적인 인물을 제외한 낙학 학자의 대부분은 모두 인물성동론의 옹호자였다. 인간뿐만 아니라 사물도 오상을 가지고 있고, 마음이 미발한 상태에서는 순선하다고 주장하였다. 그렇기 때문에 성인과 일반인의 마음은 같다는 것이 이들의 대체적인 생각이었다. 이 같은 낙학의 입장은 도덕적 필연성을 인간의 심성에서 찾고자 하는 노력의 일환이며, 이것은 기대승과 이이가 실패한 것이기도 하였다. 이렇듯 낙학이 기대승과 이이의 리기론과 사단칠정론에 내포된 근본적 문제를 해결하려는 새로운 시도를 시작하였다면, 호학은 주자학을 포함한 기대승과 이이의 철학에 내포된 다양한 문제들에 대해 변론하고 토론함으로써 그것을 정통사상으로 재정립하려 노력하였다.

호학의 원류로 인정되는 권상하의 사상은 기본적으로 '리기불상리'의 입장에서 이이의 '기발리승일도氣發理乘一途'설을 계승하며 칠포사를 긍정한다.[24] 그의 인물성이론도 결국 리기불상리와 기발리승일도설의 필연적 결과이기도 하다. 즉 리기불상리의 입장에서 파악되는 현실적인 인간의 성은 곧 기질지성이며, 이러한 기질지성은 기질의 제약을 벗어날 수 없기 때문에 각각 다른 기질을 지닌 인성과 물성은 같을 수 없다는 것이다.[25] 본원의 리(본연지성)는 사람과 동물의 성이 모두 같다

---

24) 權尙夏,『寒水齋集』, 권10,「答金永叔」, "四端七情, 發者氣也, 所以發者, 皆理也. 四端包在七情中, 非有兩箇體段也."

25) 權尙夏,『寒水齋集』, 권21,「論性說」, "聖賢論性, 其說大槪有三. 有除却氣單指理而言之者, 有各指其氣之理而亦不雜乎其氣而爲言者, 有以理與氣雜而言者. 專指理而言, 則太極全體, 無物不具, 而萬物之性皆同矣, 是則一原也. 而朱子所謂一物各具太極者也. 各指其氣之理而言, 則陽健陰順, 木仁火禮金義水智, 其性不同, 而亦不雜乎其氣之淸濁美惡而言, 故其爲健順五常, 猶不失爲至善, 人得其全, 物得其偏, 而人物之性不同矣, 是則分殊也. ……以理與氣, 雜而言

고 할 수 있지만, 그 리는 기와 불리의 관계 속에서 현실적인 성(기질지성) 을 형성함으로 기의 청탁편전淸濁偏全에 따라 성(기질지성)에도 청탁편전 이 있게 된다는 입장이다. 기발리승일도의 이론 속에서 현실적인 모든 사물은 리와 기의 구성물일 수밖에 없고, 모든 능동성은 기의 영역에 남겨지게 된다. 바로 이러한 관점에서 본다면 만물은 그것을 주재하는 하나의 본원인 리에서 나왔다고 주장될 수 없으며, 보편적인 리는 현상 세계에서 기의 영향을 받으며 제한적으로 실현될 수밖에 없다. 따라서 구체적인 현상세계, 즉 기의 제한을 받는 구체적인 각각의 사물들은 그 성이 각각 다를 수밖에 없는 것이다.

그의 이러한 입장은 이이의 견해를 충실히 계승한 것으로, 이론적인 면에서 독창적인 것이라고 볼 수는 없지만, 그의 제자들인 한원진과 이 간에 이르러 본격적인 인물성동이논쟁이 벌어지게 되었고, 그의 견해는 한원진에 의해 계승되었다.[26) 그러나 이들의 인물성이론人物性異論은 본 연지성과 기질지성은 하나이며 동시에 존재한다고 봄으로써 리는 여전 히 기 속에 타재墮在하는 추상적 원리로 남아 있게 되었다. 이렇게 됨으 로써 결국 인간본성으로부터 직접적으로 순선의 가능 근거를 확보하지 못하고 있다는 점에서 인물성이론은 기대승이나 이이 철학의 문제를 여전히 미해결의 과제로 남겨 두고 있다.

이러한 낙학과 호학의 분화에는 분명히 임진왜란과 병자호란을 통

之, 則剛柔善惡, 有萬不齊, 人人物物之性, 皆不同矣. 是則分殊之分殊也. 朱子所謂剛柔善惡, 極多般樣, 千般百種, 不可窮究者也."
26) 韓元震, 『南塘集』, 권11, "理本一也, 而有以超形氣而言者, 有以因氣質而名者, 有以雜氣質而 言者. 超形氣而言, 則太極之稱是也, 而萬物之理皆同矣. 因氣質而名, 則健順五常之名是也, 而人物之性不同矣. 雜氣質而言, 則善惡之性是也, 而人人物物又不同矣."

해 드러난 주자학의 한계를 새로운 인간관과 역사관의 정립을 통해 해결하려는 사상 외적인 계기가 있었음을 부정할 수 없다. 그러나 기호학파라는 순수 학문의 통일적 연관성 속에서 파악되는 철학적 변화는 분명히 기대승과 이이의 사상에 내재하는 문제에 대해 서로 다른 태도를 취함으로써 발생한 것이라는 사실 역시 부정하기 어렵다. 전체적으로 본다면 호학은 율곡학의 절대화를 추구하며, 그 이론적 결함에 대해 변호하는 태도를 취하고, 다른 정치적 견해나 사상에 대해 배타적인 입장을 견지한 반면, 낙학은 율곡학의 절대화에서 벗어나 다양한 사상에 대해 유연한 태도를 취하며 다양한 입장을 가진 학자들을 배출하였다고 할 수 있다. 이들을 이어서 낙학의 입장을 더욱 강력하게 주장하며 등장한 인물에는 임성주任聖周(鹿門, 1711~1788) 그리고 이항로李恒老(華西, 1792~1868)로 대표되는 화서학이 있고, 호학의 관점과 태도를 계승한 인물에는 바로 전우田愚(艮齋, 1811~1922)와 그 후학들이 있다.

5. 기호학파의 제3기 발전: 임성주·이항로와 전우

기호학파의 발전과정에서 호학과 낙학의 대립을 거친 후에도 철학적 문제의 중심은 여전히 인간 도덕능력의 근거를 어디에서 어떻게 확보할 것인가에 모아지고 있었다. 이것은 낙학의 철학적 문제의식을 그대로 계승하고 있는 임성주와 이항로의 철학에서 두드러지게 나타나고 있으며, 이 단계에 이르러 기대승과 이이에 의해 남겨졌던 기호학파의 철학적 문제는 일정한 시각 안에서 해결되고 있음을 볼 수 있다.

먼저 임성주의 철학은 기본적으로 낙학의 철학적 문제를 계승하고 있다. 그의 철학은 호학과 낙학에서 문제되었던 심체의 순선 문제에 대한 답안을 모색하는 과정에서 탄생한 것으로, 심의 순선성純善性을 확보하기 위해 그는 심을 구성하는 기의 순선성을 주장하기에 이른다. 기대승과 이이 이래로 기호학파에서는 사단과 칠정이라는 인간의 현실적인 심리작용을 모두 기의 활동이고 발현이라고 보았다. 이러한 이론을 따랐을 때, 인간은 자신 안에 아무리 순수한 본성(리)을 지니고 있다 하여도 그것은 결국 잠재적인 가능성에 불과할 뿐이고, 현실적인 모든 작용은 기의 영역 안에서 선과 악이 함께 공존하는 모습일 수밖에 없게 된다. 이러한 결과는 물론 기대승이나 이이가 의도했던 것은 아니었지만, 성리학 혹은 전체 유학이 본래 추구하였던 도덕실천의 가능 근거의 확보를 통해 도덕적 이상사회를 이룩하고자 하는 목표는 이제 그 실현의 길이 막혀 버리고 말았다.

임성주는 이러한 문제를 해결하기 위해, 즉 현실 속에서 도덕의 가능 근거를 확보하기 위해 성과 심을 리와 기라는 이원적인 방식으로 이해하는 태도를 버리고 리와 기는 본래 하나인 근원적 존재의 두 가지 이름에 불과하다는 견해를 제시한다.[27] 이황과의 절충을 시도하여 리에 운동성을 부여하는 것이 아니라, 리기동실理氣同實을 통해 심성일치心性一致를 주장하였던 것이다. 이렇듯 리와 기는 동일한 본체에 대한 두 가지

---

27) 任聖周, 『鹿門集』, 권6, "天體至大而至純, 故其德亦至大而至純, 體卽是氣, 德卽是理, 器亦道, 道亦器也."; 권16, 「大學」, "心也性也一也, 在所指如何耳. 程子曰: '以形體謂之天, 以主宰謂之帝, 以妙用謂之神, 以性情謂之乾', 乾卽性也, 帝與神卽心也, 其在人者亦然. 是故言性卽心自擧, 言心卽性在中."

이름이지만, 그는 리理를 기氣적인 활동의 소이연으로 파악하기보다는 기의 활동에 포함되어 있는 자연自然과 당연當然으로 파악하고 있다.

주희나 이이의 철학체계에서 기는 차별성의 원리인 동시에 리의 실현을 제한하는 현실적 요소로 작용한다. 그리고 그것은 선과 악의 가능성을 모두 포함하는 가치 중립자이며, 사물을 구성하는 재료(Matter)인 동시에 사물의 변화와 활동의 에너지, 즉 동력이기도 하다. 하지만 임성주가 제시하고 있는 기는 분명히 현상계에서 차별성의 원리로서 작용하지만, 그 본체에 있어서는 담일湛一하여 순선성을 가지는 것으로 이해된다.[28] 바로 이러한 기의 의미 전환을 통해서 그는 주희나 이이의 철학체계에서 발생하는 성선性善과 심선心善의 불일치, 즉 성선이 심선을 보장하지 못하는 문제를 해소하고 기대승과 이이가 남겨 두었던 해묵은 문제를 자기 나름대로 풀어 갔던 것이다.

이와 같은 임성주의 철학은 한편으로 낙학의 철학적 문제를 발전적으로 계승했다고 할 수 있다. 그러나 그의 사유체계에는 이전의 낙학학자들과 구분되는 중요한 특징이 존재한다. 즉 이전 낙학의 주요 학자들은 최소한 이이의 사유체계(기발리승일도설) 안에서 자신들의 이론을 정립하려 노력하였다면, 그에게서는 이러한 기본적인 태도를 찾아보기 어렵다. 물론 그가 극단적으로 성리에 자발성을 부여하는 이황의 방식이나, 심즉리心卽理를 인정하는 왕수인王守仁(陽明, 1472~1529)의 길을 가지 않고 기에 순신성을 부여함으로써 문제를 해결하려 하였다는 점은 여전히 이이의 전통을 벗어나지 않으려는 노력으로 보인다. 그러나 결과적

---

28) 任聖周,『鹿門集』, 권19,「鹿廬雜識」, "宇宙之間, 直上直下, 無內無外, 無始無終, 充滿彌漫, 做出許多造化, 生得許多人物者, 只是一箇氣耳."; 권5,「與李伯訥」, "蓋氣之本, 湛一而已."

으로 그의 철학은 이이의 사유체계를 벗어났다고 할 수 있으며, 이러한 그의 철학사상은 그 아우인 임경주任敬周(雲湖, 1727~1796)와 임정주任靖周, 그리고 누이인 임씨(允摯堂, 1721~1793)에게 전해졌으며, 가학家學으로 풍천 임씨豊川任氏 집안에서 전승되었다.

다른 한편으로 이항로와 그 문인들에게서도 우리는 기대승과 이이가 남겨 둔 문제를 해결하려는 노력의 일단을 확인할 수 있다. 이항로의 사칠론에서 특징적으로 나타나는 것이 바로 '주리발主理發'과 '주기발主氣發'의 개념을 통해 소극적으로나마 리理의 발을 인정한다는 점이다. 그러나 그 '리발'의 의미는 이황이 '리기호발'이라고 할 때의 리발과 같은 의미는 아니다. 이항로에 있어서 리발은 기에 대한 리의 주재를 확보하기 위해 리에 운동의 속성을 부여한 것으로 보이며, 그 자신도 '동일발同一發'이라는 용어를 사용하여 구별하고 있다.29) 그의 관점에 따르면 리와 기를 구별해서 본다면 분명히 리는 선험적 원리로서 무정의·무조작하는 무위의 속성을 가지는 반면, 기는 발하며 작용하는 유위有爲의 속성을 가진다. 그러나 기의 그러한 유위는 결국 기에 대한 리의 주재성에 의해 리의 유위와 같은 것으로 파악된다.30)

이항로가 이렇듯 소극적으로나마 리발을 설정해야만 했던 것은 동정이 없는 리는 공허한 것으로 기氣적 운동을 주재하기 어렵다는 생각에서 비롯되었다.31) 이것은 리의 동정을 인정하지 않을 경우 도덕실천

---

29) 李恒老, 『華西集』, 권22, 「三淵先生行狀記疑」, "愚按理氣相須之物也, 栗谷曰非氣則不能發, 非理則無所發, 此則不易之定理也. 但同一發也, 而有主理主氣之不同, 雖所發(主理主氣)之不同, 而不害爲發之之爲一也, 發則一也, 而不害爲理氣之分岐也."

30) 李恒老, 『華西集』, 권15, 「沙上隨錄」 2, "理氣對言, 故曰理無爲而氣有爲, 然氣之所爲卽理之所爲也, 單言則凡氣之所爲者, 是理也."

의 필연성을 확보할 수 없다는 사실을 그가 이미 자각하고 있었음을 뜻하고, 그의 철학적 과제 역시 기대승과 이이가 남겨 둔 문제의 해결에 있었음을 드러내 보여 준다. 이와 같이 그는 비록 사단칠정설에 있어서 칠포사를 긍정하며 이이의 관점을 계승하고 있지만,[32] '주리발'과 '주기발'을 인정함으로써 결국 '기발리승일도'를 주장하는 기대승과 이이의 체계를 벗어나고 있다. 즉 철학적 문제의식은 여전히 기대승과 이이로 이어지고 있지만, 철학의 내용에 있어서는 이미 기호학파의 공통분모를 상실하고 있다고 할 수 있다.

이항로의 철학은 그의 직전 제자들, 즉 김평묵金平黙(重庵, 1819~1891), 최익현崔益鉉(勉庵, 1833~1901), 유중교柳重教(省齋, 1832~1893), 유인석柳麟錫(毅庵, 1842~1915) 등에 의해 계승되었으며, 이들의 철학적 문제 역시 리발에 대한 긍정을 통해 리의 주재성을 확보하는 데 모아지고 있다. 그리고 이들의 철학적 신념은 위정척사운동의 중요한 철학적 근거로서 작용하였다.[33]

이항로를 이어 우리가 다루어야 할 인물은 전우이다. 기대승과 이이에서 시작된 기호학파의 학맥은 전우에 이르러 그 막을 내린다. 전우는 한말의 혼란한 상황 속에서 취한 수구적인 태도로 인해 최근까지 비난

---

31) 李恒老, 『華西集』, 권24, 「太極說」, "蓋太極者一動一靜之本體也."; "太極若不能自會動靜, 而陰陽之氣自會動靜, 則所謂太極是無實無用之位而已."; 『華西雅言』, 권1, 「臨川」, "今曰太極無動靜, 而動靜專仰於氣機, 然則太極淪於空寂, 而不足爲氣機之本源矣, 氣機疑於專擅, 而反作太極之主宰矣."

32) 李恒老, 『華西集』, 권18, 「南塘集記疑」, "至若七情, 蓋心性發用之統名, 而非與五性相準爲名如四端之云也."

33) 홍원식, 「주자학적 세계관의 선택 — 척사위정파의 사상과 운동」, 『시대와 철학』 제10호(1999), 40~41쪽.

의 대상이 되기도 한 인물이었다. 그 수구적인 태도에서도 드러나듯이 그의 철학적 과제는 주희와 이이 철학 전통으로의 회귀였다. 즉 그는 기본적으로 기대승과 이이의 기발리승일도설을 계승하고 있으며, 그것을 통해 율곡학을 수정하였던 학자들을 비판하고 있다.[34)

그 비판의 요지는 리의 능동성을 주장하는 것은 오히려 리의 절대성을 훼손하는 것이라고 보고 리의 무위성을 강조하는 데 모아지고 있다.[35) 또한 리의 무위성을 강조할 때, 심의 주재가 요청되지만, '기氣일 뿐인 심이 과연 리理인 성을 주재할 수 있는가'라는 문제에 대해서는 심의 주재를 '운용運用'이라는 측면, 즉 심에 의한 리의 운용이라는 의미로 파악함으로써 이 문제를 해결하고 있다.[36) 그리고 만약 리의 능동성을 상정할 경우, 현실적인 악은 설명할 수 없으며 기를 조절하는 수양공부도 필요하지 않게 된다는 점을 지적하며 기발리승일도설을 지지한다.[37) 그에게 있어서 리는 존재의 근거이면서 동시에 가치의 근원이다.

---

34) 전우 사칠론의 관심은 퇴율철학을 절충하는 데 있었다고 보는 시각도 보이지만(장숙필,「전간재의 사단칠정론」,『사단칠정론』, 서광사, 1992, 468쪽) 그 철학의 근본적 지향점과 학문의 전체적인 특징은 퇴계학의 호발설을 극복하고 율곡학의 정당성을 드러내는 데 모아지고 있는 것으로 보인다.

35) 田愚,『艮齋私稿』, 권28,「猥筆辨」, "夫道是至尊之實, 而爲萬物之主者, 若乃降而與有作用者同科焉, 則道器上下之分亂."

36) 田愚,『艮齋私稿』, 권7,「答金致容」, "據此則知主宰二字, 字同而用異. 謂心爲性之主宰者, 從流行處指其能運用此理而言也, 謂性爲心之主宰者, 就源頭處指其爲氣之所本而言也."; 권29,「華西雅言疑義」, "蓋以心有知, 而理無爲言, 則曰心統性情, 以性爲本, 以心爲用言, 則曰理爲氣主."

37) 田愚,『艮齋私稿』, 권28,「猥筆辨」, "蓋性雖爲極而原來無爲, 心雖有能而不能純善. 原來無爲, 故或掩於氣, 不能純善, 故欲本於性. 以其或掩於氣也, 故須檢束其氣, 而不使毫髮障礙也." 그러나 인간의 본성이 선하다는 주장이 인간의 현실적인 행위 모두가 純善無惡해야 한다는 의미로 이해될 필요는 없다. '善'에는 행위의 결과를 통해 판단되는 행위의 선과 그 선한 행위를 가능하게 하는 근거로서의 선이라는 두 가지 의미가 있으며, 맹자가 인간의 본성이 선하다고 할 때 그 선의 의미는 뒤의 뜻으로 쓰이고 있다.

그러한 가치의 근원으로서의 리는 무위無爲하기 때문에 반드시 기를 통해서 실현되어야 하고, 또 그 과정에서 기에 의해 가려질 수 있는 것이다. 전우의 이러한 분석은 분명히 현실적 인간존재의 본모습을 적나라하게 표현해 내고 있다.

전우가 심에 '리의 운용'권을 부여함으로써 얻은 소득은 바로 리를 현실화할 수 있는 인간의 마음을 확보한 데 있다. 이것은 기대승과 이이 이후 기호학파의 학자들에게 부과되었던 과제, 즉 기로 인해 발현하는 마음이 도덕실천 능력을 구비하고 있음을 입증해야 하는 문제를 나름대로 해결한 것이기도 하였다. 그러나 그렇게 확보된 도덕실천 능력을 통해서 기의 청탁에 관계없이, 또는 인간의 기氣적인 조건과 무관하게 리(선)를 현실화할 수 있을 것인지는 의문의 여지가 있다. '선의 실현은 무엇으로 보장되는가?'라는 물음에 대해 그는 리가 선의 실현에 있어서 가능 근거로 작용한다고 답할 뿐이다.[38] 더 나아가 그는 유자입정孺子入井이라는 특수한 상황을 예로 들며 설명하고 있지만,[39] 무위의 속성을 가진 리로부터 선을 실현할 수 있는 가능성과 도덕실천의 역량은 도대체 얼마나 확보될 수 있을까?

---

38) 田愚, 『艮齋私稿』, 권29, 「農巖四七說疑義」, "愚按不問氣如何, 而所載者性善之理也. 若無性善之理, 則氣何從而露出此善情也."

39) 田愚, 『艮齋私稿』, 권25, 「答柳遠祉」, "蓋性不能自動自靜, 而因心而敷施, 因心而收斂故也. 孺子入井之事感, 則仁之理便應, 而惻隱之心, 於是乎形, 此似理先而心然後, 心有知有爲, 而理無覺無能, 如何理先於心而應事耶?"

6. 기호학파 300년, 문제를 인식하고 대안을 제시하다

지금까지 우리는 조선 후기 300여 년 동안 기호학파라는 하나의 학파가 형성·발전하고, 각각의 철학적 입장들이 논쟁을 통하여 다듬어짐으로써 기호학파만이 가지는 특성과 독창적인 견해들을 탄생시키는 과정을 돌아보았다. 일반적으로 조선의 성리학은 주자학을 정태적으로 단순하게 전승한 것에 불과하다고 이해되어 왔다. 그러나 우리의 고찰에 의하면 주자학에 대한 학자들의 이해가 심화될수록 그 내용과 형식이 풍부하고도 다양하게 변화, 발전되어 왔고, 또한 그 변화와 발전에 일정한 지향점이 있었다는 점을 확인하였다. 특히 기대승과 기호학파의 사상적 연관성에 대한 고찰이라는 이 글의 본래 목적에 비추어 볼 때, 우리는 전체 기호학파가 기대승의 철학적 관심과 문제를 직간접적으로 계승하고 있다는 사실 또한 확인하였다.

기호학파는 기본적으로 기대승과 이이의 사단칠정설과 기발리승일도설을 계승 발전시키거나 그 이론 속에 내재하는 문제들을 인식하고 해결하려 시도한 학자들로 구성된다. 초기 기호학파가 이론의 계승과 확충에 힘썼다면, 중기의 기호학파, 특히 낙학 계통의 학자들은 기발리승일도설에 내재하는 문제를 인식하고 그 이론의 수정을 통해 문제해결의 실마리를 찾아가지만, 여전히 기발리승일도설을 견지함으로써 기대승이나 이이와 연결된 끈을 놓지 않는다. 반면에 호학 계통의 학자들은 낙학 계통의 학자들과 마찬가지로 기대승과 이이 철학에 내재하는 문제를 인식하였지만, 이론의 수정을 통해 그 문제를 해결하기보다는 기대승이나 이이 철학체계를 유지하면서 그 속에서 문제의 해결책을 찾거나 변호하는 모습을 보여 주고 있다.

그리고 후기 기호학파에서는 먼저 호학의 학문 전통을 계승하고 있는 홍직필, 임헌회, 전우로 이어지는 계통을 확인할 수 있고, 낙학의 전통을 계승하여 더욱 적극적으로 문제를 해결하려 함으로써 기호학파의 학문적 공통분모라고 할 수 있는 기발리승일도설마저 포기하는 임성주와 이항로의 철학을 만날 수 있다. 이렇듯 임성주와 이항로의 철학이 비록 기호학파의 내적 통일성이라 할 수 있는 기발리승일도설을 부정하는 데까지 이르렀지만, 그들을 기호학파로 분류할 수 있는 것은 그 철학적 물음이 기대승과 이이의 철학에서 연유하고 있기 때문이다.

기대승과 이이의 철학에 내재하는 근본적 문제는 그들 철학이 본래 추구하였던 도덕적 이상인격, 혹은 도덕적 이상사회의 실현 가능성을 논리적으로 확보할 수 없었다는 데 있었다. 물론 이것은 기대승이나 이이의 문제만은 아니었다. 이것은 그들이 계승하여 재해석하고 있는 주자학 자체가 지니고 있는 문제이기도 하였다. 이황의 경우 '리발'을 설정함으로써 이 문제를 피해 갈 수 있었지만, 그도 선악이 공존하는 현실적 인간의 모습을 분명하게 설명해 내지 못하는 문제는 떠안아야만 했다.

이이 이후 기호학파의 변화와 발전은 바로 이러한 기대승과 이이 철학에 내재하는 근본적 문제를 인식하는 과정임과 동시에 이 문제를 해결하기 위한 대안의 제시과정이었다. 그들의 활동이 얼마나 성공적이었는가에 대해서는 쉽게 단언하여 평가하기 어렵지만, 300여 년 동안 지속된 그들의 진지한 노력의 결과가 현실 속에 실현되지 못했거나 현실을 변혁시키지 못했다는 이유만으로 폄하되고 무시될 수 없다는 점은 분명한 듯하다. 그리고 300여 년의 긴 역사 속에서 진행된 철학적 논쟁과 학파의 분열과정을 재구성해 내는 작업, 그리고 수없이 등장하는 학자들의 다양한 사상에 대한 검토가 이 한 편의 짧은 글로 완성될 수 있다고 생각하지 않는다. 다만 지금의 이러한 연구가 그들의 활동에 대한 정당한 평가를 준비하는 작업으로 자리매김되기를 기대해 본다.

【참고문헌】

奇大升, 『高峯全集』.
成渾, 『牛溪集』.
李珥, 『栗谷全書』.
宋時烈, 『宋子大全』.
權尙夏, 『寒水齋集』.
金昌協, 『農巖全集』.
任聖周, 『鹿門集』.
韓元震, 『南塘集』.
李恒老, 『華西集』.
＿＿＿, 『華西雅言』.
田愚, 『艮齋私稿』.

김기주, 『서원으로 남명학파를 보다』, 경인문화사, 2013.
민족과사상연구회, 『사단칠정론』, 서광사, 1992.
배종호, 『한국유학사』, 연세대출판부, 1974.
이병도, 『한국유학사』, 아세아문화사, 1989.
이상익, 『기호성리학연구』, 도서출판한울, 1998.
이준모 등, 『조선철학사연구』, 광주, 1988.
장지연, 『조선유교연원』, 단국대출판부, 1979.
정성철, 『조선철학사 2』, 이성과 현실, 1988.
최영성, 『한국유학사상사 Ⅳ』, 아세아문화사, 1995.
충남대학교 유학연구소, 『기호학파의 철학사상』, 예문서원, 1995.

한국사상사연구회, 『조선유학의 학파들』, 예문서원, 1996.
한국철학사상연구회, 『논쟁으로보는 한국철학』, 예문서원, 1995.
현상윤, 『조선유학사』, 현음사, 1982.
황의동, 『율곡학의 선구와 후예』, 예문서원, 1999.

김준석, 「조선후기 국가개조론의 대두와 그 전개」, 연세대 박사학위논문, 1991.
오종일, 「기호학과 기대승」, 『기대승의 철학과 사상 Ⅱ』, 광주직할시, 1991.
이동희, 「조선조 주자학사에 있어서의 주리·주기용어 사용의 문제점에 대하여」, 『동
　　　양철학연구』 12집, 동양철학연구회, 1991.
조성을, 「정약용의 신분제개혁론」, 『동방학지』 51집, 연세대학교 국학연구원, 1986.
홍원식, 「주자학적 세계관의 선택 — 척사위정파의 사상과 운동」, 『시대와 철학』 10호,
　　　한국철학사상연구회, 1999.

제3장 후기 기호학파의 리기론과 사칠론
- 노사 기정진의 사단칠정론을 중심으로

심도희

1. 리기 관계에 대한 주자학의 이중구조

　조선 성리학에서 치열하게 전개되었던 사단칠정논쟁四端七情論爭(이하 사칠논쟁으로 약칭)은 표면적으로는 이황李滉(退溪, 1501~1570)과 기대승奇大升(高峰, 1527~1572)으로부터 시작되었지만, 사실 이 논쟁의 뿌리는 리기론理氣論과 심성론心性論에 있어 리와 기의 관계에 대해 이중적으로 이해하는 주자학적 기본 구도에서 찾을 수도 있다. 즉 주자학의 이론체계 자체가 이미 해석자의 태도에 따라 사단과 칠정의 관계에 대해서 서로 다른 이해를 가질 수밖에 없는 구조였다는 것이다.

　주자학적 세계관의 근본 체계를 형성하고 있는 것은 리기론이라고 할 수 있다. 그리고 이 리기론에서는 리와 기의 수평적이고 평등한 관계가 암묵적으로 전제되어 있다. 인간을 포함하여 이 우주 안에 존재하는 모든 사물의 형성이나 사건이 만들어지는 데 있어서 리와 기는 결코 어느 하나를 빠뜨리거나 생략할 수 없는 것으로 상호의존할 수밖에 없는 요소이다. 모든 사물과 사건은 리와 기가 결합하여 발생하는 것이다. 여기에서 리와 기 양자는 어느 하나가 다른 하나보다 우선할 수 없다. 즉 존재론적으로 각자의 역할을 분담할 뿐이지, 선후 본말의 관계를 따질 수 없는 평등하고 수평적인 관계로 설정된다.

하지만 그에 비해 심성론의 측면에서 보았을 때, 리와 기의 관계는 리기론에서처럼 그렇게 평등하지도 않고, 수평적이지도 않다. 심성론에서 본다면 리는 적극적으로 수용해야 하고 궁극적으로 실현되어야 할 이상인 반면, 기는 우리가 통제되고 단속해야 하는 대상으로 설정되며, 인간사회의 현실적인 한계와 악惡의 발생 근원을 해명하기 위해 필요한 것일 뿐이다. 이처럼 심성론의 영역에서 드러나는 리와 기는 결코 가치론적으로 동등한 차원에서 인식되거나 평등하게 자리 잡을 수 없는 것이며, 분명하게 선후와 본말의 관계로 이해된다.

이처럼 리기 관계에 대한 의미상의 차이에도 불구하고 리기론과 심성론을 '성즉리性卽理'라는 하나의 명제를 사용하여 연결시키는 주자학의 구도에서는 이 리기 관계가 필연적으로 이중적일 수밖에 없다. 물론 주희는 존재론적인 측면에까지 선후 관계와 주종 관계로 리와 기를 설정함으로써 가치론적으로 리기의 선후 관계를 확정하려고 하였지만,[1] 주자학의 이론체계 내에서 정합적으로 요청되는 우주론(리기론)의 수평

---

1) 朱熹는 '리에서 볼 때(在理上看)와 '사물에서 볼 때(在物上看)라는 말을 사용하여 리기 관계의 이중성을 구별하고 있다. 『朱子文集』, 권46, 「答劉淑文一」, "所謂理與氣, 此決是二物. 但在物上看, 則二物渾淪不可分開, 各在一處, 然不害二物之各爲一物也, 若在理上看, 則未有物而已有物之理, 然亦但有其理而已, 未嘗實有是物也."; 「答劉淑文二」, "須知未有此氣, 已有此性, 氣有不存, 性卻常在. 雖其方在氣中, 然氣自氣, 性自性, 亦自不相夾雜."

적인 리기 관계와 심성론의 수직적인 리기 관계 자체의 모순을 해결하기는 어려웠고, 따라서 충분한 설득력을 확보하지 못하였다.

이러한 기본 구도는 리와 기의 관계를 함축적으로 설명하고 있는 '리기불상리불상잡理氣不相離不相雜'이라는 명제에서도 동일하게 등장한다. '리와 기는 서로 떨어질 수 없는'(理氣不相離) 관계이면서 또한 '서로 섞일 수도 없는'(理氣不相雜) 관계라는 주희의 주장은 리기론과 심성론에서 나타나는 모순적인 리기 관계를 표현하고 있다. 즉 리기론의 측면에서는 리와 기가 서로 떨어질 수 없는 관계라는 점이 강조된다면, 심성론의 측면에서는 리와 기가 서로 섞일 수 없는 관계라는 점이 더욱 강조될 수밖에 없는 것이다.

리기론의 측면에서 리와 기의 수평적인 관계에 초점을 맞추어 선후와 본말이 없음을 강조할 경우에는 '리기불상리불상잡' 가운데 '리기불상리'의 측면이 자연스럽게 강조될 것이며, 사단과 칠정은 둘로 분리할 수 없게 된다. 그런 반면에 심성론의 측면에서 리와 기의 수직적 관계에 초점을 맞추어 선후와 본말을 인정한다면, '리기불상리불상잡' 가운데 리의 순수性을 확보하려는 '리기불상잡'의 측면이 강조될 수밖에 없고, 사단칠정 역시 리와 기가 섞일 수 없는 것처럼 어떤 형태로든 분리되어야 하는 것이다.

여기에서 이황과 기대승, 나아가 영남학파와 기호학파의 사단칠정과 관련된 시각이 어디에 토대를 두고 있고, 또 무엇을 지향하고 있었는지를 확인할 수 있다. 이 글에서는 후기 기호학파에서 사단칠정에 대한 논의 전개에 있어 리기 관계에 대한 주자학의 이중구조가 어떻게 이해되었고, 어떤 식으로 수용되고 변형되었는지를 기정진奇正鎭(蘆沙, 1798~

1879)의 사칠론을 중심으로 검토해 보고자 한다. 이로써 이황과 기대승에서 시작된 사칠논쟁이 학파의 분기와 첨예한 대립을 거쳐 부분적으로나마 다시 합일되어 가는 과정을 확인할 수 있게 될 것이다.

2. 사단칠정논쟁과 후기 기호학파

흔히 주리파主理派와 주기파主氣派라는 이름으로 퇴계학파(영남학파)와 기호학파를 각기 지칭하기도 하는데, 이런 이름 자체가 상대적인 의미를 가진 것이기도 하고, 자칫 왜곡된 이해를 불러일으킬 소지가 다분하기는 하지만 적어도 리와 기의 관계 설정에 대한 두 학파의 차별적인 시각을 나름대로 드러내 보여 준다는 측면에만 국한해서 본다면 완전히 부적절한 명칭은 아니라고 생각된다. 가령 리의 주체성과 독립성을 확보하고, 리에 대한 기의 영향력을 약화시킴으로써 도덕실천의 정당성과 필연성을 담보해 내고자 한 것이 이황의 주리적 성리학의 근본 의도라면, 이것은 필연적으로 리기의 선후 관계를 강조하게 될 뿐만 아니라 기에 대한 리의 우선성을 인정하게 되고, 그리고 기로부터 오염되지 않은 순수한 리의 영역으로서 도덕 실천에 직접 작용하는 심의 본체를 적극적으로 긍정할 수밖에 없다.

반면에 기호학파에 대해 주기파라는 이름을 붙이는 까닭이 리보다 기를 더 중시한 것은 아니지만 적어도 퇴계학파에 비해서 상대적으로 기의 역할을 더 강조할 뿐만 아니라, 기에 대해 주목할 것을 주장하고,

리가 독립적으로 존재하는 것이 아니라 항상 리와 기는 한 덩어리로 존재할 수밖에 없다는 사실에 집중해서 논의를 진행했기 때문이라는 점은 쉽게 부정하기 어렵다. 그리고 이러한 이론적 구조에서는 리기의 선후 관계를 따지기 어렵고, 또한 기에 대한 리의 우선성이 약화될 수밖에 없으며, 인간의 심 역시 기의 영역에 속하는 것으로 이해될 수밖에 없다.

이러한 측면에서 본다면, 이황의 퇴계학(영남학)은 심성론에 무게의 중심을 두고 리기 관계를 이해함으로써 리와 기의 가치론적 선후와 본말의 구조를 강조하고, 기에 대한 리의 독립성과 순수성을 강화하려는 이론체계였다고 이해된다. 반면에 이이李珥(栗谷, 1536~1584)의 율곡학(기호학)은 리기론에 무게의 중심을 두고 리기 관계를 이해함으로써, 리기가 존재론적으로 선후 혹은 본말이 있을 수 없다는 점에 더 주목하고, 이를 토대로 리기의 상호의존성과 불가분리성을 강조하는 이론체계였다고 이해할 수 있다.[2]

그러므로 퇴계학파와 기호학파의 기본적인 지향에서 사단과 칠정의 관계를 이해해 본다면, 사단과 칠정을 어떻게든 분리해 보려는 이황의 태도와 사단과 칠정을 어떻게든 하나로 묶으려는 기대승을 비롯한 이이의 시각이 어디에 뿌리를 두고 있는지 이해할 수 있게 된다. 그리고 이황과 이이 이후 퇴계학파와 기호학파의 전개는 한편으로는 이들의 기본 관점과 문제의식을 그대로 계승하거나 각자의 입장을 더욱 강화

---

2) 이황과 기대승 간에 벌어졌던 사칠논쟁의 발단과 세부 쟁점에 대한 자세한 논의는 김기주, 「사단칠정논쟁, 퇴계와 고봉의 학술적 교류와 도덕적 탐색」, 『국학연구』 제 29집(한국국학진흥원, 2016), 117~132쪽 참조.

해 가는 모습을 보이면서, 또 다른 한편으로는 주자학의 이중적 구도를 자신의 문제와 연결하여 이해함으로써 다양한 이론적 분화를 야기하게 되었다.

이이의 성리설은 김장생金長生(沙溪, 1548~1631)과 송시열宋時烈(尤庵, 1607~1689)을 거치면서 대체적으로 학파적 응집력이 더해가면서 계승적인 측면이 두드러진다. 그러나 조선 후기에 접어들면서 기호학파 내부에서는 이이의 성리설 계승에 대한 정통성 문제를 둘러싸고 분화 현상이 가시화되어 나타났다. 이러한 현상은 18세기 인물성동이논쟁人物性同異論爭을 통해 표면화되며, 당시 기호학파의 거의 모든 학자들이 이 논쟁에 참여함으로써 학파의 분화를 촉진하였다.

조선 전기 이황과 기대승 간의 사칠논쟁으로 인해 퇴계학파와 기호학파가 나누어졌다면, 후기의 인물성동이논쟁은 기호학파 내부의 논쟁으로서, 이간李柬(巍巖, 1677~1727)으로 대표되는 낙학파洛學派의 인물성동론人物性同論과 한원진韓元震(南塘, 1682~1751)으로 대표되는 호학파湖學派의 인물성이론人物性異論의 분화를 일으킨 계기가 되었다. 이 호락논쟁湖洛論爭역시 사칠논쟁과 밀접하게 관련되어 있다고 할 수 있다. 그러한 문제는 '리기론과 심성론이라는 두 영역에서 각각의 리기 관계를 어떻게 설정할 것인가' 하는 주자학의 이중구조에서 필연적으로 제기될 수밖에 없는 문제였기 때문이다.

여기에서 다루고자 하는 기정진은 인물성동이논쟁 이후 기호학파의 이론적 계승과 분화를 확연하게 보여 주는 인물로서 그의 리기론과 사칠론을 통해 우리는 주자학의 이중구조를 시대적 변화에 맞게 새로이 적용하려는 학문적 노력을 확인할 수 있다.

3. 기정진의 호락논쟁 비판과 리함만수설

기정진은 호락논쟁에 직접 참여하지는 않았으나 이 논쟁이 제기한 문제점, 특히 인물성동이론에 관한 논변에서부터 자신의 학설을 출발시키고 있다.3) 호락논쟁의 발단은 이간李柬(巍巖, 1677~1727)과 한원진韓元震(南塘, 1682~1751) 사이에서 벌어진 인성과 물성의 동이 문제 및 본연지성과 기질지성의 관계를 어떻게 설정할 것인가에 관한 논쟁으로 시작되었는데, 이간은 인물성동론을, 한원진은 인물성이론을 주장하였다. 그런데 이것은 바로 미발未發인 성性, 즉 본연지성本然之性과 기질지성氣質之性을 어떻게 설명하는가 하는 문제와 직접 연결되는 문제이며, 사실상 처음부터 이미 주자학의 체계 내에 내포되어 있는 문제이기도 했다.4) 만약 기질지성에 선악이 모두 존재한다고 하면 미발로서 순선純善한 성의 개념을 훼손하게 되고, 기질지성 또한 미발이므로 순선하다고 하면 악의 문제를 해명할 수 없게 된다. 그리하여 이 문제는 '미발이 순선한가 아닌가'의 문제로까지 확대되었던 것이다.5)

만물이 모두 하나의 동질적인 리를 구비하고 있다는 리일理一의 관점에서 보자면 인성과 물성은 본질적으로 동일한 것일 수밖에 없고, 반

---

3) 최영진, 「노사 기정진의 사단칠정론에 관한 고찰」, 『사단칠정론』(민족과사상연구회 편, 서광사, 1992), 405쪽 참조.
4) 인성과 물성에 대해서는 주희 스스로도 어떤 때는 사람과 사물이 모두 五常을 지니고 있다고 말하기도 하고, 다른 때는 人性은 완전하지만 物性은 불완전하다고 말하기도 하는 등 모순되는 언급을 하고 있으며, 이에 대한 명확한 규정을 하지 않음으로써 논쟁의 불씨를 안고 있었다.
5) 최복희, 「기정진의 리일원론 사상」, 『한국철학논집』 제17집(한국철학사연구회, 2005), 121쪽 참조.

대로 만물은 이미 형이하의 존재로 분수分殊된 것이라는 관점에서 보면 인성과 물성은 차이가 있을 수밖에 없다. 그러므로 결국 인물성동론과 인물성이론의 차이는 주리적主理的 관점에서 리일지리理一之理를 강조하는가 아니면 주기적主氣的 관점에서 분수지리分殊之理를 강조하는가 하는 데 달려 있는 것이다.

호락논쟁은 기호학파 내부에서 진행된 논쟁이었으므로 논쟁의 성격상 주기적 관점의 호학파의 인물성이론에 유리한 측면이 있었고, 낙학파의 인물성동론은 퇴계학의 관점과 유사하게 진행될 수밖에 없는 특성이 잠재되어 있었다. 그래서 양자 간에 특정한 합의점이 도출되지 못한 상태에서 호학파가 기호학의 정통 주류로 자리매김하는 것으로 일단락되기는 했으나 이후 기호학파가 내부적으로 다양하게 분화되는 양상을 촉발하게 되었다.

기정진은 호론(人物性異論)과 낙론(人物性同論) 양자를 모두 비판하면서 성에 대한 내용 규정이 관점에 따라 나뉘는 것은 주자학적 세계관의 기본 명제인 리일분수설理一分殊說을 잘못 이해했기 때문이라고 보고 리일분수설에 대한 독자적 해석을 통해 문제를 해결하고자 한다. 그에 따르면 호론과 낙론의 문제는 '일리一理가 분수分殊에 일관됨'을 알지 못한 것에서 비롯된다. 기정진은 이렇게 말한다.

> 리理라는 것은 하나이면서 실은 만 가지로 나누어지는 것이니 다를수록 더욱 같아지는 것이다. 하나이면서 나누어지니 실제로 다른 것(實異)이 아니요, 다르면서 같으니 곧 진실로 같은 것(眞同)이다. 양측(호론과 낙론)에서 말하는 동이同異는 동이가 서로 용해되지 않는다. 이와 같이

말하는 바의 다름이란 곧 실제로 다른 것이며, 같은 것은 진실로 같은 것이 아니다.[6]

하나의 성性은 그 분수된 것이 리일理一을 해치지 않으므로 그것을 일러 오상五常이 같다고 말할 수 있다. 그 리일이 분수를 벗어나지 않으므로 그것을 일러 치우치거나 온전한 성性이라고 말더라도 또한 옳은 것이다.[7]

치우치거나 온전한 것이 모두 타고난 본연이 아니라면 천하의 어떤 사물이라도 그 본연지성을 타고날 수 있는 것이 없게 된다. 그렇다면 본연지성은 영원히 허공에 매달린 껍데기가 되어 버리고 말 것이다.[8]

기정진은 호락논쟁에 대해 본원적 실체이자 만물의 근원적 동일성의 원리인 '리'(理一之理, 本然之性)와 현상적 다양성의 원리인 '분'(分殊之理, 氣質之性)을 분리시켜 이해하는 것이 그 원인이라고 지적한다. 그에 따르면 '리'와 '분'을 나누어 이해하면 본원적 실체로서의 보편 원리와 다양한 현상에 드러나는 개별적인 원리가 유기적인 관련성을 지니지 못하게 된다. 이렇게 되면 도덕적 세계의 근거를 찾지 못한 채 무차별의 세계로 전락하고 만다. 그래서 그는 근원적 동일자로서의 리理(一)는 다양성의 총화를 의미하고, 현상계의 다양성의 원리인 분分(萬)은 리의 실상을

---

6) 『蘆沙先生全集』, 권16, 「納凉私議」, "理者一實萬分, 愈異而愈同者也. 一而分, 非實異也, 異而同, 乃眞同也. 兩家之言同異, 同異不相容若此. 蓋其所言異者是實異, 而同者非眞同也."
7) 『蘆沙先生全集』, 권16, 「納凉私議」, "一箇性也, 自其分之不害於一, 而謂之同五常可也. 自其一之不外於分, 而謂之偏全之性亦可也."
8) 『蘆沙先生全集』, 권16, 「納凉私議」, "偏全皆非本然, 則天下無一物能性其本然之性者. 而本然之性永爲懸空之虛位."

의미한다고 보고, 이 일一과 만萬은 두 가지로 나누어지는 것이 아니라 한 가지 체계에서 원융되어 있다고 설명한다.9) 현상계의 다양성을 함유하고 있는 리는 모든 존재 원리의 총합으로서 전체성의 의미인 보편적 일자一者로 정의된다. 이처럼 근원적 존재인 리일에는 이미 현상으로 드러나게 될 다양성이 내함되어 있기 때문에 '리함만수理含萬殊'라는 것이다.

이 '리함만수설'은 기정진의 리 중심적 성리설을 특징지어 주는 중요 개념이며, 리기론의 토대가 되는 것이다. 또한 리기론과 심성론이라는 주자학의 이중구조에 있어서 문제가 될 수 있는 리기론에 있어서의 존재론적 리기 관계와 심성론에 있어서의 가치론적 리기 관계의 모순을 해결할 수 있는 전제가 되었다. 즉 심성론이나 가치론적 측면에서뿐만 아니라 리기론 자체에서도 이미 리의 우선성을 전제함으로써 관점을 일치시키고자 하였던 것이다. 이로써 기정진은 선악의 문제 역시 리의 영역에 해당하는 것으로 설정한다. 즉 기가 리의 명령을 따르면 선이고, 따르지 않으면 악(不善)이 된다는 것이다. 하지만 이러한 관점은 선뿐만 아니라 악의 근원까지도 리에 두게 됨으로써 또 다른 문제를 야기하였고, 이후 많은 논란과 비판을 불러오기도 하였다.

---

9) 고려대 민족문화연구원 한국사상연구소 편, 『자료와 해설; 한국의 철학사상』(예문서원, 2001), 639쪽 참조.

4. 기정진의 리기론

성리학의 일반적인 관점에 따르면 이 세계는 리와 기라는 이원적 요소로 이루어져 있다. 그리고 이 리와 기는 현상적으로는 결코 분리되지 않는 일체로 존재하면서(理氣不相離), 동시에 뒤섞이지 않고 각자 나름대로의 독립성을 갖추고 있는(理氣不相雜) 관계로 설정된다. 기호학의 이론적 토대를 확정한 이이 역시 리와 기를 명확히 구분하기는 하지만 그 관계에 있어서는 불상리의 측면을 중시한다. 왜냐하면 선한 행위의 가치근원을 리로부터 직접 확보하려 했던 이황과 달리 이이는 이미 드러난 현상세계에서 어떻게 인간 본래의 선함(理)을 회복시킬 것인가에 논의의 중심을 맞추고 있기 때문이다. 그리고 이러한 불상리 중시의 경향은 이후 기호학파의 리기론 전개에서 공통분모로 작용한다.

그러므로 이이의 성리설을 근간으로 하는 기호학파의 리기론理氣論은 리의 무형무위無形無爲와 기의 유형유위有形有爲를 전제로 리기불상리의 원칙에 보다 충실하여 현실세계 속에서 리의 보편성과 주재성을 인정하면서도 실질적인 운동변화의 주체는 기일 뿐이라는 관점을 견지하는 공통점을 가진다. 그런데 이런 경우의 리는 기에 대한 주재성을 가지고 있기는 하지만 무형무위한 속성으로 인해 실제로 현실세계의 주도권은 기에 주어지게 된다. 이는 리와 기를 대립적인 구도에서 이해하기보다는 실제적인 작용자(發하는 것)로서의 기와 그것의 원리(發하게 하는 것)인 리를 기발리승氣發理乘이라는 일원적一元的인 각도에서 구성하고 있는 것이며, 리의 순수성을 보장하려는 의도에서 이루어진 논의이다.

이러한 기호학파의 리기론은 논리적으로는 문제가 없으나 어쩔 수 없이 현실세계의 주도권이 기에 주어지게 되어 리약기강理弱氣强의 형국이 되고 마는 문제를 안게 된다. 기정진은 이 리약기강의 측면을 비판하고 이이의 리기론을 다른 각도에서 새롭게 해석함으로써 차별화된 주리적 경향의 리기론을 전개하였다.[10]

기발리승 혹은 기발일도氣發一途라는 기호학파의 일반적 리기론 구도가 그대로 확인된다는 점에서 기정진 또한 원칙적으로는 기호학파의 계승자라고 할 수 있다. 다만 그는 '리기불상리'의 원칙을 수용하면서도 리기일체관에 논의의 중점을 두어 자신의 리기론을 전개한다. "천하에 기와 떨어져 따로 독립적으로 존재하는 리란 없으며"[11], "기가 이 리를 받들어 싣고 있으므로 (리는) 형기와 떼어 놓고 말하지 않는다"[12]라는 것이다. 나아가 그는 이렇게 말한다.

> 음양을 단지 기만을 가리킨 것이라고 한다면 이것이 과연 합당한 말이겠는가? 이 리가 있으면 반드시 이 기가 있는 것이니, 어찌 기 없는 리가 있겠는가? 이 리가 없으면 기가 따라서 생겨날 수가 없으니, 어찌 리 없는 기가 있을 수 있겠는가?[13]

이렇듯 주희의 리기론 원칙을 수용하면서 불상리에 논의의 중심을

---

10) 박학래, 「조선말기 기호학파의 율곡 리기론 계승과 분화」, 『율곡사상연구』 제6집(율곡학회, 2003), 22쪽 참조.

11) 『蘆沙先生全集』, 권16, 「納凉私議」, "天下無離氣獨立之理."

12) 『蘆沙先生全集』, 권16, 「納凉私議」, "氣所以承載此理, 故不離形氣而言."

13) 『蘆沙先生全集』, 권1, 「答問類編」, "陰陽單指氣, 是果成說乎? 有此理, 故必有此氣, 豈有無氣之理? 無此理, 則氣無從而生, 安有無理之氣也?"

둔 이이의 관점을 계승하는 것은 기호학파의 공통 영역이라 할 수 있다. 이들이 문제로 삼고 있는 영역은 본체론적 영역이 아니라 바로 현상세계의 영역이고, 현상세계는 항상 리기가 결합된 상태로 구성되어 있기 때문이다. 하지만 여기에서 주목해야 할 것은 리와 기가 필연적으로 함께 일체를 이루어 현상이 드러나는 것이기는 하지만 리와 기는 각각 고유한 역할과 기능이 있다는 점을 인정한다는 사실이다. 다시 말해 리기불상리의 원칙에 따라 리기일체理氣一體를 제시하면서도 리와 기의 영역을 명확히 구분하여 리기불상잡의 원칙 또한 분명하게 확인하고 있다는 것이다. 현상세계는 리와 기가 일체를 이루는 것이지만 그 가운데에서도 리와 기는 구분될 수밖에 없다. 기정진은 이렇게 말한다.

> 리와 기는 모든 만물을 화생함에 있어 합하여 일체인 것이니 원래 서로 떨어지지 않는 것이며, 이 서로 떨어지지 않는 가운데 나아가 어째서 그러한지를 묻는다면 그 까닭은 리에 있는 것이지 기에 있는 것이 아니다. 그러므로 주인과 노복의 형세와 선후의 구별이 여기에 이르면 이미 판가름이 날 따름이다.14)

이 말은 리기일체인 현상세계에서도 리와 기는 그 역할과 가치가 구별됨을 강조하는 것이다. 일체의 궁극적 원인이자 소이연자인 리와 그것의 구체적 실현자인 기는 주종과 선후의 분별이 있게 되고, 리주기복理主氣僕의 위치로 정립될 수밖에 없다는 것이다. 이러한 설명은 리기

---

14) 『蘆沙先生全集』, 권1, 「答問類編」, "理氣之在萬化, 脗然一體, 元不相離, 而就此不相離之中, 若問其孰爲而必若此, 則其故在於理, 而不在於氣也. 然則主僕之勢, 先後之分, 卽此而已判然矣."

불상리를 통해 리의 현실적 실재성을 정초하면서도 동시에 리와 기의 역할을 구분함으로써 리의 가치론적 우위성을 확보하려는 것이다. 결국 "(리와 기의 관계는) 서로 떨어질 수 없는 가운데 또한 서로 섞일 수 없다는 것을 지적할 수 있다"[15]는 그의 언명은 이이의 리기론을 계승하면서 동시에 현실세계에서 가치론적 원리를 확인하고자 하는 의도가 담긴 것이라고 평가할 수 있다.[16]

비록 현상세계의 측면에서 리기가 서로 분리될 수 없는 일체임을 인정하면서도 가치론적 비교를 통해 리기 관계에 있어 각각의 역할을 규정하고 그 속에서 리의 우위성을 확보하려는 시도는 결국 주리적 리기론의 특성을 보이게 되며, 이는 기호학파의 정통 입장을 벗어나 퇴계학파의 주장과 유사하게 해석될 여지를 남긴다.[17] 특히 기정진은 한 걸음 더 나아가 리와 기가 대등한 위치에 있을 수 없다고 보아 '리존무대설理尊無對說'을 제시한다. 즉 리는 현상세계의 궁극적 원인(所以然)으로서 천명과 같고 그 가치가 존귀하여 상대할 만한 것이 없으니, 기는 이런 절대적인 리의 상대가 될 수 없을 뿐만 아니라 리에 포함되는(종속되는) 것이고 리가 유행하는 데 있어 손이나 발과 같은 도구로서의 역할을 하는 것에 불과하다는 것이다.[18] 그가 이처럼 리를 절대시하는 것은 세

---

15) 『蘆沙先生全集』, 권1, 「答問類編」, "不相離之中, 亦有不相雜之可指也."
16) 박학래, 「조선말기 기호학파의 율곡 리기론 계승과 분화」, 『율곡사상연구』 제6집(율곡학회, 2003), 26~27쪽 참조.
17) 물론 퇴계학파의 경우에는 理氣不相雜에 논의의 초점을 맞춤으로써 주리적 면모를 보이는 것이므로, 理氣不相離에 초점을 맞추면서도 주리적 면모를 보이는 기정진의 입장과는 내용적인 차이가 있음을 간과해서는 안 된다. 하지만 논리적이고 형식적 측면에서만 리의 주재성을 인정함으로써 리약기강의 문제점을 노출한 정통 기호학파의 관점에서 보자면 보다 실제적이고 강력한 리의 주재를 강조하는 기정진의 논의는 사실상 퇴계학파의 기본 입장과 더 큰 유사성을 가진다고 할 수 있다.

게 구성의 궁극적 원인으로 리를 상정하기 때문이다. 다시 말해서 현상세계는 리와 기의 결합에 의해 이루어지지만 그 구조의 원리, 즉 소이연은 리에 있다는 것이다.

> 동하고 정하는 것은 기이고, 동하게 하고 정하게 하는 것은 리이니, 동하게 하고 정하게 하는 것이 그렇게 시키는 것이 아니라면 무엇 때문에 동정하겠는가?[19]

여기에서 기정진은 리와 기는 비록 세계를 구성하는 두 요소이지만 결코 그 둘의 위치가 대등할 수 없고, 기는 리와 짝하거나 리의 상대가 아니라 오히려 리에 포함되고 종속되는 것이라는 리일원적 체계를 제시한다. 이러한 기정진의 리일원적 체계에 따르면 현상세계의 궁극적 원인인 리는 곧 천명과 같은 것으로서 가치론적으로 존귀할 뿐만 아니라 영향력이 드넓어 기의 상대적 개념으로만 국한되지 않으며, 시간적·공간적인 제약을 받지 않고 현상의 변화를 주동하는 보편적이고 실질적인 주체가 된다.[20]

이처럼 리와 기를 수평적이고 상대적인 관계로 보지 않고 종속적인 포함의 관계로 파악하는 기정진의 리일원론적 세계관은 사실상 기에 대한 리의 직접적인 주재를 인정하지 않는 이이의 주장과 상반되는 것이며,[21] 이런 문제 때문에 이후 기호학파의 정통 계승자를 자처하는 전

---

18) 『蘆沙先生全集』, 권16, 「猥筆」, "理之尊無對, 氣何可與之對偶? 其闊無對, 氣亦理中事, 乃此流行之手脚, 其於理本無對斷, 非偶非敵而對擧之何哉."
19) 『蘆沙先生全集』, 권16, 「猥筆」, "動者靜者氣也, 動之靜之者理也, 動之靜之, 非使之然而何?"
20) 고려대 민족문화연구원 한국사상연구소 편, 『자료와 해설; 한국의 철학사상』(예문서원, 2001), 634~635쪽 참조.

우田愚(艮齋, 1841~1922) 등에 의해 직접적인 비판을 받게 된다.[22] 기호학파의 관점에서 출발하면서도 기의 자발적 운동을 부정하고 리의 철저한 주재를 강조하는 기정진의 리기관은 사단과 칠정에 대한 이해에도 그대로 적용된다.

5. 사단칠정의 리기배속 문제

이황과 기대승의 사칠논변에서 핵심적인 문제 가운데 하나는 결국 '리기호발理氣互發을 인정할 수 있는가' 하는 것이다. 좀 더 구체적으로 말한다면 '칠정기지발七情氣之發, 사단리지발四端理之發'이라는 주희의 언급을 어떻게 받아들일 것인지, 특히 '사단리지발'이라고 했을 때 이 '리발'을 직접적인 리의 발동으로 볼 수 있는가 하는 문제이다.

성리학의 기본 도식에서 리는 무형무위의 특성을 가지며, 실질적인 작용과 행위는 모두 기의 영역으로 파악될 수 있다. 하지만 이황의 경우 보다 직접적인 리의 주재성을 확보하고 강력한 도덕실천의 당위성과 보편성을 획득하고자 했다. 이를 위해 사단의 순선함을 우주 본원인 리로부터 직접 도출해 내고자 하는 의도에서 기발뿐만 아니라 리발도 적극적으로 수용하려는 태도(理氣互發)를 보이는 것이다. 이러한 이황의

---

21) 이이는 "機自爾, 非有使之"라고 함으로써 기가 리의 주재를 벗어나 스스로 동정할 수 있는 가능성을 열어 놓고 있다.

22) 전우 등 주류 기호학파의 비판에 대해서는 박학래, 「蘆沙 奇正鎭의 性理說을 둘러싼 기호학계의 논쟁: 猥筆을 중심으로」, 『민족문화연구』 제48집(고려대학교 민족문화연구원, 2008) 참조.

관점에 대해 기대승이 직접 의문을 제기하면서 사칠논변이 시작된 것이며, 나아가 이이는 리발을 철저히 부정하고 기발만을 인정함으로써(氣發一途) 기호학파의 리기관과 사칠론의 기본 전제를 확정하였던 것이다.

기정진 역시 기본적으로는 리기호발에 대해 부정적인 견해를 보임으로써 기호학파의 기본 관점에서 출발한다. 그는 이렇게 말한다.

> 칠정 이외에 따로 사단이 있는 것은 아니므로 호互라는 글자를 사용하는 것은 좋지 않으며, 사단을 주인으로 보고 칠정을 손님으로 보는 견해도 모두 잘못된 것이다. 덕에 네 가지가 있는 것은 하늘에서부터 나와 내력이 분명하지만 사람의 감정(情)에 일곱 가지가 있는 것은 사물에 감응하는 경우마다 그 모습이 각각 다른 것이니, 만약 단계를 분속하고자 한다면 그것이 가능한지 모르겠다.[23]

이 말은 사단을 칠정과 서로 다른 것으로 보아 사단을 따로 리발이라고 보는 것에 대해서 부정한다는 말이다. 사단과 칠정은 서로 다른 두 가지의 정이 아니며, 따라서 리와 기가 따로 제각기 발동하는 것(互發)은 인정할 수 없다는 것이 기정진의 기본 입장인 것이다. 이런 의미에서 그는 충실한 이이의 계승자라고 할 수 있다. 하지만 여기에서 그치지 않고 기정진은 이이가 그토록 비판했던 리의 능동성에 대해 긍정하는 태도를 보임으로써 기호학파의 정통 관점과는 중요한 차이를 나타내 보이기도 한다. 그는 이렇게 말한다.

---

23) 『蘆沙先生文集』, 권11, 「答柳德鄰」, "七情之外, 本無四端, 互字不好, 主客之說皆非也. 德之有四, 出於天而來歷分明, 情之有七, 感於物而面貌各別, 若欲段段分屬, 則未知其可也."

사단과 칠정은 두 가지의 정이 아니며, 리와 기는 호발하는 것이 아니다. 이에 대해서는 여러 선생들께서 논의한 바가 확실하므로 의심할 여지가 없다. 다만 이것을 근거로 하여 『주자어류』의 '리발기발' 두 구절을 곧바로 기록상의 오류라고 하는 율곡의 학설은 고봉에서부터 이미 이러한 견해가 있기는 했으나 섭렵함이 지나치게 무거운 것이다.[24]

태극이 동정을 갖는 것은 천명이 유행하는 것이니 리발이 무엇을 해치겠는가? 다만 우매한 자가 그것을 보고 리와 기가 근저에서 서로 대치하고, 지엽이 호발하는 것으로 여길까 그것이 두려울 뿐이다.[25]

결국 기정진이 호발설을 부정하는 것은 리발 자체를 부정하는 것이 아니라 사단과 칠정이 각기 서로 다른 근원을 가지고 있다고 보는 입장을 부정하는 것일 뿐이다. 이런 점에서 그는 사단과 칠정을 그 소종래에 따라 각기 리와 기에 분속하고 각각의 발함을 인정하는 이황의 호발설과도 다르고, 리발 자체를 부정하는 이이의 기발일도설과도 다른 태도를 보이고 있다. 여기에서 우리는 호발설과 기발일도설이라는 양자의 모순 관계를 극복하고 하나의 통일적 관점을 유지하려는 그의 독자성을 발견할 수 있다.

그렇다면 어떤 관점에서 호발과 기발일도가 모순적이지 않을 수 있는가? 이것은 기의 존재와 운동을 철저하게 리에 근거지우는 기정진의 리기관을 통해서만 이해될 수 있는 것이다. 앞에서 살펴보았던 것처럼

---

24) 『蘆沙先生文集』, 권16, 「偶記」, "四七非兩情, 理氣無互發. 諸先生所論的然無可疑. 但緣此而并以語理發氣發二句, 直謂記錄之誤, 栗谷說, 自高峯已有此意, 則或涉過重矣.

25) 『蘆沙先生全集』, 권1, 「答問類編」, "太極之有動靜, 天命之流行也, 理發何害? 但恐昧者觀之, 以爲理與氣根柢對峙, 枝葉互發耳."

기정진은 리기 관계를 철저하게 주종의 관계로 파악하고 있으며, 기는 어디까지나 리에 포함된 존재이며, 리의 손발에 불과한 것이다. 기는 리가 그렇게 하도록 시킨 것만(使之) 할 수 있을 뿐이지 자기 혼자서 어떤 것도 행할 수 없다. 그러므로 현상세계에서 실제로 움직이는 것은 기이지만 이 기가 드러나는 모든 작용은 결국 리의 자기표현일 뿐이고, 이런 점에서 기의 운동은 실제적으로 리의 작용(理發)으로 볼 수 있다는 것이다. 그는 이렇게 말한다.

> 양이 동하고 음이 정하는 현상만을 얼핏 보면 스스로 행하고 스스로 멈추는 것 같지만 만약 그 실상을 깊이 논구해 본다면 한결같이 천명이 시켜서 그러한 것이다. 천명이 그러하므로 어쩔 수 없이 그러한 것이다. 이것을 일러 소이연이라고 하니, 천명 이외에 따로 소이연이 있는 것이 아니다.[26]

> 기가 리에 따라 발하는 것은 기발氣發이니 곧 리발理發이요, 리를 좇아 행하는 것은 기행氣行이니 곧 리행理行이다. 리는 조작하거나 스스로 꿈틀거리며 움직이지 아니하므로 발하고 행하는 것은 분명히 기가 하는 것임에도 리발이라고 하고, 리행이라고 하는 것은 무엇 때문인가? 기의 발과 행은 실제로는 리의 명령을 받은 것이니, 명령하는 자는 주인이 되고 명령을 받는 자는 종이 된다.[27]

---

26) 『蘆沙先生全集』, 권16, 「猥筆」, "陽動陰靜, 驟看皮面, 果似自行自止, 若深原其實, 則壹是天命使之然也. 天命然也, 故不得不然. 此之謂所以然, 非天命之外, 別有所以然也."

27) 『蘆沙先生全集』, 권16, 「猥筆」, "氣之順理而發者, 氣發卽理發也, 循理而行者, 氣行卽理行也. 理非有造作自蠢動, 其發其行, 明是氣爲, 而謂之理發理行何歟? 氣之發與行, 實受命於理, 命者爲主, 而受命爲僕."

기정진은 현상세계에서 구체적인 운동 변화는 모두 기에 의해서 이루어지는 것이지만 이러한 기의 운동에는 반드시 그것의 소이연으로서의 리가 전제되어 있다고 파악한다. 즉 현상계의 모든 운동 변화는 기의 자발적인 능동성에 의해 이루어지는 것처럼 보이지만 그 내면에는 천명이자 소이연으로서 리의 궁극적 의지가 전제되어 있다는 것이다. 따라서 모든 현상의 변화 운동은 리의 필연적 법칙성에 의한 발현이 되고, 리는 천명天命으로서의 절대성과 소이연所以然으로서의 필연성을 가지게 된다.[28]

이처럼 기정진은 기에 대한 리의 철저한 주재(使之)를 통해 논리적인 측면에서 리의 발현을 인정하는 방향으로 논의를 전개한다. 리주기복理主氣僕 혹은 리주기객理主氣客의 리기 관계 하에서 기의 운동은 철저하게 리의 주재 하에 놓여 있기 때문에 논리적으로 기의 운동은 곧 리의 운동으로 환원될 수 있는 것이고, 리기불상리의 현상세계라 하더라도 기의 독자적이고 능동적인 운동 변화는 부정될 수밖에 없다. 만약 기가 자율성을 지니고 능동적인 운동을 할 수 있다고 한다면 그것은 기와 리가 동등한 관계가 되는 것이며, 자칫 기가 리의 자리를 빼앗을 위험성까지도 지니게 되는 것이다.[29]

이런 점에서 기정진은 이황이 리발과 기발을 나누고 사단을 리에, 칠정을 기에 분속한 것에 반대하면서도 동시에 한 걸음 더 나아가 리의

---

28) 박학래, 「조선말기 기호학파의 율곡 리기론 계승과 분화」, 『율곡사상연구』 제6집(율곡학회, 2003), 31쪽 참조.

29) 『蘆沙先生全集』, 권16, 「猥筆」, "理弱氣强, 吾懼夫氣奪理位也." 기정진은 당시의 혼란한 사회상에 대해 기가 리의 자리를 탈취했기 때문이라고 보고, 리의 주재성을 확보함으로써 성리학적 가치질서를 새로이 확보하는 것을 자신의 이상으로 삼았다.

주도적 역할이 배제된 기발이라는 독립적 영역을 아예 인정하지 않음으로써 이이 이후 기호학파의 기본 관점을 부정한다. 운동하는 것은 기이지만 그것은 수족의 움직임에 불과한 것이고, 실제로 수족을 움직이는 주체는 언제나 리일 뿐이므로 사실상 리발이라는 것이다. 사단은 말할 것도 없고 칠정 또한 실질적으로는 리의 주재 하에서 발생하는 것이므로 발현의 문제에 있어서는 아무런 차이가 없으며, 리발만 있을 뿐이다. 이것은 리의 우위성을 확고히 정립하고자 하는 그의 성리학적 특성이 사칠론에 그대로 반영된 결과라고 할 수 있다. 아이러니하게도 기정진의 이러한 관점은 퇴계학을 적극적으로 해석하여 리 중심적 철학으로 재구성함으로써 '리발일도理發一途'를 주장한 이진상李震相(寒洲, 1818~1886)의 주장과 매우 근접해 있으며, 300년간 대립해 있던 기호학파와 영남학파의 학문적 융합 가능성을 열어 두었다.

6. 기정진의 위상과 평가

주자학의 리기론과 심성론의 이중적 구도에 뿌리를 두고, 이황과 기대승에서 시작된 사단칠정논쟁은 조선 성리학의 전개 방향과 내용을 결정한 중요한 사건이었다. 이후 조신 성리학계는 이 논쟁으로부터 자유로울 수 없었고, 기호학파의 전개과정 역시 늘 이 논쟁의 주요 쟁점을 둘러싸고 전개되었다.

하지만 주자학의 이중성은 이황이나 기대승에게만 선택을 강요했던 것은 아니었다. 이들의 계승자들에게 있어서도 주자학에 내재해 있는 이중성은 여전히 신중하게 선택해야 할 대상이 될 수밖에 없었다. 중기 기호학파에서 나타나는 낙학과 호학의 분화, 곧 인물성동이논쟁 역시 넓게는 이 문제에 대한 그들 나름의 대응이었던 셈이다. 그리고 후기 기호학파의 기정진에 이르러서도 사단과 칠정의 문제를 통해 주자학의 이중적 구도가 던져 주는 문제에 대응해 가고, 그 과정에서 자연스럽게 이론적으로 분화해 가는 모습을 확인할 수 있다.

특히 서구 열강의 침략이 가시화되고 지배체제 내부의 모순이 점차 심화되어 성리학적 지배질서가 와해되어 가는 시점에서 기존의 성리학적 세계관에 대한 재인식을 통해 도덕적 이상세계의 구현을 이끌어 내고, 외부의 도전을 이겨 내고자 하는 강력한 의지를 피력한 기정진은 구체적 현실 속에서 위정척사운동을 진행하면서 시대의 변화에 적극 대응하는 논리를 제시하고자 하였다. 위정척사운동은 그 근저에 세계 구성의 존재론적 기반이자 성리학적 가치체계로서 리기론이 자리하고 있으며, 모든 가치와 규범이 이 리기 관계로부터 확정된다는 믿음에서 출발한다.

기정진은 기호학파의 리기론 계승에서 불거진 리약기강理弱氣強의 측면을 비판하고 이이의 리기론을 다른 각도에서 재해석함으로써 차별화된 주리적 경향의 리기론을 전개하였다. 그는 직접적인 작용으로서의 리발을 부정하고 기발일도만을 인정하는 기호학파의 기본 입장을 따르면서도 리주기복理主氣僕의 논리를 통해 기에 대한 리의 적극적인 주재 기능을 인정한다. 현상세계의 모든 운동 변화는 형식적으로는 기가 작용하는 것처럼 보이지만 그것은 사실 리가 시키는 대로(使之) 하는 것일 뿐이라는 것이다. 이런 점에서 기정진의 성리학은 실질적으로 리발을 적극 승인할 뿐만 아니라 기발을 부정하는 형태로까지 진행되어 갔으며, 이로써 사칠논쟁에 있어서도 기호학파 내에서 새로운 관점을 제시하였다. 이것은 리일분수설을 창의적으로 해석함으로써 기존의 주자학이 지니고 있던 리기 관계의 이중구조를 통합하는 새로운 이해를 통해 가능한 것이었으며, 후기 기호학파의 이론적 분화 양상의 중요한 축을 형성하였다.

앞에서 살펴보았던 것처럼 기호학파의 전제는 존재론적인 리기 관계에 무게중심을 둠으로써 리기의 불가분리성을 강조하고, 현실적 측면에서 기의 역할을 상대적으로 중시하는 것이라고 할 수 있다. 그런데 기정진의 성리설은 리기불상리를 강조하는 기호학파의 관점을 전제하면서도 결과적으로 기의 역할을 축소하고 리의 주재성을 강화하는 측면으로 전개되었고, 이것은 기호학파의 학파적 존립 기반을 위협하는 것으로 인식되어 기호학의 주류로부터 직접적인 비판의 대상이 되었다. 또한 리주기복의 관계 하에서는 악의 기원까지도 리의 영역에 수렴되는 문제점을 노출하기도 하였다. 이것은 주자학적 질서가 해체되어 가고 극심한 정체성의 혼란을 겪어야 했던 조선 말기의 상황을 주리론적 세계관을 통해 나름대로 극복하고자 하는 그의 성리설이 지닌 또 다른 한계점이기도 했다.

【참고문헌】

朱熹, 『朱子文集』.
李滉, 『退溪集』.
李珥, 『栗谷集』.
奇正鎭, 『蘆沙先生全集』.

고려대 민족문화연구원 한국사상연구소 편, 『자료와 해설: 한국의 철학사상』, 예문서
　　원, 2001.

김기주, 「사단칠정논쟁으로부터 심즉리로 ― 사단칠정논쟁에 대한 화서, 노사, 한주의
　　결론」, 『퇴계학논집』 제15호, 영남퇴계학연구원, 2014.
＿＿＿, 「사단칠정논쟁, 퇴계와 고봉의 학술적 교류와 도덕적 탐색」, 『국학연구』 제29
　　집, 한국국학진흥원, 2016.
박학래, 「조선말기 기호학파의 율곡 이기론 계승과 분화」, 『율곡사상연구』 제6호, 율곡
　　학회, 2003.
＿＿＿, 「蘆沙 奇正鎭의 性理說을 둘러싼 기호학계의 논쟁: 猥筆을 중심으로」, 『민족문
　　화연구』 제48집, 고려대학교 민족문화연구원, 2008.
최복희, 「기정진의 리일원론 사상」, 『한국철학논집』 제17집, 한국철학사연구회, 2005.
최영진, 「노사 기정진의 사단칠정론에 관한 고찰」, 민족과사상연구회 편, 『사단칠정론』,
　　서광사, 1992.

제4부

사단칠정논쟁의 귀결과 철학적 의미

제1장 사단칠정논쟁으로부터 심즉리로
― 사단칠정논쟁에 대한 이항로·기정진·이진상의 결론

김기주

1. 사단칠정논쟁과 심즉리

19세기에 활동한 세 학자, 곧 이항로李恒老(華西, 1792~1868)·기정진奇正鎭(蘆沙, 1798~1879)·이진상李震相(寒洲, 1818~1886)은 각기 경기도 양평과 전라도 순창 그리고 경상도 성주 출신이다. 또한 이들의 학문적 배경에서 보더라도 이항로와 기정진의 경우는 기호학파 노론계열의 학문적 영향 아래에 있는 것으로 이해되는 반면, 이진상은 정종로鄭宗魯(立齋, 1738~1816)와 그의 중부仲父인 이원조李源祚(凝窩, 1792~1872)로 이어진 사승에서 볼 때 영남학파의 중심 흐름에 서 있는 것으로 파악된다. 그런데 특이하게도 이처럼 상이한 출신지역과 사승을 보여 주고 있는 세 학사에게서 '심즉리心卽理'로 대표되는 하나의 공통된 지향을 발견하게 된다.[1]

---

1) 이항로·기정진·이진상 가운데 가장 확실하고 강하게 '심즉리'를 주장한 인물은 이진상이 유일하다. 나머지 두 인물, 그 중에서도 특히 기정진의 경우 그의 저술을 통해서는 심즉리와 관련된 어떤 논의도 직접 확인할 수 없다. 그런 측면에서 이진상

그리고 이러한 사실로부터 우리는 19세기에 이르러 같은 학맥도 아니고, 그렇다고 같은 지역 출신도 아닌 이 세 학자가 도대체 어떤 이유로 이렇듯 유사한 지향과 문제의식을 보여 주게 되었는지를 묻게 된다. 물론 외세에 흔들리는 19세기 조선 사회라는 특정 역사적 조건과 상황에서 이 물음에 대한 답을 찾아볼 수도 있을 것이다. 그리고 그것은 지금까지 연구자들이 보여 왔던 일반적인 접근 방법이거나 기본적인 시각이기도 했다. 특히 위정척사운동과의 연관성 속에서 이들의 학문적 지향을 읽고, 그 좌표와 의미를 이해하기 위해 노력해 왔다. 그런데 이제 이런 노력과 무관하게 또 다른 시각에서 이 현상을 설명할 수는 없을까? 특히 조선 중후기 성리학적 흐름을 결정한 사단칠정논쟁四端七情論爭(아래에서는 줄여서 사칠논쟁이라 표기함)의 전개사에서 이들의 지향을 이해할 수는 없을까? 이것이 바로 이 글의 문제의식이자 출발점이다.

따라서 이 글은 무엇보다 사칠논쟁과의 관련성 속에서 직접적으로는 '심즉리', 간접적으로는 '심즉리'를 향한 지향이 어떻게 등장할 수 있었는지를 이해하는 데 일차적인 목표를 두고 있다. 그것은 이황李滉(退溪, 1501~1570)과 기대승奇大升(高峯, 1527~1572)에 의해 논쟁이 시작된 이래 학파와 학파 사이에, 혹은 특정 학파 내부에서 300년 동안 지속된 논쟁과 입론의 과정이 어떻게 그리고 왜 하필이면 심즉리, 곧 이들이 공통으로

을 제외한 두 학자가 심즉리를 주장하였다고 보는 것이 과연 정당한 것인가를 되물을 수도 있을 것이다. 하지만 아래에서도 확인하겠지만, 다양한 해석의 스펙트럼 속에서 이들의 학문이 이미 충분히 심즉리에 가까이 접근해 있었다는 사실을 부정하기 어렵다는 점, 그리고 그들의 직계 문인에게서 심즉리 주장과 증언들이 나오고 있다는 측면에서, 이들의 성리학이 이미 심즉리에 근접해 있거나 이것을 지향한 것이라고 보아도 큰 무리는 없다고 판단된다.

보여 주고 있는 학문적 지향으로 드러나게 되었는지를 묻고 그 답을 찾아보는 것이다. 이것은 결국 사칠논쟁과 심즉리의 연관성을 묻는 것이자, 이황과 기대승 사이에서 시작된 사칠논쟁이 조선 후기 300년의 시간 속에서 형식을 달리하며 지속되었고, 그 결론이 마침내 심즉리로 나타나게 되었음을 확인하는 것이기도 하다.

이를 위해서는 먼저 조선 후기 성리학의 전개가 사칠논쟁과 깊이 관련되어 있을 뿐만 아니라, 늘 그 문제의식의 원심력으로부터 벗어나지 않았다는 사실에서 논의를 시작해야 할 것이다. 심즉리 역시 그 흐름 속에서 생겨난 것이라는 점에서, 그것은 사칠논쟁의 전개사로부터 심즉리를 이해하기 위한 피할 수 없는 과정이라고 생각되기 때문이다. 이어서 사칠논쟁에서 드러난 쟁점 혹은 문제의식과 심즉리의 상관성을 되짚어 봄으로써, 사칠논쟁에 내재해 있는 심즉리와의 내적 연관성을 확인할 것이다. 그리고 마지막으로 심즉리를 주장한 세 학자들의 사단칠정과 관련된 시각을 살펴봄으로써, 그들의 심즉리가 이황과 기대승 사이에 전개된 사칠논쟁의 계승이자, 그것이 근본적인 문제를 해결하기 위한 그들 나름의 노력이었다는 사실을 구체적으로 확인할 것이다.

2. 사단칠정논쟁과 조선 후기 성리학의 전개

앞에서 언급했던 것처럼, 이 글은 사칠논쟁의 전개사에서 19세기의 세 학자가 제시한 심즉리를 이해하는 데 목적을 두고 있다. 그렇다면 무엇보다 이황과 기대승 사이에 진행된 사칠논쟁과 그것이 남긴 문제의식이 조선 중후기 성리학의 전개 방향과 내용을 결정했다는 사실을 먼저 살펴봐야 할 것 같다. 이것을 통해서 사칠논쟁의 전개사로부터 심즉리를 이해할 수 있는 토대를 마련할 수 있을 것이기 때문이다. 아울러 이러한 사실이 확인될 때 사칠논쟁과 그 전개사의 끝자락에 등장한 심즉리의 외적인 연관성 역시 이해하게 될 것이다.

일반적으로 사칠논쟁이 어떻게 시작되었고 왜 시작될 수밖에 없었는지에 대해 물었을 때, 그 계기나 원인에 대해 다양한 측면에서 여러 답이 제시될 수 있을 것이다. 그 가운데 논쟁의 당사자가 이해한 주자학이 서로 다른 모습이었다는 사실 또한 무시할 수 없는 요소 가운데 하나라고 할 수 있다. 누구의 시각이 옳고 또 정확한 이해인지와 무관하게, 논쟁의 당사자였던 이황과 기대승 두 사람은 늘 상반된 자신들의 주장에 대한 근거를 모두 주희朱熹(晦庵, 1130~1200)의 언론에서 찾아 제시하였다. 이 점에서 보자면, 이들이 보여 준 차별적 시각만큼 주자학은 두 사람에게 다른 모습으로 이해되었다고 할 수 있을 것이다. 그런데 이들은 왜 하나의 이론체계에 대해 이토록 상이한 이해를 보여 주고 있는 것일까? 물론 근원적으로는 양자가 가진 개인적 문제의식이나 학문적 배경 등에서 각기 보고 싶은 것만 본 결과일 수도 있겠지만, 주자학 자체에 내재해 있는 상이한 이해 가능성 역시 주목하지 않을 수 없다. 이제 주자학의 체계에 대한 상이한 이해 가능성은 어떤 것이고, 논쟁의 당사자였던 두 학자는 각기 어떻게 주자학을 이해했는지 살펴보자.

주자학이 세 가지 주요한 뼈대, 곧 리기론理氣論과 심성론心性論 그리고 공부론工夫論으로 구성된 이론체계라는 사실은 잘 알려져 있다. 하지만 주자학은 이들 이론 상호 간의 정합성에 있어서 해소하기 어려운 상이한 이해 가능성을 안고 있다.[2] 그것은 리기론 안에서 그리고 리기론과 심성론의 관계에서 뚜렷하게 드러난다. 주자학의 근본 토대를 형성하고 있는 리기론에서 주희는 '본원적인 측면'(在理上看)에서 리선기후理先氣後를 강조하는 동시에, '현실적인 측면'(在物上看)에서 양자의 상호의존성과 불가분리성에 주목하였다.[3] 리기 관계의 수직적이고 종속적인 의미 외에 수평적이고 동등한 의미 역시 동시에 제시되고 강조되는 셈이다. 이것은 리기론이 함축하고 있는 두 가지 의미, 곧 우주론과 본체론이라는 양 측면을 고스란히 드러내 보여 주고 있는 것이기도 하다.[4]

하지만 주자학의 리기론은 근원적으로 두 가지 전제를 함축하고 있다. 하나는 인간을 포함한 우주와 그 우주 안에 존재하는 모든 사물이나 사건이 생성되는 데 있어서 리와 기는 그 어느 것도 결핍될 수 없는 상호의존적인 요소일 뿐이라는 점이고, 다른 하나는 모든 사물이나 사건은 리와 기가 결합함으로써 생성된다는 점이다. 이러한 이론 구조에서 보자면 양자는 존재론적으로 각각의 역할을 분담할 뿐, 선후나 본말

---

2) 사실상 모든 학술이론은 오독의 가능성과 함께 상이한 이해 가능성을 함축하고 있다. 그런데 여기서 말하는 주자학의 상이한 이해 가능성은 그러한 일반적인 차원을 넘어선 것으로, 주자학이 가진 하나의 한계라고도 말할 수 있을 것이다.

3) 陳俊民 校訂, 『朱子文集』 第5冊(臺北: 財團法人德富文教基金會, 2000), 권46, 「答劉叔文一」, "所謂理與氣, 此決是二物, 但在物上看, 則二物渾淪不可分開, 各在一處. 然不害二物之各爲一物也. 若在理上看, 則未有物而已有物之理, 然亦但有其理而已, 未嘗實有是物也.";「答劉叔文二」, "須知未有此氣, 已有此性. 氣有不存, 性卻常在. 雖其方在氣中, 然氣自氣, 性自性, 亦自不相夾雜." 이것은 이론상 혹은 개념적으로 리와 기는 구별할 수 있지만, 현실에 존재하는 사물에 있어서 이 양자는 구별되지 않는다는 뜻이기도 하다.

4) 우주론, 곧 우주생성론의 시각과 본체론적 시각이 함께 묶여지게 되는 것은 주자학의 가장 핵심적인 특징이기도 하다. 그리고 그것이 주자학이 보여 주는 명료한 장점이자, 동시에 치명적인 약점 역시 바로 이 점에서 시작되기도 한다.

을 논할 수 없는 수평적이고 평등한 관계일 뿐이다.5) 이것은 결국 리기론이 함축하고 있는 근원적인 의미에서 본다면, 리와 기는 서로 섞일 수 없는(不雜) 것이라기보다는 서로로부터 독립하여 존재할 수 없다(不離)는 의미에 무게중심이 있음을 알 수 있다.

반면에 중화신설中和新說의 확립 이후, 리(형이상)와 기(형이하)로 구분되는 틀 속에 심心·성性·정情을 각각 분속시키고 있는 심성론의 측면에서 확인되는 리기의 관계는 리기론에서 보이는 것과는 달리 평등하지도 않고, 수평적인 관계도 아니다. 심성론에서 보자면 리인 성은 적극적으로 혹은 궁극적으로 실현되어야 하는 것으로 설정되는 반면, 기인 심과 정은 늘 통제되거나 조절되어야 하는 대상일 뿐이다. 심성론에서 리와 기는 결코 동등한 차원에서 평등하게 자리 잡을 수 없으며, 분명한 선후와 본말의 가치를 가지고 있어서 서로 섞일 수 없는(不雜) 관계에 있고, 또 그러한 의미에 무게중심이 있는 것이다. 달리 말해서 리기론이 함축하고 있는 우주론과 본체론이라는 두 가지 측면 가운데, 심성론에서는 필연적으로 본체론의 측면과 결합되고 강화될 수밖에 없다.

리기론과 심성론을 성즉리性卽理 명제로 연결시키고 있는 주자학적 구도에서 보자면 리와 기의 관계는 이처럼 필연적으로 이중적일 수밖에 없다.6) 그런 까닭에 리기의 관계에 대한 주희의 설명 역시 이중적이

---

5) 리기론에서 리와 기가 결합하여 하나의 사건이나 사물을 생성한다는 의미에서 보자면 기에 대한 리의 우선성이 아니라 리와 기의 상호의존성이 강조될 수밖에 없다. 이것은 성(리)과 심(기)의 관계에서도 동일하게 적용되어, 리인 성과 기인 심이 일치하여 결합할 때 비로소 도덕실천이 가능하다는 측면에서 보자면 도덕에 있어서 리기의 수평적 관계 역시 성립한다.

6) 용어 사용의 적절성과는 무관하게, 국내에서도 '理氣二元論', '理氣一元論'이라는 말로 이황과 이이의 성리학적 특징을 규정해 왔지만, 대만이나 중국에서 진행된 주자학

다. 리와 기는 '서로 떨어질 수 없는'(不離) 관계이면서 동시에 '서로 섞일 수 없다'(不雜)는 그의 주장은 원래는 리기론에 한정하여 리와 기의 이중적 관계를 설명하기 위해 제시되었다.[7] 하지만 이것은 더욱 넓게, 곧 리기론과 심성론에서 드러나는 리기 관계까지도 충실히 묘사해 내고 있는 것이다.

그런데 문제는 그것이 리기론에서든 아니면 리기론과 심성론의 관계에 있어서든, 이 두 가지 형태의 리기 관계 가운데 어느 하나에 무게중심을 두고 주자학을 이해하는 경우, 주자학은 완전히 다른 모습이나 색깔을 가질 수밖에 없다는 점이다. 다시 말해서 '리기론을 중심에 두느냐, 아니면 심성론을 중심에 두느냐' 혹은 '리기론에서도 불리의 측면을 강조하는가 아니면 부잡의 측면을 강조하는가'에 따라 주자학은 충분히 다른 모습으로 이해될 수밖에 없었던 것이다. 이것이 바로 주자학에 내재해 있는 상이한 이해 가능성이다. 그리고 이황과 기대승의 관점은 바로 여기에서부터 차이가 있다. 심성론과 리기의 부잡不雜에 무게중심을 두면서 리발理發과 기발氣發을 함께 긍정하고 있는 이황의 경우, 리와 기로부터 각각 따로 발發해 나온 사단과 칠정은 서로 섞일 수 없는 것이었다.[8] 반면 리기론과 리기의 불리不離에 무게중심을 두면서 리발을 부정

의 성격 곧 주자학이 일원론인지 이원론인지를 묻는 논의 역시 이러한 주자학의 이중적인 특징과 관련되어 있고, 그만큼 주자학은 두 가지 방식으로 이해될 가능성을 농후하게 가지고 있는 셈이다.

7) 리기 관계가 이렇게 이중적으로 설정될 수밖에 없는 것은 주자학에서 경험적 지식과 도덕적 지식이 분리되지 않듯, 존재의 원리와 도덕의 원리, 사실과 당위가 분리되지 않기 때문이다. 즉 존재를 설명하는 리기론을 통해 도덕의 보편성과 객관성을 보장받고자 한 주자학은 수평적이어야 할 존재의 원리에서도 수직적 의미를 담아야 했고, 수직적이어야 할 도덕적 원리에도 수평적 의미를 담은 것이다.

8) 리발의 의미는 크게 직접적인 작용과 간접적인 작용으로 구분할 수 있다. 주희의

하고 기발만을 인정하는 기대승이나 이이李珥(栗谷, 1536~1584)의 경우 사단과 칠정은 모두 기발이라는 점에서 차이가 없고, 따라서 양자는 이질적인 것으로 구분될 수 없었다.

그렇다면 여기에서 자연스럽게 이황과 기대승은 왜 각기 다른 무게중심에서 주자학을 이해하게 되었는지를 묻게 된다. 그 답은 아무래도 그들의 학문적 배경이나 지향 혹은 철학적 문제의식에서 찾아야 할 것 같다.[9] 리기론 혹은 리기의 불리에 무게중심을 두는 기대승의 경우, 무엇보다 도덕의 객관성과 보편성, 그리고 리와 기가 만나 사물과 사건을 생성하듯 선과 악이 뒤엉켜 흘러가는 현실에 대한 해명을 목표로 했다고 이해된다. 반면에 심성론 또는 리기의 부잡에 무게중심을 둔 이황의 경우, 도덕실천의 필연성과 자율성, 그리고 악에 오염되지 않은 선을 최소한 논리적으로나마 확보하려 노력했다고 이해된다. 전자가 '현실'이 문제가 되었다면, 후자는 '이상'이 문제가 되었다고 말할 수도 있을 것이다. 사화士禍의 시대에 청·장년기를 보낸 이황의 눈에 비친 세상과, 사화가 대체로 마무리된 이후에 사림의 세계를 준비한 기대승이나 이이의 눈에 비친 세상이 달랐을 것이라는 점을 수긍할 수 있다면, 이들의 학문적 문제의식에서의 차이점도 이해하지 못할 것은 아니라고 생각된

경우 리발은 결코 리의 직접적인 작용을 의미하지 않는다. 반면 이황에게 있어서 리발은 리의 직접적인 작용으로 이해된다. 양자의 차이점은 본심에 대한 긍정 여부와 함께 자연적 감정과 구별되는 도덕적 정감, 곧 본심이 직접적으로 드러난 본정(사단)의 유무에 의해 확인된다. 그런데 심을 '氣之精爽'으로 규정하는 주희의 경우 심은 본심(도덕심)이 될 수 없으며, 따라서 자연적 감정과 구별되는 도덕적 정감 역시 긍정되지 않는다.

9) 이명휘는 『四端與七情』(臺北: 臺灣大學出版中心, 2005) 214쪽에서, 학문적 배경에서 이황의 경우는 맹자의 권위와 함께 주희의 권위를 부정하지 못하였다면, 기대승의 경우 주희의 권위에 충실했다고 주장한다.

다. 사화의 험난한 시기를 살아야 했던 이황에게는 암담한 현실을 위로해 줄 이상이 보다 절실하게 필요했다면, 시간차를 두고 등장한 기대승이나 이이는 현실에 대한 객관적인 태도나 접근이 더욱 필요했다고 이해할 수도 있을 것이다.

이처럼 주자학의 리기 관계에 대한 상이한 이해 가능성과 더불어 서로 간의 상이한 학문적 지향이나 문제의식은 동일한 주자학에 토대를 두면서도 이들의 관점을 완전히 다른 방향으로 이끌었다. 리기의 가치론적 선후본말先後本末에 대한 강조를 통해 리와 기를 구분함으로써 기로부터 오염되지 않은 리의 순수성을 강화하려는 이황의 노력은 사칠논쟁에서 리발을 인정함으로써 기발의 결과인 칠정으로부터 사단을 엄격하게 구분하는 모습으로 나타났고, 그것은 필연적으로 도덕적인 정감의 실재와 그 작용을 긍정하는 결과를 낳았다. 반면에 현실의 사건이나 사물에서 확인되는 리기의 상호의존성과 불가분리성을 강조하는 기대승의 경우, 서로 분리할 수 없는 리와 기의 관계처럼 사단과 칠정은 분리될 수 없었을 뿐만 아니라, 그것은 모두 기발의 결과일 뿐이므로, 자연적인 감정과 구별되는 도덕적인 정감 역시 긍정될 수 없었다.

사칠논쟁의 발단에서 확인되는 이황과 기대승의 시각은 이후 각각 영남학파와 기호학파로 이어져 조선 후기 300년 동안 곡절을 겪으며 계승되었다. 그것은 양대 학파의 학문적 경쟁을 통해 더욱 심화되었고, 주자학에 대한 이해가 깊어지면서 새로운 논쟁으로 파생되어 나갔다. 특히 이들의 관점은 사칠논쟁을 이어서 등장한 인심도심논쟁人心道心論爭·인물성동이논쟁人物性同異論爭 등에서도 여전히 동일한 문제의식으로 작용하였다. 인심도심논쟁이나 인물성동이논쟁 역시 사칠논쟁과 동일한 구도, 곧 리발의 긍정과 함께 기로부터 리의 독립성을 확보해야 한다는 시각과 리발을 부정하고 리기의 상호의존성과 불가분리성이 강조되어야 한다는 시각이 충돌한 것으로 이해할 수 있기 때문이다.

구체적으로 인심도심논쟁부터 살펴보자. 이 논쟁을 이해하는 데 있어서 인심과 도심이 각각 무엇인지, 양자의 관계는 또 어떤 것인지를 이해하는 것도 물론 중요하다. 하지만 왜 그런 상이한 시각이 등장해서 서로 논쟁을 벌일 수밖에 없었는지 그들의 문제의식에 주목한다면 우리는 사칠논쟁에서 확인되는 문제의식과 공통된 지향을 발견하게 된다. 본격적인 인심도심논쟁은 성혼과 이이 사이에 벌어졌지만, 그에 앞서 노수신을 비판하는 이황의 시각에서 우리는 사칠논쟁과 동일한 구도를 발견한다. 기로부터 리의 독립성, 곧 인심으로부터 도심의 독립성과 순수성을 어떻게든 확보하려는 이황의 지향을 읽을 수 있는 것이다. 반면에 성혼과의 논쟁에서 드러나는 이이의 관점은 이황과 상반되며, 사칠논쟁에서 사단과 칠정을 분리해서 보지 않으려는 그의 시각과 동일한 구도를 보여 준다. 즉 그에게 있어서 인심과 도심은 사단과 칠정의 관계와 마찬가지로 분리될 수 없는 것이며, 상호 전환할 수 있는 하나의 심일 뿐인 것이다. 이러한 두 계열의 문제의식 혹은 지향에서 보자면, 인심도심논쟁 역시 사칠논쟁과 마찬가지로 기로부터 독립된 리의 순수성을 인정할 것인지, 아니면 리와 기가 분리될 수 없는 상호의존적인 것이라는 사실을 더 강조하고 주목해야 할 것인지에서 시각이 갈라지고 있는 것이다.

이러한 구도는 인물성동이논쟁에서도 동일한 모습으로 등장한다. 이 논쟁은 표면적으로 인성과 물성의 동이와 오상 등의 주제를 중심으로 진행되었지만, 그 내적인 문제의식에서 보자면 인물성동론을 주장하는 낙론은 기의 영향력으로부터 그 순수성을 지켜내는 리의 독립성을 인정하는 시각이라면, 인물성이론을 주장하는 호론은 리와 기가 분리될 수 없다는 점과 리에 대한 기의 영향력을 인정하는 입장으로 이해할 수 있다. 특히 성리학의 대전제라고 할 수 있는 '리동기이理同氣異'의 시각에서 보자면, 리와 기는 각각 보편성과 개별성의 근거가 된다. 따라서 기로부터 리의 독립성을 인정하는 낙론의 경우 인물성동론이 필연적인 귀결이 될 수밖에 없었고, 리에 대한 기의 영향력을 인정하는 호론의 입장은 필연적으로 인물성이론이 될 수밖에 없었던 것이다.

전체적으로 볼 때, 리발을 인정하면서 기로부터 리의 독립성을 확보해야 한다는 시각에서 보자면, 칠정과 사단이 뚜렷이 구별되는 것처럼 도심 또한 분명하게 인심으로부터 구별되는 것이며, 이렇게 기로부터 혹은 기의 영향력으로부터 리의 독립성이 확보된다면 그 이론체계의 자연스러운 결론은 인물성동론이 될 수밖에 없다.[10] 반면 리발을 부정하고, 리기의 상호의존성과 불가분리성을 강조하는 입장에서는 사단과 칠정이 분리될 수 없듯이 도심과 인심 또한 온전히 분리될 수 없는 것이며, 인심도심은 지각한 대상의 차이에 따라 붙여진 다른 이름에 불과하므로, 인심도 도심이 될 수 있고, 도심도 인심이 될 수 있다는 상호전환의 가능성을 이야기하게 되는 것이다. 아울러 기로부터 영향을 받지 않는 리의 순수성이 부정됨으로써 인물성동론은 성립할 수 없으며, 자

---

10) 이러한 사실에서 인물성동이논쟁이 비록 기호학파 내부에서 강하게 진행되었지만, 그 가운데 인물성동론의 입장에 서 있던 낙학의 문제의식이 사단칠정논쟁에서 확인된 이황의 문제의식과 유사한 노선에 서 있다는 사실을 확인할 수 있다.

연스레 인물성이론의 입장에 서게 된다.

이렇게 놓고 본다면, 조선 후기 성리학의 전개를 주도한 영남학파와 기호학파뿐만 아니라, '사칠논쟁'과 함께 조선 성리학의 3대 논쟁이라고 할 수 있는 '인심도심논쟁', '인물성동이논쟁'이 모두 근원적으로는 동일한 문제의식으로부터 등장한 것이라고 해도 크게 틀린 말은 아닐 것이다. 그렇다면 조선 성리학의 전개는 사칠논쟁에서 드러난 두 가지 상이한 태도에 의해 그 방향과 내용이 결정되었다고 말할 수 있는 것이다. 이런 상황에서 조선 후기에 등장한 심즉리가 조선 성리학의 학문적 흐름과 결코 무관한 것이 아니라면, 심즉리의 관점 또한 어떤 측면에서든 사칠논쟁에 뿌리를 두고 전개되어 나왔다고 이해할 수 있는 셈이다. 특히 사단칠정논쟁에서 리발을 긍정하며 사단과 칠정을 분리해 보는 시각은 인심도심논쟁에서 인심과 도심을 분리시켰을 뿐만 아니라, 인물성동이논쟁에서는 인물성동론의 토대가 되었고, 그것은 마침내 심즉리에 대한 긍정으로 이어졌던 것이다. 사단과 칠정의 분리가 결국 도덕정감의 보편성을 긍정하기 위한 것이라면, 심즉리는 그러한 전통과 온전히 일치하는 입장에 서 있기 때문이다. 이 점에 대해 이제 한 걸음 더 접근해서 살펴보자.

3. 사단칠정논쟁과 심즉리, 그 내적 연관성

앞에서 우리는 조선 중·후기 성리학의 전개가 결코 사칠논쟁과 무관할 수 없었다는 사실과 함께, 19세기에 등장한 심즉리의 사조 역시 이러한 흐름과 이어질 수 있다는 가능성을 확인할 수 있었다. 그러나 이것은 외적이자 간접적인 조건일 뿐이며, 여기에서 사칠논쟁과 심즉리의 내적이자 필연적인 연관성을 확인할 수는 없다. 그런데 만약 앞에서 살펴본 바와 같이 조선 후기 성리학의 전개가 그토록 사칠논쟁과 밀접하게 관련되어 있고, 또 그러한 관련성으로부터 심즉리가 등장한 것이라면, 사칠논쟁과 심즉리는 앞에서 확인한 외적 관련성보다 더욱 밀접한 내적 연관성을 가지는 것은 아닌지를 묻게 된다. 이것은 사칠논쟁과 심즉리의 필연적인 연관성에 대한 물음이기도 하다. 따라서 이 물음에 대한 답을 찾는 것, 그것이 바로 이 장이 해결해야 할 과제가 된다.

사칠논쟁과 심즉리의 내적 연관성을 확인하기 위해서 무엇보다 먼저 사칠논쟁의 주요 쟁점이 가진 철학적 의미에서 논의를 시작하는 것이 순서일 것 같다. 사칠논쟁에서는 논쟁의 당사자인 이황과 기대승의 사단과 칠정에 관한 차별적 시각뿐만 아니라, 주자학에 대한 근본적인 이해의 차이가 분명하게 드러나고 있는데, 그 가운데서 가장 핵심적인 내용 혹은 쟁점을 꼽으라면 대체로 다음과 같은 4가지 문제로 요약 정리된다.

① 사단과 칠정은 이질적인 것인가?
② 사단을 리에, 칠정을 기에 각각 나누어 분속시킬 수 있는가?
③ 사단의 선과 칠정의 선은 같은가?(사단이 부중절할 수 있는가?)
④ 리는 스스로 활동할 수 있는가?

잘 알려져 있듯, 이 네 가지 문제에 대해 논쟁의 당사자였던 이황과 기대승은 각기 상이한 답을 제시하고 있지만, 이들 문제들 간의 상호 관계를 보다 자세하게 보면, 각각의 문제가 독립적으로 제기되었다기보다는 서로 종속적인 관계를 맺고 있어서 하나의 근원적인 문제로부터 다른 문제가 파생되어 나온 것임을 알 수 있다.

네 가지 문제 상호 간의 논리적 관계에서 볼 때, 가장 근원적인 문제는 ④번 문제인 리 스스로의 활동성에 대한 긍정 여부다. 그리고 이 ④번 문제에서 ①번 문제가 파생되어 나왔고, 이 ①번 문제로부터 다시 ②·③번 문제가 파생되어 나왔다고 할 수 있다. 그것은 ①번 문제에 어떤 답을 가지고 있는지에 따라 ②·③번 문제에 대한 답이나 태도가 결정되고, 또 ④번 문제에 대해 어떤 답을 가지는지에 따라 ①번 문제에 대한 태도가 결정된다는 점에서 확인된다.

이렇게 볼 수 있다면, 이황의 경우 ④번 문제에서 리발을 긍정했기 때문에, ①번 문제에서 사단과 칠정을 이질적인 것으로 구별할 수 있었으며, 이렇게 사단과 칠정을 이질적인 것으로 구별했을 때, ②·③번 문제에 대해 각각 사단과 칠정을 리와 기에 분속할 수 있었고, 사단의 선과 칠정의 선이라는 두 가지 선이 구별되어야 했던 것이다. 반면에 기대승은 ④번 문제에서 리발을 긍정하지 않고 기발만을 긍정했기 때문에 ①번 문제에서 사단과 칠정을 동질적인 것으로, ②번 문제에 대해서는 리기에 분속할 필요 없이 칠정 안에 사단이 포함되어 있는 것으로, ③번 문제에서는 사단 역시 부중절할 수 있으므로 사단의 선과 칠정의 선이 같은 것이라고 이해했던 것이다.

논리적 관계에서 보자면 분명 네 번째 문제인 리의 활동 여부가 논쟁의 출발점이 된 것은 확실하다. 하지만 이황과 기대승의 현실적인 논쟁의 진행 과정에서 보자면, 첫 번째 문제인 '사단과 칠정의 이질성에 대한 긍정 여부'가 논쟁을 촉발하는 계기였다고 판단된다. 논쟁이 거듭되면서 ④번 문제인 리발의 긍정 여부 역시 부각되기는 하지만, 논쟁이 시작되는 즈음에서 이 문제는 ①번 문제에 대한 태도를 결정할 뿐, 아직 드러나지 않고 전제되어 있던 시각일 뿐이었다. 즉 ①번 문제를 중심으로 본다면 ④번 문제는 전제된 것일 뿐 드러나지 않았고, 나머지 ②·③번의 두 가지 문제는 ①번 문제로부터 파생되어 나온 것이다.

바로 이러한 쟁점의 구도에서 사칠논쟁이 가진 문제의식, 곧 논쟁이 함축하고 있는 철학적 의미가 확인된다. 사칠논쟁이 '사단과 칠정의 이질성에 대한 긍정 여부'에서 촉발되었다면, 논쟁의 핵심은 '감정'이 이질적인 두 가지 영역으로 구분될 수 있는가의 문제이고, 이것은 결국 '감정'에서 순수도덕 영역을 긍정할 수 있는지의 여부에서 의견이 대립되었음을 뜻한다. 다시 말해서 사칠논쟁은 '사단'과 '칠정'이라는 정情을 중심으로, '감정'에 대한 신뢰 여부를 문제 삼은 논쟁이었다. 이것은 도덕실천에 있어서 감정의 역할에 대한 신뢰 여부와 관련된 것이기도 하다. 이황은 이 감정의 일부(사단)에 대해 우호적인 태도를 보였다면, 기대승이나 이이는 그와 같은 우호적인 태도를 용납할 수 없었던 것이다. 하지만 사칠논쟁이 단순히 감정의 신뢰 여부에 한정되는 것도 아니다. 그것은 보다 깊이 도덕실천의 내적 출발점이자 필연적인 도덕실천의 근거가 되는 도덕주체의 성립과 관련되어 있다.[11] 앞에서 제시한 문제

---

11) 여기에서 도덕주체는 곧 본심이자 도덕심을 가리킨다. 그것은 경험적이거나 심리적인 의미의 심이 아니라 초월적인 심이다. 초월적이라는 것은 인간의 심리학적 혹은 생물학적 특성, 즉 자연성으로부터 확인되거나 제시되는 것이 아니라 그것을 초월하여 있는 어떤 것을 의미한다. 곧 도덕심이 초월적이라는 말은 인간이 가진 자연적 성향 이외에 인간이 가진 또 다른 하나의 행위 동기를 긍정하는 것이기도 하다. 자

의식에서 보자면 사칠논쟁은 ①번 문제 곧 감정의 신뢰 여부로부터 시작된 듯이 보이지만 그것에 한정되지 않고 보다 깊은 뿌리를 가지는데, 그것이 바로 ④번 문제와 관련된다.

사단(도덕적 정감)과 칠정(자연적 감정)의 분리를 통해 도덕적 정감의 자리를 분명하게 확보하고자 한 이황에게서, 도덕실천은 초월적이자 객관적인 선한 본성(인의예지)만으로 충분할 수 없다는 문제의식을 읽을 수 있다.[12] 도덕의 문제는 선한 본성에 근거한 도덕 판단에서 마무리되는 것이 아니라, 그것이 실천되어야만 비로소 완성된다는 점을 주목한 것이기도 하다. 그 도덕의 실천적 힘은 본성으로부터 오는 것이 아니며, 실천능력을 가진 도덕주체로부터 나온다고 생각하였다. 따라서 그는 심을 리와 기의 합이라 규정함으로써 활동(실천)능력을 가진 심에 도덕주체(本心: 리로서의 심)로서의 지위를 확보하도록 만들고, 그것으로부터 직접 측은·수오·사양·시비 등의 도덕적 정감(本情: 사단)이 발할 수 있음을 긍정하였던 것이다. 이것은 곧 객관적이자 초월적인 본성을 구체화하여 그것을 현실 속에 실현하는 주관적이자 내재적인 본심이 있었기에 가능한 것이었다. 이러한 구도에서 성·심·정은 모두 본성=본심=본정(사단)으로 이어져 연결되고 통합될 수 있었다. 이런 측면에서 보자

연성이 자연세계의 지배법칙인 인과적 필연성의 지배 아래에 있는 것이라면, 인과적 필연성의 지배를 벗어나 있다는 점에서 그것은 초자연적이고, 동시에 도덕적 자율성의 근거가 된다. 칸트의 말을 빌려 설명한다면, 전자는 자연의 인과성에 속하고, 후자는 자유의 인과성에 속한다. 자유의 인과성이 긍정될 때 도덕주체 역시 제대로 자리 잡을 수 있게 된다.

12) 이황의 경우 사단은 분명 정이기는 하지만, 그것은 감성적 차원에 머무르는 것이 아니다. 일반적인 감정은 육체와 관련된 특정한 상황에서 나타나는 피동적인 감수성을 가리킨다면, 사단은 본심이 직접 드러난 것이라는 점에서 피동적인 것이 아니며, 일종의 '선험적인 지향성'에 대한 체험이라고 말할 수 있다.

면, 그에게 리발을 통해 자연적 감정인 칠정으로부터 본정이자 도덕적인 정감인 사단을 구별하는 것은 필연적 요청이었다고 할 수 있다.

이와 달리 사단과 칠정을 이질적인 것으로 분리하는 것에 반대하는 기대승이나 이이의 경우, 사단이든 칠정이든 그것은 감정이라는 측면에서는 모두 동일하고, 이런 감정들은 모두 도덕과 무관한 것으로 처리되어 버린다. 그들에게 있어서 감정은 모두 피동적일뿐만 아니라, 객관적이지도 보편적이지도 않은 것이어서 도덕실천에 도움이 되지 않으며, 신뢰할 수도 없는 것이었다. 이런 구도에서 본성(인의예지)은 추상적인 법칙일 뿐, 도덕행위를 책임질 도덕주체가 될 수 없었고, 심 역시 기의 영역에 속하게 됨으로써, 근원적으로는 기적인 제한으로부터 벗어날 방법이 없는, 따라서 더 이상 본심, 곧 선험적인 도덕주체가 될 수 없었다. 아울러 이렇듯 도덕주체가 분명하게 세워지지 못하면서, 필연적인 도덕실천 역시 기대할 수 없게 되는 결과마저 초래하게 되었다.

전체적으로 본다면 이황은 리발과 함께 사단과 칠정의 이질성을 긍정하면서 자연스럽게 도덕실천의 내석 근거가 되는 도덕주체(본심)와 함께 도덕실천에 있어서 도덕적 정감의 역할과 작용을 긍정할 수 있었다. 하지만 기대승이나 이이의 경우 리발을 부정하고 기발만을 인정함으로써 사단과 칠정의 이질성 역시 부정되었고, 동시에 도덕주체인 본심마저 그 설 자리를 잃고 말았다. 그에게 있어서 행위의 주체인 심은 이질적으로 분리되어 있는 리(성)를 인식하여 그것을 정으로 표현해 주는 매개자로서의 인식주체가 될 뿐이다. 그렇다면 이와 같은 두 사람의 관점 가운데 도대체 어떤 측면이 심즉리와 맞닿아 있을까? 이미 충분히 짐작되지만, 심즉리가 어떤 의미를 함축하고 있는지 살펴보면서, 양자가 어떻게 만나게 되는지를 살펴보자.

일반적으로 심즉리는 '심과 리가 동질적'이라거나, 양자가 '논리적으로 동치 관계'에 있음을 의미한다고 이해되어 왔다. 하지만 동질적 혹은 동치 관계라는 말의 구체적인 의미를 이해하려고 할 때, 이것이 그리 단순한 문제가 아니라는 사실도 드러난다. 그래서 심즉리 역시 다른 철학적 개념과 마찬가지로 다양한 의미로 해석되는데, 심즉리를 읽는 방식에 따라 다음과 같이 3가지 의미로 구분하기도 한다. 곧 '심즉리心卽理'로 읽을 경우 그것은 리가 다른 곳이 아니라 심에 있음을 의미하게 되고, '심心 즉卽 리理'로 읽을 경우 심과 리가 동등함을 뜻하며, '심心 즉리卽理'로 읽을 경우 심의 발동이 리에 수반 혹은 종속되어 있음을 뜻하게 된다는 것이다.13) 그런데 이러한 해석이 재미는 있지만 문자에 얽매여 있다는 느낌을 지우기는 어렵다. 특히 비판적인 태도로 접근한다면, 이러한 시각은 주희의 경우에는 왜 심즉리를 입에 올리기를 그토록 꺼려 하였는지, 그리고 육구연이나 왕수인의 경우에는 왜 하필 심즉리라고 표현하지 않으면 안 되었는지 등의 문제의식을 온전히 보여 준다고 생각되지는 않는다.

반면 심즉리를 '도덕규범에 대한 의지의 입법성'으로 파악하기도 하는데,14) 이것은 도덕규범이 의지 곧 본심에 의해 제정되는 것을 뜻한다. 본심은 곧 도덕주체이며, 인의예지仁義禮智는 모두 그 본심이 스스로 제정한 법칙이지, 외적인 요인에 의해 강제된 규칙이 아니라는 것을 가리

---

13) 최재목, 「양명 심학에서 '卽'의 의미: 〈심즉리설〉검토를 위한 예비적 고찰」, 『제16회 한국철학자대회보』(한국철학회, 2003), 392쪽.
14) 황갑연, 「仁과 心性 그리고 良知의 殊別義와 共通義」, 『제16회 한국철학자대회보』(한국철학회, 2003), 419쪽.

킨다. '의지의 입법성'이라는 표현 자체는 서양철학 특히 칸트의 윤리학으로부터 차용한 것이지만, 이것을 유가의 본래 용어로 표현한다면, '인의내재仁義內在'이자 '성선性善'과 다른 것이 아니다. 따라서 스스로 제정한 법칙이라는 말은 곧 스스로에게 내재되어 있어서, 그 자신으로부터 분석되어 나온다는 뜻이다. 결국 도덕규범에 대한 의지의 입법성이란 도덕주체인 본심으로부터 도덕규범인 인의예지가 분석, 전개되어 나오는 것을 의미하게 된다. 이런 측면에서 보자면 심즉리의 의미는 곧 본심으로서의 도덕주체가 굳건히 세워졌음을 선언하는 것인 동시에, 리발의 의미와 다른 것일 수 없으며, 양자는 서로에게 조건이 된다. 서로에게 조건이 된다는 것은 심즉리는 리발을, 리발은 심즉리를 전제하고 있어서 양자는 필연적인 연관성을 가진다는 뜻이다. 그리고 이처럼 리발을 인정할 때, 도덕적 정감 역시 필연적으로 긍정될 수밖에 없다.

이러한 양자의 관계는 다른 상관 개념과의 연결 속에서 더욱 구체적으로 드러난다. 무엇보다 먼저 심즉리는 이미 전제되어 있는 성즉리性卽理와의 관련성을 떠나서 이해될 수 없다. 성즉리, 곧 인간에게 내재해 있는 본성이 곧 리임을 전제한 상태에서 다시 심즉리를 긍정할 때, 자연스럽게 '심즉성心卽性'이 긍정됨으로써 '리＝성＝심'의 삼각구도를 형성한다. 그것은 '리즉성즉심理卽性卽心'으로 표현될 수 있다. 물론 더 나아가서 여기에 정情과 재才까지도 연결시킬 수 있다.[15) 이로써 리·성·심·

---

15) 情은 흔히 性과의 관계에서 '表裏'(조기), '性之動'(주희), '性之實'(모종삼) 등으로 해석된다. 여기에서는 성의 실질적인 내용, 곧 구체적으로 드러난 모습을 가리키고, 그것은 '性卽情'의 의미를 가진다. 才는 정태적인 의미의 자질 혹은 바탕(質)을 가리킬 뿐만 아니라 동태적인 행동 능력(能)이라는 뜻도 가진다. 그런데 그 능력은 일반적인 의미의 재능은 아니며, 본성의 능력(性之能)이다. 후자의 의미일 때 그것은 본성

정·재는 모두가 하나로 묶여져 관통되고, 이때 리·성·심·정·재는 모두 하나의 실재가 가지는 다양한 양태 혹은 작용에 붙여진 각기 다른 이름에 불과하게 된다.[16]

초월적인 원리라는 측면에서 '리'라는 이름이 붙여졌고, 그 리가 사람에게 내재해 들어왔을 때 그것을 '성'이라 부르며, 그 리가 스스로를 실현하기 위한 의지로 나타날 때 그것을 '심'이라 부르고, 그 리가 마침내 경험세계에 구체적으로 실현되고 드러났을 때 그것을 '정'이라 부르며, 그 리가 스스로를 실현하는 능력 혹은 자질을 '재'라고 부르는 것이다. 심즉리는 바로 이러한 사실의 긍정이자 수용이다.[17] 그런데 만약 이런 심즉리가 부정되면 리·성·심·정·재의 연결은 심에서 끊어지고, 리·성과 심·정·재는 주자학에서처럼 리와 기, 형이상과 형이하의 이질적인 두 영역으로 분리되어 버린다.

그런데 문제는 단순히 분리되는 것에서 그치지 않는다는 점이다. 만약 성즉리만 긍정하고 심즉리를 부정할 경우, 선한 본성이 전제되지만, 그것은 형이상의 영역에 갇혀 버리고 만다. 이렇게 될 경우 성리(본성) 자체는 형이하의 세계에 자신을 직접적으로 실현할 통로가 막혀 버리

이 갖추고 있는 자연스럽고도 끊임없이 자신을 실현하는 능력을 가리킨다.

16) 리·성·심·정·재의 관계는 마치 '불꽃'과 '밝음', '샘물'과 '물'의 흐름의 관계와 같아서 동질의 연속체일 뿐만 아니라, 논리적으로는 분석적이다. 즉 불꽃에는 이미 밝음이 함축되어 있고, 샘물에는 그 샘솟는 물의 흐름이 함축되어 있어서, 밝음이 없는 불꽃이나 물의 흐름이 없는 샘물이란 존재할 수 없다. 불꽃이 이미 밝음을 함축하고 있듯이, 本心에는 이미 本性과 本情, 곧 인의예지의 도덕규범과 구체적인 도덕행위가 함축되어 있다.

17) 李明輝는 『四端與七情』(臺灣大學出版中心, 2005), 104쪽에서 '수직적 체용 관계'와 '수평적 체용 관계'를 구분하였는데, 여기에서 리성심정의 관계는 바로 수평적 체용 관계에 해당한다.

게 되고, 자신을 실현할 구체적인 행위의 동력 역시 확보하지 못하게 된다. 형이상과 형이하를 연결하는 고리 혹은 객관성과 초월성을 갖춘 형식적인 성과 리를 구체화하고 실천적으로 전환시켜 주는 본심, 곧 도덕주체가 작용하지 못하기 때문이다. 성즉리만 긍정하고 심즉리를 부정하는 것은 곧 기발만을 인정하고 리발을 부정하는 것과 같다. 또한 심즉리를 부정할 경우, 심으로부터 얻어지는 동력은 자연적인 의지이자 욕구일 뿐이어서 스스로를 주재할 수 없는 것이기도 하다. 기적인 요소 혹은 자연적인 의지와 욕구를 통해 성性(理)이 자연스럽게 혹은 온전히 실현되기를 기대할 수는 없는 것이다.

반면 심즉리를 긍정할 때, 그 심은 더 이상 경험적인 것도 자연적인 것도 아니며, 진정한 의미의 도덕주체가 된다. 유가에서는 이것을 오래 전부터 '본심'이라 불렀다. 그것은 바로 '도덕심'으로, 이 도덕심이 직접적으로 현실세계 속에 실현되고 드러난 것, 그것을 도덕적인 정, 곧 '도덕정감'이자 '사단'이라 부르는 것이다. 도덕심이 현실세계에 실현되는 과정에서 외재하는 대상과의 관계가 전혀 성립하지 않는 것은 아니지만, 이때 외재하는 대상은 '도덕적 정감'(사단)이 생겨나는 계기(occasion)가 될 뿐, 그 원인(cause)이 되는 것은 아니다. '자연적 감정'(칠정)은 외재하는 사물이 '원인'이 되어 등장한다는 점에서 양자는 분명한 차이를 보여 준다. 전자가 능동적이고 자발적이라면 후자는 피동적이다. 이러한 측면에서, 심즉리에는 그 안에 이미 진정한 '도덕주체'의 건립과 함께, '리발', '도덕정감에 대한 긍정' 그리고 '지행합일'을 통한 도덕실천의 필연성까지 이미 함축하고 있다고 말할 수 있다.

그런데 바로 여기에서 우리는 사칠논쟁과 심즉리가 만나는 지점을 확인하게 된다. 심즉리를 수용할 경우 자연스럽게 긍정할 수밖에 없는 것, 그것은 '도덕주체'(본심)와 '리발' 그리고 '도덕적 정감'이다. 이것은 바로 심즉리의 논리 구조, 그리고 리理·성性·심心·정情이 모두 하나로 묶이고 관통되어 있다는 사실에서 직접 확인된다. 그런데 이것은 역으로도 가능하다. 즉 리발과 도덕적 정감을 긍정할 때, 그것은 반드시 심즉리를 향하거나 긍정할 수밖에 없다는 사실이다. 왜냐하면 리발과 도덕적 정감을 긍정하는 것 그리고 심즉리는 모두 본심, 곧 도덕주체를 확정한다는 점에서 동일한 노선에 서 있기 때문이다.

이처럼 19세기 조선 성리학의 전개에서 어떻게 심즉리라는 명제가 돌출되어 나올 수 있었는가 라는 물음에 대한 답을 우리는 사칠논쟁과 심즉리의 내적 관련성 속에서 확인할 수 있게 된다. 조선 후기 300년의 성리학 전개사는 앞에서 살펴본 것처럼 사칠논쟁과 무관할 수 없었다. 그런 의미에서 보자면 조선 후기 300년 성리학의 전개사가 곧 사칠논쟁의 전개사이기도 하였다. 그리고 사칠논쟁의 주요한 쟁점이 리발과 도덕정감의 긍정 여부에 모아졌다면, 사칠논쟁 속에는 이미 심즉리의 가능성 혹은 그것을 향한 지향이 충분하게 함축되어 있었던 것이다.

4. 이항로 · 기정진 · 이진상의 심즉리와 사단칠정논쟁

앞에서 우리는 조선 후기 성리학의 전개로부터 사칠논쟁과 심즉리의 외적인 관련성을 살펴본 후, 다시 사칠논쟁과 심즉리의 내적인 연관성을 통해 19세기에 이르러 왜 심즉리가 등장할 수밖에 없었는지를 살펴보았다. 이제 19세기에 이르러 심즉리를 주장한 세 학자의 시각이 어떻게 사칠논쟁과 관련되어 있는지 구체적으로 살펴보자. 특히 세 학자는 상이한 학문전통 속에서도 동일한 지향을 보여 주고 있는데, 이들이 어떻게 이러한 행보를 보여 주게 되었는지에 대해서도 함께 고민해 보자.

우선 사칠논쟁 속에 이미 심즉리의 가능성이 함축되어 있었다는 점에서 논의를 시작해야 할 것 같다. 앞에서 우리는 '리발'과 '도덕적 정감'을 긍정할 때, 그것은 필연적으로 '심즉리'를 향할 수밖에 없다는 점을 논하였다. 그리고 그러한 구조에서 도덕주체까지도 긍정될 수밖에 없다는 점 역시 확인하였다. 언뜻 역설적으로까지 보이기도 하지만,[18] 기로부터 리의 독립성을 확보하고자 한 이황은 사단과 칠정의 구분, 곧 자연적인 감정과 도덕적인 정감을 구별함으로써 도덕실천에 있어서 도덕정감의 역할을 긍정하였다. 반면 리기의 상호의존성과 불가분리성을 강조한 기대승이나 이이는 사단과 칠정이 모두 동일한 감정의 차원일 뿐이라는 점을 지적함으로써, 도덕적 정감의 실재를 인정하지 않고, 도덕실천에 있어서 감정의 역할을 근본적으로 수용하지 않는 길을 걸었던 것이다.

이렇게 본다면, 이황의 퇴계학에 뿌리를 두고 그것을 조금만 적극적으로 해석한다면 곧바로 심즉리가 등장할 수 있다는 점을 충분히 예상하게 된다. 그리고 이런 의미에서 본다면 이진상에 이르러 심즉리가 등

---

18) 리의 순수성을 보장하려 노력한 이황에게서 정감에 대한 긍정적인 태도가 나오고, 반대로 리의 순수성보다는 리와 기의 불가분리성에 주목하는 기대승이나 이이에게서 도덕적인 정감의 독립성에 대한 부정적인 태도가 강하게 등장한다는 점에서 역설적일 수 있는 모습을 발견하게 된다.

장한 것은 결코 의외의 결과일 수는 없다. 사실상 모든 것은 이미 이황에게서 완비되어 있었던 셈이다. 이렇듯 이황으로부터 이진상이 등장하는 것은 특별히 이상한 일이 아니다. 하지만 그렇다고 해서 영남학파계열의 학자들이 모두 이러한 결론에 도달하지 않았다는 점에서, 그것이 또한 결코 저절로 도달하게 되는 곳이라고 말할 수는 없을 것이다. 무엇보다 조선에서는 주자학이 절대적인 진리이자 기준으로 자리 잡고 있는 상황이었고, 그러한 상황에서 주자학이 금기시한 심즉리를 긍정하는 이진상의 태도는 자신의 생각과는 무관하게 분명 이황에 비해 한 걸음 더 주자학으로부터 거리를 두는 모습이라고 이해할 수밖에 없을 것이다.

사실상 리발에 대한 긍정 등 퇴계학이 함축하고 있는 주자학과의 차별성은 늘 논란의 불씨가 될 수밖에 없었다. 특히 기호학파의 경우 송시열 대를 지나게 되면서 정치적인 우위를 점하게 되었고, 이러한 정치적 자신감은 학술 영역까지 확장되었다. 그동안 우회적이던 비판의 화살이 이제 직접 이황을 향하기 시작하였다. 그리고 그 비판의 강도 또한 점차 높여 가기 시작하였다. 이런 상황에서 영남학파가 반응을 보이기 시작하면서, 그 대응방식이나 태도에 따라 영남학파의 이론적 분화 역시 시작되었다. 사승이나 학맥에서 보자면 영남학파는 크게 세 줄기 흐름으로 흔히 구분되고 있지만, 주자학과의 차별성에 대한 대응이라는 측면에서 보자면 영남학파는 크게 두 흐름으로 대별할 수 있다. 하나는 퇴계학이 보여 준 주자학과의 차별성을 어떤 형태로든 좁히거나 무화시키려는 입장이고, 다른 하나는 주자학과의 차별성을 더욱 확장 강화하는 입장이다.[19] 물론 두 흐름 모두 그 정당성은 주희의 언론에서 확보되었는데, 그런 의미에서 후자의 경우 역시 그들 자신에게 있어서 주자학과의 차별성이 결코 차별성으로 인식되지 않았다. 이진상은 바로 후자의 끝자락이자 정점의 위치에 있다.

그렇다면 심즉리를 주장할 경우 필연적으로 긍정하게 된다고 말한 리발과 도덕적 정감에 대한 긍정은 이진상에게 이르러 어떤 모습으로 나타나고 있을까? 이황의 '심은 리기의 합'(心是理氣之合)이라는 주장으로부터 이진상의 '심즉리'로 전개되었듯, 이 두 가지 측면 역시 그에게 이르러 더욱 강하고 적극적으로 해석되었다. 이황의 리발의 긍정이 리기호발理氣互發의 전제로부터 제시된 것이었다면, 이진상은 여기서 한 걸음 더 나아가 기발은 부정되고 리발만을 인정한다.[20] 이것은 기발이 리의 동정에 의해 생겨난 것일 뿐으로, 기 스스로 동정한다고 말할 수 없다는 뜻이고, 기발은 진정한 발이 아니라는 뜻이기도 하다. 진정한 발이 아니라는 뜻에서 기발은 부정되고, 리발만이 진정한 발로 인정되었던 것이다.

이러한 모습은 사단과 칠정의 구분에 있어서도 나타난다. 이황이 사단과 칠정을 각각 리와 기에 분속하였다면, 이진상은 사단과 칠정을 모두 리발일 뿐이라고 말한다.[21] 이것은 기발을 부정하고 리발만을 인정함과 동시에 심즉리를 긍정한 당연한 결과라고 생각된다. 심즉리를 긍정할 때 결국 리·성·심·정·재가 하나로 묶여지고 관통되기 때문이

---

19) 이것과 관련된 논의는 김기주, 「리기호발론으로 본 퇴계학파의 3기 발전」, 『퇴계학보』 116집(퇴계학연구원, 2004) 참고.

20) 李震相, 『寒洲先生文集』, 권32, 「四七原委說」, "性是未發之理, 情是已發之理. 性發爲情, 只是一理. 比如主出爲客, 只是一人. 苟求性情之實相, 則有理發而無氣發."

21) 李震相, 『寒洲先生文集』, 권16, 「答李器汝」, "蓋四七皆情也, 不自性發, 不名爲情, 性則理也, 其實則只有理發一路. 而但其所發之機, 有從理從氣之別. 事之屬乎理義者來感則理爲主而氣隨之, 事之屬乎形氣者來感則理因形氣發, 氣反重而理隱焉, 故所以有理發氣發之分也."

다. 그리고 이것은 동시에 사단과 칠정을 모두 기발로 분류하는 기호학파의 주장에 대한 강한 비판을 함축하는 것으로도 이해된다. 그런데 그가 칠정마저 리발이라고 규정한다고 해서 인간의 자연적인 감정의 실재를 부정했다고 생각되지는 않는다. 다만 도덕성이 진정한 인간의 본성으로 받아들여지듯, 사단이든 칠정이든 리발에 의해 드러난 정이 진정한 정으로 이해되었다고 생각된다.

여기에서 우리는 다시 하나의 의문을 가진다. 즉 주자학적 구도를 허물며 리발을 인정하고 사단과 칠정을 구분하여 도덕적 정감을 긍정했던 이황의 시각이 결국 이진상에 이르러 좀 더 극단적인 모습으로 등장하는 까닭을 우리는 어떻게 이해할 수 있을까? 이 물음에 대한 대답은 '퇴계학보다 더 퇴계학적'이라는 표현에 잘 함축되어 있다고 생각된다.[22] 사칠논쟁에서 드러나고 있는 이황의 문제의식, 곧 진정한 도덕주체의 확립과 함께, 기에 대한 리의 주재성을 강화하고 리의 순수성을 확보할 뿐만 아니라, 도덕실천에 있어서 감성의 역할에 대한 긍정이 이진상에 이르러 더욱 강하고 적극적으로 추구됨으로써 퇴계학보다 더욱 강한 퇴계학적 특징을 보여 주고 있는 것이다.

이렇듯 이황으로부터 이진상으로의 전개는 결코 부자연스럽지가 않다. 이황의 사단칠정논쟁으로부터 이진상의 심즉리로의 전환은 그만큼 계승의 측면이 강하게 나타나고 있는 것이다. 그런데 이항로와 기정진의 경우는 어떤가? 이미 잘 알려져 있듯, 그들은 이진상과는 완전히 상반된 견해를 가진 학문적 전통 위에 서 있었음에도 불구하고 어떻게

---

22) 홍원식, 『한주 이진상의 생애와 사상』(예문서원, 2008), 59쪽.

해서 심즉리에 이르게 되었을까? 앞의 이진상이 이황의 문제의식을 직접적으로 계승하고 그것을 강화한 경우라면, 이항로와 기정진은 기대승과 이이의 시각에 대한 비판적 계승을 통해 간접적인 방식으로 심즉리혹은 심의 주리적 측면을 중시하거나 기에 대한 리의 절대적 주재를논하기에 이르렀다고 이해된다. 하지만 그 학문적 전통 혹은 영향력으로부터 완전히 벗어날 수는 없었기에 이들의 사단칠정에 관한 시각은이진상과는 또 다른 약간의 차별성을 보여 준다.

사칠논쟁에서 기대승에 의해 제기되고 이이에 의해 계승되어 체계화된 '기발리승일도설'은 사실상 이들이 주자학적 구도를 충실하게 계승하고 있다는 사실을 잘 보여 준다. 그런데 기발리승일도의 구도는 기氣가 리理를 현실화하는 역할 일체를 담당할 뿐만 아니라, 현상세계의모든 능동성 혹은 활동성이 모두 기에 귀속되어 있다는 사실을 반영한것이다. 형이상자인 리는 초경험적인 것이므로 당연히 형적形迹이 있을수 없고, 기는 경험적인 것이므로 형적이 나타나며 응취凝聚하여 사물을구성할 수 있다는 것이다.

그런데 이러한 이론구조에서는 피할 수 없이 발생하는 문제가 있다. 기발리승일도설에서 리는 현상세계와 그것을 구성하는 사물과 사건을생성 변화시키는 소이연所以然 또는 근거로 설정되지만, 스스로를 현실화할 수 있는 능동성을 갖지 못한 수동적인 것에 불과하게 된다. 여기에서 리(性)의 실현 여부는 오직 그것을 현실화할 수 있는 능동성을 갖춘 기(心)의 순수성 여부에 의해 결정될 뿐이다. 리의 실현이 기의 순수성 여부에 의해 결정된다는 것은 리의 실현이 리 스스로에 의해 결정될수 없음을 뜻한다. 기에 대해서 리는 통제력 혹은 주재력을 충분히 행사할 수 없다는 의미 역시 분석되어 나온다.

눈앞에 펼쳐진 현상과 사물에 대한 설명을 설득력 있게 제시하고, 또 도덕의 객관성과 보편성의 문제도 나름 해결할 수 있었지만, 주자학 자체가 추구한 궁극 목표인 도덕실천의 문제에 있어서는 결국 일정한 한계를 드러내고 말았던 셈이다. 리의 실현이 리 스스로에 의해 결정되는 것이 아니라, 기의 순수성 여부에 의해 결정된다는 것은 결국 도덕실천 역시 리 스스로가 아니라 기에 의해 좌우됨으로써, 그 실천의 필연성을 논리적으로도 확보하지 못하게 되었음을 의미하기 때문이다. 그리고 이러한 문제를 점차 인식하기 시작하면서 기호학파 내부에서는 기발리승일도설에 내재해 있는 문제를 해결하기 위한 다각적인 반성과 노력이 등장하게 되는데, 인물성동이논쟁에서 낙학이 이러한 비판적인 입장을 보여 준 노선이라면, 19세기의 이항로와 기정진은 직접적인 사승과는 무관하게 그 학문적 흐름을 이은 것으로 이해된다. 그럼 이제 이항로와 기정진이 기발리승일도설에 내재해 있는 문제를 어떤 방식으로 해결하려 했는지 사단칠정과 관련된 논의를 통해 살펴보자.

먼저 이항로의 경우 그가 심을 어떻게 규정하고 있는지 그리 간단하게 단정할 수는 없다. 대부분의 성리학자가 그러하듯, 이항로의 심에 관한 시각 역시 다층적으로 얽혀 있어서 그 전모에 대해 쉽게 단정하기 어려운 측면이 있기 때문이다. 그런 까닭에 학자들의 견해 역시 크게 둘로 구분되어 있다. 하나는 이항로의 심에 대한 규정을 리기묘합理氣妙合으로 이해하는 견해이고, 다른 하나는 심즉리로 이해하는 견해가 그것이다. 하지만 그가 심은 리기가 묘합하고 있어서 리의 측면과 기의 측면으로 나누어 파악할 수 있음을 전제하면서도, 주재자로서의 심은

곧 리임을 인정하는 점, 리로서의 심이 성정을 주재하는 본심이라는
점23), 그리고 리로서의 심이 바로 심즉리임을 분명히 하고 있다는 점
등에서 보자면 궁극적인 그의 관심과 주장은 심즉리였다고 판단된다.24)

그렇다면 이렇게 심즉리를 주장하는 이항로에게 있어서 사단칠정은
어떻게 이해되고 있을까? 앞에서 심즉리를 수용할 때 리발과 도덕적 정
감에 대한 긍정은 자연스러운 결론이 될 수밖에 없다고 말하였다. 그런
데 이러한 구도가 이항로에게도 적용될 수 있을까? 이항로는 사단과 칠
정을 각각 리와 기에 분속하는 것에 반대하는 태도를 분명히 보여 준다.
그렇다고 그의 시각이 이이가 주장한 칠정 안에 사단이 포함되어 있다
는 관점을 따르고 있는 것도 아니다.

이항로는 주리와 주기, 리발과 기발을 구분하는 것에 동의하지만,
사단과 칠정을 이것에 획일적으로 분속시키는 것에 반대한다. 다시 말
해서 사단은 중절한 것이므로 당연히 리발이고 순선한 것이라면, 칠정
은 중절과 부중절(過不及)이 있고, 리발과 기발이 공존하고 있으므로, 칠
정을 무조건 기발이라고 한정할 수 없다고 보는 것이다.25) 전체적으로

---

23) 李恒老, 『華西先生文集』, 권25, 「宋子大全雜著數條記疑」, "恒老按心者氣之精爽, 本朱子語
也. 卽指人身火臟之心而言. 朱子曰學者操舍存亡之心, 非菖蒲茯苓所可醫也. 又曰心者妙性情
之德, 所以立大本行達道者, 天理之主宰也. 又曰心者一而不二者也, 命物而不命於物者也, 爲
主而不爲客者也. 又曰心也性也天也, 一理也. 觀世則心以理言者常多, 而以氣言者常少. 以理
言者常重, 而以氣言者常輕."

24) 李恒老, 『華西先生文集』, 권22, 「心與理同異說」, "旣以理言心則心卽理也."

25) 李恒老, 『華西先生文集』, 권19, 「四端七情圖說」, "孟子之四端, 就人情意發用處, 一一揀去其
納交要譽惡聲等私歧而言之, 故自純善無惡. 子思之七情, 明天下之萬事萬慮皆原於天命之性,
而其過與不及者爲不善. 故四端自不必言氣, 七情亦不必言氣. 但其不中節者, 是氣不循理耳.
若論氣發理發之別, 則四端則納交要譽惡聲之類是氣發, 而四端是理發也, 七情則中節者是理
發, 而過不及者是氣發也. 以人心道心言之, 則人心是氣發而道心是理發. 如是看則似無碍. 恐
不必牽合說."

본다면 이항로는 순선한 것으로서의 리발, 곧 사단을 설정하는 모습이다. 이러한 측면에서 보자면 그에게서도 분명 리발과 함께 본심으로부터 직접 드러나는 본정, 곧 도덕적 정감에 대한 긍정을 확인할 수 있다.

반면에 기정진은 이항로와는 다른 방식으로 문제를 해결하려는 모습을 보인다. 즉 이항로가 심과 리를 연결시킴으로써 기발리승일도설이 남겨 둔 문제를 해결하고자 하였다면, 그는 기에 대한 리의 주재성을 확장하는 방법을 택한다. 그것은 '기발리승일도설'을 통해 기에 부여되었던 능동성을 모두 회수하는 것에서 시작되었다.[26] 그것은 이이나 기호학파의 기본 전제인 '기 스스로 하는 것이지, 그렇게 하도록 시키는 것이 아니다'(機自爾, 非有使之)라는 명제를 부정한 까닭에 훗날 논란거리가 되기도 하였다. 이처럼 기호학파의 주요한 시각을 부정하지만, 그럼에도 그가 기호학파의 학술적 흐름 속에 위치해 있다는 사실은 그가 '리기의 부잡'보다는 '불리'의 측면에서 기를 '리 안의 것'(理中事)으로 규정하고 있다는 점에서 확인된다.[27] 기가 '리 안의 것'이 됨으로써 기가 리를 따라 발하는 것은 겉으로 보이기에는 기발氣發이지만 곧 리발理發이고, 리를 따라 행하는 것은 표면적으로는 기행氣行이지만 곧 리행理行이 될 수밖에 없다.[28] 그리고 바로 이러한 의미에서 보자면 기발리승일도설에서 기에게 부여되었던 능동성이 모두 리에 귀속됨으로써, 기의 순수성

---

26) 奇正鎭, 『蘆沙先生文集』, 권16, 「猥筆」, "陽動陰靜, 驟看皮面, 果似自行自止, 若深原其實, 則壹是天命使之然也, 天命然也. 故不得不然, 此之謂所以然. 非天命之外, 別有所以然也."

27) 奇正鎭, 『蘆沙先生文集』, 권16, 「猥筆」, "理之尊無對, 氣何可與之對偶, 其闊無對, 氣亦理中事, 乃此理流行之手脚."

28) 奇正鎭, 『蘆沙先生文集』, 권16, 「猥筆」, "氣之順理而發者, 氣發卽理發也. 循理而行者, 氣行卽理行也. 理非有造作自蠢動, 其發其行, 明是氣爲, 而謂之理發理行何歟. 氣之發與行, 實受命於理, 命者爲主而受命爲僕."

여부에 의존하던 리의 실현 문제를 해결할 수 있었던 것이다.

또한 이러한 구도는 그대로 사단과 칠정을 이해하는 구도에 적용되었다. 그래서 그는 이황처럼 사단과 칠정을 각각 리와 기에 분속시켜 이해하지 않는다.[29] 그렇다고 해서 그가 말하는 사단과 칠정의 관계가 기대승이나 이이처럼 칠정 안에 사단이 포함되는 것도 아니다. 사단과 칠정을 모두 기발로 보는 시각에 동의할 수 없었기 때문이다. 그는 기대승이나 이이의 관점과 비슷하게 '칠정 밖에 따로 사단이 없다'(七外無四)고 주장하지만, 그 의미는 완전히 상반된다. 같은 말이라 하더라도 기를 '리 안의 것'으로 보는 시각에 근거함으로써 기대승과는 완전히 다른 의미를 함축하게 되었던 것이다. 독립적이고 능동적인 기발을 인정하지 않는 기정진에게 사단은 당연히 리발이 되고, 칠정 또한 예외가 되지 않았던 것이다. 결국 이러한 관점은 적극적으로 심즉리를 긍정한 이진상과 전혀 구별되지 않는다.

이렇듯 이항로와 기정진 그리고 이진상 이 세 학자는 조금씩 다른 모습이긴 하지만, 리발을 긍정하고 있다는 점에서는 서로 일치하고 있다. 또한 사단과 칠정의 관계에 대해 서로 상이한 견해를 보여 주고 있는 것처럼 보이기도 하지만, 그것은 표면적인 것일 뿐, 결국 심즉리 혹은 리발에 근거해서 도덕적 정감에 대해 모두 긍정적인 태도를 취한다. 이항로와 기정진이 심즉리와 얼마나 연관성을 가질 수 있는지에 대해서 논란의 여지가 없는 것은 아니다. 하지만 이들 모두 리발을 적극 인정할 뿐만 아니라, 도덕적 정감을 인정하는 시각에서 보자면, 그들이

---

29) 奇正鎭, 『蘆沙先生文集』, 권11, 「答柳德潤」, "七情與四端互發耶? 或以四端爲主, 七情爲客, 此說何如? 七情之外, 本無四端. 互字不好. 主客之說皆非也."

비록 직접 혹은 강하게 심즉리를 언급하지 않았다고 하더라도, 심즉리의 이론적 구조와 토대는 그들 속에 이미 완비되어 있었다고 판단된다. 이항로의 경우 그의 제자인 유중교柳重敎(省齋, 1832~1893)가 스승의 학문을 심즉리로 요약하고 있고,[30] 기정진의 경우 본인 스스로 심즉리를 한 번도 거론한 적은 없지만, 그의 문인인 최숙민崔琡民(溪南, 1837~1905)에게 이르면 심즉리는 스승의 정론으로 받아들여졌다.[31] 이런 측면에서 보더라도 그들의 학문적 지향이 얼마나 심즉리에 가까이 접근하고 있었는지를 확인할 수 있다.

다만 이들이 진정으로 하나의 목표를 향하고 있었는지는 그들이 주장한 리발의 의미에서 더욱 분명하게 확인할 수 있다고 판단된다. 모두가 리발을 긍정하지만, 그것의 의미가 차별적일 수 있기 때문이다. 일반적으로 성리학에서 리발은 크게 두 가지 의미로 이해되었다. 그것은 다음과 같은 두 가지 물음을 통해 구별될 수 있다. 즉 리발이라고 할 때 그 리 자체가 활동성을 갖추고 있어서, 그것으로부터 도덕적 정감인 사단이 전개되어 나오는가? 아니면 리 자체는 활동할 수 없으며, 따라서 그것으로부터 직접 사단과 같은 도덕적 정감이 전개되어 나올 수 없고, 단지 그러한 정감의 존재론적 근거가 될 뿐인가?[32] 전자가 이황의 시각

---

30) 柳重敎, 『省齋先生文集』, 권33, 「講說雜稿」, "我先師華西先生平生力主明德主理之論. 大意以爲明德只是一箇本心. 心有以氣言, 有以理言, 而本心是以理言者. 故明德當主理看."

31) 崔琡民, 『溪南集』, 권20, 「雲潭問答」, "嶺中心說有三家, 心卽理也, 心卽氣也, 理氣合也. 此言出於知者之口, 則昔賢亦有云處. 雖然就此三者, 而求致一之論, 則畢竟何說爲長竊以爲從. 古聖賢許多立敎, 皆要明理, 以理爲主而心旣爲一身之主, 則卽理之論恐最近如何."

32) 李明輝, 『四端與七情』(臺灣大學出版中心, 2005), 229쪽 참조. 동시에 이명휘는 같은 쪽 주 34)에서 칸트의 '욕구의 주관적 근거는 동기이고, 의욕의 객관적 근거는 동인이 다'라는 말을 인용하며, '動서'과 '動機'를 구분하면서, '정태적인 존재론적 근거가 된다'는 것은 바로 동인과 유사한 의미를 가진다고 말한다. 이것은 객관적인 근거에

이라면, 후자는 기대승이나 이이의 시각이다.

그런데 19세기 심즉리를 긍정하고 있는 세 학자가 긍정하고 있는 리발의 의미가 이 양자 가운데 어떤 것에 해당하는지는 이들의 본심에 대한 긍정 여부와 함께 자연적 감정과 구별되는 도덕적 정감, 곧 본심이 직접적으로 드러난 본정(사단)의 긍정 여부에서 확인할 수 있다고 생각 된다. 그리고 바로 이러한 측면에서 보자면 심즉리를 주장하고 있는 이항로와 이진상에게 있어서 리발은 당연히 리의 직접적인 작용이나 활동으로 이해할 수 있을 것이다. 왜냐하면 심즉리에는 이미 리발의 의미와 도덕적 정감에 대한 긍정이 함축되어 있기 때문이다. 다만 단 한 차례도 심즉리를 직접 주장한 적이 없는 기정진의 경우, 비록 사단과 칠정 모두를 리발로 긍정하고 있는 것은 사실이지만, 본심이 긍정되고 있는지, 그리고 본심이 직접적으로 드러난 본정이 긍정되고 있는지의 여부가 단언적으로 확인되는 것은 아니다. 이러한 측면에서 그 자신의 문제의식에 부합하여 학문적 배경이나 전통을 충분히 극복해 내지 못했다고 말할 수도 있을 것이지만, 넓은 의미에서 보자면 기에 대한 리의 주재성을 확장하려는 그의 의도는 충분히 심즉리로 이어질 여지를 남겼다고 이해된다.

전체적으로 이진상이 이황의 문제의식을 보다 강하고 적극적으로 전개한 결과 심즉리에 이르렀다면, 이항로와 기정진의 경우 강한 기호학파 노론계의 학문적 영향 아래에 있었다는 점을 고려할 때, 이들의

의거한 것이 의욕(사단)이고, 주관적인 근거에 의거한 것이 욕구(칠정)라는 뜻을 가지기도 하고, '정태적인 존재론적 근거가 된다'는 것은 곧 사단이 리라는 객관적인 근거에 의거한 것일 뿐, 사단이 리의 직접적인 활동에 의해 전개되어 나온 것이 아님을 뜻하기도 한다.

심즉리를 향한 지향은 이진상과는 달리 사칠논쟁에서 남겨졌던 기호학파의 난제를 해결하기 위한 고민의 결과인 동시에, 기호학파 낙학계열의 문제의식을 계승한 결과였다고 이해된다. 그렇다면 결국 이 세 학자의 심즉리는 곧 사칠논쟁의 직접적 계승이나 비판적 계승을 통해 제시되었다고 말할 수 있을 것이다.

5. 사단칠정논쟁의 결론, 심즉리

긴 논의 과정을 거치며 우리는 19세기에 이르러 이항로·기정진·이진상, 이 세 학자에게서 나타나는 심즉리 혹은 그것을 향한 지향이 어떻게 등장하게 되었는지를 세 가지 측면에서 살펴보았다. 첫째로 조선 후기 성리학의 전개가 사칠논쟁에 뿌리를 두고 그 문제의식과 지향을 공유하고 있었다는 측면에서, 심즉리와 사칠논쟁이 가진 외적인 관련성과 함께, 사칠논쟁의 전개사에서 심즉리를 이해할 수 있는 토대를 마련해 보았다. 그리고 둘째로는 사칠논쟁의 핵심 쟁점에서 드러나고 있는 문제의식과 심즉리에 함축되어 있는 문제의식이 결국 하나로 만나고 있다는 측면에서, 사칠논쟁과 심즉리의 내적 연관성을 확인하였다. 그리고 마지막으로 19세기 심즉리로 대표되는 세 학자의 사단칠정론을 돌아봄으로써 이들의 심즉리가 사칠논쟁과 구체적으로 어떻게 연결되어 있는지를 살펴보았다.

사칠논쟁은 이미 그 명칭에서 드러나듯, 도덕과 그것의 실천에 있어서 '정情'(감정)의 영역을 어떻게 이해하고, 또 어떻게 위치시킬 것인지가 핵심 주제였다. 그렇다고 논쟁이 이 주제에 한정된 것은 아니었다. 이 문제에 대한 접근방식에 따라 직간접적으로 관련되어 있거나 그것으로부터 파생되는 문제, 곧 근원적으로는 리발의 문제, 사단과 칠정의 이질성 여부 문제 등, 여러 문제가 사슬처럼 연결되어 제기되었다. 뒤에는 인심과 도심의 관계, 인성과 물성의 동이 문제로까지 파생되어 나갔다.

전체적으로 본다면 이황은 리발을 통해 도덕주체로서의 본심과 함께, 그 본심 스스로의 전개로 이해되는 본정, 곧 도덕적 정감(사단)을 긍정함으로써, 도덕의 문제가 무엇이 옳고 그른지를 판단하는 것인 동시에 실천의 문제이고, 도덕주체 역시 도덕 판단의 주체인 동시에 도덕을 실천하는 행위의 주체라는 점을 부각하였다. 반면에 기대승의 경우 리와 기를 형이상과 형이하로 구분하는 틀 속에서 리발 자체를 긍정할 수 없었으므로, 당연히 사단과 칠정의 이질성이나 도덕적 정감 역시 부정될 수밖에 없었다. 이러한 구도에서 심은 더 이상 본심이 될 수 없었고, 진정한 의미의 도덕주체 역시 성립할 수 없었다. 그만큼 실현되어야 할 성리는 더욱 복잡한 과정을 통과해서야 실현/실천될 수 있었다.

이황이 직접적으로 주장하지 않았을 뿐, 리발 그리고 사단과 칠정의 이질성에 대한 긍정, 그리고 그것을 통한 도덕적 정감의 위치를 확정함으로써 이미 이론적으로 심즉리에 근접해 있었다는 사실에서 보자면, 그를 계승하여 이진상의 심즉리가 등장한 것은 전혀 의외가 되지 않는다. 그런 의미에서 퇴계학을 계승해 마침내 심즉리를 표방하며 등장한 한주학은 이황의 문제의식과 지향을 더욱 철저하게 관철시킨 것이라고 이해된다. 반면 이항로와 기정진의 심즉리는 기대승과 이이의 시각을 계승할 경우 결과적으로 도덕주체가 부정되어 버리는, 곧 기발리승일도설과 심시기의 이론체계에 내재해 있는 문제를 해결하기 위한 두 사람의 선택으로 이해할 수 있다. 이들의 시각 자체는 이미 율곡학으로부터 멀리 벗어나 버렸지만, 그들의 문제의식은 여전히 기대승과 이이에 닿아 있다는 측면에서 이들은 기호학파의 인물이었다.

이렇게 사칠논쟁과 그 문제의식을 통해 19세기에 등장한 심즉리의 흐름을 재구성해 볼 때, 조선 후기 300년 성리학의 전개사는 하나의 일관된 지향을 보여 준다고 이해된다. 그 지향은 다름 아닌, 도덕의 실천적 동력을 어떻게 확보할 것인가에 집중되어 있었다. 사칠논쟁에서 이 문제가 제기된 후, 도덕실천의 필연성을 확보하기 위한 이론적 노력의 결과는 바로 최종적으로 심즉리로 귀결되었던 것이다. 물론 심즉리가 아닌 전통적인 시각을 고수한 학자가 없었던 것은 아니지만, 사칠논쟁이 남겨 둔 문제의 해결을 위해 고민하고, 마침내 나름의 해결방법을 제시했다는 측면에서 보자면, 이 세 학자가 제시한 심즉리는 300년을 이어 온 사칠논쟁의 결론이었다고 이해할 수도 있을 것이다.

【참고문헌】

奇正鎭, 『蘆沙先生文集』.
李恒老, 『華西先生文集』.
李震相, 『寒洲先生文集』.
柳重敎, 『省齋先生文集』.
崔琡民, 『溪南集』.

홍원식, 『한주 이진상의 생애와 사상』, 예문서원, 2008.

楊祖漢, 『從當代儒學觀點看韓國儒學的重要論爭』, 上海: 華東師範大學出版社, 2008.

李明輝, 『四端與七情』, 臺北: 臺灣大學出版中心, 2005.

林月惠, 『異曲同調 朱子學與朝鮮性理學』, 臺北: 臺灣大學出版中心, 2012.

陳俊民 校訂, 『朱子文集』, 臺北: 財團法人德富文敎基金會, 2000.

김기주, 「리기호발론으로 본 퇴계학파의 3기 발전」, 『퇴계학보』 116집, 퇴계학연구원, 2004.

최재목, 「양명 심학에서 '卽'의 의미 : 〈심즉리설〉 검토를 위한 예비적 고찰」, 『제16회 한국철학자대회보』, 한국철학회, 2003.

황갑연, 「仁과 心性 그리고 良知의 殊別義와 共通義」, 『제16회 한국철학자대회보』, 한국철학회, 2003.

제2장 사칠론의 덕윤리적 접근
— 유덕자와 무덕자의 윤리를 중심으로

권상우

1. 사칠논쟁에 대한 새로운 접근 방법의 필요성

사단칠정논쟁(이하 사칠논쟁으로 약칭)은 한국 성리학의 전개과정에서 발생한 논쟁이다. 논쟁은 일반적으로 동일한 사태나 현상에 대해 상이한 입장을 취한 사람들이 말이나 글로 옳고 그름을 따지면서 더 나은 합의점을 창출하고자 하는 행위로 알려져 있다. 그러나 논쟁이 진리를 획득하기 위한 수단이 아니라 개인이나 집단의 이익을 위해 진행될 경우에 논쟁자는 자신의 입장만을 고수하면서 상대방이 왜 그런 주장을 하게 되는지, 또 어떤 논리적 근거를 제시하는지에 대해서는 무관심하게 된다. 조선 성리학에서 사칠논쟁도 학파와 정파 의식이 반영되면서 논쟁의 일반적인 형식과는 달리 결론을 미리 설정하고서 그 결론의 근거만을 제시하고자 하였다. 최근의 사칠논쟁에 관한 논의도 조선 성리학의 주리·주기의 이원론적 학파 의식을 답습하면서 특정 학파의 이론을 연구하거나 양자를 비교하는 연구에만 머무른 경향이 있다. 이런 방식의 연구는 사칠논쟁에 대한 이해를 보다 심화시킬 수는 있었지만 본질적으로 양자의 대립적인 구도를 벗어나게 할 수는 없었다. 그래서 사칠논쟁에 관한 연구는 기존 학파 의식에서 벗어나 개방적이며 미래지향적인 방향으로 전환할 필요가 있다.

사칠논쟁이 조선시대부터 최근까지 끊임없이 논의될 수 있었던 것은 두 학파 모두 이론적 정합성과 학문적 가치를 지니고 있기 때문이다. 그러나 논의가 양자 간의 차이성을 부각시키는 데 집중되면서 양자가 어떻게 결합될 수 있는지에 관한 논의는 부족한 감이 있다. 이런 한계를 극복하기 위해 반드시 양자의 공통성을 찾아서 논의할 필요는 없다. 만약 양자 간의 같음만을 강조할 경우에는 수백 년간 진행된 논쟁이 무의미하게 이해될 것이기 때문이다. 양자 간의 차이성 또한 중요하다. 따라서 사칠논쟁 연구에서는 양자 간의 다름(異)을 인정하면서도 결합될 수 있는 방법론을 모색할 필요가 있다.

지금까지 사칠논쟁에 대한 연구는 주로 리와 기의 존재론적인 관점에서 논의되면서 윤리적 문제를 소홀히 다룬 경향이 있다. 성리학적인 맥락에서 사칠론이 리기의 관점에서 논의될 필요는 있겠지만 그렇다고 해서 리기론이 사칠론의 근본 문제라고는 할 수 없다. 사칠론의 근본 문제는 정감과 도덕의 문제에 있다.[1] 이는 사단과 칠정의 출처에서도 알 수 있다. 사단은 『맹자』에서 보이며, 칠정은 『중용』(『예기』)에서 보이는데, 이 두 텍스트에서 사단과 칠정은 도덕본성과 도덕행위와 관련해

---

1) 이치억, 「퇴계 사칠론에서 사단의 순선함에 대하여」, 『유교사상연구』 제45집(한국유교학회, 2011), 95쪽 참고.

서 다루어지고 있다. 그렇지만『맹자』에서는 사단을 도덕적 근거로 제시하고 있다면,『중용』에서는 일반 정감에서 칠정을 언급하고 있다. 이와 같이 사단과 칠정은 상이한 윤리적 기반 위에서 논의되고 있다. 이러한 양자의 윤리적 기반에 관한 이해 없이 사칠론을 논의할 경우 논쟁의 본질이 가려질 수 있다. 실제로 사단칠정에 관한 논쟁은 상이한 배경의 윤리를 어떻게 결합시키는가에 있다. 이황과 기대승의 사칠론의 결합 또한 상이한 두 윤리체계를 어떻게 결합시킬 것인지가 중요하다. 그래서 여기서는 두 윤리체계를 덕윤리적인 관점에서 논의해 보고자 한다.

덕윤리학은 의무주의 윤리학이나 공리주의에 반대하면서 행위보다는 행위자의 동기와 감정을 중시한다. 그래서 덕윤리는 의무나 결과에 근거한 도덕을 논하지 않고 행위자가 지닌 감정이나 성향에 근거해 도덕적 행위를 해석하면서 정감을 도덕적 동기로 본다. 그런데 덕윤리에서 정감 자체를 모두 선한 것으로 보지는 않는다. 도덕적 인격을 갖춘 사람의 감정은 도덕적일 수 있지만, 일반인의 감정 모두를 도덕석이라 할 수는 없다. 덕윤리에서는 양자를 '유덕자의 윤리'와 '무덕자의 윤리'로 구분하고 있다. 그래서 유덕자와 무덕자의 윤리에 근거해 이황과 기대승의 사칠론에 접근해 보고자 한다. 이황은 사단과 칠정의 관계에 대해 사람이 말을 제어해야 하듯이 사단이 칠정을 주재해야 한나고 주장한다. 하지만 기대승은 사단과 칠정의 관계를 물과 달빛, 운무와 달의 관계로 논하면서 일반 감정(칠정)에서 사단을 보아야 한다고 주장한다. 이와 같이 사단과 칠정의 관계에 대해 이황과 기대승은 상이한 입장을 취한다. 두 사람의 입장을 덕윤리적 관점에서 보면, 이황의 사칠론은 유덕자의 입장(이상적인 인격)에 해당되고, 기대승은 무덕자의 입장(일반인의 입장)에 해당된다. 이와 같이 이황과 기대승이 접근하는 방법은 다르지만 모든 정감이 도덕적이어야 한다는 점은 동일하다. 양자의 차이성을 이러한 동일한 지평에서 창조적으로 재구성해 볼 수 있다. 그래서 이 글에서는 덕윤리적인 관점에서 사칠론에 대한 양자의 차이성을 인정하면서 결합해 보고자 한다.

2. 사단과 칠정의 윤리적 토대

사칠논쟁은 사단과 칠정의 관계를 어떻게 설정하는지를 중심으로 논의되었다. 앞에서 언급했듯이 사단은 『맹자』에서, 칠정은 『예기』「중용」편에서 처음 등장한 용어이다. 그런데 『맹자』와 『예기』가 상이한 유학적 전통의 경전이라는 점을 상기해 본다면, 사단과 칠정의 윤리적 기반 또한 다를 수밖에 없다. 그래서 사칠논쟁을 규명하기 위해서는 먼저 사단과 칠정이 어떠한 윤리적 토대에서 언급되었으며, 이 양자를 함께 논할 때 어떤 문제가 발생하는지에 대해 살펴볼 필요가 있다.

유학에서 사단은 맹자가 처음 말한 측은·수오·사양·시비의 네 가지 마음이다. 맹자는 사단을 통해 인의예지를 밝혔다. 인은 타인을 사랑하는 도덕적 본성이며, 의는 부당한 행위에 대해 부끄러워할 수 있는 본성이며, 예는 타인을 공경하는 본성이며, 그리고 지는 옳고 그름을 알 수 있는 본성으로 보고 있다. 『맹자』의 사단은 덕윤리에서 도덕적 성품을 위한 정감에 해당된다. 덕윤리는 의무주의나 공리주의와 같은 법칙 위주의 윤리가 아니라 인간의 성품이나 감정을 도덕적 근거로 보는 윤리체계이며, 이러한 감정이 도덕적 행위를 유발할 수 있다고 본다. 사단은 인간의 도덕적 품성을 드러내는 단초이다. 맹자는 도덕적 정감이 없다면 인간의 선한 덕성을 드러낼 수 없다고 본다. 여기에서 맹자가 제기한 사단의 윤리적 기반을 논의해 볼 수 있다.

칠정은 『예기』「중용」편에 등장하는 용어이다. 『중용』이 원래 『예기』의 한 편인 이상, 칠정의 윤리적 의미는 『예기』의 전체 의미와 관련해 논의되어야 한다. 그래서 『중용』 수장首章의 '하늘의 명을 성이라고 한다'에서 성은 『예기』에서 말한 인성의 의미에서 이해되어야 한다. 『예기』의 인성은 성리학자들이 해석한 도덕적 본성이라기보다는 자연지성에 가깝다. 실제로 최근 중국 곽점郭店에서 발굴된 『중용』 관련 자료에서도 성은 고자의 '생지위성'으로 간주되고 있다.2) 그러므로 『중용』에서 인성은 맹자의 도덕적 인성과는 달리 오히려 가치중립적인 품성이라고 할 수 있다. 『중용』에서는 칠정을 말하고 있지만 실제로는 일반 감정 전체를 의미한다. 그래서 칠정은 맹자의 사단과는 달리 그 감정 자체가 도덕적 동기가 될 수는 없다. 즉 칠정은 구체적인 상황에 따라 감정이 중절하게 발현될 때, 비로소 선한 감정이 될 수 있다. 『예기』에

---

2) 楊儒賓, 「子思學派試探」, 『郭店楚簡國際學術研討會』(湖北人民出版社, 2000), 607~624쪽 참고. 郭店 자료에서는 『중용』의 性을 고자의 '生之謂性'으로 해석하고 있으며, 기본적으로 고자의 仁內義外의 관점을 취하고 있다. 鄭玄 또한 '생지위성'으로 해석하고 있으며, 성의 본질이 氣化의 강도에 있다고 본다. 楊儒賓은 전국시대 이전의 주류 사상은 '仁內義外'이었으며, 性善說과 仁義內在는 맹자의 독창적인 사상으로 주장하고 있다.

서는 칠정의 중절하는 기준을 인간 내면에서 찾지 않고 외부 규범에서 찾는다. 『예기』에서는 "예는 정을 절제시키는 것도 있고, 의도적으로 정을 흥기시키는 것도 있다. 우러나는 정 그대로 행하는 것은 오랑캐의 짓이다. 예의 도는 그런 것이 아니다"라고 하면서, 칠정이 도덕적 의미를 지니기보다는 예를 통해 조절되어야 한다고 본다. 그래서 『예기』에서 칠정에 관한 윤리는 오늘날 규범 윤리와 유사한 측면이 있다.

의무주의에서 규범은 적어도 어떤 구성원들에 의해 규정되고 흔히 제재를 통해 시행되는 것으로서, 도덕적 행위는 규범을 준수하는가에 달려 있다. 그래서 행위자는 규범으로써 예를 내면화해야 한다. 그리고 예에 부합되지 않는 감정과 행위는 사회에서 용납되지 않을 뿐만 아니라 행위자에게도 죄책감을 일으키게 할 수 있다. 그러나 이러한 예에 근거한 규범윤리는 행위지침을 제공해 줄 수 있지만 행위자의 감정을 소홀히 다루면서 행위자의 자율적인 성향을 등한시하는 경향이 있다. 즉 행위자가 어떻게 해야 한다는 것을 알지만 인간의 의지가 약하여 그 행위를 실천하지 못할 수 있으며, 또한 그 행위와 관련된 적절한 감정이 동반되지 않을 수도 있다. 이와 같이 예의 의무주의 윤리는 인간의 감정과 자율성을 소홀히 할 수 있다는 한계를 지닌다.

위에서 논한 바와 같이 사단은 덕윤리에, 칠정은 의무주의 윤리에 가깝다고 볼 수 있다. 그래서 사칠론은 사단의 덕윤리와 칠정의 의무윤리를 어떻게 결합할 수 있는가에 관한 논의로 이해될 수 있다. 덕윤리가 의무주의나 공리주의 규범윤리에 반대하면서 도덕규범을 비판하지만 그렇다고 해서 도덕규범을 완전히 부정한 것은 아니다. 앞에서 언급한 바와 같이 덕윤리는 특정한 규칙에 의거하지 않고 행위자의 감정과 그러한 감정을 가진 성향에서 도덕성을 확보하고자 한다. 그러나 감정은 유전적으로 혹은 사회적으로 형성되는 면이 있고, 따라서 선한 인격을 갖추는 것은 완전히 우리의 통제 하에 있지 않으며, 우연적인 요소도 관여하게 된다. "아무리 선한 사람이라 하더라도 때때로 판단의 실수에 의해 잘못된 선택을 할 수 있다는 점, 누가 했는지에 관계없이 나쁠 뿐만 아니라 참을 수 없는 행위가 있기 때문에 절대적으로 금지되는 행위가 있다는 점"[3] 등을 생각해 볼 수 있다. 그래서 덕윤리의 기본 입장과는 달리 경우에 따라서는 행위자의 동기와 별도로 분명한 도덕 기준이 필요할 수 있다.

이에 대해 덕윤리에서는 두 가지 입장을 제시하고 있다. 그 중 하나는 유덕한 행위자와 도덕적 감정의 우선성을 중시하면서 의무나 규범을 완전히 제거해야 한다는 입장이다. 다른 하나는 인격과 도덕 감정의 우선성을 강조하면서도 의무나 규범과 같은 개념을 소극적으로 수용해야 한다는 입장이다. 전자는 급진적인 덕윤리라면, 후자는 온건한 덕윤리라고 할 수 있다.[4] 급진적 덕윤리에서는 인간의 인격의 특질만이 도덕적 가치가 될 수 있다고 주장하는 반면에, 온건한 덕윤리에서는 외부 상황에 대한 인식과 같은 중절의 의무와 규범이 어느 정도 필요함을 강조한다. 전자는 너무 이상적인 덕윤리라는 비판을 받기도 하지만 행위자의 주체성과 주재성을 강조한다는 점에서는 긍정적으로 평가된다. 이에 반해 후자는 현실적인 인간을 고려하지만 그만큼 행위자의 인격과 주체성 등을 느슨하게 인정하는 경향이 있다.

---

3) 노영란, 『덕윤리의 비판적 조명』(철학과 현실사, 2009), 62쪽 참고.
4) 노영란, 『덕윤리의 비판적 조명』(철학과 현실사, 2009), 87쪽 참고.

덕윤리적 기반에서 살펴보면 사칠논쟁은 조선 성리학에서 우연히 등장한 논쟁이 아니다. 앞에서 언급한 바와 같이 사단은 도덕적 본성에 근거한다면, 칠정은 자연지성에 근거하고 있다. 주자학에서는 맹자의 도덕본성과 『예기』에서 말한 자연지성을 결합하고자 하였다. 이에 관해 주희는 다음과 같이 언급하고 있다.

> 만약 단지 성만을 논하고 기를 논하지 않으면 다 갖추지 못한다. 맹자가 바로 이에 해당된다. 만약 단지 기만을 논하고 성을 논하지 못하면 그 본원을 알지 못한다. 순자와 양자 이후의 유학자가 이것이다.······ 기만을 언급하고 성을 말하지 않거나 성만을 언급하고 기를 언급하지 않는다면 옳지 않다.[5]

주희는 맹자의 경우 인간 본성에 대해 깊이 성찰하였지만 현실적인 인간에 대한 언급이 부족하였음을 지적하고 있다. 인간이 비록 도덕본성을 지니고 있을지라도 기질의 경향성 또한 무시할 수 없다. 이에 반해 순자와 양주와 같은 유학자들은 현실적인 인간을 강조하였고, 이들이 언급한 자연지성(氣)은 『예기』로 계승되었다. 맹자가 유덕한 인간에 초점을 맞추었다면, 순자와 양주는 오히려 무덕한 인간에 초점을 맞추었다고 이해할 수 있다. 그래서 주희는 맹자와 같이 본원으로서의 성만 이야기하고 기를 구하지 않거나, 순자와 같이 기만을 언급하고 그 본원을 논하지 않았다면, 어느 한쪽에 치우칠 수밖에 없음을 지적하면서,

---

5) 『朱子語類』, "若只論性而不論氣, 則收拾不盡. 孟子是也. 若只論氣而不論性, 則不知得那原頭. 荀揚以下是也. 韓愈也說得好, 只是少個氣字. 若只說一個氣而不說性, 只說性而不說氣, 則不是."

양자가 결합된 윤리체계가 필요하다고 보았다. 성리학적 구도에서 보면 이 양자를 결합시키는 방법에는 두 가지 유형이 있을 수 있는데, 도덕 본성에서 기를 논하는 입장과 기질에서 도덕본성을 논하는 입장으로 구분할 수 있다. 전자에서는 도덕성이 자발적으로 기질을 통해 실현될 수 있지만 후자는 기질의 장애로 인해 성이 드러나지 않을 수 있다. 그래서 우리는 전자를 유덕자의 윤리로, 후자를 무덕자의 윤리로 구분해 볼 수 있다.

맹자의 사단이 도덕본성에서 드러난 정감이라면 『중용』의 칠정은 도덕본성과 직접적인 관련성이 없다고 말할 수는 없지만 상대적으로 기질과 더욱 직접적인 관련성을 지닌다. 이러한 전제하에서 사단이 칠정을 주재해야 한다는 입장이 있을 수 있으며, 또한 기질에서 발생한 정감인 칠정은 가치중립적이기 때문에 그 중에서 절도에 맞는 정감만을 도덕적 정감(사단)으로 볼 수도 있다. 즉 전자는 사단에서 칠정을 논하는 방식이라면, 후자는 칠정에서 사단을 논하는 방식이다.

성리학에서는 도덕적 인성을 말하고 있기 때문에 양자 모두 기본적으로는 덕윤리에 속한다고 볼 수 있다. 전자는 도덕본성이 발출된 사단 그 자체가 바로 도덕성을 담보할 수 있다면, 후자는 도덕정감이 그대로 드러나기 어려운 현실적인 상황을 고려한 윤리이다. 그래서 후자는 내면의 도덕성뿐만 아니라 외부의 도덕적 규범을 필요로 하지 않을 수 없다. 왜냐하면 칠정은 기본적으로 본성에 부합되어야 하지만 기질에 의해 가려져 있는 이상 외부에서 그 윤리적 근거를 일정 부분 수용할 수밖에 없기 때문이다. 그래서 아래에서는 이황의 사칠론을 유덕자의 윤리로, 기대승의 사칠론을 무덕자의 윤리에 근거해서 논의해 보고자 한다.

3. 이황의 유덕자의 윤리

이황은 기대승과의 논쟁에서 시종일관 사단과 칠정을 분리해 보고
자 하였다. 그는 사단과 칠정이 모두 리와 기에 의해 발현되지만, 사단
은 도덕본성에 근원을 두고 있으며, 칠정은 형기에 근원을 둔다고 본다.
즉 측은·수오·사양·시비는 인의예지의 성에서 발한다면 희·노·
애·구·애·오·욕은 사물이 형기에 접촉하면서 대상에 연유하여 발한
감정으로 보았다. 이는 사단이 리에 근원을 두고 있다면, 칠정은 사물에
연유하는 것으로 기로부터 발한다는 것이다. 그래서 이황은 "사단이란
정이며, 칠정 또한 정입니다. 다 같이 정인데, 왜 사단과 칠정이라는 서
로 다른 이름이 있게 됩니까? 말씀하신 대로 이른바 그 입각하여 말하
는 바가 같지 않기 때문입니다"[6]라고 하면서, 사단과 칠정의 이름이 다
른 이상 그 의미의 차이성도 생각하지 않을 수 없다고 본다. 이황의 학
문을 계승한 이현일李玄逸 또한 "맹자의 학문은 단지 맹자의 학문일 뿐
이며, 자사의 학문은 자사의 학문이어서 그 의미가 서로 같지 않다"[7]라
고 하면서 이 양자를 뒤섞어 하나로 볼 수 없다고 주장한 적이 있다.
이와 같이 이황을 비롯한 영남학파는 사단과 칠정의 차이를 소종래의

---

6) 『退溪先生文集』, 권16, 「答奇明彦 論四端七情第一書」, "夫四端情也, 七情亦情也. 均是情也,
   何以有四七之異名耶. 來喩所謂所就以言之者不同是也."
7) 『葛庵集』, "子思說自是子思說, 孟子說自是孟子說, 語義自不相蒙."

다름에서 찾고자 한다.

이황은 사단과 칠정의 도덕적 가치에 대해 다음과 같이 말한다.

사단이 발함은 순수한 리理이기 때문에 선하지 않음이 없고 칠정의 발함은 기氣를 겸했기 때문에 선악이 있다.[8]

이황은 사칠론을 리기론에 근거해 해석하면서 도덕적 가치를 강조하였다. 그는 사단은 리이므로 선하다고 보고, 칠정은 기를 겸하고 있기 때문에 선과 악이 모두 있을 수 있다고 본다. 이황은 사단과 칠정을 『맹자』와 『예기』의 윤리적인 입장에 근거해서 리와 기로 해석하고 있다. 그러나 이황의 이런 해석은 성리학의 이론 구조에서는 문제가 있을 수 있다. 왜냐하면 성리학에서 성은 리와 기를 겸해서 논해야 하기 때문이다. 그래서 기대승은 이황의 이러한 해석에 대해 비판하기도 하였다. 그럼에도 이황이 일관되게 양자를 분리시키고자 한 이유는 사단의 도덕적 가치를 확보하기 위한 것이다. 기대승과 같이 칠정에서 선한 감정만을 사단으로 볼 경우에는 도덕적 우위성과 독립성을 확보할 수 없기 때문이다.

그런데 이황처럼 인간의 감정을 두 범주로 나누는 일은 과연 합당한 일일까? 만약 기대승처럼 도덕적 성향과 도덕 외적 성향을 구분하지 않고서 하나의 성만을 이야기한다면, "그 문제점이 적지 않은데, 이를 계속해서 고집하면 자기도 모르는 사이에 점점 기로 성을 논하는 폐단에 빠져 인욕을 천리로 여기는 병통에 떨어질 것입니다"[9]라는 이황의 비

---

8) 『退溪先生文集』, 권16, 「答奇明彦」, "四端之發, 純理故無不善, 七情之發, 兼氣故有善惡."

판에서도 알 수 있듯이, 모든 정감을 선한 것으로 보게 되는 오류를 범할 수 있다. 특히 리는 약하고 기는 강한 것이라든가, 또한 리는 아무 조짐도 없는 반면에 기는 형적이 있는 상황에서 선의 실현은 어려울 수밖에 없다. 그래서 이황은 이러한 오류를 방지하기 위해서 사단을 칠정에서 분리시켜 그 존재론적 독립성과 가치론적 우위성을 확보하고자 한 것이다.

그러나 사단을 칠정과 분리해 논한다고 하더라도 사단 모두를 선한 정감으로 볼 수는 없다. 즉 유덕자의 인품과 정감을 윤리의 근거로 삼을 때, 그들의 성향과 감정은 모두 선한 것이 될 수 있는가? 실제로 기대승은 "자세히 따져 보면, 사단의 정도 절도를 잃는 경우가 있습니다. 그러므로 사실 그 모두가 선하다고는 할 수 없습니다. 예컨대 일반인들 가운데서 부끄러워하거나 미워해서는 안 될 일을 부끄러워하거나 미워하는 사람도 있고, 또한 시비를 해서는 안 될 일을 시비하는 사람도 있습니다"[10]라고 하면서 사단 자체가 선이 될 수 없음을 지적한다. 그래서 사단도 『중용』에서와 같이 중절을 도덕적 근거로 보아야 한다고 본다. 행위자가 측은해하지 말아야 하는 경우에도 측은한 감정을 드러낸다고 할 때, 그러한 감정 또한 선한 것이 될 수는 없다. 예를 들면, 우리가 살인범이 수갑을 찬 모습을 보고서 측은한 감정을 가지는 것 자체가 도덕적으로 선한 행위라고는 할 수 없다. 그래서 사단과 같은 도덕 감정 자체가 바로 선이라고는 할 수 없다. 기대승의 이러한 반론은 실제

---

9) 『退溪先生文集』, 권16, 「答奇明彦 論四端七情第一書」, "如此不已不知不覺之間, 駸駸然入於以氣, 論性之蔽, 而墮於認人欲作天理之患矣. 奚可哉."

10) 『高峰全集』, 「高峰答退溪論四端七情書」, "若泛就情上細論之, 則四端之發, 亦有不中節者, 固不可皆謂之善也. 有如尋常人, 或有羞惡其所不當羞惡者, 亦有是非其所不當是非者."

로 덕윤리의 주요 난점이기도 하다. 이에 대한 이황의 답변은 다음과
같다.

> 사단 또한 절도를 잃는 경우가 있다는 주장은 매우 새롭습니다만, 그
> 러나 그것은 맹자의 본지本旨가 아닙니다. 맹자의 뜻은 다만 사단이 순
> 수하게 인·의·예·지로부터 발출하는 것임을 지적해서 그로써 성이
> 본래 선하기 때문에 정도 선하다는 것을 보여 준 것일 뿐입니다. 이와
> 같은 올바른 본지를 버리고 절하한 채 절도를 잃는 일반인들의 정의
> 영역에서 그것을 뒤섞어 말하려 하는군요. 사람이 부끄러워하거나 미
> 워해서는 안 될 일을 부끄러워하거나 미워하고, 시비해서는 안 될 일
> 을 시비하는 것 등은 모두 그의 혼탁한 기질의 탓인데, 어떻게 이 부당
> 한 논설을 가지고 사단은 순수하게 천리의 발출이라는 뜻을 어지럽힐
> 수 있겠습니까? 그러한 주장은 도를 펴 밝히는 데 무익할 뿐만 아니라
> 도리어 후학들을 오도할까 염려됩니다.[11]

위에서 이황과 기대승이 시단의 가치에 대해 다른 입장을 취하고
있음을 알 수 있다. 이황은 유덕자의 입장에서 논의하고 있는 데 반해,
기대승은 무덕자(일반인)의 입장에서 논의하면서 사단과 같은 도덕적 정
감도 행위자의 성품의 차이에 따라 달라질 수 있음을 논하고 있다. 즉
유덕자라면 사단의 삼정이 도덕적일 수 있지만, 무덕자일 경우에는 선
함이 될 수 없다고 본다.

---

11) 『退溪先生文集』, 권16, 「答奇明彦 論四端七情第二書」, 後論, "此四端亦有不中絶之論, 雖甚
新, 然亦非孟子本旨也. 孟子之意, 但指其粹然從仁義禮智上發出底說來, 以見性本善, 故情亦
善之意而已. 今必欲舍此正當底本旨, 而拖拽下來就尋常人情發不中節處滾合說去. 夫人羞惡
其所不當羞惡, 是非其所不當是非, 皆其氣昏使然, 何可指此纏說, 以亂於四端粹然天理之發乎.
如此議論, 非徒無益於發明斯道, 反恐有害於傳示後來也."

이황은 사단의 절대성을 강조하면서 유덕자의 성품을 강조하고 있다. 즉 유덕자에게는 기대승이 지적한 바와 같은 사단은 비윤리적인 현상이 발생할 수 없다고 말한다. 이와 같이 이황은 유덕자의 감정은 그 자체로 선할 수 있음을 재강조하면서, 『중용』에서의 중절의 기준을 인간의 성향으로 귀속시키고 있다. 그렇다면 이황은 형기에 근원을 둔 칠정은 어떠한 기준에 근거해서 도덕적 의미를 지닌다고 보았는가? 이황은 칠정의 도덕적 근거를 외부의 규범(禮)에 두지 않고 리에서 찾는다. 그래서 유덕자에게서는 칠정 또한 이에 근거하기 때문에 선한 감정이 될 수 있다고 본다. 이황은 다음과 같이 말한다.

> 맹자의 기뻐함과 순임금의 성냄과 공자의 슬퍼함과 즐거워함은 기氣가 리理를 그대로 따라 발하여 티끌만큼의 막힘도 없는 것입니다. 그렇기 때문에 리의 본체가 혼연하고 온전하다고 할 수 있습니다. 보통 사람들이 친한 이를 보면 기뻐하고 상을 당하면 슬퍼하는 것은 또한 그 기가 리를 따라 발하는 것이지만 그 기가 가지런할 수 없기 때문에 리의 본체 역시 순전할 수 없습니다. 이로써 논하자면 비록 칠정을 기가 발한 것이라 여기더라도 또한 리의 본체에 무엇이 해롭습니까? 또한 어찌 형기가 성정과 서로 간여되지 않을 걱정이 있을 수 있겠습니까?[12]

이황은 성인(유덕자)의 칠정과 일반인(무덕자)의 칠정을 구분하면서 기본적으로 칠정 또한 모두가 천리의 발현이라고 본다. 하지만 성인과 일

---

12) 『退溪先生文集』, 권16, 「答奇明彦論四端七情第二書」, 後論, "孟子之喜, 舜之怒, 孔子之哀與樂, 氣之順理而發, 無一毫有碍. 理之本體渾全. 常人之見親而喜, 臨喪而哀, 亦是氣順理之發, 但因其氣不能齊, 故理之本體亦不能純全. 以此論之, 雖以七情爲氣之發. 亦何害於理之本體耶."

반인은 기질의 차이가 있기 때문에 정감의 차이 또한 없을 수 없다. 이황은 일반인들의 경우 기가 리를 따라서 발하는 것을 리가 발한 것으로 여기면서 기를 리로 오인할 수 있다고 본다. 즉 모든 감정 자체를 천리로 오인할 수 있다는 의미이다. 하지만 성인은 맑은 기질을 지니고 있기 때문에 칠정 자체가 바로 선한 감정이 될 수 있다고 본다. 이럴 때 칠정은 기가 발한다고 하더라도 천리 그 자체는 도덕적 가치를 지닐 수 있다고 본다. 그리고 이런 도덕적 가치가 칠정을 주재할 수 있다고 본다. 그래서 이황은 사단과 칠정의 관계를 다음과 같이 본다.

> 혼륜해서 말하면, 칠정이 리와 기를 겸함은 많은 말을 기다릴 것이 없습니다. 그렇지만 칠정과 사단을 상대하여 각기 분석적으로 말하면 사단이 리에 해당되는 것과 마찬가지로 칠정은 기에 해당됩니다. 그 발출이 각각의 혈맥을 가지며 그 명칭이 모두 뜻하는 바가 있기 때문에 각기 주되는 것에 따라 분석한 것일 뿐입니다. 나도 또한 칠정은 리와 관계없이 바깥 사물을 우연히 접촉함으로써 감발된다고는 생각하지 않습니다. 사단도 사물의 접촉을 통하여 감발되는 것은 칠정과 다름이 없습니다. 다만 사단은 리가 발함에 기가 리를 따르는 것이고 칠정은 기가 발함에 리가 기를 타는 것일 뿐입니다.[13]

대저 리가 발함에 기를 따르는 것이 있으니 이는 리를 위주로 하여 말하는 것일 뿐 리가 기 밖에 있다는 뜻이 아닙니다. 사단이 이것입니다. 기가 발함에 리가 기를 타는 것이 있으니 이는 기를 주로 하여 말

---

13) 『退溪先生文集』, 권16, 「答奇明彦 論四端七情第二書」, 改本, "蓋渾淪而言則七情兼理氣不待多言而明矣. 若以七情對四端而各以其分言之, 七情之於氣, 猶四端之於理也. 其發各有血脈, 其名皆有所指故, 可隨其所主而分屬之耳. 雖滉亦非謂七情不干於理, 外物偶相湊著而感動也. 且四端感物而動, 固不異於七情. 但則理發而氣隨之, 七則氣發而理乘之耳."

하는 것일 뿐 기가 리 밖에 있다는 뜻이 아닙니다. 칠정이 이것입니
다.14)

이황은 사단과 칠정이 발출되는 혈맥에 근거해서 리와 기를 구분한
다. 행위자가 사물에 접촉하여 형기가 발하게 될 때 도덕적 본성이 따
라서 발한다. 유학에서는 불교와 달리 외부대상과의 감응 없이는 본성
이 발할 수는 없기 때문이다. 그래서 실제로 도덕심이 외물에 감응할
때 형기와 도덕본성이 동시에 발한다. 그러나 이황은 이 두 가지를 혈
맥을 구분해서 논할 수도 있다고 본다. 그래서 이황은 사단의 관점에서
말하면 리가 발하고 기가 따른다고 할 수 있으며(四則理發而氣隨之), 칠정에
서 말하면 기가 발하고 리가 탄다(七則氣發而理乘之)라고 한다. 이 구절을
분명하게 이해하기 위해서는 리와 기의 의미가 무엇인지에 대한 이해
가 중요하다.

현대의 연구자들은 리가 심리적 성향(도덕적 성향)을 의미한다면, 기는
심리적 성향(욕구적 성향)과 수반론적 의미를 모두 지니고 있다고 본다.15)
그래서 리는 도덕적 성향으로, 기는 욕구적 성향으로 이해할 수 있다.
그렇다면 사단에서 '리가 발한다'고 할 때의 리와 칠정에서 기에 타는
리는 동일하다고 볼 수 있고, 칠정이 발할 때의 기와 사단을 따르는 기
또한 다르지 않다. 그래서 사단의 순선함과 칠정 가운데 선한 것이 같
을 뿐만 아니라 칠정의 기와 사단의 기 또한 동일하다. 이황의 '리발이

---

14) 『退溪先生文集』, 권16, 「答奇明彦論四端七情第二書」, "大抵有理發而氣隨之者, 則可主理而言
耳, 非謂理外於氣, 四端是也. 有氣發而理乘之者, 則可主氣而言耳, 非謂氣外於理, 七情是也."
15) 이승환, 「퇴계 리발(리발)설의 수반론적 해명 ― 고봉과의 사단칠정 논변을 중심으
로」, 『동양철학』 제34집(2010), 217~222쪽 참고.

기수지理發而氣隨之', '기발이리승지氣發而理乘之'라는 구절의 핵심은 사단과 칠정, 즉 도덕적 성향과 욕구적 성향의 소종래의 구분을 인정하면서도 양자의 관계가 상호의존적임을 인정하는 것이다.

이황은 사단과 칠정을 분리해서 논하지만, 양자가 체와 용의 관계로 상호의존하고 있다고 주장한다. 이황은 리와 기는 서로 기다리면서 체가 되기도 하고 용이 되기도 하는 관계16)임을 인정한다. 그는 리와 기는 서로 발하면서 서로 기다린다는 관계에 근거해 사단과 칠정 또한 상호의존적인 관계임을 강조한다. 그래서 사단과 칠정은 통틀어 함께 말할 수도 있고, 각기 주가 되는 것이 있으므로 분별하여 말하더라도 무방하다고 본다.17) 이황은 이를 말과 사람의 관계로 비유한다.

옛사람은 사람이 말을 타고 출입하는 것을 비유로 들어 리가 기를 타고 유행하는 것을 설명하였으니 참으로 적절합니다. 대개 사람은 말 아니면 출입할 수 없고, 말은 사람 아니면 궤도를 잃게 되니, 사람과 말은 서로를 필요로 하여 서로 떨어질 수 없습니다. 사람들온 이를 보고서, 혹 범범하게 가리켜서 그가 간다 라고 말한다면 사람과 말이 모두 그 속에 포함되니, 사단과 칠정을 구분치 않고 말하는 것이 이것입니다. 혹 가리켜 사람이 간다 라고 말하면 말을 더불어 언급하지 않더라도 말이 가는 것이 그 속에 포함되니, 사단이 이것입니다. 혹 가리켜서 말이 간다 라고 말한다면, 사람을 함께 말하지 않더라도 사람이 가는 것도 그 안에 포함되어 있으니 칠정이 이것입니다.18)

---

16) 『退溪先生文集』, 권16, 「答奇明彦論四端七情第二書」, 改本, "蓋理之與氣, 本相須以爲體, 相待以爲用, 固未有無理之氣, 亦未有無氣之理."
17) 『退溪先生文集』, 권16, 「答奇明彦論四端七情第二書」, 改本, "二者互有發用而其發又相須也. 互發則各有所主可知, 相須則互在其中可知, 互在其中故渾淪之言之者固有之, 各有所主故分別言之而無不可."

이황은 말과 사람의 비유를 통해서 사단과 칠정이 상이한 실체이지만 양자가 분리될 수 없음을 논하고 있다. 사람이 말을 타고 있는 장면에서 말에 근거해 말할 수도 있고, 사람에 근거해 말할 수도 있다. 그래서 말을 언급하면 사람을 다시 언급할 필요가 없으며, 사람을 언급하면 다시 말을 명시할 필요가 없다. 이와 같이 사단과 칠정은 분리될 수 없기 때문에 사단만을 말하더라도 칠정이 이미 사단을 수반하고 있고, 칠정을 말하면 사단이 이미 그것을 주재하고 있음을 알아야 한다고 본다. 그래서 사단의 리가 발하지만 칠정의 기가 따르고, 칠정의 기가 발하는 데는 사단의 리가 타지 않으면 도덕적 가치를 확보하지 못해 악으로 빠질 수 있다고 본다.[19] 이와 같이 이황은 사단과 칠정을 상호의존적인 관계로 이해하였다.

사단과 칠정은 논리적으로는 선후가 있을 수 있지만 현실에서는 동시적으로 발현됨을 알 수 있다. 이는 사단의 리가 발현할 경우 칠정의 기가 따라 주고, 칠정의 기가 발하는 데는 사단의 리가 이미 그 가운데 있는 것을 의미한다. 사단이 발현할 때 그 행위를 후회하거나 슬퍼한다면 그 사단은 진정하게 선한 행위라고 할 수 없다. 즉 도덕적 정감에 따른 행위를 하고서 즐거움을 얻을 수 있을 때 진정한 행위가 될 수 있다. 그리고 칠정의 발현은 그 자체로서 도덕적인 의미를 지닐 수 없

---

18) 『退溪先生文集』, 권16, 「退溪答高峰非四端七情分理氣辯第二書」, "古人以人乘馬出入, 譬理乘氣而行, 正好. 蓋人非馬, 不出入, 馬非人, 失軌途, 人馬相須不相離. 人有指說此者, 或泛指而言其行, 則人馬皆在其中, 四七渾淪而言者, 是也. 或指言人行, 則不須幷言馬, 而馬行在其中, 四端, 是也. 或指言馬行, 則不須幷言人, 而人行在其中, 七情是也."

19) 엄연석, 「퇴계의 사칠론과 공사의 문제」, 『퇴계학보』 제115집(퇴계학연구원, 2004), 71쪽 참고.

으며, 반드시 사단의 통제를 받을 필요가 있다. 예를 들면 즐거움과 슬픔 등이 사단의 리에 의해 조절될 때 그 칠정 또한 윤리적인 의미를 지닐 수 있다고 본다. 이와 같이 사단과 칠정 또한 그 연관성을 가진다. 그렇지만 그 소종래에 있어서의 차이는 결코 부정할 수 없다. 그래서 이황은 사단과 칠정이 분명히 구분되며, 사단의 리가 주재되어야만 비로소 도덕적 행위가 될 수 있다고 본다.

기대승의 입장과 비교하면 이황은 분명히 칠정을 제어할 수 있는 도덕적 감정을 중시한다. 사단의 리가 칠정의 기를 통해서 실현된다는 의미일 뿐만 아니라 칠정의 기 또한 사단의 리에 제어되어야 한다고 본다. 이는 결코 사단이 기질에 가려져 있는 일반인들의 윤리라고 볼 수 없으며, 도덕정감인 사단이 충분히 칠정을 제어할 수 있는 유덕자의 윤리라고 할 수 있다. 이황은 유덕자의 입장에서 사단의 칠정에 대한 주재성을 사단의 관점(理發氣隨)과 칠정의 관점(氣發理乘)으로 나누어 설명하고 있다. 이러한 논리를 좀 더 철저히게 나아갈 경우에는 이진상李震相과 같이 리발일도설理發一途說로 전개될 수 있다.

그래서 이황의 사칠론은 칠정이 외재적 규범에 의해 조절되어야 하는 『예기』의 논리와 달리, 사단에 근거해서 칠정이 조절되어 한다고 본다. 이처럼 사단의 정감이 모든 징감과 행위에 도덕적 정당성을 부여해주어야 한다는 이황의 입장은 급진적 덕윤리에 속한다고 볼 수 있다.

4. 기대승의 무덕자의 윤리

이황이 사단의 독립성을 인정하면서 칠정을 주재해야 한다고 주장하였다면, 기대승은 사단의 독립성을 부정하면서 칠정의 중절 상태를 사단으로 해석한다. 기대승의 사칠론은 이황 문인으로부터 "기로써 성을 논한다"(以氣言性)[20]는 비판을 받기도 하였다. 즉 기질에서 도덕정감을 논하면, 그 도덕정감의 독자성과 우위성을 확보할 수 없다. 기질이 맑은 사람에게서는 정감 일반이 도덕정감으로 비쳐질 수 있지만, 기질이 탁하고 치우친 사람들에게서는 도덕정감을 확보할 수 없게 된다. 그래서 이황이 "정당한 본뜻을 버리고 낮은 단계로 내려와 범인들의 정이 중절하지 못하는 것으로 말하려 하는가?"라고 반박한 것에서도 짐작할 수 있듯이, 기대승은 일반인의 성향에서 도덕정감을 논하는 경향이 있다. 이처럼 기대승은 이황이 유덕자의 윤리체계를 강조한 것과는 달리 일반인의 가치중립적인 관점에서 사칠론을 해석하고 있다. 이는 덕윤리적인 관점에서 보면 온건한 덕윤리에 해당된다.

온건한 덕윤리에서는 행위가 성품으로부터 파생되지만, 이러한 파생 관계의 조건에서 의무와 같은 도덕법칙을 인정한다. 유덕한 사람일 경우에는 그가 처한 상황에서 스스로 무엇을 해야 하는지 판단하고 실천할 수 있다. 그러나 행위자가 아직은 불안전할 경우에는 자신보다 더 도덕적인 사람에게 어떻게 해야 하는지를 물어보거나, 덕의 목록에 나오는 도덕규칙을 통해 도덕적 문제를 해결할 수 있다.

---

20) 『退溪先生文集』, 권16, 「附奇明彦非四端七情分理氣辯」, "蓋恐人之不曉而以氣言性也."

기대승은 칠정이 선이 될 수도 있고 악이 될 수도 있다는 가치중립적인 입장을 취한다. 기대승도 이황과 같은 성리학자로서 도덕적 인간의 완성이라는 동일한 목표를 두고 있긴 하지만, 그 인간에 대한 이해가 이황과는 다르다. 그래서 기대승은 기질에서 성性을 설명하고자 하였다. 이는 다음과 같은 주장에서도 알 수 있다.

> 만약 성性에 대해 말한다면, 바로 하늘에 있는 달과 물에 비친 달은 같은 달인데, 그것이 있는 곳에 따라 구분하여 말한 것일 따름이지 다른 달이 따로 있는 것이 아닙니다. 그런데 하늘의 달은 달이라 하고, 물에 비친 달은 물이라고 한다면 또한 그 말에 치우침이 있지 않겠습니까? 더군다나 사단과 칠정이란 리가 기질 속에 떨어져 내린 이후의 일로서 마치 달빛이 물에 비쳐진 것과 같습니다. 그런데 그 달빛을 보더라도 칠정에는 밝은 부분도 있고 어두운 부분도 있지만, 사단은 그 중에서도 밝은 부분만 있는 것입니다. 칠정에 밝은 부분도 있고 어두운 부분도 있는 것은 바로 물이 맑거나 흐리기 때문이고, 사단 중에서도 절도에 들어맞지 않은 것이 있는 것은 마치 달빛은 비록 밝기는 하지만 물결의 움직임에 의해 일그러져 버리는 것과 같은 것입니다.[21]

기대승은, 사단은 칠정을 벗어나서 생각할 수 없다고 본다. 이것을 물속에 비친 달빛에 비유하면서, 물에 맑고 흐림이 있는 것처럼 칠정에도 밝고 어둠이 있어 절도에 부합되지 않는 경우가 있다고 본다. 사단

---

21) 『退溪先生文集』, 권16, 「高峯答退溪再論四端七情書」, "若就性上論, 則正如天上之月與水中之月, 乃以一月, 隨其所在而分別言之爾, 非更別有一月也. 今於天上之月, 則屬之月, 水中之月, 則屬之水, 亦無乃其言之有偏乎? 而況所謂四端七情者, 乃理墮氣質以後事, 恰似水中之月光. 而其光也, 七情則有明有暗, 四端則特其明者. 而七情之有明暗者, 固因水之淸濁, 而四端之不中節者, 則光雖明而未免有波浪之動者也."

이 비록 빛과 같지만 그 빛 스스로를 드러낼 수는 없다. 그래서 사단 또한 물속의 빛과 같이 독립적으로 존재할 수 없으며, 칠정에서 드러나야 한다고 본다. 그러나 칠정은 본래는 선한 감정이 되어야 하지만 기질의 개입에 의해 무조건 선이 될 수는 없으며, 선과 악 모두 될 수 있는 가치중립적인 성향을 지니고 있다. 칠정이 리기를 겸하고 있기는 하지만 리는 약(弱)하고 기가 강(强)하기 때문에 리가 기를 조절하기가 어렵다고 본다. 본성은 원래 선하지만 기질의 편차 때문에 칠정이 반드시 선할 수 없으며, 칠정 중에서 선한 부분만을 사단(도덕정감)으로 보아야 한다고 한다. 그래서 기대승은 칠정에서 사단을 논하고자 한다.

기대승은 현실적인 인간의 정은 바로 기질을 배제하고서 논할 수 없으며, 사단 또한 기질의 영향을 받지 않을 수 없다고 본다. 그래서 기가 강하고 리가 약하여 현실에서 사단의 실현은 쉽지 않음을 암시하고 있다. 기대승이 칠정을 선악미정으로 해석한 것은 마치 중용의 중절의 논리를 그대로 답습하고 있는 것 같다. 『예기』에서는 인성이 자연지성이기 때문에 도덕 판단은 외부의 규칙(禮)에서 찾아야 한다. 하지만 기대승의 경우는 도덕 본성을 인정하고 있기 때문에 도덕 판단을 외부에 의거할 필요는 없다고 본다. 바로 이 점 때문에 기대승 역시 이황과 마찬가지로 덕윤리에 속한다고 볼 수 있다.

기대승은 맹자가 말한 도덕본성은 기질에서 선한 부분을 뽑아서 언급한 것일 뿐이라고 강조한다. 그래서 그는 기질을 벗어나 있는 천지지성을 하늘의 달에, 기질지성은 물에 비친 달에 비유하면서, 본연지성은 현상세계를 넘어 있어 리와 기를 개념적으로 분리한 것에 불과하며 현실에서의 성은 단지 기질지성밖에 없다고 본다. 그렇다고 그가 인간이 선한 존재가 될 수 없다고 말한 것은 아니다. 다만 기대승은 이황과 같은 추상적이고 이상적인 유덕한 인간이 아니라 현실적인 인간에서 접근해야 함을 강조하고 있을 뿐이다. 기대승은 인간은 순수한 덕을 실현할 수 있는 잠재력을 가지고 있다고 하더라도 기질의 영향을 받지 않을 수 없는 존재임을 인식해야 한다고 본다. 그는 기질의 과불급에 따라 리가 완전히 실현되거나 실현되지 못할 수도 있다고 본다. 그래서 기대승의 관점은 덕윤리에서 무덕자의 윤리에 가깝다.

기대승은 정情 또한 성이 기질 가운데 떨어져 있는 이후에 드러난 정감으로 이해하여 칠정만을 인정하고 사단은 그 칠정 중에서 선한 부분을 지칭하는 것이라고 규정한다. 이와 같이 사단과 칠정의 차이는 기의 작용에서 리의 실현 정도에 따른 구분일 뿐이지 양자가 분리되는 것은 아니다. 그래서 이황이 사단의 발출을 도덕의 동기로 삼고 있는데 비해, 기대승은 사단을 칠정 중에서 선한 부분이라고 하면서 오히려 감정의 도덕적 결과로서 이해하고 있다. 칠정은 부중절하거나 중절한 감정 전체를 의미한다면, 사단은 기를 타고 드러난 정감 가운데 가장 순수한 리의 본래적인 모습을 가리킨다. 그래서 그는 사단을 기氣의 작용이 가장 절도에 맞고 순수하게 드러난 상태라고 본다. 사단과 칠정은 정감의 전체와 부분일 뿐 근본적으로 다르지 않다는 것이다. 그는 인간의 중절한 감정 표현만이 도덕적일 수 있다고 본다. 기대승은 「사단칠정총론」에서 다음과 같이 말하였다.

대체로 성은 비록 선하다 하더라도 기질에 떨어져 있으면 편벽되고 지나침이 없지 않기 때문에 기질의 성이라 하고, 칠정은 비록 리기를 겸하였다고 하지만 리는 약하고 기가 강하여 리가 기를 관섭할 수 없어 쉽게 악으로 빠져들기 때문에 기가 발한 것이라 한 것입니다. 그러나 칠정 중에 발하여 절도에 맞아 선하지 않음이 없는 것은 곧 사단과 더불어 애당초 다른 것이 아닙니다.[22]

기대승은 선과 악을 구분하는 기준으로 절도를 제시한다. 인간이 본래 선한 인성을 지니고 있었지만, 그 발현이 절도에 맞지 않으면 악이 된다. 그래서 절도 그 자체가 선과 악을 결정짓는 기본적인 판단 기준이 된다. 기대승은 사람의 기품에는 맑음과 흐림 또는 치우침과 바름의 차이가 있을 수 있으며, 리의 본체인 천명의 정에도 옅음과 깊음 또는 두터움과 엷음의 차이가 있을 수 있다고 본다. 그리하여 그는 맑고 바름 그리고 깊음과 두터움을 따르는 것이 절도에 맞는 것이 되고, 흐리고 치우침, 얕고 엷음을 따르는 것이 절도에 맞지 않는 것이 된다고 말한다. 그러면 문제는 이 절도의 기준은 무엇인가 하는 것이다. 이황과 같이 사단을 순선한 것으로 보면서 그것의 독자성과 우위성을 인정할 경우에 그 도덕의 기준을 정감에서 찾을 수 있지만, 기대승과 같이 본성이 기질 안에 있다는 전제하에서 특히 기질이 맑지 않는 상태에서 중절은 어떻게 가능한가? 그렇다면 선의 기준은 중절할 수 있는 기준이 있어야 하는데 그 기준은 어디에서 찾을 수 있는가?

기대승은 인간을 도덕적 인간으로 이해하지만 본성이 기질에 가려져 있으므로 선악의 기준을 인식하기가 쉽지 않다고 본다. 그래서 비록

---

22) 『退溪先生文集』, 권17, 「重答奇明彦」, 附奇明彦四端七情總論, "蓋性雖本善, 而墮於氣質, 則無不偏勝, 故謂之氣質之性, 七情雖兼理氣, 而理弱氣强, 管攝他不得, 而易流於惡, 故謂之氣之發也. 然其發而中節者, 乃發於理而無不善, 則與四端初不異也."

도덕본성을 인정하고는 있지만 기질로 인하여 『예기』에서의 칠정의 윤리와 유사하게 된다. 즉 외부의 기준에 의해서 과불급을 조절할 수밖에 없는 것이다. 그래서 기대승의 경우 도덕본성을 인정하면서도 도덕 법칙을 일정 부분 수용해야 한다. 우리는 자신보다 더 완전한 인격을 가진 사람 즉 성인의 행위나 그 사람의 말에 도덕적 가치를 부여해서 도움을 얻거나, 그 덕의 목록에서 나오는 도덕규칙을 통해 도덕적 문제를 해결할 수 있다.

기대승도 이황과 같은 성리학자로서 도덕적 인간의 완성이라는 동일한 목표를 지니고 있지만 그 인간을 현실적인 존재에서 접근해야 한다고 본다. 그래서 그는 본성보다도 기질에 초점을 두고자 한 것으로 보인다. 이와 같이 기대승과 이황의 사칠론은 바로 이상적 인간의 관점에서 보는가 아니면 현실적 인간의 관점에서 보는가의 차이가 있을 뿐이며, 그들이 궁극적으로 추구한 목적은 크게 다르지 않다.

5. 이황과 기대승 사칠론의 융합 가능성

기대승과 이황의 사칠론은 인간 이해의 차이에 기인한다. 이황이 도덕에 근거한 이상적 인간을 강조하였다면 기대승은 현실적인 인간의 입장에서 도덕성을 언급하고자 하였다. 지금까지 이황과 기대승은 주로 양자의 차이성만을 강조하면서 대립적인 관계로만 평가되었다. 그러나 기대승과 이황은 논쟁하면서 상대방의 입장을 일정 부분 수용하기도 하였다.

이황과 기대승의 논쟁 과정을 보면, 이황은 처음에 사단은 리의 발이고, 칠정은 기의 발로 구분하였다. 하지만 이황은 기대승의 성에서 리와 기가 결합되어야 한다는 비판을 받고 자신의 초기 입장을 수정하여 "사단은 리가 발하고 기가 따르며, 칠정은 기가 발하고 리가 그 위에 탄다"라고 주장하면서 사단과 칠정을 구분하지만 상호의존적인 관계로 보았다. 이와 같이 이황은 자신의 기존 입장을 고수하면서 기대승의 입장을 수용하여 자신의 한계를 극복하고자 하였다.

기대승은 도덕성은 기질의 영향을 받지 않을 수 없지만, 기가 리를 따라 발현된 천리를 선한 정감으로 보았다. 기대승은 이황의 지적과 같이 리발理發(리가 독립성을 지니면서 주재성을 지님)을 언급하지는 않았지만, 성인의 입장에서 기가 리를 따라 발현될 때에는 칠정이 모두 사단(선)이 된다고 보았다. 그러나 기대승은 이황과 논쟁하면서 이황의 입장에 어느 정도 동의한다. 그래서 그는 "정은 혹 리가 동하고 기가 갖출 수 있으며, 혹은 기가 동하고 리가 탄다"라고 하면서 논쟁을 종결짓고자 한다. 기대승은 이 구절에서 정을 사단과 철정으로 구분하지는 않지만 리동理動을 언급하면서 리의 자발성을 어느 정도 인정하고 있다. 위에서 살펴본 바와 같이 기대승과 이황의 합의점은 바로 '사단은 리가 발하매 기가 따르는 것이고, 칠정은 기가 발하매 리가 그 위에 타는 것'(이황)과 '정은 어떤 때는 리가 동하여 기가 갖추어지고, 어떤 때는 기가 감응하여 리가 그 위에 타는 것'(기대승)이 얼마만큼 일치하는가에 있다고 본다.

이황은 처음 사단과 철정을 그 소종래에 근거해 구분하였지만 기대승의 지적을 받으면서 사단과 칠정을 상호의존적인 관계로 설정하였다.

이에 비해 기대승은 혼륜의 관점에서 칠정에서의 사단을 보고자 하였지만, 이황의 사단과 칠정의 분리를 일정 부분 수용하고 있다. 이와 같을 때 인간은 더 이상 기질의 영향에 구속되지 않는 도덕적 주재성을 지닌 유덕한 인간상을 확립할 수 있게 된다. 그래서 이황과 기대승의 사칠론은 현실적인 인간에서 접근할 것인가 아니면 이상적인 인간에서 접근할 것인가에 기인하지만, 양자 모두는 유덕한 인간을 궁극적인 목적으로 삼고 있다. 그렇다고 해서 두 사람 모두 처음에 견지한 주장을 포기한 것은 아니다. 이황은 일관되게 사단과 칠정의 분리를 주장하고 있으며, 기대승은 하나의 정을 강조하였다. 즉 이황은 다름(異)에서 같음(同)으로 나아가고자 하였다면, 기대승은 오히려 같음에서 다름으로 나아가고자 하였다. 양자의 입장 중에 어느 하나만이 옳다고 평가할 수는 없다. 둘 다 동일한 내용을 서로 다른 입장에서 접근하고 있기 때문에 상대적인 합리성을 지니고 있다. 그래서 양자가 공유한 이론 지평 위에서 누 측의 상대적 합리성을 생산적으로 재구성해 볼 수 있다.

기대승과 이황 모두 성리학자로서 도덕적 인간의 완성에 궁극적인 목표를 두고 있다. 이러한 인격 완성을 위해서 양자의 입장 모두 필요할 수 있다. 우리는 양자의 입장을 다음과 같이 표현해 볼 수 있다.

이황: 유덕자의 행위는 어떤 상황에서도 옳다.

기대승: 무덕자의 행위는 어떤 상황(기질의 맑은 상태)에서만 옳다고 볼

　　　　수 있다.[23]

---

23) 노영란, 『덕윤리의 비판적 조명』(철학과 현실사, 2009), 90쪽 참고. 이 책에서는 허스트하우스의 두 가지 설명 방식을 설명하고 있다.

　　C1: 행위는 어떤 상황에서 유덕한 행위자가 할 것인 한 그때에만 옳다.

　　C2: 행위는 어떤 상황에서 유덕한 행위자가 특질상(즉, 성품 안에서 행위하면서, 강

이황에게서와 같이 유덕자의 행위나 감정은 어떠한 조건을 초월해 그 자체로 도덕적 가치를 지닌다. 그러나 자칫 유덕자의 행위이지만 옳지 않는 행위들을 옳은 행위로 간주할 위험이 있다. 이에 반해 기대승은 유덕한 자가 성품 안에서 하는 행위를 옳은 행위로 제한하고 있다. 즉 이황은 행위자의 감정 자체가 선하지만 기대승은 구체적인 제한 내에서는 그 감정 자체가 선하지 않을 수 있다고 본다. 전자는 유덕자의 입장이라면, 후자는 무덕자의 입장이다. 기대승의 주장은 인간은 선한 성향을 지니고 있기 때문에 그 본성에 근거해 칠정을 발현하면 선이 될 수 있지만, 어떠한 조건 하에서는 유덕자의 행위라고 하더라도 도덕적 가치를 지닐 수 없다는 것으로 이해될 수 있다. 이러한 예를 유덕한 행위자가 의도적으로 잘못된 행위를 하거나 유덕한 행위자가 잘못 인식하거나 제대로 알지 못해서 잘못된 행위를 하는 경우에서 찾아볼 수 있다. 기대승은 이러한 제한적 원인의 근거를 바로 기질에서 찾고 있다. 즉, 기질이 흐리고 탁할 경우에서 찾고 있다. 그래서 기대승은 인간은 모두 도덕본성을 지니고 있지만, 기질이나 환경의 영향으로 인해 비도덕적인 정감이 발현될 수 있다고 본다.

이와 같이 양자는 모두 덕윤리적인 경향을 지니고 있지만, 이황이 분명히 이상적인 행위자를 중심으로 논하고 있다면, 기대승은 오히려 현실적인 행위자를 중심으로 논하고 있다. 그러나 양자는 모두 인간의 성품은 선한 내재적 잠재력을 가지고 있다는 점에는 동의한다. 즉 전자

조 덧붙임)할 것인 한, 그때에만 옳다.
허스트하우스는 C1과 C2의 내용으로 설명하고 있지만, 필자는 C1의 명제가 이황에 해당되고 C2가 기대승의 입장에 해당된다고 본다. 그래서 본 논의를 위해서 이황의 입장을 C1으로, 기대승의 입장을 C2로 설명하였다.

가 그 내재적 잠재력을 드러내는 경우라면, 후자는 그 잠재력을 드러내지 못한 경우에 해당된다. 그래서 양자가 반드시 모순되는 것은 아니다. 이황과 같이 유덕자의 윤리는 처한 상황에서 무엇을 할지 스스로 판단하고 도덕정감에 따라 행위한다. 기대승이 언급한 무덕자의 윤리는 옳은 것을 행하고자 한다면, 우선 유덕자의 행위를 본받을 필요가 있다. 그래서 기대승은 "공부하는 이들은 리가 기 밖에 있는 것이 아니요 기가 지나치고 모자람이 없이 자연이 발하는 것은 바로 리理의 본체가 그렇다는 것을 알아야 한다"[24]라고 한다. 이 구절에서의 리는 언제나 기와 함께 있으며, 순수한 리 자체는 우리의 경험에 들어올 수 없다. 이와 같을 때 행위자가 존경하는 사람이나 나 자신보다 더 도덕적인 덕성을 지닌 사람에게 내가 처한 상황에서 어떻게 해야 할지 물어보고, 그의 대답에 따라 실천할 수 있다. 무덕한 사람은 주변의 유덕한 사람이 나와 같은 상황에서 어떻게 했는지에 대해 생각하면서 도덕적 행위를 할 수 있는 것이다. 이황의 유덕한 인간상은 기대승의 입장에서는 행위의 규범적인 역할을 할 수 있다.

살펴본 것처럼 이황과 기대승은 각기 상이한 인간상에서 사칠론에 접근하고 있다. 그러나 양자 모두 덕윤리의 공통적 기반에서 논의를 진행하고 있다. 그러므로 기대승과 이황 모두 덕윤리의 기반에서 각자의 중요한 의미를 지닐 수 있다. 이황이 도덕적 이상을 제시해 줄 수 있나면 기대승은 또한 현실적인 상황에서 유덕한 행위자의 오류나 잘못된 인식을 바로잡아 줄 수 있는 모형을 제시해 줄 수 있다. 그래서 양자의

---

24) 『退溪全書』, 「兩先生四端七情往復書」, "學者須知, 理之不外於氣, 而氣之無過不及, 自然發見者, 乃理之本體然也. 而用其力焉, 則庶乎其不差矣."

입장에서 다름을 인정하면서 같음을 이해할 수 있을 때 양자의 사칠론이 융합될 수 있는 가능성을 발견하게 된다.

【참고문헌】

『禮記』.
『中庸』.
『孟子』.
朱熹, 『朱子語類』.
李滉, 『退溪集』.
奇大升, 『高峯集』.

노영란, 『덕윤리의 비판적 조명』, 철학과 현실사, 2009.
민족과사상연구회, 『사단칠정론』, 서광사, 1992.

엄연석, 「퇴계의 사칠론과 공사의 문제」, 『퇴계학보』 제115집, 퇴계학연구원, 2004.
이승환, 「퇴계 리발(리발)설의 수반론적 해명 ― 고봉과의 사단칠정 논변을 중심으로」,
    『동양철학』 제34집, 한국동양철학회, 2010.
이치억, 「퇴계 사칠론에서 사단의 순선함에 대하여」, 『유교사상연구』 제45집, 한국유교
    학회, 2011.
楊儒賓, 「子思學派試探」, 『郭店楚簡國際學術研討會』, 湖北人民出版社, 2000.

저자 약력(게재순)

■ 김기주

계명대학교 철학과를 졸업하였으며, 臺灣 東海大學 哲學研究所에서 논문「理想的 道德與道德的理想 — 孟子道德哲學之再構成」으로 박사학위를 취득하였다. 국립순 천대학교 지리산권문화연구원 HK교수를 거쳐 현재 계명대학교 Tabula Rasa College 교수로 있다. 조선성리학에 대해 깊은 관심을 가지고 연구하고 있으며, 저역서로는『서원으로 남명학파를 보다』,『심체와 성체 1 — 총론』,『유교와 칸 트』(공역) 등이 있고, 논문으로는「四端七情論으로 본 畿湖學派의 3期 發展」,「四 端七情論으로 부터 심즉리로 — 사단칠정논쟁에 대한 화서, 노사, 한주의 결론」 등 다수가 있다.

■ 이기훈

계명대학교 대학원 철학과에서 철학박사학위를 받았다. 박사 취득 후 중국 북경 사회과학원 박사후과정과 계명대학교 초빙전임강사를 거쳐 현재 한국국학진흥 원 고전국역실 전임연구원으로 있다.

■ 심도희

계명대학교 철학과를 졸업하고 동 대학교 대학원에서「주자학에서 '리의 운동성' 에 관한 연구」로 석사,「고대 유교의 '효' 사상과 그 특수성에 관한 연구」로 박사 학위를 취득하였다. 현재 대구대학교에 출강하고 있으며, 한국철학에 관심을 가 지고 공부 중이다. 논문으로는「'간언'을 통해서 본 유교의 효 사상」,「선진유교 의 효 윤리에 대한 다른 학파의 비판」,「공산 송준필의 성리사상과 사회적 실천 운동 — 한주학과의 관련성을 중심으로」등이 있다.

■홍원식

고려대학교 철학과를 졸업하고 동 대학교 대학원에서 박사학위를 받았다. 현재 계명대학교 철학윤리학과 교수로 재직 중이며『오늘의 동양사상』발행인 겸 공동편집주간을 맡고 있다. 저서로는『한주 이진상의 생애와 사상』,『동도관의 변화로 본 한국 근대철학』,『조선시대 가문의 탄생』,『심경부주와 조선유학』(공저) 등이 있고, 역서로는『중국철학사』등이 있다. 주요 논문으로「정주학의 거경궁리설 연구」(박사학위논문),「주륙화회론과 퇴계학의 심학화」등이 있다.

■이상호

계명대학교 철학과를 졸업하고 동 대학교 대학원에서 철학박사학위를 받았다. 계명대학교 교양과정부 강의전담 교수를 거쳐 현재 한국국학진흥원 책임연구위원으로 재직 중이다. 저서로는『양명우파와 정제두의 양명학』과『사단칠정 자세히 읽기』,『일기에서 역사를 엿보다 ―『청대일기』를 중심으로』(공저) 등이 있고, 역서로는『대학생을 위한 인류의 고전, 맹자』,『성리학의 개념들』(공역) 등이 있다. 주요 논문으로는「사단칠정논쟁에서 보여준 퇴계학파 초기 제자들의 사단칠정 이해」,「초기 퇴계학파 제자들의『심경부주』이해와 퇴계학의 심학적 경향」,「조선시대 만인소 운동의 철학적 배경」등 다수가 있다.

■추제협

계명대학교 국어국문학과를 졸업하고 경북대학교 대학원 국어국문학과에서 석사과정 수료, 계명대학교 대학원 철학과에서 석사와 박사학위를 받았다. 현재 계명대학교 철학윤리학과 교수로 재직 중이다. 주요 저서로는『남명학과 현대사회』(공저),『약포 정탁』(공저),『한강 정구의 삶과 사상』(공저) 등이 있고,「한훤당 김굉필의 도학과 퇴계학」,「이황과 김인후의「천명도」개정과 인간학의 정립」,「이익의 격물설에 나타난 윤휴와 이만부의 영향」,「조선 중기 한강학파의 전개에서 본 대구지역 성리학의 특징」등의 논문이 있다.

■ 황지원

계명대학교 철학과를 졸업하고 동 대학교 대학원에서 철학박사 학위를 받았다. 현재 계명대학교와 동국대학교에 출강하고 있다. 주요 저술로는 『단계 하위지, 목숨은 가볍게 의리는 중하게 여긴 사육신』, 『중국회화의 기운론』, 『김정희의 철학과 예술』(공저) 등이 있고, 번역서로 『역대명화기』, 『성리학의 개념들』(공역) 등이 있으며, 주요 논문으로 「송당학파의 도학정신에 내재된 사상적 특성」, 「『맹자』에 대한 漢代 訓詁學과 宋代 朱子學의 해석 차이와 그 철학사적 의미」, 「조선후기 회화의 예술적 창의성과 그 한계」 등이 있다.

■ 권상우

계명대학교 철학과를 졸업하고, 중국사회과학원 철학연구소에서 「주희의 理一分殊思想 연구」로 박사학위를 취득하였다. 현재 계명대학교 Tabula Rasa College 조교수로 재직하고 있다. 최근 '유학과 이슬람의 만남'에 관해 연구하고 있다. 주요 저서로는 『유학의 소통과 융합 ― 和而不同의 현대적 해석』, 『전통과 현대를 위한 동양의 지혜』 등이 있다.

예문서원의 책들

원전총서

박세당의 노자 (新註道德經) 박세당 지음, 김학목 옮김, 312쪽, 13,000원
율곡 이이의 노자 (醇言) 이이 지음, 김학목 옮김, 152쪽, 8,000원
홍석주의 노자 (訂老) 홍석주 지음, 김학목 옮김, 320쪽, 14,000원
북계자의 (北溪字義) 陳淳 지음, 김충열 감수, 김영민 옮김, 295쪽, 12,000원
주자가례 (朱子家禮) 朱熹 지음, 임민혁 옮김, 496쪽, 20,000원
서경잡기 (西京雜記) 劉歆 지음, 葛洪 엮음, 김장환 옮김, 416쪽, 18,000원
열선전 (列仙傳) 劉向 지음, 김장환 옮김, 392쪽, 15,000원
열녀전 (列女傳) 劉向 지음, 이숙인 옮김, 447쪽, 16,000원
선가귀감 (禪家龜鑑) 청허휴정 지음, 박재양・배규범 옮김, 584쪽, 23,000원
공자성적도 (孔子聖蹟圖) 김기주・황지원・이기훈 역주, 254쪽, 10,000원
천지서상지 (天地瑞祥志) 김용천・최현화 역주, 384쪽, 20,000원
참동고 (參同攷) 徐命庸 지음, 이봉호 역주, 384쪽, 23,000원
박세당의 장자, 남화경주해산보 내편 (南華經註解刪補 內篇) 박세당 지음, 전현미 역주, 560쪽, 39,000원
초원담노 (椒園談老) 이충익 지음, 김윤경 옮김, 248쪽, 20,000원
여암 신경준의 장자 (文章準則 莊子選) 申景濬 지음, 김남형 역주, 232쪽, 20,000원

퇴계원전총서

고경중마방古鏡重磨方 —퇴계 선생의 마음공부 이황 편저, 박상주 역해, 204쪽, 12,000원
활인심방活人心方 —퇴계 선생의 마음으로 하는 몸공부 이황 편저, 이윤희 역해, 308쪽, 16,000원
이자수어李子粹語 퇴계 이황 지음, 성호 이익・순암 안정복 엮음, 이광호 옮김, 512쪽, 30,000원

연구총서

논쟁으로 보는 중국철학 중국철학연구회 지음, 352쪽, 8,000원
논쟁으로 보는 한국철학 한국철학사상연구회 지음, 326쪽, 10,000원
중국철학과 인식의 문제 (中國古代哲學問題發展史) 方立天 지음, 이기훈 옮김, 208쪽, 6,000원
중국철학과 인성의 문제 (中國古代哲學問題發展史) 方立天 지음, 박경환 옮김, 191쪽, 6,800원
역사 속의 중국철학 중국철학회 지음, 448쪽, 15,000원
공자의 철학 (孔孟荀哲學) 蔡仁厚 지음, 천병돈 옮김, 240쪽, 8,500원
맹자의 철학 (孔孟荀哲學) 蔡仁厚 지음, 천병돈 옮김, 224쪽, 8,000원
순자의 철학 (孔孟荀哲學) 蔡仁厚 지음, 천병돈 옮김, 272쪽, 10,000원
유학은 어떻게 현실과 만났는가 —선진 유학과 한대 경학 박원재 지음, 218쪽, 7,500원
역사 속에 살아있는 중국 사상 (中國歷史に生きる思想) 시계자와 도시로 지음, 이혜경 옮김, 272쪽, 10,000원
덕치, 인치, 법치 —노자, 공자, 한비자의 정치 사상 신동준 지음, 488쪽, 20,000원
리의 철학 (中國哲學範疇精髓叢書 一 理) 張立文 주편, 안유경 옮김, 524쪽, 25,000원
기의 철학 (中國哲學範疇精髓叢書 一 氣) 張立文 주편, 김교빈 외 옮김, 572쪽, 27,000원
동양 천문사상, 하늘의 역사 김일권 지음, 480쪽, 24,000원
동양 천문사상, 인간의 역사 김일권 지음, 544쪽, 27,000원
공부론 임수무 외 지음, 544쪽, 27,000원
유학사상과 생태학 (Confucianism and Ecology) Mary Evelyn Tucker・John Berthrong 엮음, 오정선 옮김, 448쪽, 27,000원
공자는 이렇게 말했다 안재호 지음, 232쪽, 12,000원
중국중세철학사 (Geschichte der Mittelalterischen Chinesischen Philosophie) Alfred Forke 지음, 최해숙 옮김, 568쪽, 40,000원
북송 초기의 삼교회통론 김경수 지음, 352쪽, 26,000원
죽간・목간・백서, 중국 고대 간백자료의 세계 1 이승률 지음, 576쪽, 40,000원
중국근대철학사 (Geschichte der Neueren Chinesischen Philosophie) Alfred Forke 지음, 최해숙 옮김, 936쪽, 65,000원
리학 심학 논쟁, 연원과 전개 그리고 득실을 논하다 황갑연 지음, 416쪽, 32,000원
진래 교수의 유학과 현대사회 陳來 지음, 강진석 옮김, 440쪽, 35,000원
상서학사 —『상서』에 관한 2천여 년의 해석사 劉起釪 지음, 이은호 옮김, 912쪽, 70,000원
장립문 교수의 화합철학론 장립문 지음 / 홍원식・임해순 옮김, 704쪽, 60,000원

강의총서

김충열 교수의 노자강의 김충열 지음, 434쪽, 20,000원
김충열 교수의 중용대학강의 김충열 지음, 448쪽, 23,000원
모종삼 교수의 중국철학강의 牟宗三 지음, 김병채 외 옮김, 320쪽, 19,000원
송석구 교수의 율곡철학 강의 송석구 지음, 312쪽, 29,000원
송석구 교수의 불교와 유교 강의 송석구 지음, 440쪽, 39,000원

동양문화산책

주역산책(易學漫步) 朱伯崑 외 지음, 김학권 옮김, 260쪽, 7,800원
동양을 위하여, 동양을 넘어서 홍원식 외 지음, 264쪽, 8,000원
서원, 한국사상의 숨결을 찾아서 안동대학교 안동문화연구소 지음, 344쪽, 10,000원
안동 풍수 기행, 와혈의 땅과 인물 이완규 지음, 256쪽, 7,500원
안동 풍수 기행, 돌혈의 땅과 인물 이완규 지음, 328쪽, 9,500원
영양 주실마을 안동대학교 안동문화연구소 지음, 332쪽, 9,800원
예천 금당실·맛질 마을 −정감록이 꼽은 길지 안동대학교 안동문화연구소 지음, 284쪽, 10,000원
터를 안고 仁을 펴다 −퇴계가 굽어보는 하계마을 안동대학교 안동문화연구소 지음, 360쪽, 13,000원
안동 가일 마을 −풍산들기에 의연히 서다 안동대학교 안동문화연구소 지음, 344쪽, 13,000원
중국 속에 일떠서는 한민족 −한겨레신문 차한필 기자의 중국 동포사회 리포트 차한필 지음, 336쪽, 15,000원
신간도견문록 박진관 글·사진, 504쪽, 20,000원
선양과 세습 사라 알란 지음, 오만종 옮김, 318쪽, 17,000원
문경 산북의 마을들 −서중리, 대상리, 대하리, 김룡리 안동대학교 안동문화연구소 지음, 376쪽, 18,000원
안동 원촌마을 −선비들의 이상향 안동대학교 안동문화연구소 지음, 288쪽, 16,000원
안동 부포마을 −물 위로 되살려 낸 천년의 영화 안동대학교 안동문화연구소 지음, 440쪽, 23,000원
독립운동의 큰 울림, 안동 전통마을 김희곤 지음, 384쪽, 26,000원
학봉 김성일, 충군애민의 삶을 살다 한국국학진흥원 기획, 김미영 지음, 144쪽, 12,000원

일본사상총서

일본도덕사상사(日本道德思想史) 이에나가 사부로 지음, 세키네 히데유키·윤종갑 옮김, 328쪽, 13,000원
천황의 나라 일본 −일본의 역사와 천황제(天皇制と民衆) 고토 야스시 지음, 이남희 옮김, 312쪽, 13,000원
주자학과 근세일본사회(近世日本社會と朱學) 와타나베 히로시 지음, 박홍규 옮김, 304쪽, 16,000원

노장총서

不二 사상으로 읽는 노자 −서양철학자의 노자 읽기 이찬훈 지음, 304쪽, 12,000원
김항배 교수의 노자철학 이해 김항배 지음, 280쪽, 15,000원
서양, 도교를 만나다 J. J. Clarke 지음, 조현숙 옮김, 472쪽, 36,000원
중국 도교사 −신선을 꿈꾼 사람들의 이야기 牟鍾鑒 지음, 이봉호 옮김, 352쪽, 28,000원
노장철학과 현대사상 정세근 지음, 384쪽, 36,000원
도가철학과 위진현학 정세근 지음, 464쪽, 43,000원

남명학연구총서

남명사상의 재조명 남명학연구원 엮음, 384쪽, 22,000원
남명학파 연구의 신지평 남명학연구원 엮음, 448쪽, 26,000원
덕계 오건과 수우당 최영경 남명학연구원 엮음, 400쪽, 24,000원
내암 정인홍 남명학연구원 엮음, 448쪽, 27,000원
한강 정구 남명학연구원 엮음, 560쪽, 32,000원
동강 김우옹 남명학연구원 엮음, 360쪽, 26,000원
망우당 곽재우 남명학연구원 엮음, 440쪽, 33,000원
부사 성여신 남명학연구원 엮음, 352쪽, 28,000원
약포 정탁 남명학연구원 엮음, 320쪽, 28,000원
죽유 오운 남명학연구원 엮음, 680쪽, 35,000원

예문동양사상연구원총서

한국의 사상가 10人 −원효 예문동양사상연구원/고영섭 편저, 572쪽, 23,000원
한국의 사상가 10人 −의천 예문동양사상연구원/이병욱 편저, 464쪽, 20,000원
한국의 사상가 10人 −지눌 예문동양사상연구원/이덕진 편저, 644쪽, 26,000원
한국의 사상가 10人 −퇴계 이황 예문동양사상연구원/윤사순 편저, 464쪽, 20,000원
한국의 사상가 10人 −남명 조식 예문동양사상연구원/오이환 편저, 576쪽, 23,000원
한국의 사상가 10人 −율곡 이이 예문동양사상연구원/황의동 편저, 600쪽, 25,000원
한국의 사상가 10人 −하곡 정제두 예문동양사상연구원/김교빈 편저, 432쪽, 22,000원
한국의 사상가 10人 −다산 정약용 예문동양사상연구원/박홍식 편저, 572쪽, 29,000원
한국의 사상가 10人 −혜강 최한기 예문동양사상연구원/김용헌 편저, 520쪽, 26,000원
한국의 사상가 10人 −수운 최제우 예문동양사상연구원/오문환 편저, 464쪽, 23,000원

경북의 종가문화

사당을 세운 뜻은, 고령 점필재 김종직 종가 정경주 지음, 303쪽, 15,000원
지금도 「어부가」가 귓전에 들려오는 듯, 안동 농암 이현보 종가 김서령 지음, 225쪽, 17,000원
종가의 멋과 맛이 넘쳐 나는 곳, 봉화 충재 권벌 종가 한필원 지음, 193쪽, 15,000원
한 점 부끄럼 없는 삶을 살다, 경주 회재 이언적 종가 이수환 지음, 178쪽, 14,000원
영남의 큰집, 안동 퇴계 이황 종가 정우락 지음, 227쪽, 17,000원
마르지 않는 효제의 샘물, 상주 소재 노수신 종가 이종호 지음, 303쪽, 22,000원
의리와 충절의 400년, 안동 학봉 김성일 종가 이해영 지음, 199쪽, 15,000원
충효당 높은 마루, 안동 서애 류성룡 종가 이세동 지음, 210쪽, 16,000원
낙중 지역 강안학을 열다, 성주 한강 정구 종가 김학수 지음, 180쪽, 14,000원
모원당 회화나무, 구미 여헌 장현광 종가 이종문 지음, 195쪽, 15,000원
보물은 오직 청백뿐, 안동 보백당 김계행 종가 최은주 지음, 160쪽, 15,000원
은둔과 화순의 선비들, 영주 송설헌 장말손 종가 정순우 지음, 176쪽, 16,000원
처마 끝 소나무에 갈무리한 세월, 경주 송재 손소 종가 황위주 지음, 256쪽, 23,000원
양대 문형과 직신의 가문, 문경 허백정 홍귀달 종가 홍원식 지음, 184쪽, 17,000원
어질고도 청빈한 마음이 이어진 집, 예천 약포 정탁 종가 김낙진 지음, 208쪽, 19,000원
임란의병의 힘, 영천 호수 정세아 종가 우인수 지음, 192쪽, 17,000원
영남을 넘어, 상주 우복 정경세 종가 정우락 지음, 264쪽, 23,000원
선비의 삶, 영덕 갈암 이현일 종가 장윤수 지음, 224쪽, 20,000원
청빈과 지조로 지켜 온 300년 세월, 안동 대산 이상정 종가 김순석 지음, 192쪽, 18,000원
독서종자 높은 뜻, 성주 응와 이원조 종가 이세동 지음, 216쪽, 20,000원
오천칠군자의 향기 서린, 안동 후조당 김부필 종가 김용만 지음, 256쪽, 24,000원
마음이 머무는 자리, 성주 동강 김우옹 종가 정병호 지음, 184쪽, 18,000원
문무의 길, 영덕 청신재 박의장 종가 우인수 지음, 216쪽, 20,000원
형제애의 본보기, 상주 창석 이준 종가 서정화 지음, 176쪽, 17,000원
경주 남쪽의 대종가, 경주 잠와 최진립 종가 손숙경 지음, 208쪽, 20,000원
변화하는 시대정신의 구현, 의성 자암 이민환 종가 이화 지음, 248쪽, 23,000원
무로 빚고 문으로 다듬은 충효와 예학의 명가, 김천 정양공 이숙기 종가 김학수, 184쪽, 18,000원
청백정신과 팔련오계로 빛나는, 안동 허백당 김양진 종가 배영동, 272쪽, 27,000원
학문과 충절이 어우러진, 영천 지산 조호익 종가 박학래 지음, 216쪽, 21,000원
영남 남인의 정치 중심 돌실, 칠곡 귀암 이원정 종가 박인호 지음, 208쪽, 21,000원
거문고에 새긴 외금내고, 청도 탁영 김일손 종가 강정화 지음, 240쪽, 24,000원
대를 이은 문장과 절의, 울진 해월 황여일 종가 오용원, 200쪽, 20,000원
처사의 삶, 안동 경당 장흥효 종가 장윤수 지음, 240쪽, 24,000원
대의와 지족의 표상, 영양 옥천 조덕린 종가 백순철 지음, 152쪽, 15,000원
군자불기의 임청각, 안동 고성이씨 종가 이종서 지음, 216쪽, 22,000원
소학세가, 현풍 한훤당 김굉필 종가 김훈식 지음, 216쪽, 22,000원
송백의 지조와 지란의 문향으로 일군 명가, 구미 구암 김취문 종가 김학수 지음, 216쪽, 22,000원
백과사전의 산실, 예천 초간 권문해 종가 권경열 지음, 216쪽, 22,000원
전통을 계승하고 세상을 비추다, 성주 완석정 이언영 종가 이영춘 지음, 208쪽, 22,000원
영남학의 맥을 잇다, 안동 정재 류치명 종가 오용원, 224쪽, 22,000원
사천 가에 핀 충효 쌍절, 청송 불훤재 신현 종가 백운용, 216쪽, 22,000인
옛 부림의 땅에서 천년을 이어오다, 군위 경재 홍로 종가 홍원식, 200쪽, 20,000원
16세기 문향 의성을 일군, 의성 회당 신원록 종가 신해진, 296쪽, 30,000원
도학의 길을 걷다, 안동 유일재 김언기 종가 김미영, 216쪽, 22,000원
실천으로 꽃핀 실사구시의 가풍, 고령 죽유 오운 종가 박원재, 208쪽, 21,000원
민족고전 「춘향전」의 원류, 봉화 계서 성이성 종가 설성경, 176쪽, 18,000원

기타

다산 정약용의 편지글 이용형 지음, 312쪽, 20,000원
유교와 칸트 李明輝 지음, 김기주·이기훈 옮김, 288쪽, 20,000원
유가 전통과 과학 김영식 지음, 320쪽, 24,000원
조선수학사 – 주자학적 전개와 그 종언 가와하라 히데키 지음, 안대옥 옮김, 536쪽, 48,000원
중국수학사 李儼·杜石然 지음, 안대옥 옮김, 384쪽, 38,000원